이화여자대학교 국어문화원 연구총서 7

한국어 신어 형성 연구

저자 소개

최형용 이화여자대학교 국어국문학과 교수
김혜지 이화여자대학교 국어국문학과 박사
리우 완잉(劉婉瑩) 이화여자대학교 국어국문학과 박사, 한국외국어대학교 언어연구소 초빙연구원
권경녀 이화여자대학교 국어국문학과 박사과정
강문영 이화여자대학교 국어국문학과 석사과정 수료
장지영 이화여자대학교 국어국문학과 박사과정
박지현 이화여자대학교 국어국문학과 석사과정
왕사우(王思宇) 이화여자대학교 국어국문학과 박사, 중국 중산대학교 한국어학과 박사후 연구원

한국어 신어 형성 연구

초판 인쇄 2022년 2월 21일
초판 발행 2022년 2월 28일

저   자   최형용·김혜지·리우 완잉·권경녀·강문영·장지영·박지현·왕사우
펴 낸 이   이대현

책임편집   권분옥
편   집   이태곤·문선희·임애정·강윤경
디 자 인   안혜진·최선주·이경진
마 케 팅   박태훈·안현진

펴 낸 곳   도서출판 역락
주   소   서울시 서초구 동광로 46길 6-6(반포4동 문창빌딩 2F)
전   화   02-3409-2060(편집부), 2058(영업부)
팩   스   02-3409-2059
등   록   1999년 4월 19일 제303-2002-000014호
이 메 일   youkrack@hanmail.net
홈페이지   www.youkrackbooks.com
I S B N   979-11-6742-285-9 94710
          979-11-5686-225-3 (세트)

한국어 신어 형성 연구

이화여자대학교 국어문화원 연구총서 7

최형용
김혜지
리우 완잉劉婉瑩
권경녀
강문영
장지영
박지현
왕사우王思宇

역락

창간사

 이화여자대학교 '국어문화원'은 1972년 11월 25일 인문과학대학 부설연구소로 설립된 '한국어문학연구소'를 전신으로 하여 국어문화의 실용화를 아우르고자 2008년 5월 국어상담소를 흡수하면서 탄생하였다. 따라서 그 기반은 이화여자대학교 국어국문학전공의 전임교수와 대학원 이상 출신 연구원을 중심으로 한국어학·고전문학·현대문학 분야의 축적된 연구 성과에 있다고 할 수 있다.

 그런데 '한국어문학연구소'가 '국어문화원'으로 개칭되면서부터는, 안팎으로 연구 성과보다는 실용화에 무게가 옮겨진 것이 사실이다. 그러나 이론적 토대가 없는 실용화는 다만 시의(時宜)를 쫓는 데 급급할 뿐 시대를 선도할 수 없는 사상누각(沙上樓閣)에 다름 아니다.

 이러한 점에서 '이화여자대학교 국어문화원 연구총서' 창간은 매우 중요한 의미를 갖는다고 할 수 있다. '국어문화원'이 그 전신인 '한국어문학연구소'가 지향하던 국어학·고전문학·현대문학의 심도 있는 연구 성과를 양분으로 삼아 시대적 요구에 부응하고 있다는 사실을 노정(露呈)하는 구체적인 결실이 바로 연구총서 창간이라고 할 수 있기 때문이다.

 오늘은 연구총서의 창간을 선포하였지만 이 연구총서의 지속적인 발간이 '한국어문학연구소'의 전통을 발전적으로 계승한다는 것을 의미함과 동시에 머지않아 자료총서 창간, 학위논문총서 창간 등으로 확대될 수 있기를 기원하는 바이다.

2015년 7월 31일
이화여자대학교 국어문화원 원장 최형용 삼가 적음.

머리말

신어란 폭넓은 의미에서 '새롭게 생긴 말'을 의미한다. 이때 '새롭게 생긴' 은 크게 두 가지로 해석될 수 있다. 하나는 새로운 '형태'가 생긴 것을 지시하는 경우이고 다른 하나는 새로운 '의미'가 생긴 것을 지시하는 경우이다. '말'도 단위의 측면에서 크게 두 가지로 해석될 수 있다. 하나는 '말'이 '단어' 를 지시한다고 보는 것이고 다른 하나는 '말'이 단어가 결합된 '구'를 지시한다고 보는 것이다.

이 책에서 주된 연구 대상으로 삼고 있는 신어는 이들 가운데 '새로운 형태인 단어'이다. 형태는 그대로이되 의미가 달라진 것을 '의미적 신어'라 하여 신어에 포함시키기도 하고 단어가 아닌 구도 역시 신어에 포함시키는 일이 있다. 대표적으로 국립국어원에서 편찬하고 있는 『신어 보고서』들은 '의미적 신어'와 '구 신어'를 모두 포괄하고 있다.

그런데 이 책에서 '새로운 형태인 단어'로 신어의 범위를 한정하려는 이유는 이 책이 신어에 대한 형태론적 연구를 목표로 삼고 있기 때문이다. 따라서 이는 신어가 '새로운 형태인 단어'에만 국한된다는 의미를 의도하기 위한 것이 아니라 이 책이 특히 신어를 단어 형성의 관점에서 탐구하기 위한 것을 의미한다는 점에 주목할 필요가 있다. 이를 위해 필진도 이화여자대학교 국어국문학과 대학원에서 형태론을 전공하는 사람들로 꾸리게 되었다.

그 결과 이 책에서는 신어 형성의 과정과 그 결과에 일차적인 초점을 맞추고 있다. 이 책에서 다루고 있는 파생어, 합성어, 두음절어, 혼성어, 통사적 결합어는 이러한 관점의 산물이다.

단어 형성의 기제로 유추를 다루고 있는 것은 특히 영어 신어의 형성을 유추로 설명하고 있는 Mattiello(2017)이 이 책을 내기로 결심하는 데 적지 않은 영향을 미친 것과 관련이 있다. 주지하는 바와 같이 국내에서도 1990년대부터 지금까지 단어 형성에 대한 규칙과 유추의 논쟁이 지속적으로 이어져 오고 있는 실정이다. 특히 생성 문법의 영향이 다른 어느 곳보다도 강하게 영향력을 미치고 있는 영어학계의 상황을 염두에 둘 때 불규칙한 것들을 설명하기 위한 소극적 기능을 담당하는 유추가 규칙을 포함하는 것으로 전면화할 수 있다는 사실은 우리에게 시사하는 바가 적지 않은 것으로 판단된다.

신어 형성에서 나타나는 의미 관계에 주목한 것은 단어 형성에 대한 그동안의 관점과 다른 새로운 시각을 반영하기 위한 것이다. 의미 관계는 그동안 어휘의미론의 전유물이었지만 단어 형성에 있어서도 의미 관계를 적용할 수 있는 부분이 적지 않고 마찬가지 관점에서 신어 형성에 있어서도 이를 적용할 수 있다는 것은 의미 관계가 단어 형성에 영향을 주는 중요한 요소임을 의미하는 것이다.

신어 형성에 대해 본격적으로 살펴보기 전에 신어의 품사적 특성에 대해서도 주목하였는데 이는 품사 분류의 대상이 되는 단어의 범위를 분명히 제시하기 위한 목적도 아울러 가지고 있다. 한편 신어 형성을 대조의 관점에서도 바라보고자 하였는데 이는 특히 최근의 신어 연구가 다른 언어와 대조의 측면에서 확장되고 있는 양상을 반영하기 위한 것이다.

물론 이상의 논의가 신어에 대한 형태론적 쟁점을 모두 다루고 있다고 보기는 어려울 것이다. 그러나 다양한 관점에서 살펴볼 수 있는 신어를 특히 형태론적 관점에서 일관적으로 바라보려는 시도 자체는 그 나름대로 의의를 갖는다고 말할 수 있을 것이다.

끝으로 오랜 기간 동안 코로나의 창궐 속에서도 이 책을 이화여자대학교 국어문화원의 일곱 번째 연구총서로서 기획하고 편집하여 출판하기까지 큰 관심과 지속적인 지원을 해 주신 역락출판사 이대현 사장님과 박태훈 이사님 그리고 한결같은 모습으로 어려운 편집 과정을 인내해 주신 권분옥 편집장님 께 이 자리를 빌려 심심한 감사의 말씀을 전하고자 한다.

2022년 1월 17일
저자들을 대표하여 최형용 삼가 적음.

차 례

1. 한국어 신어의 범위와 유형

2. 한국어 신어의 품사적 특성

3. 한국어 신어 형성에서의 파생어와 합성어

4. 한국어 신어 형성과 두음절어, 혼성어

5. 한국어 신어 형성에서의 통사적 결합어

6. 한국어 신어 형성과 유추

7. 한국어 신어 형성과 의미 관계

8. 대조언어학적 관점에서의 신어 형성

1. 한국어 신어의 범위와 유형

1.1. 들어가기

단어 형성이라는 인지적 과정은 매우 역동적으로 진행된다. 화자의 필요에 따라 이전에는 없던 단어가 생겨날 수도 있고, 기존에 있던 단어들 중에서 필요가 적어지거나 많이 사용되지 않는 단어는 사라질 수도 있기 때문이다. Bauer(1983)에서 제시한 '단어의 역사(history of lexeme)'나 정한데로(2015a, 2017)에서 언급한 '단어의 삶'은 이러한 단어 형성의 속성을 단적으로 보여 주는 것이라 할 수 있다.[1] 단어 형성은 화자의 명명적 동기(naming needs)[2]에 따라 일어나는 과정인 동시에 화자의 언어 능력을 보여 주는 과정이다. 이러한

---

[1] 물론 이 두 연구에서 사용한 용어가 동일한 외연을 가지는 것은 아니다. 정한데로(2015a, 2017)은 '임시어 → 신어 → 사전 등재어'라는 이른바 '공인화'에 초점을 맞춘 개념으로서 '단어의 삶'이라는 표현을 사용한 데 반해 Bauer(1983)은 '임시어(nonce word) → 공인화 (institutionalizaton) → 어휘화(lexicalization)'라는 과정을 '단어의 역사'로 가리켜 공인화 이후의 단어 변화까지를 포함하는 것으로 해석되기 때문이다. 그러나 Bauer(1983)이나 정한데로(2015a, 2017) 모두 단어 형성이 역동적인 과정임을 보여 주고 있다는 점에서는 본 서의 논지 전개에 시사하는 바가 크다.

[2] 임지룡(1997)에서는 새로운 단어를 형성하는 명명 동기를 둘로 나누었는데, 어떤 대상이나 개념에 대한 명명의 필요성과 외래어에 대한 말다듬기의 필요성이 그것이다. 또한 대상이나 개념에 대한 명명적 필요성은 대상이나 개념이 새로운 경우나 기존의 대상이나 개념을 가리키는 단어가 없는 경우에 발현된다.

점을 고려하면 단어 형성 연구는 표현론적 접근법(onomasiological approach)에 따라 전개될 필요가 있는데, 표현론적 관점에서는 언어 공동체의 명명 동기에 따라서 새로운 명명 단위를 만드는 과정과 그 과정에서 보이는 화자의 단어 형성 능력을 설명하는 것을 목표로 한다(Štekauer 1998 : 8).[3]

> (1) 가. 단어 형성의 동기 : '졸업식 때 입을 옷'을 표현할 어휘의 필요성
>   나. 유추 기반 : '작업-복, 운동-복, 체육-복, 수영-복 …' → 'X-복'
>   다. 적절한 단어의 선택 : 단어 형성의 동기로부터 선택 → 졸업
>   라. 유추의 결과 : '졸업복'

송원용(2005)에서는 단어 형성이 어떤 대상을 어휘적으로 표현하고자 하는 화자의 욕구를 충족하기 위하여 '필요에 의해' 일어나는 것임을 지적하고, 단어 형성의 과정을 (1)과 같이 제시하였다.[4] (1)에서도 확인할 수 있는 바와 같이 단어 형성의 직접적인 동기는 화자의 '(명명) 필요성'이다. 본서는 이러한 화자의 명명 필요성에 따라 만들어진 '새로운 명명 단위', 즉 신어에 주목하는 것이다.

본장에서는 이 책의 연구 대상이 되는 신어의 개념과 범위에 대하여 살펴보고, 신어의 유형을 제시하는 것을 목적으로 한다. 우선 2절에서는 신어의 개념과 그 범위를 확인하도록 한다. 주지하는 바와 같이 기존의 연구들에서는 논의의 성격에 따라 신어를 각각 'new word'와 'neologism'에 대응하는 개념으로서 사용하여 왔는데, 이 두 용어는 개념적으로 매우 다른 외연을 가지고 있어 그 개념을 분명히 할 필요가 있다. 또한 화자의 단어 형성 능력

---

3) 단어 형성이 특정 시점에 화자의 필요에 따라 일어나는 과정이라는 점은 채현식(2003b), 송원용(2005), 이광호(2005), 오규환(2016) 등에서도 지적한 바 있다.

4) 여기에서는 송원용(2005)에 따라 단어 형성의 기제를 유추로 제시하였으나 주지하는 바와 같이 단어의 형성을 규칙으로써 설명할 수도 있다. 이른바 유추론과 규칙론에 대한 논의는 시정곤(1999), 채현식(2003b, 2012, 2013), 송원용(2010), 황화상(2010, 2013) 등을 확인할 것.

에 따라 즉각적으로 형성되는 단어인 이른바 '임시어(nonce word)' 역시 신어와 함께 그 개념적 정의를 확인할 필요가 있다. 표현론적 접근법을 지향하는 입장에서 임시어는 화자의 명명 동기에 따른 개념의 언어화 과정에서 화자의 단어 형성 능력을 단적으로 보여 주는 대상인 동시에 단어 형성 과정의 출발점이라 할 수 있기 때문이다. 한편 본서는 '형성'의 측면에 주목하여 신어를 다루는데, 이는 곧 본서의 신어가 결합이나 절단, 대치 등의 '형태론적 조작'의 결과물을 가리킨다는 것을 의미한다. 3절에서는 신어의 유형을 살펴본다. 신어는 기준을 무엇으로 삼을 것인가에 따라 여러 유형으로 구분될 수 있다. 그중에서 단어의 형성에 관심을 가지는 본서에서는 조어법, 즉 형태론적 기준에 따른 유형 분류의 방식을 취하고 하위 유형으로는 합성어, 파생어, 두음절어, 혼성어, 통사적 결합어의 다섯 가지를 제시하도록 한다. 이는 곧 본서의 3장, 4장, 5장의 내용과 연결된다.

1.2. 한국어 신어의 개념과 범위

1.2.1. 한국어 신어의 개념

문금현(1999)에서는 한국어 단어가 양적으로 매우 빠른 속도로 팽창하고 있음에도 불구하고 신어에 대한 체계적인 연구가 없었음을 지적한 바 있다. 그 이후 20여 년간의 신어 관련 연구에서는 신어의 정착, 신어의 유형, 신어 형성 과정에서의 외래어 수용 양상 등 다양한 측면에서 신어를 검토하였다. 그러나 여전히 '신어'의 개념과 범위와 관련하여서는 다양한 해석의 여지가 있는데, 그것은 연구의 방향이나 연구자의 관점에 따라 신어가 달리 정의되어 왔기 때문이다.

(1) 신어(新語)

『언어』 새로 생긴 말. 또는 새로 귀화한 외래어. ≒ 새말, 신조어

(1)은 『표준국어대사전』에서 제시한 '신어'의 뜻풀이다. 이에 따르면 '신어'는 새로 만들어진 한국어 단어뿐만 아니라 '핏스피레이션(fitspiration)(2018)', '기프(geep)(2014)'[5]와 같은 새로이 유입된 외래어를 모두 포함하는 개념으로, 『표준국어대사전』에서는 '신어'를 '새말' 또는 '신조어'와 유사한 개념으로 본다는 것을 알 수 있다. 그러나 엄밀한 의미에서 '신어'와 '신조어'는 구분되어야 할 필요가 있는데, 이와 관련하여 우선 한국어의 신어 관련 연구들에서 사용한 '신어'의 개념을 살펴보도록 한다. 신어는 대개 두 가지 개념으로 사용되어 온 것으로 확인된다. 첫째는 새롭게 형성된 단어를 포괄적으로 가리키는 'new word'에 대응하는 개념으로서의 신어이고, 둘째는 새롭게 형성된 단어 중에서도 언어 공동체로 수용되는 과정을 거친 'neologism'에 대응하는 개념으로서의 신어이다.[6]

(2) 가. 신어는 <u>기존 언어와 유연성 없이 새롭게 창조된 말, 기존의 언어재를 그대로 이용해서 만든 말, 기존의 어휘에 새로운 의미를 부여해서 만든 말, 외국어에서 차용한 말을 모두 포함한다.</u> 기존 언어재를 새롭게 조합해서 만든 말이나 기존 어휘의 일부를 잘라내어 형태를 변화시켜 만든 말을 신조어, 기존 언어와 유연성 없이 새롭게 창조

---

5) 본절에서는 국립국어원에서 발행한 2014년부터 2019년까지의 신어 자료집과 국립국어원 편(2007)을 중심으로 유형에 따른 신어의 예들을 살펴본다. 한편, 본서에서 '핏스피레이션(2018)'과 같이 신어의 옆에 연도를 밝혀 적은 것은 각 단어가 국립국어원 신어 보고서에서 제시된 해를 표시한 것이다. 『우리말샘』이나 기사 자료 등에서 가져온 신어 자료들은 따로 연도를 표시하지 않되, 필요한 경우에는 각 단어가 사용된 용례 등을 기반으로 해당 단어의 출현 시기를 고려하여 논의를 진행할 것임을 밝혀 둔다.

6) 후술할 것이지만 이 책에서는 'new word'를 '신어'로, 'neologism'을 '신조어'로 가리켜 서로 구분하도록 한다. 다만 이 절에서는 신어의 개념과 관련한 선행 연구를 살피는 것을 주 내용으로 하므로 각 연구의 연구 목적과 방향성을 존중하여 기존 연구를 원용할 때에는 해당 연구에서 사용한 용어를 그대로 가져오고, 필요한 경우에는 원어를 병기하도록 한다.

된 말을 신생어라 하는데 신어는 이러한 <u>신조어와 신생어를 모두</u>
<u>아우르는 개념</u>이다.

(문금현 1999 : 296)

나. 명명 동기에 따라 화자가 즉각적으로 만들어 낸 임시어는 한 번
    쓰였다가 곧바로 사라지기도 하지만 <u>특정 언어 공동체 내에서 사회</u>
    <u>적으로 승인을 얻어</u> 신어의 지위에 이르기도 한다.

(정한데로 2017 : 121)

다. 신어는 처음 출현하여 지속적인 출현을 보이는 단어로 정의할 수
    있다. 특정 시기에 출현한 새로운 형태가 단발어나 임시어로 남는가
    아니면 <u>지속적인 출현을 통해 신어로서 기존 어휘 체계에 편입되는</u>
    <u>가</u>를 결정짓는 일차적인 기준은 빈도임에 틀림없다.

(남길임 외 2017 : 74)

라. 신어란 <u>포괄적 의미에서 새로운 단어를 가리키는 것</u>이기는 하되
    의미 관계의 측면에서 바라본다는 점에서 단어의 범위상 복합어만
    을 대상으로 한다.

(최형용 2019 : 71, 이상 밑줄 필자)

(2)는 그간의 연구에서 사용되어 온 신어의 개념으로, (2가)와 (2라)에서는
'신어'를 포괄적 의미의 새로운 단어를 가리키는 개념으로서 사용하는 데
반하여 (2나)와 (2다)에서는 '신어'를 임시어에 상대되는 개념으로서 언어
공동체에서 승인을 얻어 기존 어휘 체계(혹은 어휘부)에 수용된 새로운 단어를
가리키는 개념으로 사용하는 것을 확인할 수 있다.

그렇다면 (2나, 다)에서 신어에 대응하는 개념으로 제시한 임시어는 무엇
인가? 신어의 개념을 보다 분명히 하기 위해서는 임시어의 개념을 함께 살펴
볼 필요가 있다. 임시어는 말 그대로 '임시적 단어'라는 의미이지만 그 실재
성이나 개념적 정의, 범위에 대해서는 다양한 논의가 이어져 왔다.

(3) 개념의 언어화

정한데로(2015b : 30)에 따르면 개념의 언어화 과정은 (3)과 같이 도식화할 수 있는데, 이때 언어화 과정을 거쳐 도출된 산출물인 언어 형식은 두 가지로 나타날 수 있다. 명명 차원에서 개념을 표현하는 '단어'와 사태를 표현하는 '문장'이 바로 그것인데, 본서의 관심은 바로 '단어의 형성'에 놓여 있는 것이다. 이때 개념의 언어화 과정에서 보이는 첫 단계가 바로 '임시어'의 형성이며, 이는 언어 공동체에서 사용하는 모든 단어가 거쳐야 하는 단계로 간주된다(시정곤 2001, 이상욱 2004, 정한데로 2014 등). 이는 곧 사전에 등재된 모든 단어들이 임시어에서 시작하여 사회적 수용 혹은 공인의 과정을 거쳐 등재되었음을 의미한다.

(4) 가. 임시어는 즉각적 필요를 충족하기 위해 화자나 필자가 즉석에서 만들어 내는 복합어로 정의된다.

(Bauer 1983 : 45)

나. 개인이 만든 임시어는 언어 공동체 안에서는 포착되지 않는 단어를 가리키며, 임시어는 어떤 사전에도 등재되지 않는다.

(Katamba 1993 : 65-66)

다. 한 언어에서 전에는 관찰되지 않았던 새 어휘가 확인되면 이를 신어라고 한다. 신어 중에서 널리 통용되지 못하여 임시적으로 나타나는 것은 임시어라 할 수 있다.

(Haspelmath & Sims 2010 : 71)

라. 임시어는 특별한 쓰임을 위해서만 만들어지고 어휘 목록의 영구적인 부분으로서 편입되지 못한다. 즉 임시어는 오직 임시적으로만

사용되며, 특정한 상황이나 특정한 문맥에서만 쓰인다.

(Mattiello 2017 : 25, 이상 밑줄 필자)

(4)에 따르면 임시어는 화자의 명명적 욕구에 따라 즉각적으로 만들어 낸 단어로서 언중의 승인을 얻지 못하여 어휘부에 등재되지 않는, 문자 그대로의 '임시적 단어'를 가리킨다는 데는 이견이 없다.[7]

그런데 이러한 임시어가 실재성을 지니고 있는지, 그에 따라 단어 형성론의 대상이 될 수 있는지 등에 대해서는 그간 여러 논의가 이어져 왔다. 일찍이 생성형태론을 기반으로 한 논의들에서는 단어를 가능어(potential word)와 실재어(actual word)로 구분하고, 가능어는 실제로 사용되지는 않았지만 단어 형성 규칙에 따라 만들어질 수 있는 단어, 실재어는 실제로 사용되어 사전에 실린 단어를 가리키는 개념으로 사용하였다(Halle 1973, Aronoff 1976, Haspelmath & Sims 2010, 송철의 1992, 구본관 1998 등). 구본관(1998)에서는 가능어, 실재어와 구분되는 개념으로서 임시어를 제시한 바 있는데, 임시어는 가능어 중에서 특정 개인에 의해서 한 번이라도 만들어진 적이 있는 단어를 가리키는 것으

---

7) 다만 송원용(2005)에서는 거시적·사회적 차원과 미시적·심리적 차원에서의 단어 형성을 구분할 필요성을 제기하였다. 이에 따르면 거시적·사회적 차원은 사회어휘부나 사회적 규범을 전제로 하는 개념인 데 반하여 미시적·심리적 차원은 개별 화자들의 심리어휘부를 전제로 한다. (4)에서 제시한 것과 같이 임시어가 어휘부에 등재되지 않는 임시적인 단어라는 점은 선행 연구들이 공통적으로 지적하고 있는 바이나 각각에서 전제로 하고 있는 '승인' 혹은 '어휘부'의 개념은 서로 차이를 보인다. (4가), (4나), (4다)는 사회어휘부를 기준으로 하는 데 반하여 (4라)는 개인의 심리어휘부를 기준으로 하고 있는데, 이러한 차이는 한국어 논의에서도 확인할 수 있다. 예컨대 송원용(2005)에서는 '임시어는 통사적 원리를 지키지 않는 형태론적 구성으로, 그 결합이 매우 생산적이어서 어휘부에 저장되지 않는 단어를 뜻한다'라고 하였는데, 이때의 어휘부는 화자 개인의 심리어휘부를 의미하며 이에 따른 임시어의 개념은 미시적·심리적 차원의 것이라 할 수 있다. 이와 달리 이상욱(2007)에서는 임시어를 '언중의 승인을 얻지 못한 것으로, 다시 말하면 사회적 승인을 얻지 못해 어휘부에 등재되지 않은 단어'로 정의하여 사회 어휘부를 전제로 한 거시적·사회적 차원의 임시어 개념을 제시하고 있는 것을 확인할 수 있다. 여기에서는 거시적·사회적 차원의 등재를 기본으로 하여 논의를 전개하되 필요한 때에는 '어휘부 등재'라는 표현을 사용하여 미시적·개인적 차원의 등재를 구분하도록 한다.

로서 '어휘부에 등재되면' 실재어의 지위를 가질 수 있게 된다. 이에 따르면 단어의 '실재성' 여부를 판별하는 기준은 '어휘부 혹은 사전 등재'가 되어 가능어나 임시어는 실재성을 가지지 않는 것으로 볼 수 있다.

그러나 이상욱(2007)에서는 실재어를 어휘부나 사전에 등재된 단어로 국한한다면 화자의 필요에 따라서 형성된 새로운 단어인 임시어의 실재성을 포착하는 것이 어려워짐을 지적하고, 공시적으로 화자의 표현 동기에 따라 형성된 언어 단위는 사회적 승인 여부와는 상관없이 발화체 내에서 단어의 지위를 갖게 되면 실재하는 단어로 보아야 한다고 하였다. 이에 따라 이상욱(2007)에서는 임시어를 실재어로서 인정하는 한편 실재어를 정착어와 임시어로 구분하였는데, 이때 정착어와 임시어를 나누는 기준은 '언중의 승인'이 된다. 정한데로(2015b : 135)에서도 사회적 승인을 기준으로 하여 실재어를 규정하면 그 경계를 명확하게 표시할 수 없는 점이 문제가 될 수 있음을 지적하고, '단어는 처음 만들어진 순간부터 실재어이다(a word is an EXISTING WORD from the moment it is first coined)'라는 Bauer(2001)의 논의를 수용하여 실재어를 규정하였다. 이는 곧 단 1회만 출현한 단발어라고 하더라도 그것이 어떤 화자가 언어로써 표현한 대상이라는 점에서 실재어로 인정할 수 있다는 것이다. 본서 역시 이러한 실재어로서의 임시어 개념을 적극적으로 받아들이고, 임시어가 화자의 공시적 단어 형성 능력8)을 보여 주는 수단인 동시에 단어 형성론의 직접적인 대상이 될 수 있는 것으로 간주한다.

---

8) 한국어 형태론 논의에서는 단어 형성의 공시성, 통시성에 대한 논의가 이어져 왔다. 특히 단어 형성의 기제로서 유추를 인정하는 이른바 유추론의 논의에서는 단어의 형성이 본질적으로 통시적인 것으로 보았는데, 이는 단어가 형성됨과 동시에 각 단어가 어휘부에 등재된다는 즉시등재가설을 전제로 하기 때문이다. 이에 따르면 새로운 단어의 형성은 곧바로 어휘부 등재로 이어지기 때문에 화자의 어휘 체계를 변화시키는 단어의 형성이 통시적인 과정이 된다. 그러나 황화상(2010) 등에서 지적한 바와 같이 단어의 등재는 단어의 형성과는 분명히 구분될 수 있는 것인바, 다시 말하면 단어의 등재 과정은 단어의 형성 과정 이후에야 일어날 수 있는 순차적인 과정이라는 것이다. 이는 즉시등재가설을 수용하더라도 어휘부 등재는 결국 단어가 형성된 후에 일어날 수 있는 과정이라는 것을 의미한다.

 임시어로서 등장한 새로운 단어는 변화의 단계를 겪게 되는데, 그 변화 과정은 (5)와 같이 나타낼 수 있다.

 (5) '임시어, 신어, 사전 등재어'의 상관관계(정한데로 2019b : 228)

| 임시어 | ➡ | 신어 | ➡ | 사전 등재어 |

 (5)에 따르면 임시어 중에서는 널리 확산되어 지속적으로 쓰이는 단어(㉮)가 있는가 하면 반면에 한 번 또는 아주 짧은 기간만 쓰이다가 곧바로 사라지는 단어(㉯)도 있다. 전자는 다음 단계로까지 나아갈 수 있으나 후자는 임시어 단계에서 머물게 된다. 한편 신어 단계로 나아간 단어들이라고 하더라도 각각은 서로 다른 변화의 과정을 겪게 되는데, 변화의 과정에 따라 언어 공동체의 공인을 거쳐 사전에 등재되는 단어(㉠), 사람들에게 널리 알려져 있으나 사전에 등재되기 이전 단계의 단어(㉡) 그리고 한때는 사람들에게 알려져 신어로 인정받았으나 그 쓰임이 오래 지속되지 못하여 금방 사라진 단어(㉢) 등을 확인할 수 있다(정한데로 2019b : 228-229).

 이러한 단어의 변화 과정을 고려하면 임시어는 화자의 필요에 따라 즉각적으로 형성된 단어로 정의할 수 있고, 신어는 임시어 중에서 언어 공동체에 속하는 사람들이 자주 사용하거나 사람들에게 두루 알려진 이른바 사회적 승인[9]을 얻은 단어이되 사전에 등재되기 이전 단계의 단어를 의미하는 것으로 볼 수 있다. 그러나 정한데로(2015c), 김혜지(2022) 등에서도 지적하고 있는 바와 같이 (5)와 같은 변화 과정을 고려하면 임시어와 신어는 개념적으로는 명확히 구분될 수 있을 것으로 보이지만 실제 언어현실을 고려할 때 임시어와 신어의 경계를 분명히 나누기는 어려움이 있다.

본서의 관심은 임시어와 신어의 개념을 구분하여 그 경계를 나누는 것이 아니라 화자의 단어 형성 능력과 그 결과물로서 형성된 새로운 단어의 형성 과정을 설명하는 데에 놓여 있다. 이에 따라 이 책에서는 '신어'를 새롭게 형성된 단어를 포괄적으로 다루는 'new word'에 해당하는 것으로 보고, 기존 연구에서 제시한 임시어와 'neologism'으로서의 신어를 모두 포함하는 개념으로 사용하고자 한다. 또한 용어상의 혼란을 피하고 각 개념을 명확하게 구분하기 위하여 'new word'에 대응하는 개념을 '신어'로 명명하고, 'neologism'에 해당하는 개념을 '신조어'로 가리키고자 한다.

1.2.2. 한국어 신어의 범위

국립국어원의 『2019년 신어 조사』에서는 신어의 분포를 다음과 같이 제시하고 있다.

---

9) 정한데로(2015a : 241)는 '사회적 승인'의 과정, 즉 '공인화(institutionalization)'를 '새로 형성된 단어(임시어) 또는 새로운 형태·의미 변화를 겪은 기존 단어가 언어 공동체 내에서 수용되는 과정'으로 정의하였다. 이때 언어 공동체는 단 두 사람으로 이루어진 아주 작은 규모의 언어 공동체부터 소수 집단(가족, 가까운 직장 동료 등), 다수 집단(전문 직업인, 특정 세대 등), 특정 언어를 쓰는 언어 공동체를 포함하는 개념으로 볼 수 있으며, 이에 따라 공인화라는 과정은 집단의 규모에 관계없이 각 집단에서 다양하게 이루어질 수 있다. 한편 공인화는 '양적 공인화(친숙화)'와 '질적 공인화(규범화)'의 두 가지 유형으로 나눌 수 있는데, 높은 출현빈도로 언어 공동체에 수용되는 과정을 양적 공인화라 할 수 있고, 사전 등재나 다듬은 말, 국립국어원 신어 보고서 등을 매개로 한 공식 발표를 통한 언어 공동체로의 수용 과정은 질적 공인화라 할 수 있다. 공인화에 대한 자세한 내용은 정한데로(2015a)를 확인할 것.

(6) 신어의 분포

분류	단어		구		계
	일반어	전문어	일반어	전문어	
수(개)	212	5	90	35	342
비율(%)	62.0	1.5	26.3	10.2	100

『2019년 신어 조사』에 따르면 신어 342개 중에서 단어는 217개(63.5%), 구는 125개(36.5%)로 나타난다. 이를 통하여 국립국어원 신어 보고서에서는 '셀피의 법칙(2019)', '인싸 춤(2019)' 등과 같은 구를 신어의 하나로 다루고 있음을 확인할 수 있는데, 이러한 구[10]를 신어에 포함할 수 있는가에 대해서는 논의의 여지가 있다. 남길임(2020 : 222)에서 지적한 바와 같이 구 단위 신어를 포함하는 국립국어원 신어 자료에서는 그 판별 기준이 명확하게 마련되어 있지 않으며, 구 단위 신어의 식별 역시 연구자의 직관에 크게 영향을 받을 수밖에 없다는 문제가 있기 때문이다.

(7) 가. 로또 공화국(2003), 바쁨 공화국(2005), 안 돼 공화국(2005), 연줄 공화국(2007), 약사 공화국(2007)
  나. 빚공화국(2007), 특구공화국(2007)
  다. 아파트 공화국, 부동산 공화국

남길임(2020 : 223)에서는 (7)의 예를 통하여 'X공화국' 형식의 신어가 (7가)에서는 구로, (7나)에서는 단어로 기술되어 일관성이 떨어지며, (7다)는 (7가, 나)보다 이른 시기에 출현하여 현재까지 사용되고 있는 단위임에도 신어

---

10) 이러한 구는 하나의 단위로서 신어로 인식된다는 점에서 일반적인 구와는 다른 성격을 보이는데, 이후부터는 남길임(2020)에 따라 '구 단위 신어'라는 용어를 사용하도록 한다. 한편, 이와 관련하여 왕사우(2019)에서는 이른바 단어성 판별 기준을 제시하고, 고유명이나 전문용어, 관용표현 등이 넓은 의미의 어휘적 단어라는 점을 논의한 바 있다. 자세한 내용은 왕사우(2019)를 참고할 것.

목록에서는 제외되어 신어 추출 기준의 모호함을 보여 준다는 점을 지적하면서 구 단위 신어 추출의 일관성에 대한 문제를 제기한 바 있다. 또한 (7)을 통하여 확인되는 구 단위 신어의 띄어쓰기 문제는 곧 신어의 빈도 식별 문제로도 귀결될 수 있다.

(8) 신어 조사 자료집에 나타난 단어와 구 신어의 비중(남길임 2020 : 223)

	단어 단위 (비율)	구 단위 (비율)	총계 (100%)	도구 및 기준의 변화
2012	377(75.4)	123(24.6)	500(100)	신어 추출기 도입
2013	367(77.1)	109(22.9)	476(100)	
2014	246(77.1)	89(22.9)	335(100)	
2015	180(65.0)	97(35.0)	277(100)	빈도 3회 기준 도입
2016	247(39.5)	378(60.5)	625(100)	패턴 기반 추출 도입
2017	188(50.4)	185(49.6)	373(100)	
2018	222(51.2)	212(48.8)	434(100)	
2019	217(63.5)	125(36.5)	342(100)	

구 단위 신어는 전체 신어 중에서 상당한 비중으로 나타나고 있으며, 특히 2016년에는 60.5%로 단어보다도 더 높은 비율을 차지한다. 남길임(2020 : 223-225)에서는 이러한 구 단위 신어의 비중이 조사 시기에 따라 편차가 크다는 점을 지적하였는데, 이는 신어의 문법적 속성 변화나 그러한 변화의 경향성을 보여 주는 것이라고 볼 수도 있겠으나 이미 지적한 바와 같이 신어 추출과 빈도 산출 기준의 모호함에서 비롯된 것으로 볼 가능성이 있다.

한편, 이른바 의미적 신어나 문법적 신어(grammatical neology)를 신어에 포함하는 경우도 확인된다. 이때 의미적 신어는 기존의 형태에 의미적 확장, 축소 또는 가치 상승이나 가치 하락 등의 변화가 일어난 것을(남길임 외 2018 : 55), 문법적 신어는 기존 형태와 동일한 형태에 문법 범주의 변화가 생기는 것을 가리킨다(남길임 2020 : 222).

(9) 국어의 새 단어 형성 방식(임지룡 1997 : 7)

임지룡(1997)에서는 새로운 단어의 형성 방식을 형태론적 측면과 의미론적 측면의 둘로 나누어 살펴보았다. 그중에서 의미론적 측면의 단어 형성은 기존 단어의 형태에 의미의 확장을 통하여 이루어지는 것으로, 다의어에 의한 확장과 은어에 의한 확장으로 구분된다. 다의어에 의한 확장은 '떡값'이 '떡을 사거나 만드는 값'이라는 기존의 의미에서 '뇌물'로 의미가 확장된 것을 들 수 있고, 은어에 의한 확장은 '중생, 고등어'가 원래 의미에서 벗어나 '중학생, 고등학생'을 가리키는 의미로 확장된 예에서 확인할 수 있다. 이때 은어에 의한 확장은 특정한 계층에서만 통용된다는 점에서 다의어에 의한 확장과 차이를 보인다(임지룡 1997 : 6-7).

(10) 단어 형성의 유형(시정곤 2006 : 225)

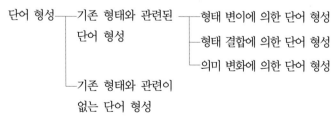

시정곤(2006)에서도 기존의 형태나 단어를 이용하여 새로운 단어를 만드는 경우에 의미 변화에 의한 것이 단어 형성의 한 방식이 될 수 있음을 제시하고, 그 하위 분류로 의미의 확대, 축소, 전이를 들었다. 이는 의미의 확장만을 단어 형성의 방식으로 보았던 임지룡(1997)과 차이를 보인다. 임지룡(1997), 시정곤(2006)에서 언급한 의미 변화에 따른 단어 형성은 남길임 외(2018)의 의미적 신어와 개념적으로 통한다고 할 수 있는데, 이들은 모두 형태 변화 없이 의미 변화를 보이는 경우를 모두 새로운 단어의 형성으로 본 것이다.

이러한 구 단위 신어, 의미적 신어는 연구의 목적에 따라서는 신어의 하나로 인정할 수 있을 듯하나 본서는 앞서 밝힌 것과 같이 '단어'의 '형성'에 주목한다. 이때 '단어'라 함은 Di Sciullo & Williams(1987)와 박진호(1994)의 통사원자, 최형용(2016)의 문법적 단어와 같은 개념이며, '형성'은 '새로운 형태'를 만드는 것을 의미한다. 이에 따라 구 단위 신어와 의미적 신어는 연구 대상에서 제외된다.[11]

(10) 가. 갠톡(2014), 뭉실(2015), 댈입(2019)
나. 소오름(2014), 노오력(2016)

안주현(2020)에서는 기존 연구에서 다루어 온 형태론적 신어 외에 '음운론적 신어'의 개념을 제안하고 그 하위 유형과 특성을 살펴본 바 있다. 안주현(2020 : 18)에서는 신어의 형성에 관여하는 음운 현상으로 대치, 탈락, 첨가, 축약 등을 제시하고 있는데, 그에 따르면 (10가)는 탈락에 의한 신어 형성,

---

11) 다만 통사적 결합어를 대상으로 하는 5장에서는 통사원자를 대상으로 하되, '끓는^물^수능'이나 '플랜다스의^계'와 같은 고유 명사나 전문용어 등을 포괄하여 다루도록 한다. 본서의 2장에서는 이를 '문장형 고유명'으로 가리켜 일반적인 고유명사와는 형식적으로 구분하되, 그것이 고유명사의 특징에 부합하는 특성을 보인다는 점을 언급한 바 있다. 이와 관련하여 왕사우(2016)에서는 '준단어'라는 범주를 설정하여 기존의 전문용어와 관용표현을 포괄하는 개념으로 사용한 바 있다. 통사적 결합어의 단어성과 준단어 설정의 문제는 왕사우(2016)을 참고할 것.

(10나)는 첨가에 의한 신어 형성의 예이다. 이러한 음운론적 신어 역시 최근
에 활발하게 나타나는 신어의 한 양상을 보여 주는 예라 할 수 있겠으나[12]
음절 수를 의도적으로 줄이거나 늘리는 과정이 형태론적 조작에 따른 것이라
보기는 어렵다. 이러한 음운론적 신어 역시 형태론적 조작의 결과물로서 형
성된 신어를 주 대상으로 하는 본서에서는 제외된다.

(11) 커엽다(2015), 띵작(2017), 댕댕미(2018)

(11)은 일종의 언어유희의 관점에서 '귀'를 '커'로, '명'을 '띵'으로, '멍'을
'댕'으로 변형한 것이다. 이는 이른바 야민정음의 예로, 기존 단어와의 시각
적인 유사성에 기반하여 문자의 기의(signifie)는 그대로 두고 기표(signifiant)
를 다른 방식으로 변환하여 만들어진 것이다(이지용 2018 : 82). (11)의 예들은
이지용(2018)에서 지적한 바와 같이 한글이라는 문자가 가진 시각적 기호성에
집중하여 새로운 의미를 만들어 내거나 기존의 의미를 확장하는 방식으로
만들어진 것으로, 이 역시 엄밀한 의미에서는 새로운 형태의 형성이라고 보
기에는 어려운 측면이 있다.

(12) 치킨타올, 부제굴능, 포퍼먼스

---

12) 음운론적 신어의 형성 과정에서 대치는 주로 자음이나 모음 대치로 나타나고, 탈락은
   음소 차원에서뿐만 아니라 음절이나 단어, 구절 단위에서도 일어나는 것이 특징이다. 대
   치에 의하여 형성된 신어의 경우에는 원래의 어형과 발음상으로는 비슷하나 의미는 쉽게
   유추할 수 없도록 바꾸어 놓은 것들이 있는데, 이는 신어가 지닌 은유적 속성을 보여
   주는 것이라 할 수 있다. 탈락에 의한 신어 형성의 경우에는 의사소통에 방해가 되지
   않도록 비교적 잘 알려진 단어를 중심으로 음소가 탈락된 형태를 재활용하는 방식으로
   일어난다(안주현 2020 : 18-22). 한편, 안주현(2020 : 26-27)에서 지적한 바와 같이 음운
   론적 신어는 새로운 단어를 만드는 것보다는 기존 단어의 소리 변화를 통한 의미 변화를
   목적으로 하는 경우가 대다수이며, 음운 현상만으로는 설명하기 어려운 예들이 많기 때문
   에 그 형성을 설명할 때에 형태론적, 의미론적 기제를 함께 고려해야 한다.

안예림·서혜진(2020)은 문금현(1999)에 따라 신어를 신조어와 신생어로 구분하고, 신조어를 신형어, 신의어, 신형신의어로 하위 분류하였다. 신형어는 기존 단어의 의미를 거의 그대로 유지하면서 형태 변화를 통하여 새로운 느낌을 주는 단어, 신의어는 기존 단어와 형태적 동일성을 유지하면서 의미적 동일성은 보이지 않는 단어, 신형신의어는 형태적으로도 의미적으로도 기존 단어와 동일성을 보이지 않는 단어를 의미한다. 그중 (12)는 신형어의 예로, '키친타올, 구제불능, 퍼포먼스'에서 자음 또는 모음이 이동하여 만들어진 것이다.13) 이러한 신형어에 대해서는 발화 실수에 의하여 형성된 것으로 보는 견해가 일반적이었으나 최근에는 언어유희의 목적을 위하여 화자가 의도적으로 신형어를 사용하는 맥락이 자주 확인된다(안예림·서혜진 2020 : 198). 이러한 신형어는 화자의 의도된 발화에 따른 것이지만 이 역시 형태론적 측면의 단어 형성이라기보다는 음소 혹은 음절 이동에 따른 것이기 때문에 (10)의 음운론적 신어와 유사한 성격을 가진다고 할 수 있다. 따라서 이러한 신형어 역시 연구 대상에서는 제외된다.

    (13) 가. 곰손(2014)14), 흙수저(2016), 개강병(2019)
             나. 개이득(2015), 무근본(2016)15), 욜로족(2017)
             다. 바알못(2016)16), 졌잘싸(2017), 얼죽아(2019)

---

13) 안예림·서혜진(2020)에서는 최근 신어가 단어 단위로만 형성되지 않음을 지적하며 연구 대상에 단어뿐만 아니라 구 단위까지 모두 포함하고 있다. 이에 따라 안예림·서혜진(2020)에서 신형어는 '치킨타올, 부제굴능, 포퍼먼스'와 같은 단어 단위의 예뿐만 아니라 '노인 코래방, 문썹 눈신, 통치 꽁조림', '닮은 살걀, 곱은 졸목, 수원한 시박'이나 '기능 재부', '멀린 말치, 껍턴 씸'과 같은 '명사+명사', '관형형+명사' 등의 수식 명사구와 '모히 또 가서 몰디브 한잔'과 같은 관용적 구성을 모두 포함하는 개념으로 사용된다. 이러한 신형어는 기존어에서 음소 단위, 음절 단위, 단어 단위의 이동을 통하여 형성된다. 신형어 형성의 기반이 되는 기존 단어들은 주로 하나의 구성으로서 밀접한 단위로 인식되기 때문에 신형어로 발전할 가능성이 크며, 표현의 참신성과 의미 전달력의 측면에서 화자의 '의도'를 통하여 형성되는 것으로 보인다.
14) 손끝이 야무지지 못하고 어설픈 사람을 비유적으로 이르는 말.
15) 어떤 사물이라 현상에 대한 생각이나 의견에 근거가 없음.

　　라. 먹부심(2014), 블라팅(2015)[17], 꽃캉스(2019)
　　마. 개린이(2016), 도른미(2017)[18], 놀앎러(2019)[19]

　이러한 내용을 고려하면 본서의 연구 대상은 (13)과 같이 제시된다. (13가)는 합성어, (13나)는 파생어, (13다)는 두음절어, (13라)는 혼성어 그리고 (13마)는 통사적 결합어의 예이다.[20] 각 유형에 대하여는 절을 바꾸어 살펴보도록 한다.

1.3. 한국어 신어의 유형

　한국어 신어의 유형은 그 기준을 무엇으로 삼느냐에 따라 다양하게 나누어질 수 있다. 우선 문금현(1999)에서는 신어 유형 분류의 기준으로 생성 동기, 생성 방식, 어원, 자료의 네 가지를 제시하였다.

　　(14)　가. 생성 동기에 의한 유형 분류
　　　　　① 언중에 의해서 자연발생적으로 만들어진 경우
　　　　　② 언어 정책 등에 의해서 의도적으로 만들어진 경우

---

16) '바둑을 두는 법을 잘 알지 못하는 사람'을 줄여 이르는 말.
17) 얼굴을 모르는 남녀가 누군가의 주선으로 일대일 또는 다대다로 만나는 일.
18) 이상한 행동을 하면서 웃음을 주는 사람이 풍기는 매력. 정신에 이상이 생김을 속되게 이르는 동사 '돌다'의 비규범 활용형인 '돌은'을 발음대로 쓴 '도른'과 아름다움을 뜻하는 '미(美)'를 결합하여 만든 말이다.
19) 어떤 지식을 배울 때, 놀면서 배우는 사람. 재미를 돋우는 내용과 정보 전달이 함께 있는 영상물 따위를 통해 지식을 학습하는 사람을 이르는 말이다.
20) 신어 중에서는 '두둠칫(2014)'이나 '즐(2003)'과 같은 단일어도 있으나 그 수가 많지 않다. 한편, 국립국어원 신어 자료집에서는 '십시(2017), 거거익선(2019)' 등을 모두 단일어로 처리하고 있으나 이는 재고의 여지가 있다. '십시일반'의 절단형인 '십시'나 '다다익선'에서 유추된 '거거익선'은 모두 한자어 어근으로 이루어진 것이기 때문에 하나의 어근으로 이루어진 단일어로 보기에는 어려운 측면이 있기 때문이다. 이와 같은 단어 구조에 대한 내용은 본서의 3장을 참고할 것.

　　나. 생성 방식에 의한 유형 분류

　　　① 체계적인 방식(신조어의 생성)

　　　　- 기존 형태에 접사 결합, 기존 형태의 합성, 기존 형태의 변형

　　　② 재활용의 방식(기존어의 재활용)

　　　　- 다의적 재활용, 품사적 재활용

　　　③ 산발적인 방식(신생어의 창조)

　　다. 어원에 따른 유형 분류

　　　① 고유어 신어 ② 한자어 신어 ③ 서구 외래어 신어

　　라. 자료에 따른 유형 분류

　　　① 구어에서 쓰이는 신어 ② 문어에서 쓰이는 신어

　국립국어원 신어 자료집에서는 신어를 품사, 조어법, 어종, 사용 분야라는 네 가지 기준에 따라 하위 분류하고 있다.

　(15)　가. 품사에 따른 신어 유형

　　　① 명사 ② 동사 ③ 형용사 ④ 부사

　　나. 조어법에 따른 신어 유형

　　　① 단일어 : 생성, 차용

　　　② 복합어 : 합성어(합성, 혼성, 축약), 파생어(접두 파생, 접미 파생)

　　다. 원어에 따른 신어 유형

　　　① 단일 원어 : 고유어, 한자어, 외래어

　　　② 복합 원어 : 고유어+외래어, 고유어+한자어, 외래어+한자어, 고유어+외래어+한자어

　　라. 사용 분야에 따른 신어 유형

　　　① 일반 분야

　　　② 전문 분야 : 경제, 사회 일반, 법률, 의학, 정보·통신, 정치, 복식, 심리, 군사, 기계, 행정, 환경, 경영, 교육, 농업, 동물, 매체, 물리, 지구, 체육

　이 외에 김광해(1993), 김용선(2010), 안주현(2020) 등에서도 신어의 다양한

유형을 확인할 수 있다. 그러나 여기에서는 서론에서 밝힌 바와 같이 형태론적 신어의 형성에 주목하기 때문에 조어법을 중심으로 신어의 유형을 살펴보도록 한다.[21] 이는 국립국어원 신어 자료집에서도 제시하고 있는 분류 기준 중 하나이기는 하지만 국립국어원 신어 보고서는 혼성어와 두음절어를 합성어의 하위 유형으로 분류하고 있는 데 반하여 본서에서는 절단[22]이라는 형태론적 조작을 거치게 되는 두음절어와 혼성어를 합성어와는 다른 별개의 유형으로 다루고자 한다.[23]

---

21) '단어 단위 신어-구 단위 신어', '형태적 신어-의미적 신어-음운론적 신어' 역시 신어의 유형으로 분류할 수 있다. 다만 앞서 언급한 바와 같이 구 단위 신어나 의미적 신어, 음운론적 신어는 본서의 연구 대상에 포함되지 않기 때문에 이러한 신어 유형에 대하여서는 따로 다루지 않도록 한다. 한편, 품사에 따른 신어의 유형과 관련한 내용은 2장에서 자세히 다루도록 한다.

22) 이은섭(2007)에서는 '감소'의 하위 유형으로서 '삭감'이라는 용어를 제시하고, 삭감을 절단형, 형태소 탈락, 음절 생략을 포괄하는 개념으로서 사용한 바 있다. 양명희·박미은(2015)에서는 '형식 삭감형'이라는 용어를 제안하고, 이를 '설(← 서울), 휠(← 훨씬); 절로(← 저리로), 부끄럼(← 부끄러움)'이나 '비번(← 비밀번호), 자소서(← 자기소개서)', '치맥(← 치킨과 맥주), 먹방(← 먹는 방송)' 등의 이른바 축약형과 두음절 등이 모두 포함되는 개념으로 보았다. 양명희·박미은(2015)에 따르면 '삭감'은 형식이 줄어든 단어들의 형성에 작용하는 언어 화자들의 의도를 부각하기 위한 것으로서, 형식이 '주는' 감소가 아니라 형식을 '줄이는' 삭감이라는 용어를 사용한 것이다. 그러나 여기에서는 절단이나 두음절어, 혼성어 등을 형성할 때 일부 음절이 단순히 줄어드는 것이 아니라 잘려 나가는 현상에 주목하여 '절단'이라는 용어를 사용하며, 이는 'clipping'의 대역어로서의 의미를 가진다. 영어에서는 'advertisement → ad'나 'telephone → phone'과 같이 단어의 앞부분이나 뒷부분을 잘라내어 새 단어를 만들거나 'influenza → flu'와 같이 앞뒤 부분을 모두 잘라내어 새 단어를 만드는 절단의 예를 확인할 수 있는데, 이러한 절단어는 원형식과 의미적 차이는 없으며 비공식적 문맥에서 더 흔히 쓰인다는 특징을 가진다(노명희 2010 : 257). 한편, 양명희·박미은(2015)에서 제시한 일련의 예들이 단순히 형식이 줄어들었다는 점에서 같은 용어로써 묶일 수 있는 것인가에 대해서는 재고의 여지가 있다. 예컨대 동일하게 단일어로부터 형식이 줄어들어 형성된 '설'과 '휠'은 형성 과정 자체가 음운론적 축약과 절단으로 각기 다른 양상을 보인다. 양명희·박미은(2015)에서도 이러한 점에 대해서 기술하고 있긴 하나 이러한 유형을 모두 한데 묶어 설명하면 '삭감'이라는 개념이 지나치게 포괄적으로 사용되거나 여러 기제에 의하여 형성된 단어들의 본질을 보여 주지 못할 가능성이 있어 보이기 때문이다.

23) 최형용(2016)에서는 두음절어와 혼성어를 모두 결합에 의하여 형성된 단어로 보고, 다만 그 결합이 형식의 감소를 통하여 구현되는 것이라고 하였다. '아침 + 점심 → 아점'이나

1.3.1. 합성어, 파생어

새로운 단어의 형성에는 결합, 대치, 절단, 축약[24] 등의 다양한 방식이 활용될 수 있다. 이 중 가장 일반적인 것은 결합인데, 대체로 결합에 의한 단어 형성은 형식의 증가를 수반한다. 주지하는 바와 같이 한국어의 단어는 크게 단일어와 복합어로 나누어지는데, 이때 복합어는 둘 이상의 구성요소 간의 결합을 통해서 형성되는 단어이다.

  (16) 어휘적 단어[25]의 분류 체계(최형용 2016)

'웃기다 + 슬프다 → 웃프다'가 그 예인데, 이들은 결합되는 요소의 합보다 결합의 결과물로서 도출된 단어가 더 작다는 점에서 형식적 감소를 보이지만 단어 형성에 사용된 방법은 결합이라는 것이다. 이러한 논의를 고려한다면 국립국어원 신어 보고서에서 두음절어와 혼성어를 합성어의 하위 유형으로 다룬 사정을 이해할 수 있다. 그러나 여기에서는 '절단'의 과정을 고려하여 두음절어, 혼성어를 합성어와 달리 처리하되, 두음절어는 결합 후 절단, 혼성어는 절단 후 결합 과정을 거친 것으로 보아 서로 구분되는 개념으로 사용한다. 이와 관련한 내용은 오규환(2016)을 참고할 것.

24) 이 절에서는 결합, 절단에 의하여 형성된 신어의 유형만을 제시하며, 대치에 의한 신어 형성은 유추를 본격적으로 다루는 6장에서 다룰 것이다. 또한 축약에 의한 신어 형성은 앞에서도 언급한 바와 같이 대부분 음운론적 신어와 관련되는 개념으로, 본서의 직접적인 논의 대상에서는 다소 벗어난다. 또한 축약 과정을 거쳐 형성된 신어는 대부분이 대치, 탈락, 첨가 등의 음운 현상을 수반하는 경우가 많아 그것을 별개로 다루기에는 어려움이 있다.

25) 최형용(2016 : 67-80)에서는 단어 개념의 모호성을 지적하고 단어라는 용어를 '음운론적 단어, 문법적 단어₁, 문법적 단어₂, 어휘적 단어'로 구분하여 사용할 것을 제시하였다. 이때 어휘적 단어는 그 의미가 실질적이어서 곧 문법적이지 않은 단어를 가리키는 개념으로, 단어 형성의 직접적인 대상이 된다.

(16)에 따른 복합어는 구성요소의 종류에 따라 두 가지로 나눌 수 있는데, 하나는 어휘 형태소가 결합하여 형성된 합성어(compound word)이다. 합성어는 '강산, 바닷물'과 같이 어근끼리 결합한 것으로, '설탕수저(2016)[26], 고독방(2018)[27], 귀족턱(2019)[28]' 등과 같은 신어에서도 합성에 의한 단어 형성이 확인된다. 다른 하나는 어휘 형태소와 문법 형태소가 결합한 것으로, 이는 문법 형태소의 성격에 따라서 다시 둘로 나눌 수 있다. 문법 형태소가 접사인 경우에는[29] 파생어(derivative word), 조사나 어미인 경우에는 통사적 결합어가 형성되는데, 통사적 결합어에 대해서는 §1.3.4에서 따로 다루도록 한다. 어근과 접사가 결합한 파생어 역시 '어그로꾼(2014), 안아키족(2017)[30], 공송장(2019)[31]' 등과 같이 신어에서 활발하게 생산되는 것을 확인할 수 있다.

---

26) 단맛에 중독된 사람을 비유적으로 이르는 말. 영아 때부터 당분이 많이 함유된 분유를 먹어 단맛에 길들여진 세대의 사람들을 뜻한다.
27) 누리 소통망 서비스(SNS)에서, 대화를 전혀 나누지 않고 사진만으로 소통하는 단체 대화방을 이르는 말. 이 채팅방에서 대화를 하게 될 경우 강제로 퇴장당할 수 있다.
28) 귀밑 아래턱 모양이 완만하지 않고 'ㄴ' 자 모양에 가깝게 각진 턱. 지적이면서 우아한 분위기를 풍기는 턱을 이르는 말이다.
29) 이와 관련하여 정한데로(2019b : 55-56)에서는 접사를 문법 형태소로 파악하는 것은 재고의 여지가 있음을 지적하였다. 정한데로(2019b : 55)에 따르면 접두사 '덧-, 맨-; 들-, 짓-; 드-, 새-' 등은 명사 또는 동사, 형용사에 결합하여 일정한 의미를 더해 주는 역할을 하는데, 이는 접두사가 형태소로서 본연의 실질적인 의미를 가지고 어휘 형태소로서 기능함을 보여 준다는 것이다. 이는 접미사에서도 마찬가지인데, '놀-, 먹-' 등에 결합하는 '-이'가 동사 어근에 결합하여 그 품사를 바꾸는 기능을 하는 것은 문법적 기능으로 파악하기보다는 접미사가 가지고 있는 품사 정보가 파생어 전체에 그대로 실현된 것으로 볼 수 있다는 것이다. 이는 곧 문법적 기능과는 다른 문제이며 오히려 접미사 '-이'의 두드러지는 특징은 행위, 대상, 사람 등의 의미를 더해 주는 역할을 함을 보이는 것이기도 한데, 이에 따라 정한데로(2019b : 56)에서는 접사의 핵심적인 속성을 어휘적 역할로 보았다. 그러나 여기에서는 우선 일반적 견해에 따라 접사를 문법 형태소로 보도록 한다. 이와 관련한 자세한 내용은 정한데로(2019b)를 참고할 것.
30) 약을 안 쓰고 아이를 키우는 사람. 또는 그런 무리. 현대 의학의 치료 방법을 사용하지 않고 민간요법만으로 아이를 키우고자 하는 사람들의 모임인 한 인터넷 커뮤니티에서 유래한 말이다.
31) 허위로 보내는 짐의 내용을 적은 문서. 실제 물품을 납품하지 않았더라도 납품한 것처럼 꾸미기 위해 발행하는 문서를 말한다.

(17) 조어법별 신어의 분포

분류		수(개)	비율(%)
단일어	생성	6	2.8
	차용	8	3.7
복합어	합성	33	15.2
합성어	혼성	71	32.7
	축약	51	23.5
파생어	접두 파생	6	2.8
	접미 파생	42	19.3
계		217	100

2019년 신어 자료를 기준으로 혼성과 축약을 제외한 합성어는 15.2%, 접두 파생과 접미 파생에 의하여 형성된 파생어는 22.2%로 전체 신어 중 37.4%의 비중을 차지하고 있다. 이는 합성과 파생 등 구성요소 간의 결합을 통한 단어 형성 방식이 신어에서도 생산적으로 쓰이고 있음을 보여 주는 것이라 할 수 있다.

그런데 조어법에 따라 신어의 유형을 분류하는 데에는 다소간의 견해차가 발생할 수 있는데, 그것은 접사화되는 어휘 요소의 문제에서 비롯된다. 신어에서 사용되는 이른바 접사류는 문법 범주를 어떻게 설정할 것인가에서 시작하여 그 의미, 신어 형성 과정에서 보이는 특성 등을 중심으로 논의되어 왔다. 이에 관하여서는 3장에서 자세히 다룰 것인데, 여기에서는 '개-X'와 'X-템' 형식의 신어를 중심으로 간략하게 살펴보도록 한다. 국립국어원 신어 자료집에서는 '개-X' 형을 파생어, 'X-템' 형을 합성어로 처리하고 있는데, 이는 곧 '개-'는 접사로, '템'은 어근으로 처리하는 것으로 해석할 수 있다. 그런데 이러한 '개'와 '템'의 처리 문제는 그리 간단하지 않다.

(18) 가. 개소름(2014), 개이득(2015), 개사이다(2017)
　　　나. 개예쁘다(손평효 2014), 개좋다, 개달리다(천성호 2019)

손평효(2014 : 86)에서 지적한 바와 같이 (18)의 '개-X' 형식의 단어 혹은 단위들은 온라인이나 일상대화에서 매우 생산적인 쓰임을 보인다. 천성호(2019 : 57)에서는 일반적으로 접두사가 명사에 결합하여 의미를 한정해 주는 것과는 달리 신어에서 보이는 '개-'는 (18나)와 같이 용언 어근에 결합한다는 점을 지적하였는데, 이러한 '개'는 그 문법 범주 설정 문제와 함께 역문법화 논의의 대상이 되기도 하였다.

(19) 가. 개 예쁘다
나. 개예쁘다

(19가)는 '개'를 부사로 파악하여 별개의 단어로 처리하는 것이고, (19나)는 '개-'를 접사로 파악하여 '개-X' 형식 자체를 하나의 단어로 처리하는 것이다. '개'를 부사로 처리한 노명희(2013)에서는 역문법화를 통하여 이를 설명하였는데, 이에 따르면 주로 고유어 명사 앞에서 부정적인 의미를 더해 주는 접두사 '개-'가 최근 신어에서는 어기 제약, 의미 제약이 없이 부사로 사용되고 있다. 다시 말하여 '개 시끄럽다, 개 귀찮다, 개 좋다'와 같이 체언 어기뿐만 아니라 용언 어기와 결합하여 사용된다는 점, 부정적인 의미를 나타내다가 후행어를 강조하기 위하여 사용된다는 점에서 그를 확인할 수 있다는 것이다. 그러나 손평효(2014)에서는 '개'가 접사에서 부사로 역문법화된 것이라면 부사의 특성을 가져야 하는데 그렇지 못하다는 점을 근거로 '개-'를 접사로 보았다. 손평효(2014 : 98)에서는 음운론적, 형태론적, 통사론적, 의미론적 근거를 들어 신어에서 사용되는 '개-'를 부사성 접두사로 볼 수 있음을 밝혔는데, 특히 '개'가 단독으로 쓰이기 어려우며 자립성의 측면에서 부사와 차이를 보임을 들어 접두사로 보는 것이 적절하다고 본 것이다.

(20) 가. 꾸러기템(2014), 인생템(2015), 과시템(2018)
나. 핫템(2016), 믿쓰템(2019)[32]

한편 (20)에서 제시한 '템'은 '아이템'에서 절단된 형식으로, '개'와 마찬가지로 신어 형성에 상당히 활발하게 참여한다. 이은섭(2007)에서는 이러한 '-템'이 자립적으로 쓰이지는 못하나 어근의 기능을 가지는 것으로 보아 이를 의사 어근으로 처리한 바 있고, 이선영(2016)에서는 '템'이 단독으로 쓰이지 않고 주로 합성어에 쓰이는 경우가 많음을 지적한 바 있다. 신어의 형성에 참여하는 '템'은 대체로 단어의 후행요소로 쓰이고 '~ 하는 물건'이라는 의미를 더해 주는 것으로 해석하여 접미사로 볼 가능성이 있으나 이선영·이영경 (2017)에서 지적한 바와 같이 '비자립성'과 '의미의 변화'의 기준에서는 접사로 보기 어려운 측면이 있다. (20)과 같은 예에서 사용된 '템'은 일음절로 절단되어 쓰임에도 원형식인 '아이템'의 의미를 그대로 유지하고 있는 것을 확인할 수 있어 '의미의 변화' 측면에서 접사로 보기 어렵다는 것이다. 또한 '다들 무시무시한 템을 갖추고' 등의 예에서 볼 수 있는 것과 같이 특정 분야에 한정되어 있기는 하지만 단독으로 쓰이는 용례를 확인할 수 있어 '비자립성'의 측면에서도 접사로 처리하기에는 무리가 있다(이선영·이영경 2017 : 173).

신어의 형성에서는 이렇듯 원형식을 절단하여 그것을 단어의 구성요소로 활용하는 경우가 매우 흔하게 발견되는데 이는 합성어와 파생어의 구분뿐만 아니라 해당 단위 혹은 구성요소의 문법 범주를 어떻게 처리할 것인가와도 연결되기 때문에 그 문제가 간단하지 않다. 이러한 합성어와 파생어에 대해서는 3장에서 다루도록 한다.

1.3.2. 두음절어

합성과 파생은 형태소와 형태소가 결합하여 형성되는 '형식의 증가' 차원에 초점을 맞춘 단어 형성 방식이라고 할 수 있는데, 최근의 신어 형성에서는

---

32) '믿고 쓰는 아이템'이라는 뜻으로, 품질을 신뢰하고 사용하는 물건을 이르는 말.

'형식의 감소'를 보이는 단어 형성 방식이 매우 활발하게 활용되고 있다. 그중 대표적인 것이 바로 두음절어인데, 두음절어는 단어의 첫음절을 따서 형성된 단어로서 'acronym'에 해당하는 용어이다. 이러한 두음절어는 혼성어와 함께 신어에서 가장 활발하게 보이는 유형이다.

(21) 연도별 신어 자료집의 축약어 분포 비율(2014~2019)

연도	2014	2015	2016	2017	2018	2019
단어 수(개)	44	49	42	34	36	51
비율(%)	17.9	27.2	17.0	18.1	16.2	23.5

(21)은 2014년부터 2019년까지 6년간 국립국어원 신어 자료집에 실린 축약어의 비율을 제시한 것이다. 신어 자료집의 축약어는 두음절어 외에도 '성장, 얼집' 같은 음운론적 축약 과정을 거친 축약어를 함께 다루고 있다는 점에서 약간의 오차는 보일 수 있겠으나 이러한 음운론적 신어는 그 수가 극히 적어 (21)을 통하여 전체 신어 대비 두음절어의 비율을 대략적으로는 확인할 수 있을 것으로 판단된다. 2019년 신어 자료집을 기준으로, 축약어의 비율이 혼성어 다음으로 많은 것으로 보건대 한국어 신어에서 절단을 통한 두음절어의 생성은 매우 생산적인 것으로 확인된다.

그간의 한국어 단어 형성론에서는 이러한 두음절어와 관련하여 '두자어', '음절 생략형', '약어', '두음절어', '어두음절어' 등의 다양한 용어를 사용하여 왔다.[33]

---

[33] 김혜지(2016)과 정한데로(2019b)에서는 음소나 음절이 줄어들어 형성된 '노조(노동조합), 노사모(노무현을 사랑하는 사람들의 모임)' 등에 대하여 '축약형 단어' 또는 '축약어'라는 용어를 사용하였는데, 이는 'abbreiviation'에 대응하는 개념이다. 김혜지(2016)은 두음절어와 혼성어 등 어떤 단어의 일부가 절단되어 형성된 단어를 가리키는 포괄적 의미의 축약형 단어라는 용어를 사용하였고, 정한데로(2019b : 147-150)에서는 두음절어뿐만 아니라 절단어(clipped word)를 포함하는 개념으로서 축약어라는 용어를 사용한 것으로 확인된다. 두 논의에서 지적한 것처럼 한국어에서는 '임란(임진왜란), 전교조(전국 교직

(22) 가. 두자어 : 각 단어의 첫음절을 취하여 형성되는 단어(송철의 1993)

　　나. 음절 생략형 : 구의 두 직접성분이나 합성명사의 두 어근이 각각 하나의 음절만을 남긴 채 나머지 음절들을 생략시켜서 형성된 것 (이은섭 2007)

　　다. 약어 : 원형식으로부터 불규칙한 형식의 삭감 또는 형태론적인 축소를 통하여 형성된 것(이호승 2014)

　　라. 두음절어 : 원래의 형태가 언중들에게 하나의 단위로 인식되며, 이들 단어의 첫음절을 결합하여 새로운 단어를 만든 것(노명희 2010, 이영제 2015)

　　마. 어두음절어 : 단어의 첫음절을 따서 만든 것으로, 그 형태만으로는 의미와 내적 구조를 알기 어려운 단어(박보연 2005, 시정곤 2006)

　노명희(2010), 이영제(2015), 정한데로(2019b) 등에서 지적한 바와 같이 인구어의 'acronym'은 'UN(← United Nations)'이나 'FBI(← Federal Bureau of Investigation)' 등 주로 단어의 첫 번째 글자, 음소를 기준으로 새로운 단어를 만들기 때문에 '두문자어(頭文字語)' 혹은 '두자어(頭字語)'로 번역될 수 있다. 그러나 한국어는 음절 단위를 결합하여 새로운 단어를 형성하는 것이 일반적이라는 점에서 인구어와는 사정이 다르다.[34]

　이은섭(2007 : 107)에서는 이러한 두음절어를 만들 때 생략되지 않는 음절, 즉 '디지털 카메라(→ 디카)'에서 '디'와 '카' 같은 요소가 원형식의 의미를 표상할 수 있다고 언급한 바 있다. 다시 말하면 음절의 생략이 불규칙적이라

원 노동조합)' 등과 같은 예에서 볼 수 있는 바와 같이 원형식이 줄어들 때에 반드시 각 단어의 첫음절만을 취하는 것은 아니라는 점을 고려할 필요가 있다.

34) 이영제(2015)에서는 한국어에서도 경우에 따라서는 어두의 첫 번째 자음을 따서 'ㅈㄱ', 'ㅈㄱㄴ' 등의 형식을 만들기도 함을 지적하고, 이를 '두자음어'로 가리켜 두음절어와는 구분되는 별개의 유형으로 제시하기도 하였다. 그러나 노명희(2010)에서는 한국어에서는 자모 단위로 형성되는 두문자어가 없음을 언급한 바 있는데, 이것은 'ㄱㅅ', 'ㅅㄹ' 등의 이른바 두자음어가 표기상에서만 확인되고 일상언어 혹은 음성언어 환경에서는 쓰이지 않는다는 점을 들어 두자음어가 실질적으로 단어의 자격을 갖기 어렵다고 본 것이다.

는 점을 지적한 것이기도 한데, 이는 최근의 신어 형성의 특성을 반영한 것이라 할 수 있다. 노명희(2010 : 262)에서도 지적한 것처럼 본래 두음절어는 한자어에서 흔히 볼 수 있었던 것으로, 한자어에 비하여 고유어 두음절어는 원래 형태를 예측하기 힘들어 의미를 떠올리는 데에도 어려움이 따르기 때문에 형성이 활발하지 않았던 것으로 보인다. 그러나 최근에 형성되는 신어의 예를 보면 어종에 관계없이 짧게 줄여 써서 경제적 측면과 언어유희적 측면을 강조하는 경향이 있기 때문에 두음절어를 형성할 때에 원형식의 의미 표상을 담당할 수 있는 음절을 선택하게 된다는 것이다. 즉 단어나 구로부터 형성된 두음절어가 반드시 각 단어의 첫음절을 취하지 않는 것은 원형식의 의미를 잘 전달하기 위하여 의미적으로 유표적인 요소를 선택하기 때문이라고 해석된다. 다만 두음절어 형성에서 선택되는 음절이 대부분 첫음절인 것은 첫음절이 의미적으로 유표적이기 때문이라고 해석할 수 있다. 본서에서는 기존 연구들의 견해를 수용하여 '두음절어'라는 개념어를 사용하고, 단어 혹은 구 등의 원형식에서 (대체로) 첫음절을 따서 줄임말로 만드는 과정을 '두음절어화(acronymization)'로 가리키도록 한다.[35]

이러한 두음절어와 관련하여서는 원형식과 줄어든 형식 간의 형태적 차이뿐만 아니라 의미적 차이에 대한 논의도 진행되어 왔다(김혜지 2016, 정한데로 2019b 등).

   (23) 가. 비번(**비**밀**번**호), 뿌염(**뿌**리**염**색), 프사(**프**로필 **사**진)
        나. 따아(**따**뜻한 **아**메리카노), 별다줄(**별** 걸 **다 줄**인다)

---

35) 물론 단어나 구의 첫음절을 따서 형성한 단어를 두음절어, '임란(← 임진왜란)' 등과 같이 첫음절이 아닌 다른 음절을 따서 형성한 단어를 비두음절어로 구분하는 경우가 있다. 그러나 본서의 관심은 이러한 용어상의 구분에 있지 않다. 다만 신어 형성 과정에서 보이는 두음절어의 양상을 살피는 데 목적이 있으므로 이러한 방식에 따라 형성된 단어들을 모두 가리키는 포괄적 개념의 두음절어라는 용어를 사용하도록 한다. 이러한 두음절어의 용어 사용에 대해서는 4장에서 보다 더 자세히 살필 것이다.

(24) 가. 운도녀(**운**동화를 신고 출퇴근하는 **도**시의 **여**자), 쩍벌남(다리를 **쩍**
         벌리고 앉아서 다른 사람들에게 피해를 주는 **남**자)
     나. 숨멎(**숨**이 **멎**을 만큼 멋지거나 아름답다), 심쿵(**심**장이 **쿵**할 정도로
         귀엽거나 설레거나 무섭다)

(25) 가. 스압(**스**크롤 **압**박 → 긴 글), 짤방(**짤**림 **방**지 → 재미있는 사진이나
         그림)
     나. 엄친아(**엄**마 **친**구 **아**들 → 잘난 남자)

　　김혜지(2016 : 193-195)에서는 원형식과 두음절어 등 축약형 단어의 의미적
관계에 따라 그 양상을 세 가지로 분류하였다. (23)은 원형식과 두음절어가
특별한 의미 차이를 보이지 않아 문장을 구성할 때에 원형식과 두음절어가
자유롭게 교체되어 쓰일 수 있는 예이다. 이와는 달리 (24)는 단순한 원형식
의 절단형으로부터는 도출될 수 없는 추가적 의미가 부가되어 있는 경우이
며, (25)는 두음절어의 형태로부터는 그 의미를 포착해 내기 어려운 경우를
제시한 것이다. 이와 관련하여 정한데로(2019b)에서는 단어의 형성에서 화용
적 맥락(context)이 중요하게 작용함을 지적한 바 있다. 정한데로(2019b : 84)
에 따르면 단어의 형성은 명명 대상에서 시작하여 개념화를 거쳐 언어로
표현되는 과정으로 진행되는데, 이러한 단어 형성 과정을 볼 때 단어의 형성
에서 우선적으로 고려되는 것은 형태가 아닌 의미이다. (24나)에서 제시한
'숨멎'의 예를 살펴보면 '숨멎'의 의미에서 '멋지거나 아름답다'는 형태 구조
에서는 포착되지 않는다. 정한데로(2019b)의 논의를 참고할 때 명명 대상에
대한 개념을 언어로써 구조화하는 과정에서 생략된 '멋지거나 아름답다'라
는 의미는 단어 형성 과정에서 나타나는 화용적 맥락의 공백으로 해석할
수 있으며, 이는 곧 단어 형성에서 형태적 측면뿐만 아니라 맥락 의미 역시
매우 중요한 요소로서 작용함을 뜻하기도 한다. 이러한 의미적 측면, 화용적
맥락의 측면은 본서의 주된 관심사는 아니나 이는 단어 형성의 방식으로서

절단이 결합, 대치와 함께 다루어질 필요가 있으며 두음절어를 전통적인 단어 유형으로서 다루어 온 합성어, 파생어와 같은 층위에서 볼 가능성을 시사하는 것이기도 하다.

한편 앞서 언급한 바와 같이 두음절어는 논의에 따라서는 결합 후 절단 과정으로 볼 수도, 절단 후 결합의 과정으로 볼 수도 있어 그 정체성에 대한 해석의 여지가 있다. 결합 후 절단된 형식으로 본다면 단일어와 조금 더 가까운 성격을 가질 것이고, 절단 후 결합 과정을 거친 것으로 본다면 복합어로서 처리할 수 있을 것이기 때문이다. 또한 두음절어를 형성하는 데 참여하는 내부 요소가 과연 어떤 문법적 범주로 처리될 수 있을지 역시 논의의 여지가 있을 것으로 보이는데, 이는 4장에서 자세히 살펴보도록 한다.

1.3.3. 혼성어

두음절어와 함께 형식의 감소 측면에서 다루어지는 또 하나의 형태론적 대상은 혼성어(blended word)이다. 이미 잘 알려져 있는 바와 같이 혼성어는 두 단어의 일부를 절단하고 그것을 결합하여 형성한 단어이다. 송원용(2020 : 237)에서도 지적한 바와 같이 혼성어는 형성 과정에서 절단과 결합이라는 두 가지의 형태론적 조작이 동시에 관여한다는 점에서 절단어, 합성어와는 구분되며, 혼성어 형성에 관여하는 두 단어가 갖는 지시 대상의 속성을 모두 가지고 있다는 점에서 두음절어와도 구별된다.

(26) 연도별 신어 자료집의 혼성어 분포 비율(2014~2019)

연도	2014	2015	2016	2017	2018	2019
단어 수(개)	64	49	47	52	70	71
비율(%)	26.02	27.22	19.03	27.66	31.5	32.7

노명희(2010) 등에서 지적한 바와 같이 최근에 출현한 신어들 중에는 합성과 파생 외에도 혼성에 의한 단어 형성이 흔히 발견된다. (26)에서도 확인할 수 있는 것처럼 특히 2018, 2019년에는 전체 신어에서 혼성어가 차지하는 비율이 30%를 넘어 생성, 차용, 합성, 혼성, 축약, 접두파생, 접미파생 등 조어법에 따른 신어의 유형 중 가장 많은 비율을 차지한다.

이러한 혼성어는 두음절어와 비교하면 용어나 그 개념이 비교적 명확하다고 할 수 있다.

> (27) 가. 엄빠(← **엄**마+아**빠**), 칼제비(← **칼**국수+수**제비**)
> 　　 나. 팩력배(← **팩**트+폭**력배**), 호캉스(← **호**텔+바**캉스**)

노명희(2010), 정한데로(2019b) 등에서는 혼성어를 계열적 혼성어와 통합적 혼성어로 구분하였는데, 이에 따르면 (27가)는 혼성어를 구성하는 두 개의 구성요소가 서로 계열관계에 놓여 있어 '계열적 혼성어'라 부를 만한 것이고 (27나)는 구성요소가 통합관계를 보여 '통합적 혼성어'라 부를 만한 것이다. 그러나 이미 여러 논의에서 지적한 바와 같이 이러한 혼성어에 대해서는 합성어, 두음절어와의 구분이나 혼성어를 구성하는 내부 요소의 범주적 지위 등과 관련하여 논의의 여지가 있다. 우선 혼성은 합성처럼 둘 이상의 어기 단어로부터 도출되는데, 기존 논의들에서는 혼성어가 두 단어가 결합한 것이라는 점과 그 구성요소가 모두 어기의 자격을 갖는다는 점을 들어 혼성어를 합성어로 다루기도 하였다(노명희 2010 : 258).

> (28) 가. 부슬비(← 부슬+비), 지하상가(← 지하+상가), 강산(← 강+산)
> 　　 나. 라볶이(← **라**면+떡**볶이**), 쓰파라치(← **쓰**레기+파**파라치**)

(28가)는 합성어, (28나)는 혼성어의 예이다. 노명희(2010 : 258-259)에서 지적한 바와 같이 합성어는 결합한 두 어기의 형태가 유지되는 반면 혼성어의

구성요소로 쓰이는 어기는 절단 과정을 거치기 때문에 원래 단어의 형태를
예측하기 어렵다는 차이가 있다.[36)

> (29) 가. 몰카(← **몰래카**메라), 도촬(← **도둑 촬**영)
> 　　　나. 즐감(← **즐**거운 **감**상), 돌싱(← **돌**아온 **싱**글)

(29)는 두음절어의 예이다. 이러한 두음절어는 (28나)의 혼성어와 마찬가
지로 음절 단위로 이루어지며, 절단과 결합이라는 단어 형성 방식이 함께
적용된다는 점에서 혼성어와 구별하기 어려운 측면이 있다. 그러나 두음절어
는 의미적으로 원형식이 가진 의미와 대체적으로 같은 의미를 유지하는 반면
에 혼성어는 두 어기의 특성을 모두 가지기는 하지만 새로운 대상을 가리키
거나 새로운 개념을 나타내기 때문에 서로 구분된다(노명희 2010 : 262). 또한
정한데로(2019b : 153)에서 언급한 것처럼 두음절어는 그것이 형성될 때 단어
혹은 구에서 하나의 음절만을 선택하여 새로운 단어를 형성하는 데 비해
혼성어는 그러한 제약이 없다는 점에서도 차이를 보인다.

> (30) 가. 담파라치(2002), 식파라치(2002), 쓰파라치(2002), 땅파라치(2004),
> 　　　　 겜파라치(2006), 댓파라치(2006) …
> 　　　나. 숲세권(2015), 공세권(2016), 몰세권(2016), 강세권(2017), 뷰세권
> 　　　　 (2018), 편세권(2018), 놀세권(2019)[37) …

　이러한 혼성어의 형성에 사용되는 '-파라치', '-세권' 등의 문법 범주는 어

---

36) 이러한 전형적인 혼성어 외에도 '카케팅(← car+marketing)'처럼 앞의 어기는 원형식을
　　그대로 유지하고 뒤의 어기만 절단된 형식이 결합한 예도 보인다. 이러한 예는 전형적인
　　혼성어와 합성어의 중간적 성격을 지니는 것으로 보이는데, 이 역시 절단 과정을 수반한
　　다는 점에서는 혼성어로 취급할 만한 것으로 판단된다(노명희 2010). 이러한 혼성어의
　　유형 혹은 형성 방식에 대해서는 4장에서 자세히 다루도록 한다.
37) 아이들이 놀 공간이 인접해 있어 편리하게 이용할 수 있는 지역의 범위.

떻게 처리해야 하는가? 이는 §1.3.1에서 제시한 '템'과 같은 단위의 처리 문제와도 관련이 깊다. 강은경(2015)에서는 형태소는 아니지만 특정한 의미를 가지고 반복되어 나타나는 단어의 일부분을 파편(splinter)이라고 하고, 영어의 '-(a)holic'이나 '-gate', '-ade'와 같은 예를 제시한 바 있다. 이러한 단위들은 여러 단어에서 반복적으로 나타나면서도 어느 정도 일정한 의미를 가지고 있는데, 이들은 독립된 형태소로 존재하지는 않으나 일정한 형태로 반복적으로 단어 형성에 참여한다는 특징을 보인다. (30가)의 '-파라치'는 '위법적인 행위를 신고하여 보상금을 타 내는 일이나 그런 일을 하는 사람'의 의미를 가지면서 형태소보다 작은 단위, (30나)의 '-세권'은 '어떤 것이 인접해 있는 주거 지역'을 가리키며 두 개의 형태소가 결합한 단위이다. 이를 모두 일종의 파편으로 해석할 수 있다.[38] 이러한 파편은 논의에 따라서는 접미사로 처리하기도 하고, 결합형으로 처리하기도 한다.

어용에르덴(2019)에서는 '비자립성, 의미 변화 여부, 생산성, 어기 제약 여부'의 네 가지 접사화 판별 기준을 제시하고, 이에 따라 현대 한국어 신어에서 쓰이는 '꿀-, 혼-', '-바보, -절벽' 등을 '접사화 과정'에 있는 것으로 보았다. 이러한 단위는 단독으로는 쓰일 수 없는 의존적 성격을 가진다는 점, 다른 요소의 앞뒤에 붙어 특정한 의미를 더해 준다는 점, 신어 형성에 매우 생산적으로 참여한다는 점 등에서 일견 접사와 유사한 속성을 보이는 것처럼 보인다. 그러나 강은경(2015 : 675)에서 지적한 바와 같이 혼성어의 파편은 새로이 형성되는 신어만큼이나 생산적으로 생겨날 가능성이 있다는 점에서 그 수가 한정되어 있는 접사와는 성격을 달리한다. 또한 혼성어의 파편은 접사와는 달리 어기 제약이 뚜렷하게 드러나지 않는다는 점에도 주목할 필요가 있다.

---

38) '-파라치'나 '-세권'과 같은 단위를 어떻게 처리할 것인가에 대해서는 4장에서 자세히 다룰 것이다. 본장에서는 이에 대한 판단은 유보하기로 하되, 이러한 단위를 지칭하기 위하여 우선은 '혼성어의 한 부분 또는 구성요소'라는 의미를 고려하여 '파편'이라는 용어를 사용하도록 한다.

(30가)에서 확인할 수 있는 바와 같이 '-파라치' 앞에 결합하는 요소는 축약형('겜'), 절단형('담', '댓', '쓰'), 체언('땅'), 한자어 어근('식')으로 어기의 문법 범주에 상관없이 자유롭게 결합한다. 이는 일반적인 접사가 가진 특성과는 달라 혼성어의 파편을 접미사로 볼 수 있을지에 대한 의문이 제기된다.

이와 관련하여 OED(Oxford English Dictionary)에서는 '결합형(combining form)'이라는 개념어를 제시하고 있는데, 결합형은 혼자서 쓰이지는 못하나 어휘적인 의미를 지니면서 반복적으로 다른 요소와 결합하여 새로운 단어를 만드는 의존적인 언어 형식을 가리킨다(강은경 2015 : 666). Mattiello(2017)에서는 결합형이 안정적인 의미와 고정된 형식을 가지고 있다는 점에서 접사와 유사한 측면이 있음을 인정하되, 그 의미가 접사에 비하여 실질적이고 구체적이라는 점에서 구별된다고 보았다. 접사와 결합형의 차이는 강은경(2015 : 671)를 통해서도 확인되는데, 강은경(2015)에 따르면 Prćić(2005, 2008)에서는 접미사는 어떤 어기에 결합하여 그 어기의 문법 범주를 바꾸기도 하지만 결합형은 독립된 단어처럼 행동하면서 결합하는 어기의 품사를 변화시키지 않으며, 접사는 어기 단어와 종속적 의미 관계를 형성하는 데 반하여 결합형은 결합적인 의미 관계를 보인다는 점에서 차이를 보인다고 지적한 바 있다. 한편, '파편' 대신 '결합형'이라는 개념어를 택하는 것은 '어떤 단어로부터 떨어져 나온 조각'이라는 수동적 의미보다는 '다른 단어에 결합하여 새로운 단어를 형성하는' 단어 형성에 대한 적극적 양상을 부각하기 위한 것으로 보이는데, 이러한 파편과 결합형에 대한 본격적 논의는 4장에서 진행된다.

1.3.4. 통사적 결합어

마지막으로 살펴볼 신어의 유형은 통사적 결합어(syntactically combined word)이다. 한국어에서는 조사나 어미가 어휘적 단어의 형성에 참여하는 경우가 있는데, 이를 통사적 결합어라 한다.

(31) 가. 물이못나게, 떡을할, 별의별; 단숨에, 눈엣가시, 공으로

　　　나. 새벽같이, 너무나, 그나마, 그야말로, 뜻대로

(32) 가. 어르신, 이보시오, 섰다판; 먹자골목, 가타부타; 부서지다, 가당찮다

　　　나. 가는귀, 뜬소문, 어린이, 건널목, 썰물, 돋보기, 가르침, 춤[39]

최형용(2016)에서는 (31)과 같은 조사 결합어, (32)와 같은 어미 결합어를 통사적 결합어로 보고 이러한 통사적 결합어가 합성어, 파생어와 같은 층위에서 다루어져야 한다고 보았다. 전통적으로는 단어의 유형을 단일어와 복합어로 이분하고, 복합어를 다시 합성어와 파생어로 나누어 (31), (32)의 단어들역시 모두 파생어로 분류하여 그러한 단어의 형성에 참여한 조사나 어미를 모두 접미사로 간주하였다. 그러나 최형용(2016 : 455)에서 지적하고 있는 것처럼 '별의별, 이보시오, 먹자골목' 등과 같이 조사나 어미가 어휘적 단어의 끝이 아닌 중간에 결합하여 있는 경우에는 접미사로 처리하기 어려운 지점이 분명히 존재한다. 또한 단어 형성에 참여하는 조사나 어미가 접미사라면 그것이 결합하는 어기에 일정한 제약이 필요한 터인데 그렇지 않다는 점도 조사, 어미를 접미사로 처리하기 어려운 근거가 된다. 이러한 견해에 따르면 단어 형성 과정에서 보이는 조사, 어미의 참여는 오히려 한국어의 교착어적 성격을 보여 주는 것이기 때문에 이를 고려하여 합성어, 파생어와는 구분되는 통사적 결합어를 인정하면 단어 형성 요소로서 조사와 어미의 결합 양상

---

39) 논의에 따라서는 (32나)의 '돋보기, 가르침, 춤' 등의 형성에 참여한 '-기'와 '-음'을 명사 파생 접미사로 처리하여 명사형 전성 어미 '-기, -음'과 구분하는 경우가 있다. 이와 관련하여 최형용(2016 : 471)에서는 '-기'나 '-음'을 그 쓰임에 따라서 접미사 또는 어미로 구분하는 것은 분석에 기반한 처리일 가능성이 높은데, 형성의 측면에서는 접미사로서의 '-기, -음'과 어미로서의 '-기, -음'을 구분하는 것이 쉽지 않으며 다른 어미들도 이와 같이 처리해야 한다는 점에서 부담이 크다는 점을 지적한 바가 있다. 그러나 이 장의 관심은 접미사와 어미를 구분하는 데에 놓여 있지 않으므로 이에 대한 판단은 다른 자리로 미루어 두도록 하고, 기존 논의에 따라 '돋보기, 가르침, 춤'과 같은 예를 통사적 결합어로 처리하기로 한다.

을 살필 수 있을 뿐만 아니라 이를 통해 한국어 단어 형성의 본질을 확인할
수도 있다. 통사적 결합어의 형성에 참여하는 조사와 어미는 다양하게 나타
나는데, 문법격 조사나 의미격 조사 등의 격 조사, 보조사와 선어말어미, 종결
어미, 어말어미뿐만 아니라 전성어미까지 모두 단어의 형성에 참여한다.

　이러한 통사적 결합어는 앞서 살펴본 다른 유형의 단어들에 비해서 신어
에서의 형성이 활발하지 못한데,[40] 일부 예를 살펴보면 다음과 같다.

> (33) 가. 골로족(2018)[41]
>
> 　　나. 감아오기(2019)[42]; 개린이(2016),[43] 완깐(2019); 낯설렘(2019), 놀앎
> 　　러(2019)

---

40) 이는 기왕의 통사적 결합어라 할 수 있는 단어들이 구 구성으로부터 단어화한 것으로
　　볼 가능성이 크다는 점도 관련되는데, 구 구성이 단어화하기 위하여서는 통시적이든
　　공시적이든 단어화의 절차를 거쳐야 한다. 그러나 활발한 생성 단계에 있는 신어의 경우
　　에는 구 구성의 단어화를 거친 통사적 결합어를 형성하는 것보다는 그때 그때의 필요에
　　따라 구나 문장 단위로 개념을 언어화하는 경향성이 높을 것으로 보이며, 그러한 언어
　　단위의 단어화 절차는 아직 일어나지 않은 것으로 볼 수도 있다. 다른 한편으로는 최근
　　형성되는 신어는 새로운 단어를 창조해 내는 경우도 있으나 기존의 단어를 활용하여
　　그 일부를 대치함으로써 새로운 단어를 형성하는 경우가 많은 것으로 보이는데, 신어의
　　대부분이 명사임을 고려할 때 부사어로서의 쓰임을 많이 보이는 통사적 결합어를 활용할
　　가능성이 낮기 때문에 신어에서의 통사적 결합어 형성 역시 적을 수밖에 없는 것이 아닌
　　가 짐작해 볼 수 있다.
41) 내일을 대비하기 위해 돈을 아끼며 사는 사람. 또는 그런 무리. "'욜로'를 즐기려다가
　　'골로 간다.'"라는 뜻에서 나온 말이다.
42) 창업 컨설턴트가 신규 창업자에게 득이 되는 것이 아니라 자신에게 득이 되도록 창업을
　　기획하여 신규 창업자들을 유인하는 일. 이름만 있거나 영업이 제대로 되지 않는 프랜차
　　이즈로 유도하는 경우가 대부분이어서 새로운 사회적 문제가 되고 있다.
43) '개린이(← 개+어린이)'는 혼성어로 볼 수도 있지만 여기에서는 관형사형 어미 '-ㄴ'을
　　고려하여 통사적 결합어의 예로 제시한다. 한편 '개린이'가 형성된 근거 단어인 '어린이'
　　에서 '어린'은 '어리-'에 관형사형 어미 '-ㄴ'이 결합한 것으로 해석할 수 있는 데 반해
　　'개린이'는 '개리-'라는 형태가 존재하지 않고 그것이 어떠한 의미를 가지지도 않으므로
　　'어린이'와 같이 통사적 결합어로 볼 수 있는가 하는 의문을 제기할 수 있다. 이러한 의문
　　제기가 일견 타당하기는 하나 '개린이'를 '개'와 '어린이'의 혼성의 결과로 보고 '린이'
　　자체를 하나의 파편으로 보더라도 이때 단어 형성에 참여한 '-ㄴ'이 관형사형 어미라는
　　점에서는 이견의 여지가 없을 것으로 보인다.

(33)은 2014년부터 2019년 신어에서 발견되는 통사적 결합어이다. (33가)는 부사격 조사 '로'가 결합한 것이고, (33나)는 연결어미 '-아', 관형사형 전성어미 '-ㄴ', 명사형 전성어미 '-음'이 결합한 예이다.

이러한 통사적 결합어와 관련하여 정한데로(2019b)에서는 '어린이, 진흙', '끼어들다, 들어가다, 먹고살다'와 같은 예를 통사적 복합어로 명명하고, 이들의 형성을 통사론적 구성의 단어화에 따른 것이라고 본 바 있다. '통사론적 구성의 단어화'는 애초에 조사와 어미가 문장 형성의 원리에 따라 만들어진 구성에 참여한 이후에 통시적 혹은 공시적 절차를 거쳐 단어화하였음을 의미한다.

(34) 가. 운동장에 [어린 이]$_{NP}$가 많다.
　　　나. 운동장에 [어린이]$_N$가 많다.

(35) 통사론적 구성의 단어화(이상욱 2004)

'어린이'라는 단어가 통시적으로 단어화하여 형성된 것으로 본다면, (34가)와 같은 문장이 자주 쓰이다가 '어린 이'라는 통사론적 구성이 하나의 단어로 굳어지면서 '어린이'라는 단어가 형성되었다고 볼 수 있다. 그러나 공시적 차원에서는 화자의 명명 필요에 따라 즉각적으로 통사론적 구성이 단어가 되었다고 볼 수 있는데, 이상욱(2004), 정한데로(2019b : 143) 등에 따르면 명명 동기에 따라서 화자는 형태론적 절차에 따라 어근과 어근을 결합하여 새로운 단어를 형성할 수도 있지만 통사론적 절차를 활용하여 개념을 언어화함으로써 새로운 단어를 형성할 수도 있다는 것이다. (35)를 통하여 그러한 절차적 과정을 확인할 수 있는데, 이러한 통사적 결합어의 형성 문제는 5장에서 보다 자세히 다루도록 한다.

1.4. 나가기

이 장에서는 신어와 관련되는 여러 개념을 살펴보고 이 책의 논의 전개를 위한 신어 개념과 범위를 획정하였다. 또한 형태론적 측면에서 신어의 유형을 분류하여 본서가 '단어 형성'의 관점에서 신어를 다룰 것임을 시사하였다. 본장의 내용을 정리하면 다음과 같다.

본서에서 다루는 신어는 'new word'를 가리키는 개념으로서 기존 논의에서 다루어 온 임시어와 신조어를 포괄하는 개념이다. 이는 언어 현실을 고려할 때 임시어와 신조어의 경계를 명확히 구분하기 어려운 점을 고려한 것인 동시에 본서의 목적이 한국어 화자들의 단어 형성 능력과 그 결과물로 형성된 새로운 단어, 즉 신어의 형성 과정 자체를 설명하는 데 있음을 나타내는 것이기도 하다. 또한 이 책에서는 '단어'의 '형성'을 신어를 통해서 살피는 데 집중할 것이므로 기존 논의에서 다루어 온 구 단위 신어, 의미적 신어, 음운론적 신어는 연구 대상에서 제외하고, 신어 중에서도 결합과 절단, 대치라는 형태론적 조작 과정을 거쳐 형성된 단어들을 대상으로 할 것임을 밝혔다. 이에 따른 이 책의 연구 대상은 합성어, 파생어, 두음절어, 혼성어, 통사적 결합어의 다섯 가지로 나누어진다.

이후 본서의 구성은 다음과 같이 제시된다.

2장 – 한국어 신어의 품사적 특성
3장 – 한국어 신어 형성에서의 파생어와 합성어
4장 – 한국어 신어 형성과 두음절어, 혼성어

　　새로운 단어로서의 신어를 다루는 본서에서는 조어법에 따른 여러 유형의 신어의 형성 과정을 살펴보는 것뿐만 아니라 신어에서 나타나는 품사적 특성을 확인하는 것 역시 매우 중요하다. 김혜지(2021 : 215)에서 지적한 것과 같이 최근에 보이는 신어들이 형태소 간의 결합 등을 통하여 완전히 새롭게 형성되기보다는 기존 단어들과의 유사성에 따라 형성된 것들이 많음을 고려할 때 신어 형성 기제로서의 유추에 대하여 살펴보는 것 역시 본서의 주안점 중 하나이다. 또한 본서에서는 신어를 형성의 측면에서 고찰하는 것을 넘어 형성의 결과물로서 도출된 신어들이 의미적으로 가지는 의미 관계를 확인함으로써 단어들이 그것의 형성 과정에서뿐만 아니라 형성의 결과로서도 어휘부 내에서 여러 층위의 연관성을 가질 수 있음에도 주목하고자 한다. 한편 한국어뿐만 아니라 중국어, 일본어 등 여러 언어와의 대조 연구를 통하여 한국어 신어 형성의 특성을 살펴보고자 하는데, 이 책은 이러한 논의 전개를 통하여 한국어 연구에서 신어가 가지는 형태론적 의의를 확인하고 한국어 신어의 본질에 한발짝 더 다가가고자 한다는 데서 그 의미를 찾을 수 있을 것으로 기대된다.

참고문헌

||논저류||

강옥미(2018), 「야민정음과 급식체의 해체주의 표현연구」, 『인문학연구』 56, 조선대학교 인문학연구원, 325-349.

강은경(2015), 「형태범주의 연속성에 대한 연구 - 영어혼성어의 파편을 중심으로」, 『언어연구』 30-4, 한국현대언어학회, 663-684.

강희숙(2012), 「통신언어에 나타난 역문법화 현상 고찰」, 『한민족어문학』 61, 한민족어문학회, 61-87.

고영근·구본관(2018), 『우리말 문법론』, 집문당.

고창수(1992), 「국어의 통사적 어형성」, 『국어학』 22, 국어학회, 259-269.

곽유석(2017), 「혼성어 형성에 대한 소고」, 『형태론』 19-1, 형태론, 1-24.

구본관(1998), 『15세기 국어 파생법에 대한 연구』, 태학사.

국립국어원(2014), 『2014년 신어』.

국립국어원(2015), 『2015년 신어』.

국립국어원(2016), 『2016년 신어 조사 및 사용 주기 조사』.

국립국어원(2017), 『2017년 신어 조사』.

국립국어원(2018), 『2018년 신어 조사』.

국립국어원(2019), 『2019년 신어 조사』.

국립국어원 편(2007), 『사전에 없는 말 신조어』, 태학사.

김광해(1993), 『국어 어휘론 개설』, 집문당.

김명희(1997), 「현대 국어의 두자어 형성에 대한 일고찰」, 『연구논문집』 35, 성신여자대학교, 1-19.

김병건(2017), 「한국어 혼성어에 대한 재고 - 신조어를 중심으로」, 『한민족문화연구』 59, 한민족문화학회, 165-188.

김선철(2011), 「통신언어 준말의 형성에 대한 음운론·형태론적 고찰」, 『언어학』 61, 한국언어학회, 115-129.

김용선(2008), 「국어 신어의 어기에 대하여」, 『개신어문연구』 27, 개신어문학회, 5-40.

김용선(2010), 「현대 국어의 신어 형성 연구」, 충북대학교 박사학위논문.

김일환(2014), 「신어의 생성과 정착」, 『한국사전학』 24, 한국사전학회, 98-125.

김혜지(2016), 「축약형 단어와 유추」, 『형태론』 18-2, 형태론, 183-216.

김혜지(2021), 「단어 형성 기제로서의 유추에 대한 재고찰 - 유추의 유형 분류를 중심으로」, 『국어학』 99, 국어학회, 211-245.

김혜지(2022), 「유추에 의한 신어 형성 연구」, 이화여자대학교 박사학위논문.

남기심·고영근·유현경·최형용(2019), 『새로 쓴 표준 국어 문법론』, 한국문화사.

남길임(2020), 「신어의 빈도와 관련한 몇 가지 문제」, 『한국어 의미학』 68, 한국어의미학회, 213-239.

남길임·이수진·최준(2017), 「대규모 웹크롤링 말뭉치를 활용한 신어 사용 추이 조사의 현황과 쟁점」, 『한국사전학』 29, 한국사전학회, 72-106.

남길임·이수진·최준(2018), 「웹 말뭉치를 활용한 의미적 신어의 연구 동향과 쟁점」, 『한국사전학』 31, 한국사전학회, 55-84.

노명희(2010), 「혼성어 형성 방식에 대한 고찰」, 『국어학』 58, 국어학회, 255-281.

노명희(2013), 「국어의 탈문법화 현상과 단어화」, 『국어학』 67, 국어학회, 107-144.

노명희(2018), 「임시어의 특성과 유형」, 『국어학』 85, 국어학회, 45-82.

노명희(2019), 「신어에 나타나는 약어의 특징과 통합적 혼성어」, 『국어학』 91, 국어학회, 27-56.

문금현(1999), 「현대국어 신어의 유형 분류 및 생성 원리」, 『국어학』 33, 국어학회, 295-325.

문금현(2019), 「신어 생성의 최근 경향 분석 - 극한표현을 중심으로」, 『어문학』 145, 151-277.

박광길·최윤(2017), 「우리말샘(개방형 한국어 지식 대사전)을 활용한 신어 연구」, 『인문과학연구』 52, 243-266.

박보연(2005), 「현대국어 음절축소형에 대한 연구」, 서울대학교 석사학위논문.

박진호(1994), 「통사적 결합 관계와 논항구조」, 서울대학교 석사학위논문.

박진호(2016), 「'-었었-'의 단절과거 용법에 대한 재고찰」, 『한글』 311, 한글학회, 89-121.

손평효(2014), 「'개-'의 생산성과 범주 설정의 문제 - 신어 '개+X' 유형을 중심으로」, 『우리말연구』 39, 우리말학회, 86-116.

송원용(2000), 「현대국어 임시어의 형태론」, 『형태론』 2-1, 형태론, 1-16.

송원용(2002a), 「형태론과 공시태·통시태」, 『국어국문학』 131, 국어국문학회, 165-190.

송원용(2005b), 「신어의 어휘부 등재 시점 연구」, 『국어학』 46, 국어학회, 97-123.

송원용(2010), 「형태론 연구의 쟁점과 전망」, 『한국어학』 48, 한국어학회, 1-44.

송원용(2020), 「혼성이라는 형태론적 과정의 재구성」, 『형태론』 22-2, 형태론, 236-284.

시정곤(1999), 「규칙은 과연 필요 없는가?」, 『형태론』 1-2, 형태론, 261-283.

시정곤(2001), 「국어의 어휘부 사전에 대한 연구」, 『언어연구』 17-1, 한국현대언어학회, 163-184.

시정곤(2006), 「사이버 언어의 조어법 연구」, 『한국어학』 31, 한국어학회, 215-243.

안주현(2020), 「신어 형성의 음운론적 특성 연구 - 2002~2018년 신어를 대상으로」, 『어문론총』

84, 한국문학언어학회, 9-34.

안예림·서혜진(2020), 「신어 유형으로의 언어유희에 대하여-발화 실수를 넘어 신형어로」, 『한국어 의미학』 69, 한국어의미학회, 197-218.

양명희·박미은(2015), 「형식 삭감과 단어형성법」, 『우리말글』 64, 우리말글학회, 1-25.

어용에르덴(2019), 「신어 형성에서의 접사화에 대한 연구」, 『한중인문학연구』 65, 한중인문학회, 51-77.

오규환(2016), 「한국어 어휘 단위의 형성과 변화 연구」, 서울대학교 박사학위논문.

왕사우(2016), 「한국어 'N1+의+N2'형 단어에 대한 고찰」, 『형태론』 18-2, 형태론, 274-297.

왕사우(WANG SIYU)(2019), 「한국어 조사·어미 결합형 명사에 대한 연구」, 이화여자대학교 박사학위논문.

이상욱(2004), 「'-음', '-기' 명사형의 단어화에 대한 연구」, 서울대학교 석사학위논문.

이상욱(2007), 「임시어의 위상 정립을 위한 소고」, 『형태론』 9-1, 형태론, 47-67.

이선영(2007), 「국어 신어의 정착에 대한 연구」, 『한국어 의미학』 24, 한국어의미학회, 175-195.

이선영(2016), 「신어에서의 일음절 절단어에 대하여」, 『우리말 글』 70, 우리말글학회, 49-71.

이선영(2017), 「2010년대 신어의 몇 가지 특징」, 『한국어학』 75, 한국어학회, 223-242.

이선영·이영경(2019), 「신어 형성과 어휘의 확장 - '템' 관련 신어를 중심으로」, 『반교어문연구』 51, 반교어문학회, 169-189.

이영제(2015), 「한국어의 두음어화 연구 - 통사적 구성의 두음어화를 중심으로」, 『한국어학』 69, 한국어학회, 165-198.

이은섭(2007), 「형식이 삭감된 단위의 형태론적 정체성」, 『형태론』 9-1, 형태론, 93-113.

이주영·김정남(2014), 「형태 축소를 통한 한국어 신어 형성 연구 - 문자화된 구어 자료를 중심으로」, 『형태론』 16-1, 형태론, 46-66.

이지용(2018), 「새로운 인지방식의 탄생, 야민정음 현상의 의미와 가치」, 『한국사전학회 학술대회 발표논문집』, 한국사전학회, 81-87.

이찬영(2016), 「혼성어 형성에 대한 인지적 고찰」, 『형태론』 18-1, 형태론, 1-27.

이호승(2014), 「국어 혼성어와 약어에 대하여」, 『개신어문연구』 39, 개신어문학회, 49-73.

임지룡(1997), 「새 낱말 창조의 인지적 연구」, 『국어교육연구』 29, 1-33.

정한데로(2011), 「임시어의 형성과 등재」, 『한국어학』 52, 한국어학회, 211-241.

정한데로(2014), 「임시어에 관한 몇 문제」, 『국어학』 71, 국어학회, 61-91.

정한데로(2015a), 「단어의 공인화에 관한 고찰」, 『국어학』 74, 국어학회, 233-266.

정한데로(2015b), 『한국어 등재소의 형성과 변화』, 태학사.

정한데로(2015c), 「신어의 형성과 빈도 변화에 대한 일고찰 - 2004년 신어를 중심으로」, 『한글』 310, 한글학회, 171-204.

정한데로(2017), 「'신어의 삶'에 대한 탐색」, 『국어학』 83, 국어학회, 119-152.

정한데로(2019a), 「표현론적 접근과 단어형성론」, 『어문연구』 47, 한국어문교육연구회, 117-144.

정한데로(2019b), 『발견을 위한 한국어 단어형성론』, 서강대학교출판부.

채현식(2003a), 「대치에 의한 단어 형성」, 『형태론』 5-1, 형태론, 1-21.

채현식(2003b), 『유추에 의한 복합명사 형성 연구』, 태학사

채현식(2012), 「계열관계에 기반한 단어 분석과 단어 형성」, 『형태론』 14-2, 형태론, 208-232.

채현식(2013), 「어휘부란 무엇인가 - 인접 학문 분야와의 관계를 중심으로」, 『국어학』 66, 307-333.

천성호(2019), 「신어에 나타나는 접사류의 범주 설정 및 그 특성」, 『한국언어학회 학술대회지』 2019-12, 사단법인 한국언어학회, 57-67.

최형용(2003), 「줄임말과 통사적 결합어」, 『국어국문학』 135, 국어국문학회, 191-220.

최형용(2016), 『한국어 형태론』, 역락.

최형용(2018), 『한국어 의미 관계 형태론』, 역락.

최형용(2019), 「의미 관계와 신어 형성」, 『한국어 의미학』 66, 한국어의미학회, 35-74.

최형용(2020), 「계열 관계에서 본 『표준국어대사전』의 추가 표제어」, 『한중인문학연구』 68, 한중인문학회, 361-389.

황화상(2010), 「단어형성 기제로서의 규칙에 대하여」, 『국어학』 58, 국어학회, 61-91.

황화상(2013), 「유추, 규칙의 대안인가? - 채현식(2003)을 중심으로」, 『형태론』 15-2, 형태론, 24-224.

Aronoff, M. (1976), *Word Formation in Generative Grammar*, Cambridge : The MIT Press.

Bauer, L. (1983), *English Word-Formation*, New York : Cambridge University Press.

Bauer, L. (1988), *Introducing Linguistic Morphology*, Edinburgh University Press.

Bybee, J. (1985), Morphology : A Study of the Relation between Meaning and Form, Philadelphia : John Benjamins Publishing Company. [이성하·구현정 역(2000), 『형태론 : 의미 - 형태의 관계에 대한 연구』, 한국문화사].

Di Sciullo, A. M. & Williams, E. (1987), *On the Definition of Word*, Cambridge : The MIT Press.

Halle, M. (1973), Prolegomena to a Theory of Word Formation, *Linguistic Inquiry* 4-1, 3-16.

Haspelmath, M. & Sims, A. D. (2010), *Understanding Morphology(2nd ed.)*, London : Hodder Education. [오규환·김민국·정한데로·송재영 역(2015), 『형태론의 이해』, 역락].

Hopper, P. J. & Traugott, E. C. (2003), *Grammaticalization(2nd ed.)*, Cambridge : Cambridge University Press.

Katamba, F. (1993), *Morphology*, London : Palgrave Macmillan. [김진형·김경란 역(2008), 『형태론』, 한국문화사.]

Lyons, J. (1977), *Semantics 1*, New York : Cambridge University Press.

Lyons, J. (1977), *Semantics 2*, New York : Cambridge University Press.

Mattiello, E. (2017), *Analogy in Word-Formation : A Study of English Neologisms and Occasionalisms*, Berlin : De Gruyter Mouton.

Plag, I. (2002), *Word-formation in English*, New York : Cambridge University Press.

Renouf, A. (2013), A Finer Definition of Neology in English : The Life-cycle of a Word, in Hasselgård, H. & Ebeling, J. & Ebeling, S, O. (eds.), *Corpus Perspective on Patterns of Lexis*, 177-207, Amsterdam : John Benjamins Publishing Company.

Štekauer, P. (1998), *An Onomasiological Theory of English Word-Formation*, Amsterdam : John Benjamins Publishing Company.

Štekauer, P. (2002), On the theory of neologisms and nonce-formations, *Australian Journal of Linguistics* 22-1, 97-112.

Štekauer, P. & Lieber, R. (2005), *Handbook of Word-formation*, Dordrecht : Springer.

‖ 사전류 ‖

국립국어원, 표준국어대사전(https://stdict.korean.go.kr/main/main.do)

국립국어원, 우리말샘(https://opendict.korean.go.kr/main)

2. 한국어 신어의 품사적 특성

2.1. 들어가기

신어와 관련된 연구는 형태론적 연구 중 하나의 관심사로서 연구자들의 주목을 받아왔으며 특히 신어의 단어 형성에 대해서 규명할 필요가 있는 부분이 많다. 그런데 온전한 신어 연구를 이루기 위해 조어론적 논의가 진행되는 동시에 신어에 대한 품사론적 규명도 빠질 수 없다. 기존 논의를 살펴보면 신어에 대해서 조어법, 어원, 사용 분야 등에 따라 신어를 나누어 검토하기도 하고 품사적 특성에 따라 신어를 나누어 논의하기도 하였다.[1]

품사에 초점을 두었을 때 신어 가운데 명사가 가장 큰 비중을 차지하고 있으나 명사 외에 동사, 형용사, 부사 등의 품사 성질을 가진 신어도 해마다 종종 출현되어 왔다. 신어의 이러한 품사 분포 상의 특징에 따라 그동안 명사 신어, 내지는 고유 명사 신어 등과 같은 명사 신어의 하위부류에 대한 구체적인 논의가 많았으며 최근 들어 사람 관련 신어 등 명사 신어 가운데 하나의 의미적 세분 영역에 속하는 신어에 대한 규명도 연구자들의 관심을 끌고

---

[1] 국립국어원의 신어 자료집을 보면, 신어의 유형과 관련해서 품사에 따른 신어의 유형, 조어법에 따른 신어의 유형, 어원에 따른 신어의 유형, 사용 분야에 따른 신어의 유형의 네 가지 측면에서 신어를 나눈 바가 있다.

있다.

본서는 신어의 단어 형성에 주안점을 두고 있지만 신어에 대한 보다 전면적이고 구체적인 논의를 전개하기 위해 본장에서는 신어의 품사적 특성에 대해서 살펴보고자 한다. 신어의 품사적 특성을 살펴보기 위해 본장에서는 국립국어원에서 발행된 신어 자료집(2014-2019년)에 실려 있는 신어들을 주된 검토 대상으로 한다.

본격적 논의를 전개하기에 앞서 먼저 규명해야 하는 것이 '단어'의 개념 범주이다. 품사는 '단어'를 나누는 갈래이고 품사에 대한 논의는 곧 '단어'를 대상으로 하기 때문이다. 본장에서는 품사에 대한 논의를 하기 때문에 논의의 대상을 우선 '단어'로 제한하며 이는 곧 국립국어원 신어 자료집에 실려 있는 신어들 가운데 구 단위 신어가 논의의 대상에서 제외된다는 것을 의미한다.[2]

한국어의 경우, '단어'의 개념 범주를 설정하는 데에 있어 기존 연구에서는 문법적 관계를 표시해 주는 조사나 어미 등의 요소들에 대한 단어 인정 여부가 주된 논쟁거리가 되어 왔다. 김민수(1954 : 229-232)에서 한국 역대 문법가들의 단어관의 특징을 정리한 바가 있는데 이에 따르면 단어에 대해서 학자들 간에 이견이 분분한 이유가 주로 조사와 어미를 보는 관점에 따른 것이었으며 학자에 따라 조사와 어미를 모두 단어로 인정하는 견해(분석적 견해), 조사와 어미를 모두 단어로 인정하지 않는 견해(종합적 견해), 조사만 단어로 인정하고 어미를 단어로 인정하지 않는 견해(절충적 견해)의 세 가지 유형이 있다. 주지하는 바와 같이 한국어 학교 문법에서 조사를 단어로 인정하고 어미를 단어로 인정하지 않는 절충적 견해를 취하고 있는데 이러한 견해는 조사를

---

[2] 그런데 1장에서도 이미 언급했듯이, 남길임(2020 : 222)에서 구 단위 신어를 포함하는 국립국어원 신어 자료에서는 그 판별 기준이 명확하게 마련되어 있지 않으며 구 단위 신어의 식별 역시 연구자의 직관에 크게 영향을 받을 수밖에 없다는 문제가 있다. 예컨대 '로또공화국'(2003)은 구로 보는 반면, '빛공화국'(2007)은 단어로 간주된다.

체언의 일부로 간주하지 않는 반면, 어미를 용언의 일부로 간주하는 것으로 이해할 수 있다.

그러나 본장에서는 학교 문법과 달리 최형용(2013)에서 제시된 단어의 개념을 참고하고자 한다. 최형용(2013 : 92)에서 박진호(1994), Dixon & Aikhenvald(2002), 그리고 최형용(2003)의 단어관을 다음과 같이 정리한 바가 있다.

> (1) 박진호(1994), Dixon & Aikhenvald(2002)의 음운론적 단어, 문법적 단어1
>   가. 음운론적 단어 : '철수가', '밥을', '빨리', '먹었다'
>   나. 문법적 단어1(혹은 통사원자) : '철수', '가', '밥', '을', '빨리', '먹-', '-었-', '-다'
>
>   최형용(2003)의 음운론적 단어, 어휘적 단어, 문법적 단어2
>   다. 음운론적 단어 : '철수가', '밥을', '빨리', '먹었다'
>   라. 어휘적 단어 : '철수', '밥', '빨리', '먹-'
>   마. 문법적 단어2 : '가', '을', '-었-', '-다'
>
>   (최형용, 2013 : 92)

본장에서 (1나)에서 제시된 '문법적 단어1'(박진호 1994)에서 말하는 '통사원자')를 '단어'의 범주로 여기고 이에 (1라)의 '어휘적 단어'와 (1마)의 '문법적 단어2'가 포함된다. 따라서 본장에서의 단어관은 조사와 어미를 모두 단어로 인정하는 분석적 견해로 볼 수 있다.[3]

또한 1장에서 이미 제시한 바와 같이 본서의 다른 장에서는 신어의 단어 형성을 주로 다루는 점을 염두에 두었을 때 기존 논의에서 다루어 온 구 단위 신어, 의미적 신어, 음운론적 신어는 연구 대상에서 제외하는데 본장에

---

3) 이와 같은 '단어'의 개념 범주는 1장에서 밝힌 '단어'의 개념 범주와 일치되며 이는 품사 논의뿐만 아니라 단어 형성에 관한 논의에서도 유의미한 범주 설정으로 판단된다.

서도 마찬가지로 이와 같은 범주 설정에 따르기로 한다.

다음으로 한국어 신어의 품사적 특성을 구체적으로 살펴보고자 하는데 우선 기존의 한국어 품사 체계를 기반으로 한국어 신어의 품사 판정 기준에 대해서 규명하고 한국어 신어의 품사 유형 분포의 특징을 살펴보기로 한다. 이어서 한국어 신어를 명사, 동사, 형용사, 부사의 네 가지로 나누어 품사별로 각각의 특성과 하위유형에 대해서 살펴보고자 한다.

2.2. 한국어 신어의 품사 판정 기준과 품사 유형 분포

2.2.1. 한국어 신어의 품사 판정 기준

학교 문법을 기준으로 봤을 때 한국어 품사 체계는 다음과 같다.

(2) 한국어 학교 문법의 품사 체계(남기심·고영근·유현경·최형용, 2019 : 32)

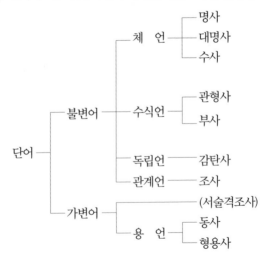

(2)에서 보듯이, 학교 문법에서 단어를 주로 '형식'(form), '기능'(function), '의미'(meaning)의 세 가지 기준에 따라 품사 분류를 하였다. (2)를 참고했을 때 신어 자료집에서 나타나는 품사 유형인 명사, 동사, 형용사, 부사를 중심으로 이들은 각각 다음과 같은 품사적 특징을 가져야 한다.

(3) 학교 문법에 따른 신어의 '형식', '기능', '의미' 특징

	명사	동사	형용사	부사
형식	불변어	가변어	가변어	불변어
기능	체언 (문장의 주체)	용언 (주체를 서술함)	용언 (주체를 서술함)	수식언 (다른 말을 수식함)
의미	사물의 이름	사물의 움직임	사물의 성질이나 상태	뒷말의 뜻을 제한함

문제는 조사와 어미를 단어로 보게 되면 학교 문법에서 말하는 품사 분류 기준으로서의 '형식'의 효용이 없어지게 된다. '형식'이란 단어의 활용 여부에 따라 단어를 나누는 기준이나, 학교 문법에서 조사를 단어로 보고 어미를 단어로 보지 않기 때문에 체언 등이 불변어로 간주되고 용언이 가변어로 간주될 수 있는 것이다. 그러나 본장에서는 조사와 어미를 모두 단어로 보기 때문에 '형식' 대신 '분포'(distribution)를 품사 분류 기준으로 삼아야 한다.[4] '분포'란 단어의 문장에서의 위치를 가리키는데, 바꾸어 말하면 단어의 문장에서 다른 단어와의 결합 관계를 의미하기도 한다.

---

[4] 품사를 분류하는 데에 '기능'이 중요한 기준 중 하나로 간주되어 왔으나 '기능'의 개념 범주에 대해서 학자들 간에 다소의 차이가 관찰될 수 있다. 한국어 학교 문법에서 말하는 기능이란 한 단어가 문장 가운데서 다른 단어와 맺는 관계를 통해 어떤 역할을 하는가를 가리키나 학문 문법의 경우 기능은 보다 큰 개념으로 사용되기도 한다. 예컨대 최현배 (1930), 구본관(2010) 등에서 '기능'에 학교 문법에서 말하는 '기능'의 개념을 포함시켰을 뿐만 아니라 '단어의 문장에서의 위치'라는 개념도 포함시켰다. 최형용(2013) 등에서는 한국어 학교 문법에서 말하는 '기능'과 구별해서 '단어의 문장에서의 위치'를 '분포'로 따로 보았다.

본장의 단어관을 참고했을 때 국립국어원 신어 자료집에서 출현된 품사 유형인 명사, 동사, 형용사, 부사의 품사적 특징은 다음과 같이 재정리할 수 있다.

(4) 본장의 단어관에 따른 신어의 '기능', '분포', '의미' 특징

	명사	동사	형용사	부사
기능	체언 (문장의 주체)	용언 (주체를 서술함)	용언 (주체를 서술함)	수식언 (다른 말을 수식함)
분포	조사가 뒤에 붙음.	어미가 뒤에 붙는 것을 요구함.	어미가 뒤에 붙는 것을 요구함.	용언 또는 명사, 관형사, 다른 부사 등의 앞에 옴.
의미	사물의 이름	사물의 움직임	사물의 성질이나 상태	뒷말의 뜻을 제한함.

각 품사별 신어는 (4)에서 제시된 특징에 부합해야 하고 이러한 특징들이 각 신어의 품사 판정을 하는 데에도 도움이 된다. 그러나 국립국어원 신어 자료집(2014~2019년)을 중심으로 살펴보면 품사 유형 분포에 대한 전반적인 통계 수치가 제시되어 있고 신어 목록에서 각각의 신어의 품사 유형이 제시되어 있으나 각 신어의 품사 판정에 있어 무엇을 기준으로 하는지에 대한 구체적인 설명이 보이지 않는다. 그런데 우리는 신어 목록 가운데 각 신어의 예시를 제시하는 부분에서 신어의 품사 판정에 대한 실마리를 찾아볼 수 있다. 신어 자료집에서의 다음과 같은 내용을 살펴보자.

(5) 가. 빚투(명) ¶또한, ○○○ 형제의 부모로 촉발된 {'빚투'가} 연예계 전반으로 확산될 조짐이라는 점에서 향후 관련 문제가 쉽게 수습되기는 어려워 보인다. (국립국어원 신어 자료집, 2019 : 47)

　　나. 뽀작거리다(동) ¶네티즌들이 성년이 되어도 {뽀작거릴} 것 같은 스무살 스타로 그룹 ○○의 ○○○을 뽑았다. (국립국어원 신어 자료

집, 2018 : 82)

다. 인스타워시하다(형) ¶지금 인터넷 세상에서 전 세계적으로 가장 {**인
스타워시한**} 브랜드 중 하나가 바로 ○○○이다. (국립국어원 신어
자료집, 2018 : 211)

라. 옴뇸뇸(부) ¶○○○는 닭발을 손에 덥석 쥔 채로 군침을 삼키더니
이내 입에 쏙 넣고 '{**옴뇸뇸**}' 먹기 시작했다. (국립국어원 신어 자료
집, 2019 : 100)

(5)에서 보듯이, 신어와 관련된 예문에서 신어와 결합된 조사나 어미가
신어와 같이 '{ }'로 묶여 표시되어 있는 경우가 많다. 구체적으로 살펴보면
(5가)의 명사 '빛투'는 주격조사 '가'와, (5나)의 동사 '뽀작거리-'는 관형사형
어미 '-ㄹ'과, (5다)의 형용사 '인스타워시하-'는 관형사형 어머 '-ㄴ'과 같이
묶여 있음을 볼 수 있다. 또한, (5라)의 부사 '옴뇸뇸'은 인접된 조사나 어미가
없기 때문에 단독으로 '{ }'로 표시된다.

앞서 언급된 한국 역대 문법가들의 단어관의 특징을 참고했을 때 (5)의
표시 방식은 학교 문법에서 조사를 단어로 보고 어미를 단어로 보지 않는
'절충적 견해'가 아닌, 조사와 어미를 모두 단어로 보지 않는 '종합적 견해'에
더 가까운 사고방식으로 볼 수 있다. (5)의 예문에서 보듯이, 조사와 어미는
모두 그 앞에 오는 명사, 동사, 형용사 등과 같이 묶여서 전체적으로 하나의
단위처럼 표시되기 때문이다.

그러나 (5)를 통해 확인할 수 있듯이, 신어의 품사 판정에 있어 문장에서
이와 같이 묶여서 표시되는 조사나 어미의 사용 양상에 따라 그 대상 신어의
품사성을 판단하는 데에 일목요연하게 진행될 수 있다. 따라서 (4)에서 제시
된 여러 품사 분류 기준 가운데 '분포' 특징이 신어 품사 판정에 있어 직관적
인 근거가 될 수 있음을 확인할 수 있다.

2.2.2. 한국어 신어의 품사 유형 분포

국립국어원 신어 자료집(2014~2019년)에서 수록된 신어 가운데 구를 제외한 단어를 대상으로 품사별로 분류하고 이들의 분포 양상을 통계한 바가 있는데 이를 정리하면 (6)과 같다.

(6) 품사별 신어의 분포(국립국어원 신어 자료집, 2014~2019년)

	명사 (개(%))	동사 (개(%))	형용사 (개(%))	부사 (개(%))	계 (개)
2014	239(97.15)	4(1.63)	2(0.81)	1(0.41)	246
2015	176(97.78)	1(0.56)	3(1.67)	-	180
2016	246(99.6)	-	-	1(0.4)	247
2017	187(99.5)	-	1(0.5)	-	188
2018	218(98.2)	1(0.5)	2(0.9)	1(0.5)	222
2019	216(99.5)	-	-	1(0.5)	217
계(개)	1282	6	8	4	1300

(6)에서 보듯이, 품사에 초점을 두었을 때 신어의 대부분은 명사임을 알 수 있다. 또한, 구 단위 신어에 대해서 국립국어원 신어 자료집(2014~2019년)에서는 신어로 조사된 일반어 구와 전문어 구는 모두 명사구임을 제시한 바가 있다. 단어와 구를 모두 망라해서 봤을 때 국립국어원 신어 자료집(2014~2019년)의 통계에 따르면 명사나 명사구는 전체 신어에서 차지하는 비중이 거의 대부분(2019), 99.1%(2018), 99.7%(2017), 99.8%(2016), 98.6%(2015), 97%(2014)로 역시 명사의 특징을 지니는 것들이 압도적으로 가장 큰 비중을 차지하고 있다. 강현주(2020 : 9)에서 제시했듯이, 신어의 대부분이 새로 등장한 대상이나 현상, 개념을 지칭하기 위해 만들어진다는 것을 감안하면 명사가 가장 큰 비중을 자치하는 것은 당연한 것일 수 있다. 명사 이외에 동사는 6개, 형용사는 8개, 부사는 4개로 출현되었다.

본장에서 (6)의 품사 분포 양상을 염두에 두고 다음 절에서 신어를 명사, 동사, 형용사, 부사의 네 가지로 나누어 각각의 하위유형과 특성을 중심으로 살펴보고자 한다.

2.3. 한국어 신어의 품사 유형별 특성

2.3.1. 명사 신어의 특성

2.3.1.1. 명사 신어의 기본적 특징

앞서 언급했듯이, 명사 신어는 기본적으로 명사의 품사적 특징에 부합해야 한다. 즉 이들이 기능적으로 문장에서 체언의 역할을 하며, 분포적으로 주어나 목적어 등의 위치에 오고 대개 조사 앞에 온다. 또한, 의미적으로는 사물의 이름을 가리킨다.

그러나 신어 목록을 살펴보면 위와 같은 명사의 품사적 특징과 다소 어긋난 경우도 없지 않다. 예컨대 '얼죽아'(2019)의 경우, 신어 자료집에서 명사로 표시되어 있지만 이는 '얼어 죽어도 아이스'로 된 두음절어[5]로서 의미적으로 사물의 이름을 가리키는 명사의 특징과 거리가 없지 않다. '얼죽아'는 구적 단위를 줄여서 만든 말로서 하나의 추상적이고 포괄적인 의미 특징으로 설명하기 어려운 면이 있다. 그럼에도 불구하고 신어 자료집에서 이를 명사로 보는 것은 '얼죽아'의 문장에서의 기능과 분포 특징에 따른 것으로 추정할 수 있다.

(7) 얼죽아(명) ¶혹시 평소에 {얼죽아를} 외치셨나요?

(국립국어원 신어 자료집, 2019 : 50)

---

5) 두음절어에 대한 자세한 논의는 본서의 4장에서 다루도록 한다.

(7)에서 보듯이, '얼죽아'는 문장에서 목적어의 기능을 하며 목적격조사 '를'과 결합하는 점에서 모두 명사의 기능적, 분포적 특징에 부합된다.

2.3.1.2. 명사 신어의 하위유형

2.3.1.2.1. 고유 명사 신어

한국어 명사의 하위분류와 관련된 기존 논의를 살펴보면 명사를 분류하는 데에 기본적으로 이분법적 방식을 사용해 왔다. 예컨대 남기심·고영근·유현경·최형용(2019 : 45-47)에서 한국어의 명사의 종류를 다음과 같이 제시한 바가 있다.

> (8) 가. 사용 범위에 따른 분류 :
>   보통 명사 : 사람, 나라, 도시, 강, 산, 바다…
>   고유 명사 : 혜미, 신라, 경주, 한강, 금강산, 동해…
>   다. 자립성 유무에 따른 분류 :
>   자립 명사 : 사람, 어른, 물건, 일, 장소…
>   의존 명사 : 이, 분, 것, 바, 데…

(8)의 분류 방식 가운데 (8가)의 방식이 명사 신어에는 적용이 가능하다. 보통 명사는 같은 종류의 모든 대상에 대해서 두루 쓰이는 명사인 반면, 고유 명사는 같은 종류에 속하는 대상 가운데 다른 것들과 구별하기 위해 특별히 만들어진 명사(명칭)을 말한다. 국립국어원 신어 자료집(2014~2019년)에 수록된 신어에서 다음과 같은 고유 명사 신어를 찾아볼 수 있다.[6][7]

---

6) 이수진(2018 : 64)에서는 국립국어원 신어 자료집에서 수록된 고유 명사와 관련된 신어 이외에도 뉴스 기사문 등에서 출현된 고유 명사 신어가 많이 존재하고 있음을 제시하였다. 이는 신어 조사 결과가 대중들에게 공개되었을 경우의 파급력과 영향력을 고려할 때, 국가 기관 주도의 신어 조사 사업은 공공성과 규범성의 성격을 띨 수밖에 없다는 점에서 비롯된 결과라고 판단되었다.

(9) 대프리카(2014)[8], 사우디아메리카(2014)[9], 헬조선(2015)[10], 객리단길
(2017)[11], 장미대선(2017)[12], 서베리아(2018)[13], 서인부대(2018)[14], 송리
단길(2018)[15], 돌민정음(2019)[16], 서우디(2019)[17]...

(9)에서 제시된 고유 명사 신어는 대부분 두음절어나 합성어임을 볼 수
있다. 또한, 이 가운데 지명과 관련된 신어를 많이 볼 수 있는데 다음 (10)과
같은 구성상의 특징이 관찰될 수 있다.

(10) 가. 서우디=**서울**+사우디아라비아, 서베리아=**서울**+시베리아, 대프리카
      =**대구**+아프리카
    나. 송리단길=**송파구**+경리단길, 객리단길=**객사**+경리단길
    다. 사우디아메리카=사우디아라비아+**아메리카**

(10)에서 보듯이, 이들이 기존의 지명이 있음에도 불구하고 특정된 지역

---

7) (9)에서 제시된 신어 가운데 '객리단길(2017), 서인부대(2018), 송리단길(2018), 돌민정음(2019), 서우디(2019)'는 『우리말샘』에 등재되어 있지 않다. 이를 통해 고유 명사 신어는 완전히 정착되는 것이 아님을 확인할 수 있다.
8) 여름에 다른 지역보다 기온이 높아 지나치게 더운 대구를 비유적으로 이르는 말.
9) 미국을 세계 굴지의 산유국인 사우디아라비아에 빗대어 이르는 말.
10) 지옥을 의미하는 '헬(hell)'과 한국을 의미하는 '조선'을 결합하여 만든 말로, 살기가 어려운 한국 사회를 비유적으로 이르는 말.
11) 전주시에 있는 조선 시대 유적인 객사(客舍) 주변의 길. '객사'와 서울의 인기 명소 가운데 하나인 '경리단길'을 결합하여 만든 말이다.
12) 장미가 많이 피는 시기에 실시되는 대통령 선거를 이르는 말. 한국 사회에서 2016년 탄핵으로 인해 대통령 자리가 공석이 되자 원래 2017년 12월에 실시될 예정이었던 대통령 선거가 5월로 앞당겨져 실시되면서 만들어진 말이다.
13) 극심한 한파로 추워진 서울을 시베리아(Siberia)에 비유하여 이르는 말이다.
14) 서울, 인천, 부산, 대구 순으로 우리나라 도시의 규모를 나열한 말이다.
15) 서울특별시 송파구 백제고분로 45길 주변의 골목길. '송파구'와 '경리단길'을 결합하여 만든 말이다.
16) 한국어의 발음을 외국인들이 자국의 문자로 표기하는 일. '아이돌'과 '훈민정음'을 합친 말로, 한국 노래와 가수들이 국제적인 인기를 얻으면서 주로 해외 팬들이 자국 문자를 이용하여 한국어 발음을 그대로 표기하는 현상을 일컫는 말이다.
17) 지나치게 더운 여름철의 서울을 사우디아라비아의 날씨에 빗대어 이르는 말이다.

특징을 강조하기 위해 다른 지명과 결합해 새로 만들어진 명칭이다. 예컨대 기존에 있는 지명 '서울'에 '사우디아라비아'나 '시베리아'를 결합시킴으로써 '서울'을 가리키는 동시에 그의 기상(氣象) 특징도 같이 나타낼 수 있게 된다.

(9) 외에 '유관순∧서훈∧승격∧특별법'(2019) 등과 같은 신어에 주목할 필요가 있다. 국립국어원 신어 자료집에 따르면 수록된 신어 가운데 전문어구로 간주되는 신어에 대해서 '∧'를 사용하여 띄어쓰기 단위와 결합 구조를 보여 주고 있다. 주지하는 바와 같이 『한글 맞춤법』 제2항에 따르면 문장의 각 단어는 띄어 씀을 원칙으로 한다. 따라서 이러한 신어는 띄어쓰기가 포함됨으로 단어가 아닌 구로 간주되는 점에 문제가 없어 보이고, 또한 구로 간주되기 때문에 신어 자료집에서는 이에 대한 품사 명시가 보이지 않는 것도 당연한 결과로 여길 수 있다. 그런데 기존 논의에서 제시되어 온 고유 명사의 판단 기준을 생각해 봤을 때 이러한 신어에 대해서도 논의할 여지가 없지 않다. 다음과 같은 예문을 들 수 있다.

(11) 가. *두 유관순 서훈 승격 특별법이 통과되었다.
　　　나. *유관순 서훈 승격 특별법들이 통과되었다.
　　　다. *유관순 서훈 승격 특별법마다 적용된다.

(11)에서 보듯이, '유관순 서훈 승격 특별법'(2019)는 띄어쓰기가 포함되고 신어 자료집에서 구로 간주됨에도 불구하고 이는 수 관형사, 복수 접미사 '들', 조사 '마다' 등과 같이 쓰일 수 없는 점에서 고유 명사의 특징에 부합된다. 이와 같은 문제에 대해서 고유명을 설정하는 것을 하나의 해결 방법으로 볼 수 있다. 즉, 고유명을 문장형 고유명과 단어형 고유명으로 나눌 수 있고 우리가 일반적으로 말하는 고유 명사는 단어형 고유명에 해당되고 앞서 말하는 '유관순 서훈 승격 특별법'(2019)와 같은 것들이 문장형 고유명으로 간주될 수 있다.

또한, 신어 가운데 그자체가 고유 명사가 아니지만 신어 형성 요소 중에 고유 명사와 형태적으로나 의미적으로 관련이 있는 요소가 포함되는 신어도 적지 않게 존재하고 있다. 이와 관련해서 이수진(2018 : 69)에서 '고유 명사'와 '보통 명사' 외에 '고유 명사와 관련된 신어'라는 유형 개념을 사용하였다. '고유 명사와 관련된 신어'란 고유 명사와 형태적으로나 의미적으로 관련된 어휘들을 가리킨다. 고유 명사와 형태적으로 관련된 신어는 복합어이면서, 결합의 구성 요소로 고유 명사를 포함하고 있는 신어를 말하며, 고유 명사와 의미적으로 관련된 신어는 형태적으로 새로운 어휘(신어)이면서 같은 속성의 여러 개체들 가운데 어느 특정한 개체인 경우를 가리키기 위해 언중들이 특별히 만들어 쓴 어휘를 말한다. 이수진(2018 : 69)에서 제시하였는데 예컨대 '김영란법메뉴'는 '김영란'이라는 고유 명사가 포함된 복합어이고 고유 명사와 형태적으로 관련된 신어로 간주될 수 있으며 '건블리'는 '건우+러블리'로 구성되고 드라마 <맨도롱또롯>에 등장하는 인물에 붙여진 별명으로서 고유 명사와 의미적으로 관련된 신어로 간주될 수 있다.

이선영(2016)에서 사람 관련 신어를 다루었는데 이는 고유 명사, 특히 인명이 형성 요소에 포함된 신어에 대해서 논의한 바가 있다. 이선영(2016)에서 다음과 같은 예들을 제시하였다.[18]

(12) 차줌마(차승원+아줌마), 유느님(유재석+하느님), 갓세돌(갓<god>+이세돌), 공블리(공효진+러블리<lovely>), 밍무룩(송민국+시무룩), 예쁘지우 (예쁘다+최지우)

(이선영, 2016 : 609-616)

(12)에서 제시된 신어들이 앞서 이수진(2018)에서 말하는 고유 명사와 의미

---

18) (12)에서 제시된 신어는 『우리말샘』에 모두 등재되어 있지 않음을 확인할 수 있다. 이들은 (9)에서 제시된 고유 명사 신어에 비해 정착의 정도가 더욱 낮다는 것을 알 수 있다.

적으로 관련된 신어로 간주될 수 있다.

한편, 국립국어원 신어 자료집(2014-2019년)에서도 고유 명사가 신어 형성 요소의 일부로 출현하는 경우를 찾아볼 수 있다.[19]

  (13) 맥세권(2015)[20](McDonald+세권), 올세권(2018)[21](Oliveyoung+세권)
        냥스타그램(2014)[22](냥+Instagram), 먹스타그램(2014)[23](먹-+Instagram)

(13)에서 보듯이, 이들 모두는 상품명이나 SNS명 등이 신어 형성 요소에 포함된 것들이다.

2.3.1.2.2. [+사람], [+사건] 관련 신어

명사의 하위유형과 관련해서 위에서 말하는 방식들 이외에, 기존 연구에서 존재론이나 의미론 등의 측면에서 명사를 하위분류하는 경우도 있다.

최경봉(1996)에서 존재론적 접근과 문법론적 접근을 융합해서 명사의 의미 분류를 하였다. 이에 따르면 의미 분류의 기본적인 의미 영역은 '실체, 사건, 상태, 관계'[24]의 네 가지인데 이를 바탕으로 명사를 실체명사와 양식명사로

---

19) (13)에서 제시된 신어도 (12)와 마찬가지로 『우리말샘』에 모두 등재되어 있지 않음을 확인할 수 있다.
20) 특정 패스트푸드업체의 배달 서비스를 이용할 수 있는 지역을 '역세권'에 빗대어 이르는 말.
21) 화장품, 생활용품 따위를 살 수 있는 상점이 인접해 있어 편리하게 생활할 수 있는 주거 지역의 범위.
22) 고양이의 사진을 주로 올리는 누리 소통망 서비스(SNS).
23) 자신의 먹은 음식 사진을 누리 소통망 서비스(SNS)에 올리는 일. 또는 음식 사진을 주로 올리는 누리 소통망 서비스.
24) 최경봉(1996)의 분류 방식은 Nida(1975)와 Lyons(1977)의 논의를 기반으로 한 것을 밝힌 바가 있다. 최경봉(1996 : 14-15)에서 제시했듯이, Nida(1975)에서는 실체나 대상, 사건(행위와 과정), 추상 개념, 관계 등이 언어의 의미 영역을 이루는 중심 분류가 된다고 보았고 Lyons(1977)에서도 품사의 의미론적 부분은 실체(entities), 속성(properties), 사건(actions), 관계(relations) 등을 식별하는 가능성을 전제로 한다고 하여 위 네 가지 요소를 각 개별 언어로부터 중립적인 존재론적 틀로 삼았다.

나누고 실체명사를 다시 '인간'과 '사물'로, 양식명사를 다시 '사태', '상태', '관계', '단위'[25)]로 하위분류하였다.

김인균(2002)에서 상보적인 대립 관계가 이루는 분류를 하기 위해 명사를 다음과 같이 나누었다.

(14)

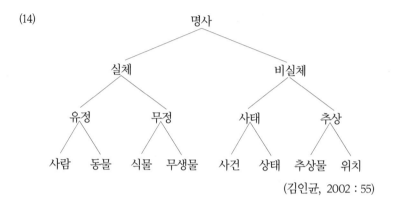

(김인균, 2002 : 55)

(14)에 따라 김인균(2002)에서는 한국어 명사의 종류를 구체적으로 다음과 같이 제시하였다.

(15) 가. 사람 명사 (사람, 학생, 후보, 남자, 놈, 이, 자, 분...)
나. 사물 명사 (책상, 연필, 얼굴, 호랑이, 강아지, 것, 따위...)
다. 사건 명사 (사랑, 헌신, 결혼, 연구, 건설, 게임...)
라. 상태 명사 (건강, 부족, 불편, 필요, 무능력, 공평, 고독...)
마. 추상물 명사 (철학, 정신, 사상, 업무, 것, 바, 나름, 수...)
바. 위치 명사 (봄, 내년, 과거, 때, 시간, 초, 공간, 위, 옆, 전, 후, 편, 데...)

(김인균, 2002 : 55)

---

25) 여기서 말하는 '단위'에는 구체적으로 수사와 단위성 의존명사가 포함된다. 이들을 명사와 따로 분류하는지에 대해서 학자들 간에 의견이 분분하나 신어와 관련해서 이와 같은 부분은 고찰의 대상에서 제외된다.

이와 같은 기존의 분류 방식을 염두에 두고 명사 신어를 살펴봤을 때 명사 신어 가운데 '인간' 내지는 '사람'의 의미에 해당되는 단어들이 많다는 것이 특징적이다.

'사람' 관련 신어가 많다는 것은 우선 기존 논의에서 제시된 여러 통계 수치를 통해서 확인할 수 있다. 이선영(2016 : 606)의 정리에 따르면 강희숙 (2015)에서는 국립국어원의 <2014년 신어> 334개 가운데 27.8%에 달하는 93개가 사람 관련 신어로 특정 개인이나 부류에 속하는 사람을 가리키는 신어가 많음을 지적하였고, 이외에 남길임·송현주·최준(2015)에서는 2012년 신어와 2013년 신어 976개 가운데 사람 관련 신어 258개가 있음을 지적하였으며 김일환(2014)에서는 2000년부터 2012년까지의 신문 자료를 기반으로 '-꾼, -족, -장이/쟁이' 등이 결합한 사람 관련 신어 명사 820개를 확인하였다. 국립국어원 신어 자료집(2015 : 49)에서도 그 해의 255개 신어 가운데 약 1/3에 해당하는 96개의 신어가 '사람과 집단'을 의미하는 [+사람]으로 조사되었다고 지적한 바가 있다.

또한, '사람' 관련 신어가 많다는 것은 조어 상의 특징을 통해서도 확인할 수 있다. 조어적으로 봤을 때 명사 신어 가운데 파생어의 경우가 적지 않게 존재하고 있는데 이 중에 '-족(族), -님, -어(er)' 등 '사람'의 의미와 관련된 접미사가 사용되는 경우가 많이 나타났다.[26]

(16) 사람 관련 접미사 목록

	2014	2015	2016	2017	2018	2019	계
-족(族)	22	12	19	23	20	19	115
-자(者)	3	1	-	1	2	.	7
-인(人)	-	1	-	-	-	1	2
-층(層)	-	-	-	2	-	-	2
-파(派)	3	-	-	1	-	-	4

---

26) 신어 파생어에 대해서 3장에서 구체적으로 다루도록 한다.

	2014	2015	2016	2017	2018	2019	계
-남(男)	3	5	2	1	1	-	12
-녀(女)	6	5	1	-	-	-	12
-광(狂)	-	-	-	1	-	-	1
-생(生)	-	-	-	1	-	-	1
-원(員)	-	-	-	1	-	-	1
-님	1	-	-	-	1	2	4
-이	1	-	-	-	-	-	1
-꾼	1	-	-	1	1	-	2
-어(er)	1	1	1	2	2	3	10
-이스트(ist)	-	-	-	1	-	1	2
-이언/-이안(ian)	-	-	1	-	-	1	2
계	16	25	24	35	27	27	154

(16)에서 보듯이, 사람과 관련된 접미사가 적지 않게 존재하고 있으며 한자어, 고유어, 외래어의 세 가지 형식으로 모두 출현되었다. 이 가운데 특히 접미사 '-족'이 포함된 신어가 가장 큰 비중을 차지하고 있음을 볼 수 있다. 국립국어원 신어 자료집의 통계에 따르면 사람 관련 접미사가 전체 접미사 가운데 각각 28.6%(2014), 56.8%(2015), 44.4%(2016), 79.5%(2017), 60.0%(2018), 64.3%(2019)를 차지하고 있음을 알 수 있다. 사람 관련 접미사가 포함된 신어의 예를 다음과 같이 들 수 있다.

(17) -족(族) : 갓수족(2014), 셀프기프팅족(2015), 노케미족(2016), 욜로족(2017),
　　　　　　문센족(2018), 공홈족(2019)
　　 -자(者) : 진지병자(2014), 반퇴자(2015), 고나리자(2017), 변포자(2018)
　　 -인(人) : 뇌섹인(2015), 연반인(2019)
　　 -층(層) : 비혼층(2017)
　　 -파(派) : 리허설파(2014), 개헌론파(2017)
　　 -남(男) : 메뉴판남(2014), 사이다남(2015), 강된장남(2016), 졸혼남(2017),
　　　　　　키링남(2018)

-녀(女) : 금사빠녀(2014), 런피스녀(2015), 목공녀(2016)

-광(狂) : 팩트광(2017)

-생(生) : 공취생(2017)

-원(員) : 교순대원(2017)

-님 : 금손님(2014), 리자님(2018), 스앵님(2019)

-이 : 예랑이(2014)

-꾼 : 어그로꾼(2014), 쓰랑꾼(2017), 견본꾼(2018)

-어(er) : 지뉴너(2014), 욕커(2015), 여혐러(2016), 갯꿀러(2017), 엔잡러
      (2018), 나나랜더(2019)

-이스트(ist) : 안아키스트(2017), 무나니스트(2019)

-이언/-이안(ian) : 혼바비언(2016), 컴포터리안(2019)

한편, 기존 논의에서 제시된 명사의 의미적 하위 부류 가운데 '사건'에 해당되는 명사 신어도 종종 찾아볼 수 있다. 이와 같은 신어는 명사로 간주되면서도 '사건', '행위'의 의미가 담겨 있는 것이 특징적이다. 다음과 같은 예들을 들 수 있다.

(18) 교카충(2014)[27], 닉변(2014)[28], 읽씹(2014)[29], 노푸(2015)[30], 짤줍(201
    5)[31], 냉파(2016)[32], 졸혼(2016)[33], 혼코노(2018)[34], 댈입(2019)[35], 빈트
    로(2019)[36], 썸만추(2019)[37], 자만추(2019)[38], 피미(避微)(2019)[39]...

---

27) '교통 카드 충전'을 줄여 이르는 말.
28) '닉네임 변경'을 줄여 이르는 말.
29) 문자 메시지를 읽고 나서 답장을 하지 않는 행위.
30) 샴푸를 사용하지 않고 물만으로 머리를 감음.
31) 다른 사람이 게시한 그림 파일을 내려받음.
32) '냉장고 파먹기'를 줄여 이르는 말.
33) 부부가 결혼 생활을 마침. 이혼을 하지 않은 상태에서 결혼 생활만 그만두는 것이다.
34) '혼자서 코인 노래방에 감'을 줄여 이르는 말.
35) '대리 입금'을 줄여 이르는 말.
36) 낡고 오래된 물건을 새로운 유행으로 삼아 즐기는 일.
37) '썸으로 만남을 추구'를 줄여 이르는 말.
38) '자연스러운 만남을 추구함'을 줄여 이르는 말.

(18)에서 제시된 신어들이 모두 명사로 간주되지만 의미적으로 [+사건/행위]가 포함됨을 알 수 있다.

2.3.1.2.3. 의미 특징에 따른 유형

이 외에, 국립국어원 신어 자료집에서도 의미 특징에 초점을 두어 신어를 나눈 바가 있다. 일반어40)의 의미 영역 분류를 위해 신어 자료집에서 우선 국립국어원(2015)의 '한국어 교육 어휘 내용 개발(4단계)'의 의미 범주를 다음 (19)와 같이 일부 수정·활용하여 범주 설정을 하였다.

(19)

대범주	소범주
인간	사람의 종류, 신체 부위, 신체 내부 구성, 체력 상태, 생리 현상, 감각, 감정, 성격, 태도, 용모, 능력, 신체 변화, 신체 행위, 신체에 가하는 행위, 인지 행위, 소리
삶	삶의 상태, 삶의 행위, 일상 행위, 친족관계, 가족 행사, 여가 도구, 여가 시설, 여가 활동, 병과 증상, 치료 시설, 치료 행위, 약 품류
식생활	음식, 채소, 곡류, 과일, 음료, 식재료, 조리 도구, 식생활 관련 장소, 맛, 식사 및 조리 행위
의생활	옷 종류, 옷감, 옷의 부분, 모자·신발·장신구, 의생활 관련 장소, 의복 착용 상태, 의복 착용 행위, 미용 행위
주생활	생활용품, 건물 종류, 주거 형태, 주거 지역, 주택 구성, 주거 상태, 주거 행위, 가사 행위
사회생활	인간관계, 사회생활 상태, 사화 활동, 사회 행사, 직장, 직위, 직업, 직장 생활, 교통수단, 교통 이용 장소, 교통 이용 행위, 소통 수단, 말, 언어 행위, 매체
경제생활	경제 행위 주체, 경제 행위 장소, 경제 수단, 경제 산물, 경제 상태, 경제 행위
교육	교수 학습 주체, 전공과 교과목, 교육 기관, 학교 시설, 학습 관련 사물, 학문용어, 교수 학습 행위, 학문 행위

---

39) 미세 먼지를 피하여 공기가 맑은 곳으로 옮김.
40) 여기서 말하는 일반어란 단어의 사용 분야에 따라 경제, 법률 등 전문어와 대립되는 개념으로 사용된 것이다.

대범주	소범주
종교	종교 유형, 종교 활동 장소, 종교인, 종교어, 신앙 대상, 종교 활동 도구, 종교 행위
문화	문화 활동 주체, 음악, 미술, 문학, 예술, 대중문화, 전통문화, 문화생활 장소, 문화 활동
정치와 행정	공공 기관, 정치 및 행정 주체, 사법 및 치안 주체, 무기, 정치 및 치안 상태, 정치 및 행정 행위, 사법 및 치안 행위
자연	지형, 지표면 사물, 자원, 천체, 재해, 기상 및 기후
동식물	동물류, 곤충류, 식물류, 동물의 부분, 식물의 부분, 동식물 행위, 동물 소리
개념	모양, 성질, 속도, 밝기, 온도, 색깔, 수, 세는 말, 양, 정도. 순서. 빈도, 시간, 위치 및 방향, 지역, 지시, 접속, 의문, 인칭
통신 및 게임	인터넷 활동, 휴대 전화, 누리 소통망 서비스(SNS)
	게임 활동, 게임 아이템

(19)를 기반으로 국립국어원 신어 자료집(2015~2019)에서 일반어를 대상으로 각 의미 영역의 신어 개수와 비율을 통계하였는데 다음과 같이 정리할 수 있다.[41]

(20)

	2015		2016		2017		2018		2019	
	수 (개)	비율 (%)	수 (개)	비율 (%)	수 (개)	비율 (%)	수 (개)	비율 (%)	수 (개)	비율 (%)
인간	56	27.45	54	15.38	45	12.89	21	5.9	10	3.3
삶	25	12.25	39	11.11	52	14.9	82	23.1	88	29.1
식생활	3	1.47	34	9.69	12	3.44	33	9.3	25	8.3
의생활	8	3.92	17	4.84	8	2.29	15	4.2	9	3.0
주생활	7	3.43	16	4.56	16	4.58	14	3.9	13	4.3
사회생활	61	29.90	90	25.64	86	24.64	65	18.3	80	26.5

---

41) 국립국어원 신어 자료집에서 전문어를 제외한 일반어를 대상으로 이들이 어떤 의미 영역에서 생산되었는지에 대한 조사가 진행되었던 것이 2015년 이후부터이다.

	2015 수(개)	2015 비율(%)	2016 수(개)	2016 비율(%)	2017 수(개)	2017 비율(%)	2018 수(개)	2018 비율(%)	2019 수(개)	2019 비율(%)
경제생활	12	5.88	33	9.40	53	15.19	57	16.1	41	13.6
교육	4	1.96	14	3.99	7	2.01	6	1.7	9	3.0
종교	-	-	1	0.28	-	-	1	0.3	-	-
문화	14	6.86	30	8.55	13	3.72	16	4.5	4	1.3
정치와 행정	4	1.96	-	-	37	10.60	18	5.1	11	3.6
자연	-	-	3	0.85	-	-	2	0.6	4	1.3
동식물	-	-	2	0.57	4	1.15	1	0.3	2	0.7
개념	3	1.47	1	0.28	3	0.83	7	2.0	1	0.3
통신 및 게임	5	2.45	14	3.99	13	3.72	17	4.8	5	1.7
계	204	100	351	100	349	100	355	100	302	100

비율 순위 : 1위 : ☐ 2위 : ▨ 3위 : ▨

(20)에서 보듯이, 2015년부터 2017년까지 가장 큰 비중을 차지하는 의미 영역은 '사회생활'이고, 2018년부터 2019년까지 가장 큰 비중을 차지하는 의미 영역은 '삶'이다. 전체적으로 봤을 때 '인간', '삶', '사회생활', '경제생활'의 네 가지 의미 영역에 속하는 신어가 많다.

반대로, 2015년에는 '종교', '자연', '동식물'의 세 가지에 속하는 신어가 없었고 이 외에 '개념', '식생활'에 각각 3개의 신어가 속하였으며 이들이 가장 적은 비중을 차지하였다. 2016년에는 '정치와 행정'에 속하는 신어가 없었고, '종교'에 속하는 신어가 1개 밖에 없었다. 2017년에는 '종교', '자연'에 속하는 신어가 없었고, '개념'에 속하는 신어가 3개로 낮은 비율이었다. 2018년에는 '종교'와 '동식물'에 속하는 신어가 각각 1개였고 가장 적은 비중을 차지하였다. 2019년에는 '종교'에 속하는 신어가 없었고 이외에 '동식물'에 속하는 신어가 1개로 적은 비중을 차지하였다. 전체적으로 봤을 때 '종교'의 의미 영역에 속하는 신어가 가장 적으며 이외에 '동식물', '자연', '개념' 등에 속하는 신어가 적었다.

또한, '정치와 행정'에 속하는 신어는 2017년부터 급격히 많아지고 있음을 볼 수 있다. 국립국어원 신어 자료집(2017 : 49)에서 이는 2017년에 굵직한 정치적 사건들이 많았기 때문에 생기는 결과로 보인다고 지적하였다.

2.3.2. 동사 신어의 특성

동사 신어는 기본적으로 한국어 동사의 일반적 품사 특성에 부합된다. 즉 이들이 기능적으로 문장에서 용언의 역할을 하고, 분포적으로 주로 서술어 자리에 오며 반드시 어미와 결합해서 사용된다. 또한, 의미적으로 사물의 움직임을 나타낸다.

국립국어원 신어 자료집(2014~2019년)을 대상으로 할 때 동사 신어를 다음과 같이 추출할 수 있다.

(21) 강려크하다(2014), 극혐오하다(2014), 삼귀다(2014), 심쿵하다(2014), 앵까다(2015), 뽀짝거리다(2018)

(21)에서 보듯이, 2014~2019년의 신어 목록 가운데 동사 신어는 총 6개가 있다. 이 가운데 '강려크하다'(2014)는 '강력하다'를 변형한 말인데 이러한 단어는 일종의 언어유희의 관점에서 기존 단어와의 유사성에 기반한 것이며 엄밀한 의미에서는 새로운 단어로 포함시키기 어려운 면이 있다. 따라서 여기서는 '강려크하다'를 제외한 나머지 동사 신어 5개를 구체적으로 살펴보기로 한다.

우선 기존의 한국어 동사의 분류 방식을 살펴보면 한국어의 동사는 통사적인 특성에 따라 일반적으로 자동사와 타동사로 분류된다.42) 한국어에서

---

42) 그런데 자동사와 타동사는 항상 서로 배타적으로 존재하는 것이 아니고 하나의 동사가

보통 자동사를 동사가 나타내는 동작이나 작용이 주어에만 미치는 동사로 보고, 타동사를 동작의 대상인 목적어를 필요로 하는 동사로 정의한다. (21) 의 동사 신어 가운데 '심쿵하다'(2014), '뽀짝거리다'(2018)은 자동사로 볼 수 있고 '극혐오하다'(2014)는 타동사로 볼 수 있다.

또한 '삼귀다'(2014)는 단일어 '사귀다'에 경계를 새롭게 만들어 '사'를 숫자 '4'로 간주한 후 동위 관계에 있는 숫자 '3'으로 대치해 형성된 신어이며 '아직 사귀지 않지만 서로 가까이 지내다'를 뜻한다. '삼귀다'는 문장에서의 기능적, 분포적 특징에 있어 '사귀다'와 유사하며 다음과 같이 사용된다.

(22) 가. 그는 <u>철수와</u> 사귄다.
나. 그는 <u>철수와</u> 삼귀는 상태다.

(22)에서 보듯이, '삼귀다'는 '사귀다'와 마찬가지로 그 앞에 행동주의 동반자가 같이 오고 타동사와 일반적으로 같이 출현되는 목적격조사 '을/를'이 아닌 '와'와 같이 쓰인다. 이러한 단어는 자타 판정에 어려운 면이 있다.

또한, '앵까다'(2015)는 대개 '앵까네'의 형식으로 사용되고 이는 '거짓말하네'를 의미하는 점에 감안하면 자동사에 더 가까운 성격을 띤다고 할 수 있다.

조어법적 측면에서 봤을 때 (22)의 동사 신어의 경우, '극혐오하다'(2014), '심쿵하다'(2014)와 같이 접미사 '-하다'가 포함되거나 , '뽀짝거리다'(2018)과 같이 접미사 '-거리다'가 포함된 파생 동사가 많다는 것이 특징적이다.

2.3.3. 형용사 신어의 특성

형용사 신어는 기본적으로 형용사의 품사적 특징에 부합된다. 즉 이들이

자동사로도 타동사로도 사용될 수 있는 경우가 있는데 이는 자타양용동사로 불러 왔다.

기능적으로 용언의 역할을 하고 분포적으로 그 앞에 정도 부사가 올 수 있으며 뒤에 어미가 붙어 같이 쓰인다. 또한, 의미적으로 사물의 상태나 속성을 나타낸다.

국립국어원 신어 자료집(2014~2019년)을 대상으로 할 때 형용사 신어를 다음과 같이 추출할 수 있다.

> (23) 고급지다(2014), 으리뻑적하다(2014), 문송하다(2015), 여자여자하다
> (2015), 커엽다(2015), 휘게스럽다(2017), 시송하다(2018), 인스타워시하
> 다(2018)

(23)에서 보듯이, 2014~2019년도 신어 목록 가운데 형용사 신어는 총 8개가 있다. 이 가운데 우선 주의해야 할 것은 '커엽다'이다. 1장에서 이미 언급한 바와 같이, 이는 일종의 언어유희의 관점에서 '귀'를 '커'로 변형한 것이며 엄밀한 의미에서는 본서에서 말하는 새로운 단어의 형성이라고 보기에는 어렵다. '커엽다'를 제외한 나머지 형용사 신어를 대상으로 봤을 때 다음과 같은 특징을 관찰할 수 있다.

우선, 기존의 한국어 형용사의 유형 분류를 살펴보면 남기심·고영근·유현경·최형용(2019 : 105)에서 형용사가 먼저 성상 형용사와 지시 형용사로 양분되고 성상 형용사는 다시 다음과 같이 하위분류되었다.

> (24) 가. 감각적 의미 : 검다, 달다, 시끄럽다, 거칠다, 차다, 빠르다, 멀다,
> 높다
> 나. 화자의 대상에 대한 평가 : 착하다, 모질다, 아름답다, 성실하다
> 다. 비교 : 같다, 다르다, 낫다
> 라. 존재 : 있다, 계시다, 없다
> 마. 화자의 심리상태 : 고프다, 아프다, 싫다, 좋다

(24)를 염두에 두고 (23)의 형용사 신어를 살펴보면 이들이 대개 [+평가]나 [+심리]의 의미와 관련된 것이다. 구체적으로 봤을 때 '고급지다'(2014), '으리 뻑적하다'(2014), '여자여자하다'(2015), '인스타워시하다'(2018)은 (24나)에 해당되고, '문송하다'(2015), '휘게스럽다'(2017), '시송하다'(2018)은 (24마)에 해당된다고 할 수 있다.

조어 상으로 봤을 때 남기심 외(2016 : 169)에 따르면 한국어 형용사 가운데 어근에 '-답-, -롭-, -스럽-, -하-, -되-, -지-, -차-' 등 다양한 파생 접사가 결합되어 형성된 파생 형용사가 많이 존재하고 있는데 형용사 신어도 같은 특징을 띤다. '커엽다'를 제외한 (23)의 형용사 신어 총 7개 가운데 접미사 '-하다'가 포함된 신어는 5개, '-지다'가 포함된 신어는 1개, '-스럽다'가 포함된 신어 1개로 모두 접미사가 포함된 파생 형용사이다.

'-하다'가 포함된 신어 가운데 우선, '문송하다'(2015)와 '시송하다'(2018)이 같은 구성을 지니는 점에서 특징적이다. '문송하다'는 '문과라서 죄송하다'를 줄여 이르는 말이고, '시송하다'는 '시댁이라 죄송하다'를 줄여 이르는 말이다.[43] '문송하다'와 '시송하다'가 형용사로 간주되는 것은 '죄송하다'가 형용사로 간주되는 점에 따른 것으로 볼 수 있다.

또한, '여자여자하다'는 반복 합성어[44]로 볼 수 있는 '여자여자'에 '-하다'가 붙어 형성된 것이다. '여자여자'(2015)는 '아주 여성스러움'을 뜻하고 신어 자료집에서 명사로 간주되고 있으며 '여자여자하다'는 '아주 여성스럽다'의 의미를 가지는 형용사의 지위를 가진다.

'인스타워시하다'(2018)은 외래어가 '-하다'와 결합해서 형성된 형용사이다. 남기심 외(2006 : 175)에서 지적한 바와 같이 외래어가 한국어 어휘부에 편입될 때 어휘가 동사나 형용사 범주에 속해 있었다 하더라도 원래의 형태 그대

---

43) 그러나 '문송하다'의 경우, '문송'이 명사로서 신어 목록에 같이 실려 있는 반면, '시송'은 '시송하다'와 같이 신어 목록에 실려 있지 않음을 볼 수 있다.
44) 반복 합성어에 대한 더 구체적인 논의는 3장 참고.

로는 용언으로 쓰일 수 없고 '-하'나 '-되-'와 같은 접사의 도움을 받아서 어미와 결합할 수 있게 되어야 비로소 용언의 기능을 하게 된다. 이처럼 '외래어+하다'로 구성된 형용사, 예컨대 '스마트하다, 타이트하다' 등이 특히 최근에 급격히 증가하는 추세이다.

한편, '-지다'가 포함된 신어로서 '고급지다'(2014)가 있다. '고급지다'가 명사 '고급'에 접사 '-지다'가 결합해서 형성되는 신어이며, '고급스러운 멋이 있다'를 뜻한다. 이는 '값지다', '기름지다' 등에서의 형성 방식과 일맥상통하는 것이다.

또한, '-스럽다'가 포함된 신어로서 '휘게스럽다'(2017)이 있다. '-스럽다'는 형용사를 형성하는 파생 접미사 가운데 가장 생산성이 높은 접미사 중 하나이다. '휘게스럽다'는 '편안함, 따뜻함, 아늑함, 안락함'을 뜻하는 덴마크어 '휘게'(hygge)와 접사 '-스럽다'로 형성된 것이며 '일상생활에서 마주하는 소소한 즐거움이나, 편안함으로 인하여 행복을 느낄 만하다'를 가리킨다.

2.3.4. 부사 신어의 특성

앞서 이미 제시한 바와 같이, 부사 신어는 기본적으로 부사의 품사적 특징에 부합되며 이들은 기능적으로 문장에서 수식언의 역할을 하고, 분포적으로 동사나 형용사와 같은 용언 앞에 오는 일이 많고 이외에 명사, 관형사, 다른 부사 등 앞에 올 수도 있으며 보조사가 그 뒤에 붙는 경우도 있으나 격 조사가 붙는 것은 허용되지 않는다. 또한, 의미적으로 용언이나 다른 말의 뜻을 분명히 제한해 준다.[45]

---

45) 사실상 부사의 기능적 특성과 의미적 특성에 대한 기존의 기술에 애매모호한 부분이 있다. 부사는 의미적으로 명사는 사물의 이름, 동사는 사물의 움직임 등에서와 같이, 보다 분명한 의미적 정의를 내릴 수 있는 것과 다소 다르게 '다른 말의 뜻을 분명히 제한해 준다'라고 해석되고 의미적 정의 안에 기능적 특성도 담겨 있는 듯하다.

국립국어원 신어 자료집(2014~2019년)을 대상으로 할 때 부사 신어를 다음과 같이 추출할 수 있다.

(25) 두둠칫(2014), 처발처발(2016), 렬루(2018), 옴뇸뇸(2019)

(25)에서 보듯이, 2014~2019년도 신어 목록 가운데 부사 신어는 총 4개가 있다. 부사 신어들은 다음과 같은 몇 가지 특징이 있다.

우선, 기존의 부사 분류 방식을 살펴봤을 때 부사는 주로 수식의 대상에 따라 성분 부사와 문장 부사로 나뉘고 성분 부사에는 성상 부사, 지시 부사, 부정 부사 등이 있으며 문장 부사에는 양태 부사, 접속 부사 등이 있다. 또한, 의미에 따라 부사를 시간 부사, 장소 부사, 정도 부사, 양태 부사 등으로 나누는 방식이 가장 대표적이다.[46]

(25)의 부사 신어의 경우, 의성의태어(의성-의태 부사)의 경우가 많음을 볼 수 있다. 구체적으로 봤을 때 '두둠칫'(2014)와 '처발처발'(2016)은 성상 부사의 하위부류인 의태 부사에 해당되고, '옴뇸뇸'(2019)는 성상 부사의 하위부류인 의성 부사에 해당된다.

그런데 이러한 의성의태어는 기능적으로 일반적 부사와 다른 특징을 띠는 경우도 있다. 다음과 같은 예문을 들 수 있다.

(26) 가. ○○○, 한복 입고 장난기 넘치는 표정으로 '두둠칫'. (국립국어원 신어 조사, 2014 : 48)
나. 처발처발 선크림도 소용없었다. (국립국어원 신어 조사, 2016 : 74)

(26)에서 보듯이, '두둠칫'과 '처발처발'은 모두 일반적 부사와 같이 문장에서 부사어의 역할을 하는 이외에 서술어의 역할을 할 수도 있다. 이와 같은

---

46) 남기심·고영근·유현경·최형용(2019 : 174) 참조.

의태어 신어에는 동사 요소가 포함되거나 동작의 의미가 내포되기 때문이라 본다. 예컨대 '처발처발'은 '마구', '많이'의 뜻을 더하는 접두사 '처'에 동사 '바르다'가 '발'로 변형되어 만들어진 신어이므로 의태어만으로도 서술어 자리에 올 수 있는 가능성이 생기는 것이다.

한편, '렬루'는 앞서 언급된 의성 부사나 의태 부사의 경우와 달리 문장 부사의 일종인 양태 부사로 볼 수 있다. 이는 '리얼(real)'에 조사 '로'를 결합한 '리얼로'를 빨리 발음한 것에서 비롯된 것이며 이는 '정말로', '사실대로', '진짜로'를 의미한다. 한국어에서 '참으로, 진실로, 정말로, 사실로' 등과 같이 일부 명사에 '(으)로'가 첨가해서 부사로 사용되는 경우가 적지 않다. 이와 같은 부사들과 같이 생각해봤을 때 '렬루'는 같은 조어법에 따른 것으로 볼 수 있다. 그러나 어원 'real'에 초점을 두고 봤을 때 'real'은 영어에서 주로 형용사나 부사로 사용되는 점에서 한국어에서의 '참으로, 진실로, 정말로' 등과 차이가 드러난다. '렬루'는 다른 양태 부사와 유사하게 문장에서의 다음과 같은 특징을 보여주고 있다.

(27) 가. 나는 **렬루** 그가 좋았다.
　　 나. 나는 그가 **렬루** 좋았다.
　　 다. **렬루** 나는 그가 좋았다.

(27)에서 보듯이, '렬루'는 문장에서의 그 위치가 비교적으로 자유로움을 알 수 있다.

2.4. 나가기

지금까지 품사적 측면에서 한국어의 신어를 살펴보았다. 우선 본격적 논의를 전개하기에 앞서 '단어'의 개념 범주를 규명하였는데 본장에서는 한국어 학교 문법에서 조사를 단어로 인정하고 어미를 단어로 인정하지 않는 절충적 견해를 취하는 것과 달리 조사와 어미를 모두 단어로 인정하는 분석적 견해를 취하였다.

이와 같은 '단어'의 개념을 염두에 두었을 때 학교 문법에서 품사 분류 기준으로서의 '형식' 대신, '분포'를 도입할 필요가 있다고 밝혔다. 한국어 신어의 품사 판정 기준에 대해서 국립국어원 신어 자료집(2014~2019년)을 중심으로 살펴보면 품사 유형 분포에 대한 전반적인 통계 수치가 제시되어 있고 신어 목록에서 각각의 신어의 품사 유형이 제시되어 있으나 각 신어의 품사 판정에 있어 무엇을 기준으로 하는지에 대한 구체적인 설명이 보이지 않는다. 그런데 신어 목록 가운데 각 신어의 예시를 제시하는 부분에서 조사나 어미를 모두 그 앞에 오는 명사, 동사, 형용사 신어 등과 같이 묶어서 제시하는 것을 통해 '분포'가 신어 품사 판정에 있어 직관적인 근거가 된다는 것을 확인할 수 있다.

국립국어원 신어 자료집(2014~2019년)에 실려 있는 신어들을 대상으로 봤을 때 신어는 품사 상 명사, 동사, 형용사, 부사의 네 가지 유형이 있다. 이 중에 명사 신어가 압도적으로 큰 비중을 차지하고 있음을 알 수 있다.

명사 신어는 기능적으로 문장에서 체언의 역할을 하며, 분포적으로 주어나 목적어 등의 위치에 오고 대개 조사 앞에 온다. 또한, 의미적으로는 사물의 이름을 가리키나 이와 같은 의미적 특징과 거리가 있는 명사 신어도 없지 않다.

명사 신어를 하위분류하는 데에 이를 보통 명사와 고유 명사로 나누는 방법을 취할 수 있다. 명사 신어 가운데 적지 않은 고유 명사 신어를 찾아볼 수 있을 뿐만 아니라, 고유 명사가 신어의 일부 형성 요소로서 단어 형성에 참여하는 경우도 종종 보인다. 이 중에 인명(예 : 김영란법, 예쁘지우), 상품명(예 : 맥세권) 등을 나타내는 고유 명사가 신어 형성 요소 중 일부가 되는 경우를 많이 볼 수 있다.

의미적인 측면에서 분류했을 때 명사 신어 가운데 [+사람]의 의미를 지닌 경우가 큰 비중을 차지하고 있음을 볼 수 있다. 이 중에 사람과 관련된 파생 접미사가 신어 형성에 참여하는 경우가 많다. 이외에 품사 상 명사이면서도 '사건', '행위'의 의미를 지닌 신어도 종종 찾아볼 수 있다.

한편, 국립국어원 신어 자료집에서도 의미 특징에 감안해서 신어를 나눈 바가 있다. 이에 따라 가장 큰 비중을 차지하는 의미 영역으로서 2015년부터 2017년까지는 '사회생활', 2018년부터 2019년까지는 '삶'이었다. 전체적으로 봤을 때 '인간', '삶', '사회생활', '경제생활'의 네 가지 의미 영역에 속하는 신어가 많았다. 반대로, 가장 적은 비중을 차지하는 의미 영역으로서 2015년에는 '종교', '자연', '동식물', 2016년에는 '정치와 행정', 2017년에는 '종교', '자연', 2018년에는 '종교', '동식물', 2019년에는 '종교' 등을 들 수 있다. 전체적으로 봤을 때 '종교'의 의미 영역에 속하는 신어가 가장 적으며 이외에 '동식물', '자연', '개념' 등에 속하는 신어가 적었다. 또한, '정치와 행정'에 속하는 신어는 2017년부터 급격히 많아지고 있음을 볼 수 있는데 국립국어원 신어 자료집(2017 : 49)에서 이는 2017년에 굵직한 정치적 사건들이 많았기 때문에 생기는 결과로 보인다고 지적하였다.

또한, 동사 신어는 기본적으로 한국어 동사의 일반적 품사 특성에 부합되고 이들은 기능적으로 문장에서 용언의 역할을 하고, 분포적으로 주로 서술어 자리에 오며 반드시 어미와 결합해서 사용된다. 또한, 의미적으로 사물의 움직임을 나타낸다. 국립국어원 신어 자료집(2014~2019년)을 대상으로 할 때 동사 신어는 총 6개가 있으며, 이 가운데 '강려크하다'를 제외하면 동사 신어가 5개가 있다.

동사 신어는 기존의 동사 분류 방식에 따라 자동사와 타동사로 나눌 수 있고, 조어법적 측면에서 봤을 때 접미사 '-하다', '-거리다' 등이 포함된 파생 동사가 많다는 것이 특징적이다.

한편, 형용사 신어는 기능적으로 용언의 역할을 하고 분포적으로 그 앞에 정도 부사가 올 수 있으며 뒤에 어미가 붙어 같이 쓰인다. 또한, 의미적으로 사물의 상태나 속성을 나타낸다. 국립국어원 신어 자료집(2014~2019년)을 대상으로 할 때 형용사 신어는 총 8개가 있다. 이 가운데 '커엽다'를 제외하면 7개의 형용사 신어가 있다.

기존의 한국어 형용사의 유형 분류를 염두에 두었을 때 형용사 신어는 대개 [+평가]나 [+심리]의 의미와 관련된 것이다. 조어 상 형용사 신어 총 7개 가운데 접미사 '-하다'가 포함된 신어는 5개, '-지다'가 포함된 신어는 1개, '-스럽다'가 포함된 신어 1개로 모두 접미사가 포함된 파생 형용사이다.

부사 신어는 기본적으로 부사의 품사적 특징에 부합되며 이들은 기능적으로 문장에서 수식언의 역할을 하고, 분포적으로 동사나 형용사와 같은 용언 앞에 오는 일이 많고 이외에 명사, 관형사, 다른 부사 등 앞에 올 수도 있으며 보조사가 그 뒤에 붙는 경우가 있으나 격 조사가 붙는 것이 허용되지 않는다. 또한, 의미적으로 용언이나 다른 말의 뜻을 분명히 제한해 준다.

국립국어원 신어 자료집(2014~2019년)을 대상으로 할 때 부사 신어는 총 4개가 있는데 기존의 부사 분류 방식에 따르면 부사 신어에는 의성의태어(의성·의태 부사)의 경우가 많음을 볼 수 있다. 그런데 이러한 의성의태어는 기능적으로 일반적 부사와 다른 특징을 띠는 경우도 있다. 예컨대 '두둠칫'과 '처발처발'은 모두 일반적 부사와 같이 문장에서 부사어의 역할을 하는 이외에 서술어의 역할을 할 수도 있다. 한편, '렬루'와 같이 문장 부사의 일종인 양태 부사로 볼 수 있는 부사 신어의 유형도 찾아볼 수 있다.

참고문헌

‖논저류‖

강현주(2020), 「고유 명사+하다'류 신어의 인지의미론적 해석」, 『우리말연구』 62, 5-36.

강희숙(2015), 「'사람' 관련 신어에 담긴 한국인의 정서와 문화」, 『한국언어문학』 95, 7-28.

고영근·구본관(2018), 『우리말 문법론』, 집문당.

구본관(2010), 「국어 품사 분류와 관련한 몇 가지 문제」, 『형태론』 12-2, 179-199.

국립국어원(2014), 『2014년 신어』.

국립국어원(2015), 『2015년 신어』.

국립국어원(2016), 『2016년 신어 조사 및 사용 주기 조사』.

국립국어원(2017), 『2017년 신어 조사』.

국립국어원(2018), 『2018년 신어 조사』.

국립국어원(2019), 『2019년 신어 조사』.

김민수(1954), 『國語文法論 硏究』, 통문관. (역대한국문법대계 ① 98)

김인균(2002), 「국어의 명사 연결 구성 연구」, 서강대학교 박사학위논문.

김일환(2014), 「신어의 생성과 사용 - 사람 관련 명사를 대상으로」, 『어문연구』 161, 147-176.

남기심 외(2006), 『왜 다시 품사론인가』, 커뮤니케이션북스.

남기심·고영근·유현경·최형용(2019), 『(전면개정판) 표준 국어문법론』, 한국문화사.

남길임(2020), 「신어의 빈도와 관련한 몇 가지 문제」, 『한국어 의미학』 68, 213-239.

남길임·송현주·최준(2015), 「현대 한국어 [+사람] 신어의 사회·문화적 의미 - 2012, 2013년 신어
　　　　　를 중심으로」, 『한국사전학』 25, 39-67.

노명희(2019), 「신어에 나타나는 약어의 특징과 통합적 혼성어」, 『국어학』 91, 27-56.

리우 완잉(LIU WANYING)(2020), 「한·중·일 세 언어의 품사 대조 연구 - 명사, 동사, 형용사를
　　　　　중심으로」, 이화여자대학교 박사학위논문.

문금현(1999), 「현대국어 신어의 유형 분류 및 생성 원리」, 『국어학』 33, 295-325.

박선옥(2019), 「[+사람] 신어의 생성 추이와 단어의 형태적 특징 연구 - 2015년, 2016년, 2017년
　　　　　신어를 중심으로」, 『동악어문연구』 77, 291-318.

박진호(1994), 「통사적 결합 관계와 논항구조」, 서울대학교 석사학위논문.

송원용(2002), 「문장형 고유명의 형태론」, 『문법과 텍스트』, 277-294.

이선영(2016), 「사람 관련 신어 형성의 몇 가지 특징」, 『새국어교육』 109, 605-627.

이수진(2018), 「고유 명사와 관련된 신어의 유형과 특징」, 『동남어문논집』 46, 63-94.

최경봉(1996), 「명사의 의미 분류에 대하여」, 『한국어학』 4, 11-45.

최현배(1937/1982), 『우리말본』, 정음사.

최형용(2003), 『국어 단어의 형태와 통사 - 통사적 결합어를 중심으로』, 태학사.

최형용(2013), 『한국어 형태론의 유형론』, 박이정.

최형용(2016), 『한국어 형태론』, 역락.

Dixon, R. M. W. & Aikhenvald, A. Y. (eds.)(2002), *Word : a Cross-Linguistic Typology*, Cambridge : Cambridge University Press.

Mattiello, E.(2017), *Analogy in Word-formation*, Berlin : Mouton de Gruyter.

‖사전류‖

국립국어원, 표준국어대사전(https://stdict.korean.go.kr/main/main.do)

국립국어원, 우리말샘(https://opendict.korean.go.kr/main)

3. 한국어 신어 형성에서의 파생어와 합성어

3.1. 들어가기

본장에서는 신어 형성에서 나타나는 파생어와 합성어의 몇 가지 양상을 살펴보는 데 목적이 있다. 파생어와 합성어는 단어 구조에 따른 분류이지만 일반 언어 자료는 물론 신어 자료에서도 그 비중이 가장 크다. 본장에서 논의 대상으로 삼는 신어 자료는 일차적으로는 국립국어원의 신어 보고서에서 가져오기로 한다. 따라서 본장이 신어의 단어 형성 측면에 대한 첫 언급이기도 한 만큼 먼저 국립국어원의 신어 보고서에서 나타나는 파생어와 합성어의 범위와 유형에 관해 몇 가지 주의할 점을 언급하는 것으로부터 논의를 시작해 보기로 한다.

파생어의 경우에는, 문제의 요소가 접두사인지 접미사인지에 대한 판단에 따라 이를 파생어로 포함시킬 수 있느냐 그렇지 않느냐 하는 데 이견(異見)이 있을 수 있다.[1] 그러나 적어도 국립국어원의 신어 보고서에서의 파생어에

---

[1] 물론 여기에는 직접 성분 분석에 따른 관점 차이에 대해서도 살펴볼 필요가 있다. 가령 '돈벌이'라는 단어의 직접 성분 분석을 '[[돈벌]이]'로 분석한다면 이는 파생어로 다룰 수 있지만 '[돈[벌이]]'로 분석한다면 이는 합성어가 되기 때문이다. 이러한 직접 성분 분석과 관련된 단위화에 대해서는 3절에서 'X세권' 관련 신어들을 다루면서 다시 언급하기로 한다.

대해서는 이를 접두 파생어와 접미 파생어로 나누는 데 있어서는 모두 공통
된다.

그러나 합성어의 경우에는 신어 보고서에 따라 그 범위의 편차가 크게
차이가 난다는 점에 주의할 필요가 있다.[2] 이는 곧 합성어의 범위와 유형에
대해 일정한 관점을 반영한 결과이므로 먼저 이에 대해서부터 살펴볼 필요가
있다.

3.2. 신어 보고서에서의 단어 구조 개관

2000년 신어 보고서의 신어 수는 2,947개이고 2001년 신어 보고서의 신어
수는 2,884개로 그 이후보다 신어의 수가 상대적으로 많다. 이는 우선 1994
년, 1995년 신어 보고서와의 기간 차이가 반영된 것으로 해석하는 것이 좋을
것이다. 그러나 그보다는 2000, 2001년의 신어 보고서가『표준국어대사전』
의 개정을 염두에 두고 누락된 단어들을 정리한 데 따른 것이라고 보는 것이
보다 더 직접적인 원인이라고 할 수 있다.[3] 즉 '신어'라는 이름을 쓰고는
있지만 이 가운데 대부분은 신어라기보다는 미등재어의 성격을 띠고 있는
것이다.[4] 신어와 미등재어가 따로 구분된 것은 2002년 신어 보고서에서부터

---

2) 이러한 차이는 연구 책임자와도 밀접한 연관이 있어 보인다. 신어 보고서의 경우 몇 해
   동안 연구 책임자가 동일한 경우가 있는데 이 경우에는 해당 유형의 단어 구조 분류 체계
   가 그대로 유지되고 있기 때문이다. 이는 곧 연구 책임자가 교체되는 경우 단어 구조 분류
   체계도 달라질 수 있다는 것을 의미하는 것이기도 하다. 한편 신어 보고서의 제목도 다소
   간 차이가 있는데 '신어', '신어 조사', '신어 자료집' 등이 그것이다. 자세한 것은 참고문헌
   을 참조하기 바란다. 본장에서는 이들 제목 차이를 반영하지 않고 모두 '신어 보고서'로
   통일하여 사용하고 있다.
3) 1995년 이후로 중단되었다가 2000년에 다시 신어 보고서가 발간된 것은 종이로 된『표준
   국어대사전』이 1999년에 나온 것을 참고하면 그 특성을 이해할 수 있다.
4) 이러한 관점에서 보면 신어가 그 해에 새로 만들어진 말이라면 미등재어는 그때까지 사전
   에 등재되어 있지 않은 말이라는 점에서 생성 시기가 특정되지 않은 말을 가리킨다.

이다.

2000년 신어 보고서에서는 신어에 대한 분석이 따로 제시되어 있지 않지만 2001년 신어 보고서에서는 신어에 대한 개관이 제시되어 있는데 '분야별 특징', '품사별 특징', '기원별 특징', '조어 특징'이 그것이다. 이 가운데는 본장의 내용과 직접적으로 관련이 있는 '조어 특징'이 가장 큰 비중을 차지하고 있는데 여기에서 관심을 가져야 할 부분은 다음의 표이다.

(1) 2001년 국립국어연구원 신어 보고서의 단어 구조

| | 단일어 | 복합어 | | | 총 |
| | | 합성어 | 파생어 | | |
			접두 파생어	접미 파생어	
어수	총 142 명사 134 동사 1 감탄사 4 접(미)사 1 의존 명사 2	총 519 명사 517 부사 2	총 230 명사 230	총 1,399 명사 1,198 동사 131 형용사 16 관형사 51 의존 명사 3	2,290
비율	6.2	22.7	10	61.1	100
			71.1		

우선 신어의 전체 수는 2,884개로 되어 있는데 (1)의 표에는 2,290개만 제시되어 있다는 점이 우리의 시선을 끈다. 이는 신어 보고서에 포함된 신어 가운데 구, 관용구, 외래어로만 구성된 단어 등을 뺀 결과이다. 1장에서 언급한 바와 같이 이들은 단어 형성의 측면에서 그 특성을 분석하기에 여러 모로 부적합한 것들에 해당한다는 것을 감안한 것이라고 할 수 있다. 구나 관용구는 그 자체로 단어가 아니며[5] 외래어는 단어라고 할 수 있는 것들이 적지

---

5) 따라서 이러한 점에 근거하면 '신어 보고서'에서의 '신어'를 새롭게 만든 '단어'로 정의 내리는 것에는 문제가 있다는 것을 알 수 있다. '신어'의 정의에 새롭게 만든 '단어' 대신 '말'이라는 용어가 사용되는 것은 이러한 모순을 피해가려는 시도라고 판단된다. 2001년 신어에는 '-배(杯)'와 같은 접사도 싣고 있는데 이를 포함한다면 '신어'는 '단어'보다 '새롭

않으나 내부 구조 분석이 용이하지 않기 때문에 제외한 것으로 보인다.[6]

다음으로 주목할 것은 단일어가 142개로 의외로 많다는 점이다. 이는 신어 보고서에서도 밝히고 있는 바와 같이 한자로 이루어진 단어(보다 정확히는 의존 형태소이자 실질 형태소의 결합으로 이루어진 단어)뿐만 아니라 '강추', '선수협' 등도 모두 단일어로 처리한 결과이다. 그러나 이들은 형태론적 관점에서 단일어라고 볼 수 없다. 단일어는 국립국어원의 『표준국어대사전』의 정의에 따르더라도 하나의 실질 형태소로 이루어진 단어인데 이들은 그렇게 보기 어렵기 때문이다. 그러나 단일어가 아예 없는 것은 아닌데 가장 대표적인 것은 '얍', '으쌰'와 같은 감탄사들이다.[7] 따라서 표에서 제시된 142개 단일어들은 대부분 복합어로 분류되어야 할 것이다. 또한 이들 단일어는 복합어 가운데는 모두 합성어로 분류될 수 있는 성질을 가지고 있다는 점에도 주목할 필요가 있다. 그러나 2019년 신어 보고서에 이르기까지 단일어를 이렇게 폭넓게 간주하는 견해는 바뀌지 않고 있다.

단일어의 범위를 이렇게 넓게 잡다 보니 복합어 가운데 합성어는 비자립적인 경우를 포함하여 어근과 어근의 결합이 아니라 자립적인 단어가 포함된 구성으로 범위가 좁혀지게 되었다.[8] 이를 염두에 두더라도 (1)에서 합성어가 아니라 파생어가 압도적으로 많다는 점에 주목할 필요가 있다. 지금까지의 신어 연구에 대한 적지 않은 논의가 파생 접사의 식별과 확인(박주형·임종주 2019, 어용에르덴 2019, 최유숙 2019 등)에 관심이 모아지고 있는 것은 이러한 결과

게'에 초점이 맞추어진 느낌이 없지 않다. 이른바 '의미적 신어'도 이러한 접근의 결과라 할 수 있는데 본장에서는 1장에서 언급한 바와 같이 새로운 '의미'보다는 새로운 '형태'에 초점을 맞추고자 한다.

6) 가령 '컴퓨터'는 영어에서는 파생어이지만 한국어에서는 파생어로 보기 어렵다는 측면이 이러한 결과를 가져온 것으로 보인다. 본장의 관점에서라면 '컴퓨터'는 단일어에 해당한다.

7) '벙글다'와 같은 동사도 매우 드물지만 명실상부한 단일어에 해당한다.

8) 최형용(2016)에 따르면 합성어가 형성되는 경우는 '형태소 어근+형태소 어근', '형태소 어근+단어 어근', '단어 어근+형태소 어근', '단어 어근+단어 어근'의 네 가지인데 (1)은 우선 '형태소 어근+형태소 어근'의 경우는 배제하고 있음을 알 수 있다.

와 관련하여 의미하는 바 크다고 할 수 있다.[9]

또한 (1)에서는 합성어를 더 세분하고 있지 않다는 점에도 주목할 필요가 있다. 이는 이른바 혼성어와 두음절어와 같은 것들은 부분적으로는 단일어, 부분적으로는 합성어에 포함되고 있음을 의미한다. 즉 (1)은 본장의 관점에서의 합성어가 '단일어', '합성어'에 들어 있으면서 '혼성어, 두음절어'와 같은 것들을 따로 구분하고 있지 않다는 특징을 가지고 있는 것이다.

전술한 바와 같이 2002년 신어 보고서가 2000년, 2001년 신어 보고서와 차이가 나는 것은 한데 묶여 있던 신어와 미등재어를 따로 나누고 있다는 점이다. 따라서 전체 규모는 408개 신어와 미등재어 2,288개로 총 2,696개이다. 이 가운데 먼저 2002년 신어의 조어 방식에 따른 분류를 보이면 다음과 같다.

(2) 2002년 국립국어연구원 신어 보고서의 단어 구조

	단일어	복합어			총
		합성어	파생어		
			접두 파생어	접미 파생어	
어수	총 59 명사 59	총 265 구 88 명사 177	총 6 명사 6	총 78 명사 70 동사 6 형용사 2	408
비율	14.4	65	1.5	19.1	100
			20.6		

(1)과 비교하여 특징적인 부분은, 단일어의 수도 줄었지만 합성어와 파생어의 비율이 눈에 띄게 달라진 점이다. 그러나 265개 합성어 가운데는 구가 88개이고 전술한 바와 같이 혼성어도 모두 합성어로 포함되어 있다는 사실

---

9) 신어로서의 구는 단어 형성 방법으로서의 파생이 아니라 합성의 방식을 보여 주므로 만약 이를 포함한다면 합성어의 비중이 더 높아질 것임을 예측하는 것은 어렵지 않다.

을 염두에 둘 필요가 있다. 접두 파생어에 비해 접미 파생어가 압도적인 것은
(1)과 일맥상통하는 것이다. 2002년 신어 보고서부터는 사전 미등재어에 대
해서는 이러한 표를 제시하고 있지 않다는 사실도 염두에 둘 필요가 있다.
그러나 단일어, 합성어, 파생어에 대한 구분 기준은 (1)과 동일하다. 이러한
단어 구조 분석은 2003, 2004년에도 변화가 없었다.

  그런데 2005년 신어 보고서에서는 (1), (2)와 다른 단어 구조 분류가 제시
되었다. 이를 보이면 다음과 같다.

  (3) 2005년 국립국어원 신어 보고서의 단어 구조

분류		항목 수(개)	비율(%)	순위	예
단일어	생성	42	10.3	3	속식, 범심, 정랭
	유추	13	3.2	6	고고익선, 곡학아통, 한일동주
	이의	3	0.7	9	귀때기, 어중치기
	차용	11	2.7	7	트윅스터, 프로기즘, 하이퍼리치
복합어	합성	195	47.8	1	무지개꿀, 발열옷, 색깔병
	파생 접두 파생	7	1.7	8	무꺼풀, 온진품, 항한류
	파생 접미 파생	91	22.3	2	그림족, 떨녀, 캡처꾼
약어	융합	28	6.9	4	네카시즘, 유토퍼, 황빠
	축약	1	0.2	10	미자
	탈락	17	4.2	5	권방, 수투위, 취뽀
		408	100		

  (1), (2)와 비교할 때 (3)에서 가장 크게 눈에 띄는 것은 두 가지이다. 하나는
단일어를 다시 유형 분류한 것이고 다른 하나는 그동안 일부는 단일어로,
대부분은 합성어로 분류되었던 것들을 '약어'로 표면화한 것이다.

그러나 우선 전술한 바와 같이 단일어에 해당하는 것들 가운데 '생성', '유추', '이의'로 제기된 것들은 본서의 관점에 따르자면 단일어가 아니다. '차용' 가운데는 단일어로 간주될 만한 것들이 없지는 않지만 이 가운데는 고유어나 한자어와 결합하면서 접사의 지위를 가지게 된 것들도 포함하고 있다.

다음으로 약어를 단일어, 복합어와 대등하게 분류한 것은 이들의 비중보다는 그 방법이 가지는 특성을 부각하기 위한 것으로 해석하는 것이 바람직할 것으로 보인다. 본서의 논의에 따른다면 '융합'은 혼성어의 예이고 '탈락'은 대부분 두음절어의 예에 해당한다. '축약'은 가령 '미성년자'를 '미자'로 줄인 것이므로 '융합'이나 '탈락'과는 구별하기 위한 것으로 보인다.

이러한 단어 구조 분석의 변화는 2008년 신어 보고서에서는 다시 다음과 같은 변화를 겪고 있다.

(4) 2008년 국립국어원 신어 보고서에서의 단어 구조

분류		어수	비율	예
단일어	생성	3	0.63	결측, 귀북, 골태
	이의	3	0.63	명태, 성지
	차용	11	2.31	하이티즘, 크루거, 컬러리스
복합어	합성	290	61.07	길장사, 꽃사자, 끝장야구, 난장승부
	혼성	38	8	스압, 커즈맘
합성어	축약	5	1.05	공방법, 공투, 대포반, 티이이, 미피
파생어	접두 파생	15	3.15	급월세, 노개념, 생웃음, 역월세, 맹어필
	접미 파생	110	23.16	경황감, 교태녀, 팔짱맨
계		475	100	

이를 (3)과 비교하면 단일어에서는 '유추'가 빠지고 복합어와 대등한 자격

을 가지던 '약어'가 다시 합성어 내부로 편입되어 '혼성'과 '축약'으로만 제시된 것을 알 수 있다. 이는 '유추'가 '생성'으로 묶이고 '융합'이 '혼성'으로 이름을 바꾸었으며 '축약', '탈락'이 '축약'으로만 묶인 결과이다. 이에 따라 혼성어와 두음절어는 다시 합성의 한 유형으로 분류되게 되었다.

이러한 유형 분류는 2013년까지 유지되었다가 2014년에는 다음과 같이 작은 변화를 겪게 된다.

(5) 2014년 국립국어원 신어 보고서의 단어 구조

분류		단어수	비율(%)	예
단일어	생성	8	3.25	광삭, 두둠칫, 삼귀사, 택남택녀
	차용	12	4.88	기프, 베이핑, 셀피, 잼스
복합어	합성	56	22.76	곰손, 공명버딩, 무전감방, 로열와이프
	혼성	64	26.02	꾸러기템, 넌치, 덕통사고, 먹부심
	축약	44	17.89	개총, 너곧나, 베커상, 성장, 이프트
	접두 파생	6	2.44	개소름, 극호감, 역쇼루밍, 헛욜
	접미 파생	56	22.76	나평족, 반도녀, 심쿵하다, 고급지다
계		246	100	

(4)와의 차이는 단일어에서 '이의'가 빠진 것이다. '이의'는 뜻이 달라진 것이므로 단어 구조가 달라진 것은 아니다. 따라서 이를 단일어에 넣은 것은 문제가 있다는 의식을 반영한 결과로 해석된다. 그리고 이러한 구조 체계는 2019년 신어 보고서에까지 계속 유지되고 있다.

이상에서 살펴본 바와 같이 국립국어원의 신어 보고서의 단어 구조는 몇 차례 변화를 겪었다는 점에서 이용자의 관점에서도 주의할 필요가 있다. 그러나 이보다 더 중요한 문제는 신어 보고서가 단어 형성 방법과 형성된 단어의 분류 사이에서 혼동을 보이고 있다는 점이다.

첫째, 앞에서도 잠시 언급한 바와 같이 단일어와 복합어는 형성 방법에 따른 분류가 아니라 형성된 단어의 분류라는 점이다. 단일어가 형태소 하나로 이루어진 것이라면 복합어는 형태소 두 개 이상으로 이루어진 단어이다. 따라서 이것은 단어 형성 과정과 직접적인 상관이 없다. 가령 (3)에서 '고고익선(2005)'은[10] '다다익선'에 유추된[11] 것이지만 형태소가 모두 네 개이므로 단일어가 아니라 복합어로 분류해야 한다는 것이다.

둘째, 이와는 달리 '파생'이나 '합성', '축약', '혼성' 등은 형성된 단어에 대한 분류가 아니라 단어 형성 방법을 의미한다. 따라서 형성된 단어에 대한 분류인 파생어, 합성어는 단어 형성 방법인 파생과 합성의 결과이기는 하지만 파생어, 합성어가 항상 파생과 합성으로만 결과되는 것은 아니다. 이러한 관점에 따르자면 앞서 유추의 예로 제시된 '고고익선'은 형태소가 두 개 이상이고 직접 성분 가운데 하나가 접사인 것은 아니므로 유추라는 방법에 따라 형성된 합성어가 되는 셈이다.[12] 이러한 관점에 따르자면 혼성어와 두음절어는 형태소 하나 짜리는 아니므로 단일어라고 보기 어렵고 그렇다고 하여 전형적인 혼성어와 두음절어는 직접 성분 가운데 하나가 접사는 아니므로[13]

---

10) 본장을 비롯하여 본서에서는 신어 보고서에서 인용할 경우 해당 연도를 괄호 안에 표시하고 있다. 따라서 '거거익선(2005)'는 곧 2005년 신어 보고서에서 인용한 것을 의미한다. 아래도 마찬가지이다.

11) '유추'는 흔히 '규칙'과 함께 단어 형성 기제로 일컬어진다. 이는 단어 형성 방법보다는 더 클 수 있지만 그렇다고 하여 단어 형성 방법과 무관한 것은 아니다. 여기에서는 이에 대한 구별에 큰 차이를 두지는 않기로 한다. (3)의 '유추'는 '규칙'에 대비되는 단어 형성 기제 차원을 의미하는 것이라고 볼 수는 없기 때문이다. 이러한 관점에서 보자면 여기에서의 '유추'는 단어 형성 방법의 수준에서 '대치' 정도로 표현하는 것이 더 정확하다고 할 수 있을 것이다.

12) 최형용(2016, 2017)에서는 파생어와 합성어에 대해 각각 '직접 성분 가운데 하나가 접사인 단어', '직접 성분 모두가 어근인 단어'로 정의한 바 있다. 이러한 정의를 위해서는 어근을 형태소 두 개 이상인 것으로까지 확대해야 하는데 이에 대해서는 우선 최형용(2016 : 336-344)를 참고할 것.

합성어에 가깝다고 할 수 있다. 다만 파생과 합성은 단어 형성 과정에서 형태소의 '손상'이 일반적으로 없다는 점에서 '손상'이 일반적으로 일어나는 혼성어와 두음절어와는 차이가 있다.

이상의 논의를 바탕으로 하면 본장에서 관심을 기울이려고 하는 파생어와 합성어는 단어 형성 과정으로서의 파생과 합성을 거친 결과물에 한정된다는 것을 알 수 있다.[14]

3.3. 한국어 신어 형성에서의 파생어

3.3.1. 신어 형성에서의 접사와 어근의 구별

파생어는 대체로 단어 형성 과정으로서의 파생을 거쳐 형성되지만 꼭 그러한 것은 아님을 살펴본 바 있다. 전술한 바와 같이 이때 중요한 것은 직접 성분인데 파생어는 직접 성분 가운데 하나가 접사여야 한다. 접사를 제외한 부분은 어근에 해당하는데 신어의 경우 어근이 두음절어에 해당하는 것이 적지 않다는 특성을 갖는다.

(6) 가. 담지자(2000),[15] 낚바생(2004),[16] 다꾸인(2009),[17] 영통인(2009)[18]
    나. 먹튀족(2001), 먹방계(2013), 찍먹파(2014), 부먹파(2014)

---

13) '전형적인'이라는 말을 사용한 것은 혼성어와 두음절어 가운데는 접사화하는 요소를 포함하고 있는 것이 있기 때문이다. 이에 대해서는 다시 후술하기로 한다.
14) 따라서 본서에서 파생어, 합성어를 한데 묶고 혼성어, 두음절어를 한데 묶어 분리한 것은 단어 형성의 결과보다는 단어 형성의 방법을 부각한 것이라고 보아야 할 것이다.
15) '담력과 지혜를 가진 사람'의 의미.
16) '낙타가 바늘구멍을 통과하는 것처럼 아주 어려운 취업에 성공한 사람을 비유적으로 이르는 말'의 의미.
17) '다이어리를 꾸미기 좋아하는 사람'의 의미.
18) '영혼이 통하는 사람'의 의미.

(6)은 모두 어근이 두음절어에 해당한다는 공통점이 있으나 (6가)는 어근 두음절어가 신어의 자격을 가지고 있지 않은 것들이고 이에 대해 (6나)는 어근 두음절어가 모두 신어의 자격을 가지고 있는 것들이라는 차이가 있다.[19]

그러나 우선 다음의 예들은 파생어로 보기 힘든 것들에 해당한다는 점에 주의할 필요가 있다.

(7) 취준생(2018), 연포자(2018), 편과족(2018)

(7)의 예들에서 '-생', '-자', '-족'은 모두 접미사의 자격을 가진다는 점에서 일견 (6)에 해당하는 것은 아닌가 생각할 수 있다. 그러나 이들은 각각 '취업 준비생', '연애 포기자', '편의점 과일 구매족'이 줄어든 것이므로 파생이 아니라 '축약'에 해당한다고 보아야 할 것이다.[20]

(6)과 (7)을 통해 알 수 있는 것은 동일한 접미사가 사용된 경우라도 가령 '~사람'의 의미를 나타내기 위해 이를 '-족'으로 표현한 것은 접미사로 파악되어 파생어의 테두리에 포함되지만 '구매족'을 줄여 '-족'으로 이를 나타낸 것은 단순한 줄임말에 해당한다는 점이다.

그런데 이들보다 다음의 예들은 판단이 더 힘들다고 할 수 있다.

---

19) 『표준국어대사전』에는 (6나)의 '먹튀', '먹방', '찍먹', '부먹'이 등재되어 있지 않지만 참여형 지식 대사전인 『우리말샘』에는 이들이 모두 등재되어 있다. 그만큼 『우리말샘』은 신어의 등재에 대해 관대하다는 것을 알 수 있다. 그러나 『우리말샘』의 등재는 『표준국어대사전』만큼은 아니더라도 어느 정도 정착의 과정에 놓여 있다고 판단해도 좋을 것이다. 아래에서 『우리말샘』의 등재 여부를 단어 구조 파악의 근거 가운데 하나로 종종 제시하는 일은 이러한 이유 때문이다. 이는 곧 신어의 정착과 관련하여 『우리말샘』과 『표준국어대사전』의 지위가 다르다는 점을 의미하는 것이기도 하다. 1장에서 제시한 바와 같이 정한데로(2019 : 228)에서는 '임시어 → 신어 → 사전 등재어'의 상관관계에 주목한 바 있는데 이때 '사전'에도 두 가지 단계가 존재한다는 것을 뜻하기 때문이다.
20) 노명희(2019)는 약어와 혼성어의 차이에 대해 천착한 논의인데 여기에서도 (7)과 같은 신어들은 모두 약어로 간주하고 있음을 참고할 필요가 있다.

(8) 가. 차도남(2010),[21] 완도남(2012),[22] 날도남(2013),[23] 뇌순남(2016)[24] …

　　 나. 차도녀(2010),[25] 만찢녀(2012),[26] 해돋녀(2012),[27] 뇌순녀(2016)[28] …

　(8)에서 보이는 '남'과 '녀'는 어근의 자격을 가지기도 하고 접미사의 자격을 가지고 있기도 하므로 이들의 지위가 접미사인지 아니면 어근인지의 판단이 쉽지 않다고 할 수 있다. 그러나 앞의 논의를 참고한다면 이들도 역시 파생어의 범위에 포함시키기에는 무리가 있다고 할 수 있다. 이들은 어근에 접미사가 결합한 것이 아니라 가령 (8나)의 '차도녀'는 '차가운 도시 여자'를 줄인 것으로 보는 것이 합리적이기 때문이다. 따라서 이들은 전형적인 두음절어에 해당한다고 보는 것이 좋을 것이다.

　그러나 출발은 이와 같다고 하여도 이들에서의 '-남', '-녀'가 접미사로서 해석될 수 있는 가능성이 전혀 없는 것은 아니다.

(9) 가. 열공남(2012),[29] 먹방남(2013)[30]

　　 나. 먹방녀(2013)[31]

　(9)에 제시한 신어들도 모두 그 형성 과정이 (8)과 동일하다. 그러나 이들은 사정이 좀 다른데 '-남', '-녀'를 제외한 '열공', '먹방'이 『우리말샘』에 등재되어 어근의 자격을 가지는 과정에 놓여 있다고 판단할 수 있기 때문이다.[32]

---

21) '차가운 도시 남자'의 의미.
22) '완전히 도도한 남자'의 의미.
23) '날씬한 도시 남자'의 의미.
24) '뇌가 순진한 남자'의 의미.
25) '차가운 도시 여자'의 의미.
26) '만화를 찢고 나온 여자'의 의미.
27) '해변에서 돋보이는 여자'의 의미.
28) '뇌가 순진한 여자'의 의미.
29) '열심히 공부하는 남자'의 의미.
30) '방송에서, 음식을 먹는 행위를 보여 주는 남자'의 의미.
31) '방송에서, 음식을 먹는 행위를 보여 주는 여자'의 의미.
32) 이에 따라 이미 (6나)에 '먹방계'를 파생어로 제시한 바 있음을 참고할 필요가 있다.

이러한 판단은 『우리말샘』에 각각 '열공하다', '먹방하다'가 등재되어 있는 것으로도 뒷받침된다.[33] 따라서 이들은 전술한 (6나)의 예들과 같은 부류로 묶일 수 있다.

이상의 예들은 곧 '줄임'이 어근, 접미사의 사이에서 역동적인 모습을 보여 주고 있음을 뜻한다는 점에서 흥미롭다. 곧 동일한 구성이 경우에 따라 어근이나 접미사의 지위를 가로지르고 있기 때문이다. 이러한 측면에서 다음과 같은 예들에도 관심을 기울일 필요가 있어 보인다.

(10) 가. 얼큰이(2000)[34]
나. 범생이(2000)[35]
다. 예랑이(2014)[36]

(10)의 예들에서 '-이'는 모두 '사람'을 뜻하는 접미사의 자격을 가지고 있다. (10가)는 '얼굴이 큰 사람'의 의미를 가지므로 이때 '사람'의 의미가 '-이'에 의해 구현되고 있으므로 (6가)의 부류에 속한다고 할 수 있다.[37] (10나)는 어근 자격을 가지는 '범생'이 '모범생'에서 '모'가 탈락한 것이라는 점에서 (10가)와 차이가 있다.[38] 한편 (10다)는 '예랑'이 '예비 신랑'의 줄임말이라는

---

33) 『우리말샘』에서는 단어가 아니라 구이기는 하지만 '먹방 레전드', '먹방 투어'도 등재하고 있는데 이 역시 '먹방'이 하나의 단어 자격을 가지고 있음을 방증하는 것으로 간주하게 한다.
34) '얼굴이 보통 사람보다 큰 사람을 놀림조로 이르는 말'의 의미.
35) "'모범생'을 낮잡아 이르는 말'의 의미.
36) '예비 신부가 예비 신랑을 사랑스럽게 이르는 말'의 의미.
37) '얼큰이'의 '큰'이 관형사형이므로 이때의 '-이'를 의존 명사로 해석할 여지가 있다고 주장할 수도 있으나 '얼'이 '얼굴'의 줄임말이므로 이들은 두음절어의 형성과 맥락을 같이하는 것으로 볼 수 있어 의존 명사로의 해석은 받아들이기 어렵다는 것을 알 수 있다.
38) '범생이'는 가능하지만 '모범생이'는 불가능하다는 점도 특이하다면 특이하다고 할 수 있다. 이는 '범생이'와 '모범생'의 음절 수가 같다는 점에서 그 이유를 찾을 수 있어 보인다. 그동안 단어 형성에서 음절 수에 대한 관심이 많지 않았지만 특히 전형적인 혼성어가 선행 요소 혹은 후행 요소와 같은 음절 수를 가지는 등 단어 형성에 있어서 음절 수 제약에 대해 보다 많은 관심을 기울일 필요가 있어 보인다.

점에서 (10가, 나)와 차이가 있다.[39) 즉 (10)에서 접미사 '-이'를 제외한 어근들이 모두 모종의 줄임을 통한 것이라는 점은 공통적이지만 그 양상이 조금씩 차이를 보이고 있는 것이다.

줄임과 관련된 접사 판정 문제에서는 다음과 같은 것들도 관심을 기울일 필요가 있다.

> (11) 가. 경매제(2000) ← 경매 제도
> 나. 국고채(2000) ← 국고 채권, 고속철(2002) ← 고속 철도

(11)에서 '경매 제도', '국고 채권', '고속 철도'는 모두 구(句)의 자격을 가지고 있다. 이에 대해 '경매제', '국고채', '고속철'은 모두 단어의 자격을 가지고 있다. 따라서 이들은 일률적으로 후행 요소의 일부가 줄어든 경우라 할 수 있다. 그러나 이 가운데 접미사의 자격을 가지고 있는 것은 (11가)의 '-제(制)' 뿐이다. 비록 '채권'의 '채(債)', '철도'의 '철(鐵)'은 접미사의 자격을 가지고 있지는 않지만 그 자체로 의존적이므로 단어를 만드는 기능이 있는 것은 마찬가지인 것이다. 이를 통해 자립적인 요소를 의존적인 요소로 만드는 '줄임'은, 의미에 차이가 없을 뿐만 아니라 문장에서 탈피하여 단위로서의 '단어'를 지향하는 목적을 가지고 있다는 공통된 사실을 추론할 수 있다.

3.3.2. 신어 형성에서의 접사화

신어 형성에서 파생어를 대상으로 그동안 가장 많은 논의가 이루어진 부분은 파생어 형성에서의 고정 요소인 접사라고 할 수 있다. 또한 접사가 아닌 요소가 접사화하는 경우에 대한 관심도 적지 않았다.

---

39) '예비 신랑'에서 '예랑'이 되었으므로 이는 두음절어가 아니라 혼성어의 방식이라는 점에서도 특징이 있다.

가령 어용에르덴(2019)에서는 접사화를 접두사화와 접미사화로 나누고 이들 각각을 다시 어종에 따라 고유어, 한자어, 외래어로 나누었다. 먼저 접두사는, 고유어 접두사로 '알차고 매우 좋은 것을 뜻하는 '꿀-', '혼자'라는 의미로 사용되는 '혼-', 한자어 접두사로 '중독성이 강하다'는 의미로 쓰이는 '마약-', '몹시, 매우'의 뜻을 가진 '핵-', 외래어 접두사로 '신과 같이 훌륭함'이라는 뜻으로 사용되는 '갓-'을 들었다. 다음으로 접미사는, 고유어 접미사로 '~를 너무나도 사랑하는 누구'라는 뜻으로 쓰이고 있는 '-바보', 한자어 접미사로 '급격하게 줄어드는 어떠한 현상'을 뜻하는 '-절벽', '어떤 분야에 지식이나 경험이 부족한 사람'을 뜻하는 '-고자', 비하의 의미가 담긴 '벌레와 비유하여 비하의 뜻을 더하는 접미사'인 '-충', 외래어 접사로 '무엇을 보거나 듣는 것이 못마땅하고 그 정도가 심하다'는 뜻으로 사용이 되는 '-테러', '사랑스러운 누구'를 뜻하는 '-블리'를 들었다.

그러나 이 가운데 어떤 것도 『표준국어대사전』은 물론 신어에 대해 상대적으로 관대한 『우리말샘』에도 실려 있지 않다는 사실에 주목할 필요가 있다. 이에는 가령 '혼-'을 접두사로 처리할 경우 『우리말샘』에도 등재되어 있는 신어 '혼족(2016)'과 같은 예는 접두사와 접미사가 결합한 것으로 처리해야 하고 '혼-'은 '혼자'에서 줄어든 고유어이므로 '제도'의 의미를 대신할 수 있는 (11가)의 한자 접미사 '-제'와도 차이가 난다는 사실을 참고할 필요가 있다. 또한 '마약', '바보', '절벽', '고자' 등은 모두 비유적 의미에 초점을 두고 있기는 하지만 명사의 자격을 가지고 있다는 점도 무시할 수 없는 부분이라 할 수 있다. 여기에는 이선영(2017a)에서 접사화의 기준으로 '비자립성'과 '의미 변화' 두 가지를 들고 있으면서도 '의미 변화'만 나타나고 자립성을 유지하는 것은 접사화가 아니라 형태소의 의미 확장으로 볼 수 있다고 한 언급을 참고할 수 있다.

이러한 관점에서 이선영(2017a)에서 제시한 신어의 접사화 대상은 '핵-', '개-', '금-', '-충'의 네 가지이다.[40] 앞의 세 개는 접두사화의 예이고 뒤의 하나는 접미사화의 예라고 할 수 있다. 또한 이선영(2017a)에서는 '핵개-'와 '개핵-'처럼 접두사가 중복되는 경우에 대해서도 관심을 기울이고 이는 정착어 '시외할머니'에서도 나타나므로 '시외할머니'가 '[시[외[할머니]]]'로 분석되는 것처럼 이들도 '[핵[개[X]]]', '[개[핵[X]]]'의 구조로 분석해야 한다고 보았다. 천성호(2019)에서는 이러한 분석에 동의하면서도 겹쳐 나타나는 접사의 의미적 특성은 서로 다르다는 점을 언급한 바 있다.

장경현(2019)에서는 어근과의 경계가 분명하지 않다는 점을 인정하면서도 '-각, -충, -빠, -까, -돌, -몬, -탱' 등은 접미사로, '개-/캐-, 꿀-, 혐-, 갓-, 좆-, 핵-' 등은 접두사로 인정할 수 있다고 보았다.

이들 논의에서 접사화는 모두 접사 아니던 것이 접사로 기능하게 되었다는 점을 인정하고 있다는 공통점이 있지만 그 과정에서 형태의 변화를 기준으로 다시 두 가지로 나눌 수 있어 보인다. 하나는 원래의 형태에 아무런 변화가 없는 것이고 다른 하나는 원래의 형태에서 모종의 줄임이 일어난 것이다. 전술한 '핵-', '개-' 등이 앞의 예에 해당한다면 '혼-', '-블리' 등은 뒤의 예에 해당한다고 할 수 있다.[41] 이때 원래의 형태에서 모종의 줄임이 일어난 경우는 상대적으로 이를 접미사로 인정하는 데 주저하는 이유가 된다. 국립국어원 신어 보고서에서 '혼-'이나 '-블리'를 접사로 처리하고 있지 않는 것은 이러한 이유가 가장 크다고 판단된다. 즉 이들은 하나의 형태소에서 줄임이 나타나 일정한 의미를 부여하는 것이 가능하더라도 그 자체로는 형태소의 자격을 주기가 쉽지 않은 것이다.

그럼에도 불구하고 이들에 접사의 자격을 부여하고자 하는 이유는 무엇일까 하는 의문을 품어 볼 필요가 있다. 접사는 그 자체로 자립성을 결여하고 있다는 점에서 단어 형성 과정을 통해서만 그 모습을 드러낼 수 있다. 이러한

---

40) 이 외에 '꿀-'도 검토하였으나 예가 많지 않아 접두사화의 예로 다루는 것을 보류하였다.
41) 이 가운데 '개-'는 부사로 역문법화 혹은 어휘화한 예로도 언급된 바 있는데 이에 대해서는 1장을 참고할 것.

측면에서 접사는 단어 형성의 고정 요소로 기능하는 일이 적지 않다. 앞서 어용에르덴(2019)에서 '마약', '바보', '절벽', '고자' 등을 접사화한 것으로 간주한 데에도 이들이 여러 단어 형성에서 일종의 고정 요소 역할을 한다는 점을 포착한 결과라고 할 수 있다. 이는 곧 접사화의 판단에 있어 '비자립성'이나 '의미 변화'만큼이나 '고정 요소'라는 점도 매우 중요하다는 것을 의미한다.

이제 이러한 관점에서 신어 형성에서 나타나는 '꿀'의 지위에 대해 생각해 보기로 한다. '꿀'은 전술한 어용에르덴(2019), 장경현(2019)에서 모두 접두사로 처리한 바 있지만 이선영(2017a)에서는 예가 많지 않다고 보아 접두사로서의 판단을 보류한 바 있다. '꿀'은 그 자체로는 아무런 줄임이 나타나지 않은 것이므로 형태의 변화가 없는 경우에 해당한다. 우선 신어 가운데 '꿀'이 포함된 것들을 정리해 제시하면 다음과 같다.42)

(12) 가. 꿀강,43) 꿀근무지, 꿀노잼, 꿀대진, 꿀벅지, 꿀보이스, 꿀빨다,44) 꿀성대, 꿀알바, 꿀음색, 꿀재미, 꿀잼, 꿀잼각, 꿀조합, 꿀직장, 꿀케미, 꿀팁, 꿀피부
　　 가'. 개꿀맛, 개꿀잠, 개꿀잼, 핵꿀잼
　　 나. 갯꿀러(2017),45) 꿀중기(2017),46) 꿀잠템(2019)

(12가)는 '꿀'이 신어 형성에 포함된 것 가운데 『우리말샘』에 등재되어

---

42) '꿀'이 '포함된 것'이라고 한 이유는 '꿀'이 직접 성분에 해당하지 않는 예들이 있기 때문이다. (12가)의 '꿀잼각'은 직접 성분이 '꿀잼'과 '각'이며 (12나)의 '갯꿀러'는 '갯꿀'과 '러'가, '꿀잠템'도 '꿀잠'과 '템'이 직접 성분에 해당한다. 한편 (12가')은 모두가 '꿀'이 직접 성분이 아니다.
43) '꿀강의'의 줄인 말.
44) '(비유적으로) 편하게 지내다'의 의미.
45) '본인의 취향에 맞는 상품이나 서비스 따위를 구매하여 소비의 만족도를 높이려는 사람'의 의미.
46) '경영 상태가 좋고 성장 가능성이 높은 중소기업'의 의미.

있는 것들을 정리한 것이고 (12나)는 신어 보고서에 포함된 것이기는 하지만 아직 『우리말샘』에는 등재되어 있지 않은 것들에 해당한다. (12가')은 이선영 (2017a)에서 주목한 바와 같이 '꿀' 앞에 접두사 '개-'나 '핵-'이 더 추가된 것에 해당한다.

이들에서의 '꿀'은 지시적 의미가 아니라 비유적 의미로 쓰인 것들이라는 점에서 의미 변화가 일어난 것을 부인하기는 어렵다. 그러나 이 비유적 의미 가 언제나 의존적으로 쓰여야 접두사로서의 지위를 굳건히 할 수 있다는 점에서 보면 이러한 분석을 어렵게 하는 예들이 존재한다. 이들을 (12)에서 따로 정리하면 다음과 같다.

> (13) 가. 꿀빨다
> 　　　 나. 꿀벅지
> 　　　 다. 갯꿀러

(13가)는 보다 정확히 말하자면 '꿀빨다' 전체가 비유적 의미로 쓰이고 있 기는 하지만, 그 지위에만 관심을 기울인다면, '꿀'을 접두사가 아니라 명사 로 보아야 하는 예에 해당한다. 동사 '빨다'의 논항 역할을 담당하고 있기 때문이다. '꿀'을 명사로 분석해야 하는 것은 (13다)의 경우도 마찬가지이다. 더군다나 (13다)의 '갯꿀러'는 전술한 바와 같이 직접 성분이 '갯꿀'과 '러'라 고 할 수 있으므로 '꿀'은 위치상으로도 선행 요소가 아니므로 더더욱 접두사 로서의 분석은 불가능하다. 여기에서 특히 관심을 기울이고자 하는 것은 (13 나)의 '꿀벅지'이다. '꿀벅지'는 '꿀'과 '허벅지'의 혼성어에 해당한다. 주지하 는 바와 같이 혼성은 선행 요소의 뒷부분이 삭감되고 후행 요소의 앞부분이 삭감되는 과정에 해당한다.47) 이때 선행 요소의 음절 수가 1음절일 경우 삭감

---

47) 물론 혼성은 단순히 '줄임'이 나타난 것이 아니라 의미도 새로워 명명적 욕구를 충족시키
　　는 역할을 담당한다. 그러나 '줄임' 가운데는 혼성과 그 외형이 비슷한 것들도 적지 않은
　　데 이에 대한 구별에 대해서는 앞서 언급한 노명희(2019)의 논의를 참고할 필요가 있다.

이 일어나지 않는다. 그런데 여기서 보다 중요한 것은 혼성에 참여하는 선행 요소와 후행 요소는 모두 어근의 자격을 가지고 있다는 점이다. 따라서 '꿀벅지'와 같은 예는 '꿀'을 접두사로 간주할 수 없다는 점을 분명히 하는 예라고 할 수 있다. 이러한 사실이, 본장에서는 어용에르덴(2019), 장경현(2019)에서는 '꿀'을 접두사로 처리하고 있지만 신어 보고서는 물론 『우리말샘』에서도 '꿀'을 접두사로 처리하고 있지 않은 이유라고 해석하고자 한다.48) (13)의 예들은 또한 (12)에서 '고정 요소'로서의 '꿀'을 인식하는 데도 방해가 된다는 점을 알 수 있다.

그런데 특히 '고정 요소'에 초점을 맞추면 '역세권'과 관련되는 일련의 단어들에서 흥미로운 점을 발견할 수 있다.

(14) 가. 맥세권(2015)(맥도날드+세권), 숲세권(2015)(숲+세권)
　　 나. 공세권(2016)(공원+세권), 몰세권(2016)(몰(mall)+세권), 벅세권(2016)
　　　　(버거+세권), 의세권(2016)(의원+세권)
　　 다. 강세권(2017)(강+세권), 다세권(2017)(다양한 인프라+세권), 병세권
　　　　(2017)(병원+세권), 청세권(2017)([녹지 공간]+세권)49)
　　 라. 골세권(2018)(골프장+세권), 무세권(2018)(무중력 지대+세권), 뷰세
　　　　권(2018)(뷰(view)+세권), 올세권(2018)(올리브영+세권), 직세권(2018)
　　　　(직장+세권), 편세권(2018)(편의점+세권)50)

48) 여기에는 1장에서 언급한 바와 같이 이선영·이영경(2019)에서는 '꾸러기템(2014), 인생템(2015), 아재템(2017), 오피스템(2017), 제물템(2017), 가성비템(2018), 공병템(2018), 과시템(2018)' 등에 나타나는 '템'을 접미사로 간주하기 어렵다고 한 바 있는데 그 이유로 '템'이 '첫 템', '템빨', '무시무시한 템' 등에서 자립적으로 사용되는 용법을 제시한 것을 참고할 필요가 있다. 한편 최형용(2019 : 47)에서는 '템'이 다음과 같이 일종의 유의어 형성에 관여하고 있다고 한 바 있다.
　　소장품-소장템, 신상품-신상템, 애장품-애장템, 완성품-완성템, 전용품-전용템,
　　추천품-추천템, 필수품-필수템, 행사품-행사템, 혼수품-혼수템
　즉 이들에서의 '템'은 접미사 '-품'과 대응을 이루고 있지만 이를 기반으로 '템' 전체를 접미사로 간주하는 것은 아직 문제가 있는 것이다.
49) '청세권'의 '청-'은 한자 '靑'에 해당하는데 (14)의 다른 단어들과는 달리 의미로서의 [녹지 공간]을 대표하고 '청'으로 시작하는 말을 대변하지는 않는다.

마. 군세권(2019)(군부대+세권), 놀세권(2019)(놀이 공간+세권), 마세권
(2019)(마라(mara麻辣)+세권), 맛세권(2019)(맛집+세권), 붕세권
(2019)(붕어빵 가게+세권), 커세권(2019)(커피 가게+세권)

(14)의 예들은 2015년에서 2019년도 신어 보고서에 나타난 'X세권'형 단어
들을 연도별로 정리한 것이다. 의미를 이해하는 데 도움이 되도록 원래 형식
을 괄호 안에 제시한 바와 같이 '숲세권'처럼 선행 요소가 그대로 '-세권'과
결합한 경우도 있지만 대부분은 선행 요소의 일부가 줄어들어 전체적으로
3음절을 유지하고 있다는 특징이 있다. 이 가운데 '다세권, 몰세권, 병세권,
붕세권, 뷰세권, 숲세권, 의세권, 직세권, 편세권'은 『우리말샘』에도 등재되어
있다.

그런데 신어 보고서와 『우리말샘』은 모두 이들 단어들을 '[[X세]권]'으로
직접 성분 분석하고 있다는 점에서 공통성이 있다. 즉 이들은 '역세권'과
마찬가지로 직접 성분이 'X세-'와 '-권'으로 나뉘고 이때 '-권'은 접미사의
자격을 가지고 있으므로 모두 파생어로 처리하고 있는 것이다.

그러나 (14)의 예들에서 공통되는 요소, 즉 고정 요소는 '-권'이라기보다는
'-세권'이라고 보는 것이 보다 합당할 것이다. 이는 곧 '[[X세]권]'이 '[[X]세
권]'으로 재분석(reanalysis)이 일어나고 있음을 의미한다. 이러한 재분석을 가
능하게 하는 요인 가운데 하나는 '역세권'의 어근 '역세-'가 단어 어근이 아니
라는 점을 들 수 있을 것이다.[51]

또한 (14)의 예들 가운데는 '맥세권'을 비롯하여 선행 요소의 원래 형식이

---

50) 2018년 신어 가운데 '게이트권'도 '(부대의) 게이트 인근 지역'이라는 의미를 가지므로
이들과 동일한 예라고 할 수 있으나 첫째, '게이트'가 '게'로 줄지 않았고 둘째, '세권'이
아니라 '권'을 가지고 있다는 점에서 이들과는 구별된다고 판단된다.

51) 앞서 잠시 언급한 바와 같이 최형용(2016)에서는 어근을 형태소의 수에 따라 단일 어근과
복합 어근으로 나누고 지위에 따라 형태소 어근과 단어 어근으로 나눈 바 있다. 이때 형태
소 어근은 '공손스럽다'의 어근 '공손(恭遜)-'처럼 형태소의 수는 두 개 이상이지만 단어의
지위를 가지지 않아 단어 형성을 통해서만 그 모습을 드러낼 수 있는 것에 해당한다.

일정 부분 손상되고 전체적으로는 3음절을 유지하고 있다고 한 바 있는데 이러한 양상은 전형적인 혼성의 모습에 해당된다는 점도 이러한 분석에 근거가 될 수 있다고 판단된다. 주지하는 바와 같이 신어 '헬린이(2019)', '주린이', '캠린이' 등의 예와 같이 전형적인 혼성의 경우에는 후행 요소 '어린이'의 손상형 '-린이'가 많은 수의 단어 형성을 통해 하나의 고정 요소의 자격으로 재분석되는 경우와 마찬가지라고 할 수 있다.[52]

그렇다면 이때 재분석된 고정 요소 '-세권'은 성격상 어근보다는 접미사에 가깝다고 할 수 있다. 우선 '-세권'은 독립된 단어나 신어 형성에서 선행 요소로의 쓰임을 제대로 보여 주고 있지 못하다.[53] 다만 여기에서 한 가지 참고하고자 하는 것은 Mattiello(2017)의 결합형(combining form)이다. 결합형은 Warren(1990)에서 그 중요성이 언급된 바와 같이 처음에는 그리스어나 라틴어에 기원을 둔 선행 요소에 한정되다가 지금은 그리스어나 라틴어에 기원을 두고 있지 않은 것은 물론 선행 요소가 아닌 후행 요소도 포함하는 것으로 그 범위가 확대되었다. 특히 Mattiello(2017)에서는 유추에 의한 신어 형성, 그 가운데서도 틀에 의한 유추의 고정 요소로서 기능하는 것을 지칭하는 것으로 주목한 바 있다. 그리고 특히 결합형이, 혼성에서 나타나는 파편(splinter)이 생산성을 띠게 되면서 그 지위가 바뀐 것으로 보고 있다는 점에

---

52) 이미 이른 시기에 이러한 과정을 거쳐 재분석된 'X파라치'의 '-파라치'도 마찬가지의 예라고 할 수 있고 앞서 언급한 '-블리'도 이러한 예에 해당한다고 할 수 있다. '먹부심(2014)'의 '-부심'도 어종의 측면에서나 단위의 측면에서 '-세권'과 비슷한 경우라고 할 수 있지만 '-부심'이 원래 단어인 '자부심'의 의미를 그대로 가지고 있는 데 비해 '-세권'은 '역세권'의 의미를 가지고 있는 것은 아니라는 점에서 구별된다. 따라서 1장에서 '먹부심(2014)'을 혼성어로 처리하고 '개린이(2016)'을 통사적 합성어로 분류한 것은 이러한 단어들의 형성의 출발점을 강조한 것이라고 이해해야 할 것이다. 신어 형성에서의 혼성어, 두음절어에 대해서는 4장에서 자세히 언급하기로 한다.

53) 2017년 신어 보고서에는 '세권 프리미엄'이라는 구가 등재되어 있고 인터넷에서는 '무슨 세권까지 들어보셨나요?'와 같은 글이 검색되지 않는 것은 아니나 이는 아직 '세권'의 단어 자격보다는 '세권'이 하나의 단위로 재분석되고 있음을 보여 주는 정도로만 해석하기로 한다.

주목할 필요가 있다. 파편은 전형적으로 혼성 과정에서 선행 요소의 앞 부분이나 후행 요소의 끝 부분을 지칭하는 것이므로 이는 아직 '결합'의 관점을 반영하고 있다면 결합형은 선행 요소의 앞 부분이나 후행 요소의 끝 부분이 새로운 단어 형성의 고정 요소로 기능한다는 점을 포착하고 있다는 점에서 '대치'의 관점을 반영하는 산물이라고 할 수 있다. 국내에서도 결합형에 대한 논의가 아주 없었던 것은 아니다. 이에 대해서는 이주희(2020)의 논의를 참조할 수 있는데 이주희(2020)에서는 Warren(1990)의 논의에서 언급한 결합형을 언급하고 기존 논의에서 혼성의 파편을 어떻게 처리해 왔는가를 살펴본 후 이를 '의사 어근'이나 '의사 접사'로 다루었던 기존의 논의를 수용하고 있다. 그러나 만약 이러한 단위가 단지 혼성의 문제만은 아니고 문제가 되는 구성을 어근이나 접사로 판정하는 대신 이의 실체를 객관적으로 파악하기 위해서라면 결합형이라는 개념의 도입을 적극적으로 검토할 필요가 있다고 생각된다.54) 그리고 그 후보의 하나가 '-세권'이 아닐까 한다.55) 다만 '고정 요소'라는 점에 초점을 두어 결합형을 도입하지 않고 어근과 접미사 가운데 하나로 '-세권'을 처리한다면 형태소 두 개 짜리 접미사를 인정하는 방법도 불가능하다고 판단되지는 않는다. 최형용(2017)에서 논의한 바와 같이 접두사 '민-, 선-'이나 접미사 '-내기, -장이, -맞이'처럼 두 개의 형태소가 결합한 접사가 존재하기 때문이다.56)

---

54) 이현정(2020)의 '조어소'도 단어 형성에 반복적으로 참여하는 요소를 가리키므로 '결합형'과 일맥상통하는 부분이 없는 것은 아니다. 그러나 이현정(2020)에서는 '조어소'를 '파생', '합성', '혼성' 등의 단어 형성 과정으로 나누고 있으므로 '접사', '어근'과 같은 범주까지도 포함하고 있다는 점에서 차이가 있다. 본장에서 '-세권'을 통해 상정할 수 있다고 본 결합형은 단어 형성에서의 고정 요소를 지칭하는 것이기는 하되 형태소를 기준으로 형태소 두 개 이상이 결합된 것은 물론 형태소의 일부도 대상으로 삼고 있다는 점에서 지향점이 다소 다르다고 할 수 있다.

55) 물론 이에는 혼성에서의 고정 요소인 '-부심', '-린이'도 그 대상이 될 수 있을 것으로 보인다. 혼성어 형성이 결합형과 관련되는 양상에 대해서는 바로 다음 장인 4장에서 더 자세히 살펴보기로 한다.

56) Mattiello(2017)의 결합형 개념을 바탕으로 이에 대한 한국어에의 적용 가능성에 대해서

한편 많은 예는 아니지만 의미 관계가 접사화의 관점에서도 주목될 필요성이 있어 보인다. 의미 관계 가운데 특히 반의 관계는 범주의 평행성을 강하게 요구한다. 따라서 가령 유의 관계는 어종(語種)의 교차를 허용하여 고유어와 한자어 사이에서도 설정될 수 있지만 반의 관계에서는 이러한 경우가 가능하지 않아 '앞'과 '뒤'는 반의 관계에 놓여 있고 '전'과 '후'도 반의 관계에 놓여 있지만 '앞'과 '후', '뒤'와 '전'은 반의 관계에 놓여 있다고 말하지 않는다. 이는 단어 구조의 측면도 마찬가지이다. 단일어는 단일어끼리, 복합어는 복합어끼리 반의 관계를 이루는 경우가 일반적이어서 '남'과 '북'은 반의 관계에 놓여 있고 '남쪽'과 '북쪽'은 반의 관계에 놓여 있지만 '남'과 '북쪽', '북'과 '남쪽'은 반의 관계에 놓여 있다고 보지 않는 것이다. 이러한 측면에서 관심을 기울일 만한 것은 2000년 신어 보고서에 등재된 '경착륙'이다. 이는 경제 용어로서 '경기가 과열될 기미가 있을 때에 경제 성장률을 적정한 수준으로 낮추어 불황을 방지하는 일'의 의미를 가지는 '연착륙'과 반의 관계에 따라 형성된 신어이다. 그런데 이때 '연(軟)-'은 접미사의 지위를 가지고 있지만 '경(硬)'은 아직 접두사의 지위를 가지고 있지 못하다. 전술한 바와 같이 반의 관계가 가지는 범주의 평행성을 염두에 둔다면 '경(硬)'은 의미 관계에 따른 접사화의 후보로 다룰 수 있어 보인다.[57)]

마지막으로 신어를 대상으로 할 때 흥미로운 접사화의 예로 '-딩'을 들 수 있지 않을까 한다.

(15) 가. 초딩, 중딩, 고딩
　　 나. 대딩(2002), 직딩(2002), 노딩(2002)

는 최형용(2021)의 §3.2에서 더 자세히 논의한 바 있다.

57) 유의 관계는 전술한 바와 같이 범주의 대등성도 요구하는 정도가 반의 관계보다 덜하다. 앞서 '소장품-소장템'류는 유의 관계를 보인다고 한 바 있지만 '-품'은 접미사의 지위를 가지고 있는 데 비해 '템'은 아직 그렇게 보기 힘들다고 한 점을 참고할 필요가 있다. 신어 형성에서의 단어 내부와 단어 사이의 의미 관계에 대해서는 최형용(2019)에서 주목한 바 있다.

(15가)에서 '초딩, 중딩, 고딩'의 '-딩'은, 주지하는 바와 같이 이들의 본말 '초등, 중등, 고등'의 '등(等)'이 모양을 바꾼 것이다. 따라서 이때는 '-딩'을 접미사라고 할 수 없다. 그런데 (15나)에 이르면 이러한 사정이 달라진다. '대딩'은 '대학생', '직딩'은 '직장인', '노딩'은 '노인'의 의미를 가지게 하는데 이들 원말에서는 '등(等)'이 보이지 않기 때문이다. 따라서 이들에서의 '-딩'은 접미사화한 것으로 다루어 크게 문제가 되지 않을 것으로 판단된다.

3.3.3. 신어 형성에서의 동의파생어

최형용(2008)에서는 그동안 어휘의미론의 주 대상이던 동의어들을 형태론적인 관점에서 재분류하고 어근을 공유하면서 접사에서만 차이를 보이는 것들을 동의파생어로 명명한 바 있다. 그리고 이것들은 형태론적 측면에서도 예외로 다루어져 온 경향이 있지만 그 규모와 양상을 살펴보면 결코 그럴 수 없다는 점을 강조하였다. 더욱이 동의파생어들은 대응하는 접사를 기준으로 살펴보면 일반적인 동의어와는 달리 고유어 접사끼리 혹은 한자어 접사끼리 대응하는 경우가 보다 일반적이라는 특성을 보여 준다. 한편 동의파생어에 참여하는 접미사들은 의미론적으로는 '사람'을 지시하는 경우가 가장 많고 또 접미사 대 동의파생어 유형의 비율도 가장 높은데 이는 '사람'을 나타내는 접미사들이 동의파생어 형성에 가장 적극적으로 참여한다는 사실을 말해 주는 것으로 해석한 바 있다.

다만 신어 보고서에서 동의파생어를 살펴볼 수 있는 것은 2000, 2001년에 국한된다.58) 따라서 이는 신어라기보다는 미등재어라고 볼 수 있을 것이다. 이러한 사정을 염두에 두고 신어의 동의파생어를 정리하면 다음과 같다.59)

---

58) 결과적으로 동의파생어는 후술하는 동의합성어와 마찬가지로 단어 사이에서의 유의 관계를 형성한다. 신어 형성과 관련된 의미 관계에 대해서는 7장에서 보다 자세히 언급하기로 한다.

(16) 가. 서식지(2000)(=서식처), 의뢰자(2000)(=의뢰인), 입원료(2000)(=입원비)

나. 구호비(2001)(=구호금), 기본료(2001)(=기본비), 다수인(2001)(=다수자), 단속자(2001)(=단속원), 복구금(2001)(=복구비), 부랑인(2001)(=부랑자), 생달걀(2001)(=날달걀), 역술인(2001)(=역술가), 윤락촌(2001)(=윤락가), 주차비(2001)(=주차료)

나'. 궁벽지다(2001)(=궁벽하다)

(16가)는 2000년, (16나, 나')은 2001년 신어 보고서에서 찾은 동의파생어에 해당한다. 우선 이들은 동의파생어를, 접사의 위치에 따라 접두 동의파생어와 접미 동의파생어로 나눈다고 할 때 (16나)의 '생달걀'을 제외하고는 모두 접미 동의파생어라는 점에 주목할 필요가 있다. 이는 접미사가 접두사보다 더 많고 단어 형성에도 더 생산적으로 참여하는 것과 관련이 있음을 의미한다.

다음으로 (16가, 나)에서 보는 바와 같이 동의파생어의 절대 다수가 명사에 해당한다는 점도 주목할 필요가 있다. 이는 앞서 2장에서 살펴본 바와 같이 신어의 절대 다수가 명사에 해당한다는 점과 관련이 있다. 오히려 (16나')에서 볼 수 있는 바와 같이 형용사 동의파생어가 존재한다는 것이 신기할 정도이다.

또한 대응하는 접사의 어종을 보면 (16나)의 '생달걀'과 (16나')의 '궁벽지다'를 제외하고는 모두 한자와 한자 접사의 대응이라는 점이 눈에 띈다. '생달걀'은 한자 접사와 고유어 접사의 대응 양상을 보여 주고 '궁벽지다'는 고유어 접사와 고유어 접사의 대응에 해당한다.

마지막으로 (16가)의 '의뢰인', (16나)의 '다수인', '단속자', '부랑인', '역술인'이 모두 '사람'을 나타내고 있다는 것에도 주의할 필요가 있다. 예들이

---

59) 괄호 안에 제시된 것은 동의어로서의 정착어에 해당한다. 후술하는 동의합성어의 경우에도 마찬가지이다.

그렇게 많다고 보기는 어렵지만 이는 최형용(2008)에서 동의파생어 가운데
'사람'을 의미하는 경우가 가장 많다고 한 것과 관련지을 수 있기 때문이다.

이상의 사실들은 신어에서도 그 수가 많지는 않지만 동의파생어가 지속적
으로 발견된다는 것을 의미하는 동시에 동의파생어의 양상이 최형용(2008)과
크게 다르지 않다는 것을 의미한다. 동의파생어는 의미의 측면에서 동의성이
높은 단어를 지칭한다는 점에서 언어 경제성에 대한 반례가 된다. 주지하는
바와 같이 Aronoff(1976)에서는 규칙 지향 단어 형성 논의를 전개하면서 동의
어 형성을 막는다는 '저지 현상(blocking)'을 매우 중요한 특성으로 제시한
바 있다. 그러나 최형용(2008)에서 강조한 바와 같이 동의파생어의 존재는
저지 현상에 대한 예외가 된다. 그 결과 동의파생어는 곧 어휘부(lexicon)가
잉여적이라는 사실을 의미한다는 점에서 매우 중요한 존재가 아닐 수 없다.

3.3.4. 신어 파생어에 나타나는 어근의 분포 확대

명명적 욕구를 충족하기 위해 신어를 만드는 과정을 보면 분포에 제약을
가지던 형태소 어근이나 단어 어근이 그 분포를 확대하는 경우를 쉽게 발견
할 수 있다. 분포의 제약을 가지는 형태소 어근이나 단어 어근이 또 다른
형태소 어근이나 단어 어근과 결합하면 합성어를 결과시키지만 접사와 결합
하면 파생어를 형성시킨다. 따라서 형태소 어근이나 단어 어근이 그 분포를
확대해 합성어를 형성시키는 경우에 대해서는 후술하기로 하고 여기서는
특히 신어 형성에 있어서 형태소 어근이나 단어 어근이 그 분포를 확대해
파생어 형성에 참여하는 경우에 대해 먼저 주목해 보기로 한다.

(17) 가. 느끼남(2003), 엉큼족(2003), 쩨쩨남(2003), 날씬녀(2004), 매끈녀
      (2009), 엉성녀(2009), 털털족(2009)
   나. 보들녀(2009)
   나'. 구시렁쟁이(2009)

(17가)에서 '느끼-', '엉큼-', '쩨쩨-', '날씬-', '매끈-', '엉성-'은 모두 접미사 '-하-'와 결합하여 형용사를 형성하는 형태소 어근에 해당한다. 그런데 이들 형태소 어근이 분포를 확대하여 접미사 '-남', '-녀', '-족'과 결합하여 형태소 어근의 의미 속성을 가지는 '사람'의 신어를 만들고 있음을 확인할 수 있다.

이에 대해 (17나)에서의 어근 '보들-'은 그 자체로는 단어 어근의 자격을 가지고 있지 않고 반복되어 부사 '보들보들'을 형성할 뿐만 아니라 '보드랍다'에서도 형태소 어근으로서 단어 형성에 참여하고 있다는 점에서 접미사 '-하-'와 결합하는 (17가)의 형태소 어근과는 차이가 있다. 그러나 접미사 '-녀'와 결합하여 '보들'의 의미 속성을 가지는 '사람'을 지시하고 있는 양상은 (17가)와 동일하다고 할 수 있다.

한편 (17나')의 '구시렁쟁이'의 '구시렁-'도 반복하여 부사 '구시렁구시렁'을 형성하는 것은 '보들-'과 같지만 '보들보들'은 상태를 나타낸다는 점에서 '보들보들하다'라는 형용사를 형성하는 데 비해 '구시렁-'은 '구시렁거리다' 혹은 '구시렁구시렁하다'라는 동사를 형성한다는 점에서 차이가 있다. 즉 (17가, 나)는 모두 형용사성 형태소 어근이라는 공통점이 있지만 (17나')은 동사성 형태소 어근이라는 차이가 있다. 그러나 (17)은 (17나')을 포함하여 모두 그러한 속성을 가지는 '사람'을 의미하는 신어를 만들기 위해 형태소 어근의 분포가 확대된 것이라는 점에서 공통성이 있다.

(17)의 예들은 용언 형성에 사용되던 형태소 어근의 범위가 명사 형성에 사용되는 것으로의 분포 확대가 일어난 것이라고 정리할 수 있다. 즉 분포의 확대가 품사의 확대로 결과된 것이다. 이들에 비하면 다음 예는 어근의 분포 확대가 일어난 것은 동일하지만 어근이 단어 어근에 해당하고 이번에는 품사의 확대로 결과된 것은 아니라는 점에서 차이가 있다.

(18) 불끈증(2001)

(18)에서의 '불끈'은 부사로 쓰이는 단어 어근으로서 『표준국어대사전』에
서는 이에 대해 다음과 같은 뜻풀이를 제시하고 있다.

(19) 불끈
「부사」
「1」 물체 따위가 두드러지게 치밀거나 솟아오르거나 떠오르는 모양.
근육이 불끈 솟다.
하늘이 서서히 파랗게 벗겨지며 시뻘건 엿 덩이 같은 아침 해가 바닷물에
서 불끈 솟아올라 녹물처럼 벌건 빛깔을 뿌렸다.《안정효, 하얀 전쟁》
관자놀이에서 뻗은 굵은 핏줄이 불끈 솟고, 그것이 가끔 지렁이처럼
꿈틀거렸다.《한무숙, 만남》
「2」 흥분하여 성을 월컥 내는 모양.
화가 불끈 솟다.
화를 불끈 내다.
뜻 아니한 그 공격에 앞뒤 없이 불끈 화가 났다.《이문열, 변경》
「비슷한말」 벌끈
「3」 주먹에 힘을 주어 꽉 쥐는 모양.

(18)의 '불끈증'은 '흥분하여 성을 덜컥 내는 증세'의 의미를 가지므로 (18)
에서 두 번째 의미에 접미사 '-증'이 결합된 것임을 알 수 있다. 그런데 접미
사 '-증'에 대해 『표준국어대사전』에서는 다음과 같은 명세를 제시하고 있음
에 주목할 필요가 있다.

(20) -증9(症)
「접사」
((일부 명사 또는 어근 뒤에 붙어))
「1」 '증상' 또는 '병'의 뜻을 더하는 접미사.
가려움증. 갑갑증. 건조증.
「2」 '마음', '느낌'의 뜻을 더하는 접미사.
궁금증. 답답증. 조급증.

(20)을 보면 '-증'이 '명사 또는 어근'과[60] 결합한다는 분포 정보는 '불끈증'의 어근 '불끈'이 부사의 자격을 가지고 있다는 것과 어울리지 않는다. 따라서 이 경우는 단어 어근 '불끈'이 그 분포를 확대하여 '-증'과 결합한 경우라고 할 수 있어 보인다.[61]

3.4. 한국어 신어 형성에서의 합성어

3.4.1. 신어 형성에서의 '직간접'류 합성어

두 단어가 공유하는 요소 하나를 삭제하면서 합성어가 형성되는 일이 있다. '직간접'은 '직접'과 '간접' 두 단어가 결합하면서 공통되는 '-접'을 하나 삭제한 경우인데 이러한 유형을 보이는 단어 부류를 편의상 '직간접'류라고 부르기로 한다. '직간접'류에 대해서는 안소진(2010)에서도 주목한 바 있고 최형용(2018)에서도 주목한 바 있다. 안소진(2010)에서는 반의 관계를 이루는 '직접'과 '간접'이 서로 높은 공기 관계를 가지고 이것이 곧 공통되는 요소를

---

60) 『표준국어대사전』의 '어근'은 최형용(2016)의 형태소 어근에 대응한다는 점에 주의할 필요가 있다.

61) 여기서는 (17)의 형태소 어근과 연관시키기 위해 어근에 초점을 두었지만 (18)의 경우에는 물론 접사의 분포 확대로도 간주할 수 있다. 이러한 측면에서 특히 신어 가운데는 어근이 고유 명사에 해당하는 경우가 적지 않다는 점에 관심을 기울일 필요가 있다. 물론 고유 명사를 어근으로 취하는 접사가 없는 것은 아니지만 가령 강현주(2020)에서 주목한 '고명 명사+하다'형 신어의 접미사 '-하-'는 그 자체로는 고유 명사와 결합하지 않는다. 따라서 이를 접사의 분포 확대로 다룰 수 있기는 하지만 이 역시 과연 정착어의 한 유형이 될 수 있을지에 대해서는 그 귀추를 주목할 필요가 있다. 접미사 '-족'은 신어 전체를 통해 가장 많은 신어를 형성시키는 접미사에 해당하는데 정착어에서는 그러한 모습을 보기 어렵지만 신어에서는 '덕수궁족(2000)'처럼 고유 명사를 어근으로 취하는 일이 적지 않다. 이 역시 접미사의 분포 확대를 의미하는 것이기는 하지만 과연 이러한 유형이 정착어의 지위를 가져 (20)과 같이 분포에 대한 정보로 반영될 수 있을지에 대해서는 의문이 없지 않다.

삭제하여 '직간접'류 단어를 형성시킨다고 본 바 있다. 최형용(2018)에서도 반의 관계에 주목한 것은 동일하지만 이러한 '직간접'류와 같이 동일한 요소 하나를 삭제하는 단어 형성 방법이 유의 관계에서는 보이지 않는다는 차이를 강조하였고 이러한 단어 형성 방법은 한자어뿐만이 아니라 고유어에서도 나타나며 반의 관계가 아니더라도 가능하다는 점에 주목한 바 있다.

'직간접'의 경우는 후행 요소가 공통되지만 선행 요소가 공통되는 경우에도 이러한 방식의 단어 형성이 가능하다. '국내외', '양자녀'가 이에 해당하는 예라고 할 수 있다. 따라서 이러한 방식의 차이를 우선 도식화하면 다음과 같다(최형용 2018 : 228).

(21) 가. AB + CB → ACB

　　　나. AB + AC → ABC

이처럼 공통 요소 하나가 사라지는 것은, 그렇지 않으면 구(句)가 될 가능성이 높은 구성을 단어화하는 절차의 한 가지로 간주해도 좋을 것이다. 먼저 신어 형성에서 (21가)의 유형을 보이는 예들을 정리하면 다음과 같다.

(22) 가. 진출입(2000), 강약점(2001), 냉온탕(2001), 여수신(2001), 전현직(2001), 착발신(2001), 모부자(2003),[62] 사보임(2008)[63]

　　　나. 오남용(2000), 하폐수(2000), 휴폐업(2000), 도감청(2001), 초재선(2001), 습온도(2004)

　　　나'. 국공립대(2001), 중장년층(2001)

(22가)는 두 구성 요소가 반의 관계에 놓여 있지만 (22나)는 그렇게 보기 어려운 것들이다. 이 점 (22나')도 마찬가지이지만 (22가, 나)가 공통되는

---

62) '모자'와 '부자'를 함께 일컫는 말.

63) '사임'과 '보임'을 함께 일컫는 말.

후행 요소가 1음절인 데 비해 '-립대', '-년층'으로 2음절이라 따로 묶어 둔
것이다.

다음은 신어 형성에서 (21나)의 유형을 보이는 것들이다.

(23) 꽃미남녀(2017), 꽃미남미녀(2017)

그 예가 (21가) 유형에 비해서는 그리 많지 않은데 이는 정착어의 경우에서
도 마찬가지이다. (23)의 두 단어는 최형용(2019)에서도 직접 성분 분석과 관
련하여 주목한 바 있었다. 최형용(2019)에서는 '꽃미남'과 '꽃미녀'가 반의 관
계에 놓여 있으므로 이를 단어 내부의 반의 관계로 주목한 바 있지만 보다
중요한 것은 '꽃미남녀'에서는 공통되는 선행 요소 '꽃미-'가, '꽃미남미녀'에
서는 공통되는 선행 요소 '꽃'이 한 번 탈락되고 있다는 점이다. 이를 통해
신어 보고서에서 가령 '꽃미남녀'를 '꽃-미남녀'로 직접 성분 분석하고 있는
것을 잘못이라고 지적할 수 있기 때문이다. (23)의 단어는 공통되는 요소에
고유어가 들어간다는 점도 주목할 필요가 있다.

이러한 측면에서 다음 예들에도 관심을 기울여 보기로 한다.

(24) 밋밋심심하다(2009), 엉뚱유쾌하다(2009)

2009년도 신어 보고서에서는 먼저 '엉뚱유쾌하다'의 직접 성분 분석을
'엉뚱-유쾌-하다'로 표시하고 이 말은 '엉뚱하다'와 '유쾌하다'가 결합한 말이
라고 풀이하고 있다. 그러나 '밋밋심심하다'는 '밋밋-심심하다'로 직접 성분
분석이 되어 있다는 점이 시선을 끈다. 그러나 '엉뚱유쾌하다'가 (21가) 유형
에 해당하는 것처럼 '밋밋심심하다'도 마찬가지 분석이 필요하다고 할 수
있다.

(24)의 예들은 무엇보다도 '직간접'류가 명사뿐만이 아니라 형용사와 같은

용언에도 영향을 미치고 있음을 보여 준다는 점에서 매우 흥미롭다고 할 수 있다. 또한 공통 요소가 (22)와는 달리 접미사에 해당한다는 점도 주목할 만하다. 한편 (24)의 예들에서 '밋밋하다'와 '심심하다', '엉뚱하다'와 '유쾌하다'는 서로 반의 관계에 놓여 있지 않다는 점에서 (22나) 유형에 속한다는 사실도 알 수 있다.

3.4.2. 신어 형성에서의 반복 합성어

최형용(2016)에서는 합성어를 어근과 어근의 관계, 문장과의 관계, 품사의 세 가지 기준에 따라 분류한 바 있다. 이러한 기준에 따라 반복 합성어를 살펴보면 반복 합성어는 같거나 비슷한 어근을 중첩하여 형성되므로 먼저 어근과 어근의 비중 관계는 대등하고 의미 관계의 측면에서는 유의 관계에 해당한다는 특성을 갖는다. 반복되는 어근이 단어 어근일 경우는 이른바 통사적 합성어로 간주될 수 있지만 반복되는 어근이 형태소 어근이거나 '사사건건'처럼 그 형태가 '사건'의 반복이 아닌 경우에는 통사적 합성어로 간주하기 힘들다. 반복 합성어가 가장 많이 분포하는 품사는 역시 부사라고 할 수 있을 것이다. 의성어와 의태어 가운데는 반복을 통해 부사를 형성하는 일이 적지 않기 때문이다. 그러나 '하나하나'처럼 수사가 반복되어 명사로 쓰이거나 '구석구석'처럼 명사가 반복되더라도 명사나 부사의 용법을 보이는 경우도 존재한다. 앞의 '사사건건'도 역시 부사의 용법을 가지고 있다. 특히 반복 합성어 부사는 다시 접미사와 결합하여 동사나 형용사를 파생시킨다는 점에서도 특징이 있다.

그렇다면 신어 형성에서 나타나는 반복 합성어는 어떤 양상을 보이는지 관심을 기울일 필요가 있다. 신어 형성에서 나타나는 반복 합성어를 편의상 연도별로 정리해 제시하면 다음과 같다.

(25) 가. 빠글빠글(2000), 뽀글뽀글(2000), 쭉쭉빵빵(2000)[64]

　　가'. 빠글하다(2000), 빠글빠글하다(2000), 뽀글뽀글하다(2000), 뽀글
　　　　이(2000), 쭉쭉빵빵하다(2000)

　　나. 요소요소(2001), 투둑투둑(2001)

　　다. 아자아자(2004)

　　라. 웅글웅글(2005)

　　마. 우물딱우물딱(2010)

　　바. 꽁냥꽁냥(2012), 삐죽뽀죽(2012), 쑴벙쑴벙(2012)

　　바'. 꽁냥거리다(2012), 꽁냥꽁냥하다(2012), 쓰담쓰담하다(2012)

　　사. 아쉽아쉽(2013)

　　아. 여자여자(2015) cf. 단짠단짠(2015)

　　아'. 여자여자하다(2015)

　우선 이들 가운데 '빠글빠글'을 비롯하여 '뽀글뽀글', '투둑투둑', '웅글웅글', '우물딱우물딱', '꽁냥꽁냥', '삐죽뽀죽', '쑴벙쑴벙'은 전형적인 의성어, 의태어 반복 합성 부사의 모습을 보여 주고 있다는 점이 눈에 띈다. '빠글빠글'은 '털이나 실 따위가 아주 고불구불하게 말려 있는 모양'의 의미로 명세된 점으로 보아 이른바 의미적 신어에 해당한다고 볼 수 있다. (24가')의 '빠글하다', '빠글빠글하다'가 모두 이 의미와 관련이 있고 '뽀글뽀글'도 이 의미로 등재되어 있다.[65] '뽀글이'도 마찬가지이다. '쭉쭉빵빵'의 경우는 외형상으로는 전술한 '사사건건'형이라는 특징이 있다.[66]

---

64) '몸매 따위가 늘씬하고 볼륨이 있는 모양'의 의미.

65) 이러한 점에서 '빠글빠글'과 '뽀글뽀글'은 후술하는 동의합성어의 예에 해당한다고 할 수 있으나 '빠글빠글', '뽀글뽀글'이 가지는 여타 의미에는 공통되지 않는 부분이 없지 않아 동의합성어로 다루지는 않기로 한다.

66) '사사건건'의 경우 '사건'에 기반하고 있으면서도 '사건사건'이 되지 않는 것은 한자의 특성에 기반한 것이라고 해석할 수 있지만 고유어의 경우에도 이러한 경우가 없는 것은 아니다. 최형용(2016 : 451)에서는 '사사건건'과 같은 방식을 보이는 고유어의 예로 '시시콜콜', '지지배배', '칙칙폭폭', '뛰뛰빵빵'을 제시한 바 있다. 물론 이들 예에서는 '시콜, 지배, 칙폭, 뛰빵' 등이 단어로 존재하지 않는데 '쭉빵'의 경우도 마찬가지이다.

(25다)의 '아자아자'는 'fighting'의 순화어 감탄사 '아자'가 반복한 것이라는 특징이 있다. 반복 합성어도 감탄사라는 점에서 품사의 측면에서 주목할 만하다. 따라서 이때의 반복은 '강조'의 효과를 지닌다는 것을 알 수 있다.

(25바)의 '삐죽뽀죽'은 (25)에 제시한 예들 가운데서는 유일하게 부분 반복의 모습을 보여 주는 것이기는 하지만 반복 합성어 전체에서 보면 그리 특기할 만한 것이라고 보기는 어렵다.

(25바')의 '쓰담쓰담하다'는 그 자체로는 반복 합성어라고 하기 어렵지만 이와 함께 『우리말샘』에서는 '쓰담쓰담'이 명사로 등재되어 있다는 점을 참고할 필요가 있다. 그런데 이때 어근 '쓰담'은 동사 '쓰다듬다'의 어간 '쓰다듬'이 줄어든 것이다. 다시 말하자면 어간 반복을 통해 명사 합성어가 형성된 경우라는 점에서 그동안 한국어 단어 형성에서는 보지 못하던 유형임에 주목할 필요가 있다.

(25사)의 '아쉽아쉽'은, '쓰담쓰담'이 동사 어간 반복 합성어라면 형용사 어간 반복 합성어라는 점에서 차이가 있지만 역시 어간 반복이라는 점에서는 공통점이 있다. 이와 관련하여 (25아)에서 참고로 제시한 '단짠단짠'도 주목할 필요가 있다. '단짠단짠'은 형용사 '달다'와 '짜다'의 관형사형 '단'과 '짠'이 결합한 후에 이것이 반복된 것이라고 볼 수 있다.[67] '쓰담쓰담'이나 '아쉽아쉽'도 그동안의 반복 합성어에서 보이지 않던 유형이지만 '단짠단짠'과 같은 관형사형의 반복은 더욱이 예상이 어려웠던 경우라고 할 수 있다. 어간 반복형은 생략이 어려운 어미가 결여되어 있다는 점에서,[68] 관형사형 반복

---

67) 따라서 '단짠단짠'은 본서의 6장에서 살펴볼 통사적 결합어의 대상이 된다. 통사적 결합어는 넓게는 통사적 요소인 조사와 어미가 결합한 단어를 의미하므로 관형사형의 반복인 '단짠단짠'도 그 대상에 포함되기 때문이다. 그러나 엄밀한 의미에서 통사적 결합어는 조사와 어미가 결합하여 문장 형성에 참여한 구성이 단어화한 경우를 일컫는데 '단짠단짠'은 관형사형 어미가 포함되어 있기는 하지만 체언이 결여된 구성이므로 통사적 구성이라고 보기는 어렵다. 여기에서는 오히려 이러한 특성이 '아쉽아쉽', '쓰담쓰담'과 통하는 구석이 있어 함께 다루고 있음에 주목할 필요가 있다.

68) 최근에 흔히 쓰이는 '줍줍'과 같은 것들도 어미 없이 어간만 쓰이는 경우라고 할 수 있는

형은 반드시 후행해야 하는 체언이 결여되어 있다는 점에서 일반적이지 않기 때문이다.

(25아)의 '여자여자'는, 이들 정도는 아니지만 역시 주목할 필요가 있다. '여자여자'는 '매우 여성스러움'의 의미를 가지고 있다는 점에서 일반적인 명사의 반복이 가지는 '복수(複數)'나 '강조'의 의미와는 차이가 있기 때문이다. 따라서 (25아')의 '여자여자하다'는 '매우 여성스럽다'의 의미를 가지는 형용사의 지위를 가진다. 이러한 점에서 '여자여자'는 '여자'가 아니라 '여자의 속성'을 드러내 주는 새로운 의미 유형의 반복 합성어라고 할 수 있다.69)

3.4.3. 신어 형성에서의 동의합성어

앞서 신어 형성에서의 동의파생어에 대해 살펴본 바 있다. 동의파생어가 어근은 공유하고 접사에서만 차이가 나는 파생어를 일컫는다면 마찬가지 논리를 합성어에도 적용할 수 있다고 판단된다.70) 즉 동의합성어는 동의파생어와 평행하게 어근 가운데 하나는 공유하고 다른 어근에서만 차이가 나역시 높은 정도의 동의성을 보여 주는 합성어라고 할 수 있다. 신어 가운데 이러한 경우를 몇 가지 제시하면 다음과 같다.

(26) 가. 화제꽃(2000)(=이야기꽃), 봄샘추위(2003)(=꽃샘추위)
　　　나. 감자수제비(2001)(=감자옹심이), 옷집(2001)(=옷가게), 옷태(2001)
　　　　　(=옷맵시), 화젯감(2001)(=화젯거리), 바보박사(2002)(=바보상자)

데 과연 이러한 유형이 신어의 지위를 완전히 벗어나 『표준국어대사전』에 등재될 수 있을지 관심을 가지고 지켜볼 필요가 있어 보인다.
69) 따라서 '여자여자'에 유추된 '가을가을'은 '매우 가을스러움'의 의미를 갖게 된다. '쓰담쓰담'이 『우리말샘』에 등재되어 있는 것처럼 '여자여자'도 등재되어 있는데 이러한 유형도 의미의 측면에서 '쓰담쓰담'처럼 이전에는 존재하지 않던 유형이므로 역시 신어의 지위를 벗어나 정착어가 될 수 있을지 그 추이를 지켜볼 필요가 있다.
70) 이러한 가능성에 대해서는 이미 최형용(2018)에서 언급한 바 있다.

(26가)는 합성어의 후행 요소인 어근이 고정 요소에 해당하고 선행 요소 어근에 변화가 있지만 결과적으로 동의성이 높은 예들에 해당한다. 이에 대해 (26나)는 합성어의 선행 요소인 어근이 고정 요소에 해당하고 후행 요소 어근에 변화가 있지만 역시 결과적으로 동의성이 높은 예들에 해당한다.

동의파생어에 비하면 그 예가 많지 않다고 할 수 있는데 이는 (26)에 제시된 예들이 '사람'을 나타내는 경우가 존재하지 않는다는 사실과도 연관이 있어 보인다. 그럼에도 불구하고 흥미로운 점 하나는 은유가 나타나는 양상이다. (26가)에서는 신어 '화제꽃'에 은유가 나타나고 있고 (26나)에서는 신어 '바보박사'에 은유가 나타나고 있다. 앞의 것에서는 후행 요소 어근 '꽃'이 은유에 해당하고 또 이것이 고정 요소인 데 비해 뒤의 것에서는 전체가 은유에 해당한다고 할 수 있다. 따라서 후행 요소 어근 '박사'는 은유의 일부분이라는 점에서 차이가 있다.

한국어는 분포를 결정짓는 핵(head)이 오른쪽에 있으므로 종속 합성어의 경우 '돌다리'의 경우처럼 핵이 오른쪽에 존재한다는 특성을 갖는다. 그런데 '화제꽃'처럼 후행 요소 곧 오른쪽 요소가 은유인 경우 이 요소가 전체 분포를 결정짓는 핵으로서의 역할을 수행하기 어렵다. 그러나 일부의 경우 후행 요소가 은유에 해당하는 경우 핵으로서의 역할을 수행하는 경우가 있는데 그 대표적인 예가 '화제꽃'과 동의 관계에 놓인 '이야기꽃'이라 할 수 있다.

최형용(2018)의 11장에서는 이러한 경우에 대해 논항 구조의 측면에서 접근한 바 있다(최형용 2018 : 279).

(27) 가. 일에 집중하느라 이마에 {구슬땀, 땀}이 맺히는 줄도 몰랐다.
　　　나. 이번 여름을 시원하게 보내기 위해 {죽부인, [?]부인}을 구입하기로 하였다.

(27가)에서 볼 수 있는 바와 같이 선행 요소가 은유인 경우 후행 요소만으

로도 문장의 논항 구조를 만족시키는 데 문제가 없지만 (27나)에서 볼 수 있는 것처럼 후행 요소가 은유인 경우 후행 요소만으로는 문장의 논항 구조를 만족시키는 것이 일반적으로는 불가능한 것이다.

그런데 '이야기꽃'의 경우 다음과 같이 이러한 제약을 어기는 경우가 있다.

(28) 가. 이야기꽃을 피우다.
　　　나. ˙이야기꽃이 지다.
　　　다. ˙이야기꽃이 아름답다.
　　　⋮

'화제꽃'의 경우도 2002년 신어 보고서에서 든 예문은 다음에서 보는 바와 같이 (28가)와 평행하다.

(29) 화제꽃=이야기꽃. ¶이날 학생들은 미리부터 게임방에 삼삼오오 모여 앉아 서태지가 올리겠다는 글이 언제 올라올지 초조하게 기다리면서 서태지에 대한 얘기로 화제꽃을 피우는가 하면 직장인 여성 팬들은 업무를 내팽개치고 박차고 나와 이곳 홈페이지에 자신의 떨리는 심정을 올리기도 했다.<스포츠조선 2000.8.16. 31면>(밑줄 저자)

이는 우선 신어 '화제꽃'과 '이야기꽃'의 높은 동의성을 보이는 것을 의미하는 것이기는 하지만 다른 한편으로는 후행 요소에 은유가 나타나면서 이 요소가 분포의 핵이 되는 경우에 대한 보다 정밀한 고찰의 필요성을 제기하는 것이기도 하다.[71]

---

71) 이러한 관점에서 '킥라니(2018)'와 같은 혼성어에도 주목할 필요가 있다. '킥라니'는 '킥보드+고라니'의 혼성어로서 '갑자기 도로에 뛰어들어 차량 운전자를 놀라게 하는 고라니처럼 주로 위험하게 주행하는 킥보드 운전자'를 의미하므로 후행 요소에 은유가 나타나면서 이번에는 선행 요소가 분포의 핵인 경우에 해당하기 때문이다. 본장은 파생어와 합성어에 주목하고 있어 이러한 예들에 대해서는 따로 주목하지 못하고 있다. 따라서 이에 대해서는 별도의 자리에서 논의하고자 한다.

그러나 여기에서 무엇보다 중요한 것은 동의파생어의 존재와 함께 동의합성어의 존재도 단어 형성의 잉여성을 보여 주는 요소가 된다는 점이다. 이러한 관점에서 신어가 아닌 정착어를 대상으로 동의합성어가 어느 정도 규모를 보이고 또 어떤 특성을 보이는가 하는 것은 앞으로의 연구 과제라 할 수 있다.

3.4.4. 신어 합성어에 나타나는 어근의 분포 확대

신어 합성어의 경우에도 신어 파생어의 경우와 마찬가지로 형태소 어근이 분포 확대를 통해 새로운 합성어 형성에 참여한 경우를 발견할 수 있다. 여기에서도 이를 편의상 연도 순서에 따라 제시하면 다음과 같다.

(30) 가. 삐딱성어(2009), 엉뚱손님(2009)
　　 나. 까칠매력(2010), 똑똑전화(2010)[72]
　　 다. 엉큼지수(2012)
　　 라. 오글자매(2013), 짜릿감(2013)

(30)에 제시한 신어들 가운데 (30라)의 '오글자매'를 제외하면 나머지 경우들에서 선행 요소인 '삐딱-', '엉뚱-', '까칠-', '똑똑', '엉큼'은 접미사 '-하-'와 결합하여 형용사를 형성시키는 형태소 어근에 해당한다. 그런데 이들이 모두 단어 어근과 결합하여 다시 합성어를 형성시키고 있음을 볼 수 있다.

이에 대해 '오글-'은 '오글거리다'의 형태소 어근에 해당한다는 점에서도 앞의 것들과는 차이가 있지만 앞의 것들이 원래 어근의 의미를 유지하고 있는 데 비해 그 의미가 『표준국어대사전』이나 『우리말샘』에 등재되어 있는 것과는 차이가 있다는 점에 먼저 주의할 필요가 있다. 『표준국어대사전』의

---

72) '스마트폰'의 순화어

것만 제시하면 다음과 같다.

> (31) 가. 오글거리다₁ : 「동사」 좁은 그릇에서 적은 양의 물이나 찌개 따위가
>   자꾸 요란스럽게 끓어오르다.
>   나. 오글거리다₂ : 「동사」 작은 벌레나 짐승, 사람 따위가 한곳에 빽빽하
>   게 많이 모여 자꾸 움직이다.

'오글자매'는 신어 보고서에서 '다른 사람이 보기에 지나칠 정도로 우애가 깊은 자매'의 의미로 명세되어 있어 (31)에서는 그 의미를 찾기 힘들다. 그러나 같은 신어 보고서에 '오글맨'과 '오글퀸'이 제시되어 있고 그 의미가 각각 '남들이 보기에 민망한 말과 행동을 하는 남자', '남들이 보기에 민망한 말과 행동을 하는 여자'로 풀이되어 있으므로 '오글자매'의 '오글-'은 이와 관련된 의미라고 본다면 (31나)의 의미가 비유적으로 확장된 것이라고 볼 수 있다.

이러한 차이가 있기는 하지만 분포 확대를 보이는 이들 형태소 어근은 모두 합성어의 선행 요소에 국한된다는 점에도 주목할 필요가 있다. (31)의 합성어들은 어근과 어근의 비중 관계를 보면 모두 종속 합성어에 해당하는데 한국어의 종속 합성어의 경우 전체 분포를 결정짓는 요소가 모두 오른쪽 요소이고[73] 형태소 어근은 그야말로 단어의 자격을 가지지 못하므로 분포를 결정짓는 핵의 역할을 담당하지 못하기 때문에 핵 자리인 후행 요소에는 형태소 어근이 아니라 단어 어근이 필요한 것이라고 이를 해석할 수 있다.[74]

---

73) 이에 대한 예외는 앞서 언급한 바와 같이 후행 요소가 비유적 용법으로 쓰인 경우이다.
74) 합성에서 이러한 점을 극복하는 방법은 반복을 통하는 것이다. 반복 합성어의 어근 가운데 형태소 어근이 적지 않다는 사실은 이를 방증하는데 물론 반복 합성어는 종속 합성어가 아니라 대등 합성어에 속한다는 점도 차이라면 차이라 할 수 있다.

3.5. 나가기

지금까지 신어 형성과 관련된 파생어와 합성어의 이모저모에 대해 살펴보았다. 이를 위해 가장 많이 참고한 것은 국립국어원의 신어 보고서였다. 따라서 먼저 신어 보고서에서의 파생어와 합성어가 어떻게 자리매김하고 있는지 살펴보았다.

우선 신어 보고서에서의 단일어는 범위가 넓어 의존 형태소 한자끼리 결합한 것도 포함하고 있음을 언급하였다. 파생어는 접두 파생어와 접미 파생어로 나누는 체계가 처음부터 유지되었으나 합성어는 그 범위와 유형에 상대적으로 변동이 많았다. 이는 혼성어와 두음절어를 합성어에 넣을 것인지 아니면 독립시킬 것인지에 대한 고민에 기인한다. 처음에는 합성어에서 아예 이를 구분하지 않았지만 합성어와 대등한 것으로 독립되었다가 최근에는 합성어에 넣되 이를 별도로 구분하는 체계를 취하고 있다. 이러한 양상은 달리 말하자면 혼성어와 두음절어가 신어에서 차지하는 비중이 점점 커지고 있다는 것을 의미하는 것이기도 하다. 본장에서는 이러한 양상을 염두에 두고 순수 파생어와 합성어에 관심을 기울이고자 하였다.

신어 파생어에서는 먼저 단위로서의 어근과 접사의 구별에 대한 언급으로부터 논의를 시작하였다. 특히 단어 형성에서 '줄임'이 관여하는 경우 가령 똑같은 '남(男)'이라고 하여도 어근으로서의 '남'과 접미사로서의 '-남'을 구분하는 것이 쉽지 않은 경우가 있기 때문이다. 이 과정을 통해 접사로 판정할 수 있는 근거를 제시하는 것이 중요하다. 다음으로는 접사화에 대해 언급하였다. 접사화는 최근 파생어 연구에서 가장 많은 관심을 보이는 부분이라고 할 수 있다. '꿀'의 경우도 접사화한 것으로 간주한 연구가 없지 않았지만 '꿀벅지'와 같은 단어를 보면 이를 접사화한 것으로 보기에는 아직 이르다는 견해를 제시하였다. 특히 본고에서는 '-세권'과 같이 단어 형성의 고정 요소가 되는 것을 접사화와 관련하여 살펴보면서 '결합형'으로 간주할 가능성을 타진해 보았다. 이는 특히 단어 형성의 고정 요소를 어근이나 접사로 판정하는 것보다 그 자체에 관심을 기울일 필요가 있음을 의미한다. 한편 최형용(2008)에서 주장한 동의파생어가 신어에서도 발견된다는 점을 강조하였다. 이는 단어 형성의 비경제성, 어휘부의 잉여성을 보여 준다는 점에서 매우 중요하다. 끝으로 주목한 것은 어근의 분포 확대이다. 이는 특히 분포에 제약이 많은 형태소 어근이 기존의 분포를 확대하여 다른 접사와 결합한다는 것을 의미하는데 이러한 과정은 곧 명명 과정에서 기존의 언어 자료를 사용하는 양상을 잘 보여 주는 것이라 할 수 있다.

합성어에서는 먼저 '직간접'류 합성어에 대해 주목하였다. 이는 공통되는 선행 요소나 후행 요소 하나를 삭제함으로써 그렇지 않으면 구로 처리될 것을 단어화하는 방법임에 초점을 두었다. 이를 통해 명사가 아닌 '밋밋심심하다, 엉뚱유쾌하다'와 같은 신어도 이러한 방법으로 형성을 설명할 수 있는 가능성을 타진하였다. 다음으로는 신어의 반복 합성어에 대해 관심을 기울였다. 일반적인 의태어, 의성어 부사 형성도 신어에서 흔히 발견할 수 있었지만 그 전에는 보이지 않던 방식의 반복이 신어 형성에서 적지 않다는 사실에 주목하였다. '쓰담쓰담'을 비롯하여 '아쉽아쉽'은 어간 반복 합성어에 해당하는데 이러한 유형도 기존의 반복 합성어에서는 보이지 않던 것이지만 통사적 결합어라 할 수 있는 '단짠단짠'과 같은 관형사형의 반복도 일반적인 단어 형성 방법에서는 상상하기 쉽지 않다는 사실을 언급하였다. '여자여자'도 일반적인 명사 반복과는 달리 '매우 여성스러움'과 같은 의미를 가지는데 이 또한 의미의 측면에서 기존에는 보이지 않던 반복 합성의 방식에 해당한다. 과연 이러한 새로운 유형의 반복 합성어가 신어의 지위를 벗어나 정착어가 될 수 있을지 관심을 기울일 필요가 있어 보인다. 한편 파생어에서 동의파생어를 설정한 것과 마찬가지로 합성어에서도 동의합성어를 설정하여 이에 대해 살펴보았다. 동의파생어에 비하면 그 예가 많은 것은 아니지만 그 가운데는 합성어의 후행 요소나 전체가 은유와 관련되는 것이 있어 이에도 주목해 보았다. 마지막으로는 형태소 어근이 파생어에서와 마찬가지로 그 분포를 확대하여 합성어 형성에 참여하는 양상에 대해서도 관심을 가져 보았다.

물론 이상의 내용이 신어 파생어와 합성어가 가지는 특징의 전부는 아니다. 본장에서는 그 가운데 파생어에서 외래어와 관련된 접사화에 대해서는 크게 관심을 기울이지 못했다. 또한 '검사스럽다(2003)'와 같은 신어에서 접미사 '-스럽-'이 부정적인 의미로 사용되는 양상에 대해서도 주목하지 못했다. 이는 곧 파생과 관련된 의미 평가 부분에 대해서는 언급하지 못했다는 것을 의미한다. 합성어에 대해서는 '엮걸이(2001)'와 같은 비통사적 합성어에 주목하지 못하였다. 물론 이러한 예가 많지 않은데도 이유가 있겠지만 혼성어나 두음절어와의 구별이 쉽지 않은 데도 이유가 있다고 할 것이다. 최근에 합성어를 대상으로 인지의미론적 접근이 적지 않은데 이에 대해서도 역시 관심을 기울이지 못했다. 신어에는 파생어와 합성어가 많은 만큼 정착과 소멸 과정에 대한 관심도 최근 적지 않은데 이 역시 본장에서는 직접적으로 다루지 못했다. 이러한 사실들은 본장의 한계를 스스로 드러내는 한편 신어 파생어, 합성어와 관련된 부분에 대해서도 앞으로 새로운 연구 가능성이 무한하다는 것을 의미하기에 충분하다.

참고문헌

‖논저류‖

강현주(2020), 「고유명사+하다'류 신어의 인지의미론적 해석」, 『우리말연구』 62, 5-36.

국립국어연구원, 『신어의 조사 연구』.

국립국어연구원, 『95년 신어』.

국립국어연구원, 『2000년 신어』.

국립국어연구원, 『2001년 신어』.

국립국어연구원, 『2002년 신어』.

국립국어연구원, 『2003년 신어』.

국립국어원, 『2004년 신어』.

국립국어원, 『2005년 신어』.

국립국어원, 『2008년 신어 자료집』.

국립국어원, 『2009년 신어 자료집』.

국립국어원, 『2010년 신어 자료집』.

국립국어원, 『2012년 신어 자료집』.

국립국어원, 『2013년 신어 기초 조사 자료』.

국립국어원, 『2014년 신어』.

국립국어원, 『2015년 신어』.

국립국어원, 『2016년 신어 조사 및 사용 주기 조사』.

국립국어원, 『2017년 신어 조사』.

국립국어원, 『2018년 신어 조사』.

국립국어원, 『2019년 신어 조사』.

김백희(2018), 「한국어 교육에서 신어 교육의 필요성 - Flipped Learning을 이용한 신어교육
　　　　방안」, 『동남어문논집』 46, 5-38.

김억조(2020), 「인지언어학에 기초한 2017년 신어의 의미 구성 연구」, 『문화와 융합』 42-4,
　　　　615-637.

김지혜(2019), 「신어 정착에 영향을 주는 사회적 요인 연구 - 2005년 신어 중 사회 주제어를
　　　　중심으로」, 『국어교육』 165, 359-387.

남길임(2015), 「신어의 사용 추이와 사전 등재의 기준 - 2005·2006년 신어를 중심으로」, 『한글』 310, 205-233.

남길임(2020), 「신어의 빈도와 관련한 몇 가지 문제」, 『한국어의미학』 68, 213-239.

남길임·이수진(2016), 『신어』, 커뮤니케이션북스.

남길임·이수진·최준(2017), 「대규모 웹크롤링 말뭉치를 활용한 신어 사용 추이 조사의 현황과 쟁점」, 『한국사전학』 29, 72-106.

남길임·이수진·최준(2018), 「웹 말뭉치를 활용한 의미적 신어의 연구 동향과 쟁점」, 『한국사전학』 31, 55-84.

남길임·이수진·강범일(2019), 「'프레임'의 언어학 - 의미적 신어 '프레임'에 대한 말뭉치언어학적 분석」, 『한국어의미학』 65, 135-163.

남길임(2020), 「신어의 빈도와 관련한 몇 가지 문제」, 『한국어 의미학』 68, 213-239.

노명희(2019), 「신어에 나타나는 약어의 특징과 통합적 혼성어」, 『국어학』 91, 27-56.

문금현(1999), 「현대국어 신어의 유형 분류 및 생성 원리」, 『국어학』 33, 295-325.

문금현(2019), 「신어 생성의 최근 경향 분석」, 『어문학』 145, 151-177.

박광길(2018), 「단어의 공인화 정도에 따른 상·하위어 의미 관계 연구」, 『국제어문』 79, 7-28.

박광길·최윤(2017), 「우리말샘(개방형 한국어 지식 대사전)을 활용한 신어 연구」, 『인문과학연구』 52, 243-266.

박선옥(2019), 「[+사람] 신어의 생성 추이와 단어의 형태적 특징 연구 - 2015년, 2016년, 2017년 신어를 중심으로」, 『동악어문연구』 77, 291-318.

박주형·임종주(2019), 「한국어 교육에서의 신어 인칭 접미사 선정을 위한 연구」, 『한국어문화교육』 12-2, 81-114.

서혜진(2018), 「신어 미정착의 원인에 대한 소고 - 2008년 신어를 중심으로」, 『한국어의미학』 61, 33-53.

안소진(2010), 「국어화자 2음절 한자어 구성요소 파악에 대한 고찰 - '직·간접류'의 형성과 관련하여」, 『형태론』 12-2, 201-216.

안예림·서혜진(2020), 「신어 유형으로의 언어유희에 대하여 - 발화 실수를 넘어 신형어로」, 『한국어의미학』 69, 197-218.

안주현(2020), 「신어 형성의 음운론적 특성 연구 - 2002~2018년 신어를 중심으로」, 『어문론총』 84, 9-34.

어용에르덴(2019), 「신어 형성에서의 접사화에 대한 연구」, 『한중인문학연구』 65, 51-77.

이선영(2017a), 「국어의 접사화에 대한 단견」, 『한국학연구』 44, 399-421.

이선영(2017b), 「2010년대 신어의 몇 가지 특징」, 『한국어학』 75, 223-242.

이선영(2018), 「외래어 신어의 몇 가지 양상」, 『국어학』 87, 117-144.

이선영·이영경(2019), 「신어 형성과 어휘의 확장 - '템' 관련 신어를 중심으로」, 『비교어문연구』 51, 169-189.

이수진·강현아·남길임(2020), 「코로나-19 신어의 수집과 사용 양상 연구 - 주제 특정적 신어의 수집과 사용에 대한 고찰」, 『한국사전학』 36, 136-171.

이주희(2020), 「혼성어의 특성에 대한 재고」, 『음성음운형태론연구』 26-1, 127-158.

이진성(2017), 「신어에 반영된 사회문화상과 변화의 양상」, 『사회언어학』 25-4, 87-117.

이현정(2020), 「한국어교육용 신어 조어소 선정에 관한 연구 - 신어의 형성 원리에 대한 고찰 및 신어의 조어력 분석을 바탕으로」, 『외국어로서의 한국어교육』 58, 217-239.

장경현(2019), 「신조어 접사의 형태 의미 특성 연구」, 『열린정신 인문학 연구』(원광대), 20-1, 311-316.

정한데로(2017), 「신어의 삶에 관한 탐색 - 2002년~2004년 신어를 중심으로」, 『국어학』 83, 119-152.

정한데로(2019), 『발견을 위한 한국어 단어형성론』, 서강대학교출판부.

정한데로(2020), 「신어로 바라본 한국의 대중문화 - 1994년, 2004년, 2014년 신어를 중심으로」, 『아시아문화연구』 53, 85-120.

최은희(2015), 「한국어 신어의 교육 방안 고찰 - 2014년 신어의 파생어를 대상으로」, 『국어교육 연구』 58, 253-280.

최유숙(2019), 「혼종 신어 외래요소의 한국어 형태소화 - 非자립적 외래요소를 중심으로」, 『어문론집』 78, 177-214.

최형용(2008), 「국어 동의파생어 연구」, 『국어학』 52, 27-53.

최형용(2015), 「문법에서 유추의 역할은 무엇인가 - 블레빈스 외 편(2009), Analogy in Grammar 를 중심으로」, 『형태론』 17-2, 285-335.

최형용(2016), 『한국어 형태론』, 역락.

최형용(2017), 「단어 형성과 형태소」, 『국어학』 81, 351-391.

최형용(2018), 『한국어 의미 관계 형태론』, 역락.

최형용(2019), 「의미 관계와 신어 형성」, 『한국어의미학』 66, 35-74.

최형용(2020a), 「'이', '그', '저' 계열의 단어 형성에 대하여」, 『이화어문논집』 51, 503-527.

최형용(2020b), 「계열 관계에서 본 『표준국어대사전』의 추가 표제어」, 『한중인문학연구』 68, 361-389.

최형용(2021), 「신어 형성에서 유추의 역할은 무엇인가 - 마티엘로(2017), Analogy in Word-formation을 중심으로」, 『형태론』 23-2, 171-215.

최형용 외(2015), 『한국어 연구와 유추』, 역락.

한수정(2018), 「통사 단위가 포함된 신어 연구」, 『비교어문연구』 49, 165-193.

Aronoff, M.(1976), *Word Formation in Generative Grammar*, Cambridge : The MIT Press.

Blevins, J. P. & J. Blevins(2009), *Analogy in Grammar : Form and Acquisition*, Oxford : Oxford University Press.

Mattiello, E.(2017), *Analogy in Word-formation*, Berlin : Mouton de Gruyter.

Warren, B. (1990), The importance of combining forms, In Wolfgang U. Dressler et
      als. (eds.) (1990), *Contemporary morphology*, Berlin & New York : Mouton de
      Gruyter, 111-132.

‖사전류‖

국립국어원, 표준국어대사전(https://stdict.korean.go.kr/main/main.do)

국립국어원, 우리말샘(https://opendict.korean.go.kr/main)

4. 한국어 신어 형성과 두음절어, 혼성어

4.1. 들어가기

　한국어 신어에서 원형식으로부터 결합 후 절단되는 두음절어(acronym)와 절단 후 결합되는 혼성어(blended word)는 매우 생산적인 단어이며 국립국어원의 신어 자료집에서도 가장 많은 비중을 차지하고 있다. 두음절어와 혼성어는 그간 한국어에서 존재하지 않던 현상은 아니나, 최근 신어에서 그 생산성이 두드러지는 만큼 이들의 신어 자체가 그 정체성을 뒷받침한다고 볼 수 있다. 따라서 본장에서는 주로 한국어 신어 중 두음절어와 혼성어를 중심으로 논의를 다루고자 한다.

　대표적으로 다음 (1)과 같은 예시들이 한국어 신어에서의 두음절어와 혼성어에 해당되며 본장에서 관심을 가지는 주 대상이다.

　　(1) 가. 얼죽아, 얼죽코; 소확행, 대확행; 천마용, 천마용성 …
　　　　 나. 톤망진창, 톤체성; 얼굴부심, 턱부심 …

　(1가)는 신어 두음절어의 예시를, (1나)는 신어 혼성어의 예시를 제시한 것이다. (1)의 예시들은 단어 형성 과정에서 축약이나 혼성을 통해 기존의

단어나 구에 비해 형식이 감소하는 단어들이며 결합 이후 형식이 증가하는 기존의 단어 형성 방식과는 차이가 있다.

본장에서는 그간 신어 두음절어와 혼성어를 둘러싸고 논의되어 왔던 주요 쟁점들을 다룰 것이다. 이러한 쟁점들은 다음 (2)와 같이 다섯 가지의 질문으로 제시할 수 있다.

> (2) 가. 'acronym'과 'blended word'의 대역어는 무엇인가?
> 　나. 신어 두음절어와 혼성어의 단어 구조상의 위치는 어디인가?
> 　다. 신어 두음절어와 혼성어의 생성 방식은 무엇인가?
> 　라. 신어 두음절어와 혼성어의 내부 요소는 어떻게 정의내릴 수 있는가?
> 　마. 신어 두음절어와 혼성어는 어떠한 과정을 거쳐 언중의 인지 속에 정착될 수 있는가?

(2)에서 살펴볼 수 있듯이 'acronym'과 'blended word'에 해당되는 대역어는 무엇이며, 이들의 단어 구조상의 위치가 단일어에 해당되는지 복합어에 해당되는지, 또한 신어 두음절어와 혼성어의 생성 방식이 규칙인지 유추인지, 반복적으로 분석되는 내부 요소를 무엇으로 볼 수 있을지, 마지막으로 신어 두음절어와 혼성어는 어떠한 과정을 거쳐 등재될 수 있는지와 관련해 논의되어 왔다. 본장에서는 (2가)~(2마)에 해당하는 주요 쟁점들을 본론인 4.2.부터 4.6.에 배치하여 그간 진행되어 온 각각의 주요 논의들을 살펴보고자 한다. 특히 본서는 주로 신어의 형성과 관련하여 논의를 다루고 있지만, 통시적인 신어의 형성 과정에 있어 등재의 측면 또한 다루어져야 하는 문제를 안고 있다. 따라서 본장에서는 이러한 문제의식과 관련하여 (2마)의 질문까지를 다루며, 신어 두음절어와 혼성어와 관련한 등재의 측면도 논의에 포함시킬 것이다.

논의의 대상이 되는 신어 자료들은 국립국어원의 5개년 신어 자료집(2015~2019년)에 수록된 신어들에 해당되며, 출현하는 신어의 각 의미는 신어 자료집과 『우리말샘』 등에 준하여 사전 기술 방식으로 의미를 제시하였다.

4.2. 두음절어와 혼성어의 용어와 범주 정립

본장에서는 앞서 살펴본 (2가)의 질문 중, 'acronym'과 'blended word'에 해당하는 대역어는 무엇인지, 그리고 여기에서 다루는 이들의 범주에 대해 기술할 것이다.

우선 두음절어는 신어에서 차지하는 비중이 증가하여 매우 생산적으로 형성되고 있으나 여전히 용어 사용에 관해서는 혼란한 양상을 보이며 용어 사용에 있어 지금까지도 각 연구자마다 다르게 쓰이고 있다. 이에 비해 혼성어 연구는 본격적으로 그 연구가 진행된 90년대부터 이미 상대적으로 '혼성어'라는 용어가 안정적으로 사용되고 있으나 인접 범주와 관련하여는 비교 논의가 진행되고 있다. 두음절어와 혼성어 연구에 있어 용어 정립과 범주 확립의 이들의 본격적인 논의를 다루기 위해 선결되어야 하는 문제이다.

본격적으로 한국어 신어의 두음절어와 혼성어를 다루기에 앞서, 서론에서도 주지하였듯이 두음절어와 혼성어는 이전부터 한국어에 존재해 왔던 단어라는 점을 언급하였다. 이러한 측면에서 4.2.에서는 신어만으로 범위를 좁히지 않고, 한국어 두음절어와 신어로서 보다 넓은 범위를 상정하여 용어 문제를 기술하고자 한다.

4.2.1. 두음절어와 관련된 용어 논의

한국어에서 두음절어는 비단 신어뿐만이 아니라 기존부터 존재해 왔던 단어들에서도 포착된다. 대표적으로 '전남(← 전라남도)', '경북(← 경상북도)'와 같은 한국어 지명은 단어 형성 과정에서 축약을 통해 기존의 단어나 구에 비해 형식이 감소하는 단어들이다.

1장에서 기술되었듯이 그간 영어의 'acronym'에 해당하는 한국어 대역어는 '두자어', '음절 생략형', '약어', '두음절어', '어두음절어' 등으로 통일되어 있지 못하고 연구마다 용어를 다르게 설정하는 문제가 있었다. 이영제(2015 : 166)는 두음절 현상을 지칭하는 선행 연구들에 '두음어, 두자어, 두문자어, 어두어, 두음절어' 등이 있음을 지적한 바 있다.[1) 그러나 이러한 용어들의 정의에서도 주로 원형식에서 '음절' 단위로 줄어든 '단어'라는 점에 집중하고 있으므로, 이러한 설명을 포괄적으로 반영할 수 있는 용어의 후보로는 '음절어' 또는 '두음절어'가 적합할 것이다.

그러나 '음절어'라는 용어를 사용할 경우 해당 단어 내부에서 선택되는 음절에 대한 인식적 기제를 반영하지 못한다는 문제가 있다. 한국어에서는 영어의 acronym처럼 반드시 각 음절 또는 어절의 첫 글자만을 반영하지는 않기 때문에 용어에서 '두(頭)'를 사용할 수 없다는 시각도 존재한다. 그러나 이 '두(頭)'는 문자 그대로의 머리글자라기보다는 유표적인 의미를 표상하는 핵(head)인 '의미적 머리글자'로 볼 수 있다(권경녀 2021 : 39). 이은섭(2007)과 노명희(2010)의 논의에서는 원형식에서 두음절어를 형성할 때 원형식의 의미 표상을 담당할 수 있는 유표적인 음절이 선택된다고 한 바 있다. 즉 단어나 구로부터 형성된 두음절어가 반드시 각 단어의 첫음절을 취하지 않을 수도 있는 것이다. 따라서 유표성으로 인한 인식적인 기제를 용어에 반영하기 위해서는 '두음절어'라는 용어가 본서에서 다루는 대상을 가리키기에 적합하

---

1) 이영제(2015)에서는 acronym에 대한 적합한 대역어로 '두음어'를 사용해야 한다고 기술하였으나, 해당 논의에서 본 acronym의 범위는 '즐감(즐거운 감상)'과 같은 두음절어뿐만 아니라 각 음절의 자음만을 나열하는 'ㅈㄱ(← 즐감, '즐거운 감상'의 줄임말)', 'ㅁㅆ(← 모쏠, '모태 쏠로'의 줄임말)' 등과 같은 두자음어를 개념적으로 포괄하여, 두음절 현상을 단순 자음의 나열까지의 아주 넓은 범위로 정의내린 바 있다. 따라서 이영제(2015)의 논의에서 사용된 '두음어'는 두음절어와 두자음어를 모두 포함하는 개념인 것이다. 그러나 본절에서는 '두음어'의 용어 설정이 음절의 측면을 부각시키지 못한다고 보아 이러한 문제점을 제기하고 '두음절어'라는 용어로 설정하고자 한다.

다. 따라서 두음절어와 두음절어가 되는 과정에 대한 용어는 아래 (3)과 같이 정의할 수 있다.

(3) 가. 두음절어(acronym) : 단어 혹은 구 등의 원형식에서 첫음절이나 유
표적인 음절을 따서 만든 단어.
나. 두음절어화(acronymization) : 단어 혹은 구 등의 원형식에서 (첫음
절이나 유표적인 음절을 따서 줄임말로 만드는 과정.

4.2.2. 혼성어와 관련된 범주 논의

주지하였듯이 혼성어 연구는 단어 형성적 측면에서 임지룡(1996), 문금현
(1999), 박용찬(2008), 노명희(2010), 이선영(2016), 이찬영(2016), 최유숙(2019) 등
20여 년에 걸쳐 활발히 연구된 바 있다. 특히 임지룡(1996), 문금현(1999), 박용
찬(2008)에서는 혼성어의 구조를 분석하고 혼성어의 유형을 분류하여 새롭게
부상하는 단어 형성법인 혼성어에 대해 주목한 바 있다. 이처럼 한국어에서
혼성어 연구는 두음절어 연구에 비해 그 연구 시기가 상대적으로 더 오래
되었으며 주목도도 높아 '혼성어'라는 용어 자체에서는 혼란이 생기지 않았
다. 그보다는 '혼성어'의 결합 방식에 주목하여 그 인접 범주와의 비교 연구
가 더 활발히 이루어졌다.

혼성어는 두 단어 중 최소 하나의 단어에서 일부를 절단(clipping)[2]하고 그
것을 결합하여 형성된 단어이다. 그런데 혼성어가 형성되는 과정에서 절단이
일어나 단어 형식이 감소한다는 특성과 내부 요소가 단어 형성의 고정 요소
로 발전한다는 특성으로 인해, '혼성어'의 정의에 속하는 용어들은 신어 파생

---

2) 단어 형성 과정 중 하나인 절단(clipping)은 일반적으로 절단은 단어의 일부분을 잘라 보다
짧은 단어를 생성하는 과정을 일컫는다. 가령 영어의 'binoculars', 'delicatessesn',
'detective' 등에서 일부가 잘려 'binoc', 'deli', 'tec'만으로 통용되는 경우를 지칭하는 것이
다(최형용 2004 : 191).

어 및 절단 합성어와의 비교를 통해 그 범위를 명확히 할 필요성이 생긴다.

앞서 3장에서 살펴보았듯이 신어 파생어에서는 단위로서의 어근과 접사의 모호함이 존재하나 그럼에도 재분석(reanalysis)[3]을 통한 고정 요소가 일련의 근거들을 통해 접사화된 요소로 판장할 수 잇음을 살펴보았다. 특히 본 절에서는 '역세권'에서 '-세권'과 같이 단어 형성의 고정 요소가 '[[X세]권]'이 '[[X]세권]'으로 재분석이 일어나고 있다고 보아, '-권'이라기보다는 '-세권'이라고 보는 것이 보다 합당하다고 보았다. 이때 재분석된 고정 요소 '-세권'은 독립된 단어나 신어 형성에서 선행 요소로의 쓰임을 제대로 보여 주고 있지 못하다고 보아 성격상 어근보다는 접미사에 가깝다고 하였다. 그런데 '-세권'이 붙은 단어류는 선행 요소의 원래 형식이 일정 부분 손상되고 전체적으로는 원형식의 음절 수인 3음절을 대체로 유지하는 경향이 있어 이러한 양상은 전형적인 혼성어로도 볼 수 있는 여지를 준다.

본 절에서는 이렇듯 구분되기 어려운 신어 파생어와 혼성어의 판단 기준에 대해 보다 구체적으로 접근하고자 한다. 이러한 판단 기준은 Mattiello(2017)에서 제시된 '복원 가능성(recoverability)'의 개념을 통해 그 근거를 따져 볼 수 있다. 이때의 '복원 가능성'이란 화자가 형성한 유추 형태의 단어를 청자가 식별하는 능력을 의미한다.

> (4) 가. hardware → software [1960]
>
> 　나. hardware/software → firmware [1968], spyware [1983],
> 　　　vapourware [1993], adware [1983], malware [1990],
> 　　　bloatware [1991]
>
> (Mattiello 2017 : 55)

(4)의 예시는 Mattiello(2017)에서 언급된 '-ware'의 유추 모형을 제시한 것

---

3) '재분석(reanalysis)'은 화자가 단어가 지닌 원래의 형태론적 구조를 인지하는 데 실패하여 다른 구조를 가진 것으로 해석할 때 일어나는 과정으로 정의할 수 있다(Bauer 2004 : 89).

으로, (4가)는 원형 단어 'hardware'가 'software'의 형성에 대한 모형을 제공하고 있음을 보여 준다. 이러한 'hardware/software'는 (4나)에서 다시 유추 모형에 대한 원형이 되어 이를 바탕으로 한 단어들이 형성된다. Wanner (2006)에서는 유추 모형은 높은 출현 빈도(token)를 가지며 어휘화되고 자주 사용되는 단어가 유추적 과정의 모형 단어로서 후보가 될 가능성이 높다고 기술하였다. (4가)에서 'software'의 '-ware'는 'hardware'의 의미를 온전히 유지하는 것이 아니라 부분적으로 유추되어 새로운 단어를 형성하였다. 따라서 새롭게 만들어진 (4나)의 'firmware, spyware, … bloatware'와 같은 단어들의 '-ware'은 가장 원형 단어인 'hardware'의 의미를 부분적으로 가지고 있으므로, 의존적인 '파편(splinter)'4)이라고 하였다. 이처럼 'software'의 '-ware'와 같이, 원형 단어의 의미를 온전히 복원시키지 못하는 의존적인 파편이 유추 모형의 틀에서 단어 형성에 참여한다면 이들은 접사로 간주할 수 있다. 즉 접사화되는 고정 요소들은 원형식으로부터 의미의 복원 가능성이 낮아지는 것이다.

　다음 한국어 예시를 통해 의미의 복원 가능성을 보다 면밀히 살펴보고자 한다.

(5) 가. 'X세권' : 역세권 → 맥세권(2015), 숲세권(2015), 공세권(2016), 몰세권(2016), 벅세권(2016), 의세권(2016), 강세권(2017), 다세권(2017), 병세권(2017), 청세권(2017), 골세권(2018), 무세권(2018), 뷰세권(2018), 올세권(2018), 직세권(2018), 편세권(2018), 군세권(2019), 놀세권(2019), 마세권(2019), 맛세권(2019), 붕세권(2019), 커세권(2019)

나. 'X부심' : 자부심 → 문구부심(2015), 선배부심(2015), 얼굴부심(2016), 펫부심(2018), 평부심(2018), 턱부심(2019)

---

4) 이러한 '파편(splinter)'에 대한 논의는 후술할 4.5.1.에서 보다 자세히 논의할 것이다.

(5)의 예들은 각각 'X세권', 'X부심'의 유추 모형을 제공하는 원형 단어인 '역세권'과 '자부심'으로부터 유추 모형의 틀을 통해 새로운 단어들이 형성된 경우이다. 이들은 모형 단어를 참조하여 높은 출현 빈도를 통해 새로운 단어가 형성되었으므로 (5가)와 (5나)는 형태적으로 모형이 구성되는 양상만 보았을 때는 언뜻 이 둘의 차이를 구분하기 어렵다.

(5가)에서 '역세권'을 참조하여 형성된 단어들인 '숲세권, 편세권 … 커세권'에서 후행 요소인 '-세권'은 원형 단어인 '역세권'의 의미를 온전히 보유하지 못하고 있다. 예를 들어 '숲세권'과 같은 경우 '숲이나 산이 인접해 있어 자연 친화적이고 쾌적한 환경에서 생활할 수 있는 주거 지역'이라는 의미로, 원형 단어 '역세권'의 의미인 '지하철 역을 일상적으로 이용하는 주변 거주자가 분포하는 범위'와는 멀어져 '-세권'은 다소 추상화된 의미를 가지게 된다. 따라서 '-세권'은 원형 단어로부터 의미의 복원 가능성이 낮아진 경우이며 따라서 이 '-세권'은 의존적인 접사적 요소로 간주할 수 있다.

반면 (5나)에서 '자부심'을 참조하여 만들어진 '펫부심, 문구부심, … 턱부심'과 같은 단어들에서 '-부심'은 '자부심'의 의미를 온전히 유지하고 있다. 예를 들어 '평부심'의 경우 '평양냉면을 어떻게 먹어야 가장 맛있는지 노하우를 아는 자부심' 정도의 의미를 가지는데, 이때의 '-부심'은 원형 단어 '자부심'의 의미를 온전히 유지하고 있다. 즉 '부심'은 원형 단어로부터 의미의 복원 가능성이 유지되는 경우이며, 결국 '-부심'은 의존성을 가지지만 의미가 추상화되지는 않은 요소로 간주할 수 있다.

이처럼 '-부심'이 원래 단어인 '자부심'의 의미를 그대로 가지고 있는 데 비해 '-세권'은 '역세권'의 의미를 가지고 있는 것은 아니라는 점에서 구별된다. 즉 '-세권'은 원형 단어로부터 추상화가 진행된 요소로 볼 수 있으나 '-부심'은 아직 추상화가 진행되지 않은 요소인 것이다. '-부심'은 선행 요소에 의존적이면서도 원형 단어의 의미를 온전히 유지하고 있다는 점에서 이를 접사로 볼지, 어근으로 볼지, 혹은 어떤 다른 요소로 보아야 할지 혼란이 생길 수 있다. 본 절에서는 이를 Mattiello(2017)에서 제시된 개념인 '결합형 (combining form)'5)으로 보고, '-부심'이 결합되어 새롭게 형성된 'X부심'류와 같은 단어들은 혼성어로 간주하고자 한다.

혼성어는 인접 범주에 놓여 있는 '절단 합성어'와도 주로 비교되어 왔다(이 찬영 2016, 곽유석 2017, 권경녀 2021). 원형 단어에서 절단을 통해 만들어지는 단어인 절단어(clipped word)는 원형 단어의 의미를 그대로 유지하면서도 자립 적으로 사용할 수 있는데, 이러한 절단어에 다른 자립형태소가 결합할 때 형식의 삭감이 발생하지 않는 단어가 절단 합성어에 해당된다. 절단 합성어 역시도 혼성어와 다소 비슷한 형태와 특성을 가진 것처럼 보인다. 그렇다면 이들을 어떻게 구별할 수 있는지 예문과 함께 비교해 볼 것이다.

(6) 가. 꿀잠템(2019), 덕후템(2019), 싱글템(2019), 인싸템(2019), 자취템 (2019), 특가템(2019)

나. 템 파밍6), 템 세팅7)
템이 없는데 템 좀 주시면 감사하겠습니다.

(7) 가. 리그렉시트(2016), 옥시트(2016), 커멕시트(2016), 프렉시트(2016), 캘렉시트(2017), 트럼프시트(2017), 아벡시트(2018)

나. *브렉시트의 여파로 결국 주변 유럽 국가에서도 시트가 발생했다.
*대국적인 관점에서 우리 국가도 시트를 감행해야 할 때가 왔습니다.

(6가), (7가)는 각각 '아이템(item)'과 '엑시트(exit)'의 내부 요소인 '템'과 '-시 트'가 포함된 예시들이고 (6나), (7나)는 이들 예시가 포함된 명사구나 예문을 상정한 것이다. '템'은 (6나)에서 보듯이 '템' 자체만으로 구나 절에서 자립적

---

5) '결합형'의 개념은 상기 서술된 '파편'과 마찬가지로 4.5.를 참고할 수 있다.
6) 게임에서 사냥을 통해 아이템이나 재화를 맞추어 나가는 행위를 이르는 말.
7) 게임 캐릭터에게 필수적이거나 좋은 아이템을 조합하는 행위를 이르는 말.

이다. 원형 단어에서 절단을 통해 만들어지는 단어인 절단어는 원형 단어의 의미를 그대로 유지하면서도 자립적으로 사용된다. 따라서 '템'은 절단어가 된다. 또한 절단어에 다른 형태소가 결합할 때 형식의 삭감이 발생하지 않으므로, (6가)의 예시는 절단 합성어에 해당한다.

반면 (7나)의 예문에서처럼 '-시트'는 문장에서 자립적으로 사용될 수 없어 보인다. 선행 요소 없이 '-시트'만 자립적으로 사용되는 예시가 출현하지 않고 있으나 '-시트'는 원형 단어인 '~의 탈퇴/탈출'을 의미하는 '엑시트(exit)'의 의미를 온전히 유지하고 있다. 따라서 '-시트'는 의존적이면서도 원형 단어로의 복원 가능성이 높다는 점에서 'X시트'류 단어들은 혼성어로 간주할 수 있다.

이처럼 같은 절단 과정을 거쳤지만 어떤 요소는 자립성을 지니게 되고, 어떤 요소는 자립성을 지니지 못한다. 즉 내부 구성에 있어 절단 합성어는 '자립적인 요소+자립적인 요소'가 되고, 혼성어와 신어 파생어는 '(비)자립적 요소+비자립적 요소'가 된다.[8] 혼성어와 신어 파생어는 이러한 내부 구조 중 비자립적 요소(=의존적 요소)이면서도 재분석되는 반복 요소가 원형 단어로부터 의미적인 복원 가능성의 정도에 따라 다시 이 둘을 구분할 수 있다. 종합하자면 혼성어, 신어 파생어와 절단 합성어는 단어 형성 과정에서 최소 하나의 기저 단어가 절단되고 이후 결합한다는 공통점이 있다. 반면 혼성어 및 신어 파생어는 내부 요소에서 절단된 요소가 자립성을 지니지 못하나 절단 합성어의 내부 요소는 그 자체로도 자립성을 지닌다는 차이점이 생긴다. 마지막으로 혼성어와 신어 파생어는 재분석되는 반복적 요소의 복원 가능성에 따라 구분지을 수 있다.

지금까지의 논의를 바탕으로 본론에서는 신어 두음절어와 혼성어를 둘러싼 주요 쟁점들을 자세히 살펴볼 것이다.

---

8) 이와 같은 표현은 결합되는 내부 요소가 두 가지인 경우에 해당하며, 구성 요소의 순서는 이 경우 고려하지 않는다.

4.3. 두음절어와 혼성어의 단어 구조상의 위치

본서의 1장에서는 두음절어를 결합 후 절단 과정으로 볼 수도, 절단 후 결합의 과정으로 볼 수도 있어 그 정체성에 대해서는 해석의 여지가 있다고 언급한 바 있다. 이에 따라 두음절어를 단일어에 가깝다고 보는 입장과, 복합어로 보는 입장으로 나눌 수 있다. 혼성어는 기존의 연구에서 복합어에 위치한다고 보는 입장이 다수이나, 단일어처럼 볼 수 있다는 입장도 일부 존재한다. 본 절에서는 이처럼 신어 두음절어와 혼성어가 단어 구조상 단일어적으로 볼 수 있는지 혹은 복합어에 속하는지에 대한 각각의 입장을 살펴볼 것이다.

4.3.1. 단일어적으로 보는 입장

본 절에서는 신어 두음절어와 혼성어가 단어 구조상 어디에 위치하는지 분류하는 데 있어 상반된 체계를 보이는 논의들을 소개할 것이다. 우선 오규환(2016)에서는 두음절어와 혼성어를 단일어적인 관점에서 보고 이에 해당되는 단어 분류 체계를 다음 (8)과 같이 제시하였다(회색 표시는 본서의 추가).

(8) 오규환(2016 : 56)의 단어 분류 체계

단어 분류 체계				예시
단어	단일어	단순어		밥, 먹-(食)
		어기 변동어		쐬주, 그끄제
		두음절어		소맥, 몰카
		혼성어		카파라치, 액티즌, 캐포츠
	복합어	파생어		말썽꾸러기, 밟히-, 조용히
		합성어	비통사적 합성어	붉돔, 접칼; 감싸-, 헐뜯
			통사적 합성어	나뭇잎, 햇빛; 굵어모으-, 잡아당기-
		통사적 결합어	조사 결합어	진실로, 한꺼번에
			어미 결합어	걸음, 달리기, 없이, 다른

(8)의 체계에서는 두음절어와 혼성어를 단일어에 포함시키고 있다. 오규환 (2016 : 89)에서는 두음절어가 덜 어휘적인 구성에서 더 어휘적인 구성이 되는 '어휘화(lexicalization)'를 거치며 단일어화가 되었다고 보고 있다. 또한 계열 관계를 가지지 않는 혼성어의 경우, 가령 '콩글리시(← Korean+English)' 등에서 관찰되는 '콩', '글리시'는 전통적인 관점에서의 '형태소'로 이해하기 어렵다. 따라서 '콩글리시'는 형태소로 분석하기 어려운 단위라는 점에서 이들을 단 일어로 파악하게 되면 최소의 유의적 단위로 정의를 고수할 수 있는 것이다. 이러한 기술은 형태소의 기존 정의에 위배되지 않으면서도 두음절어와 혼성 어의 내부 요소를 다른 어떤 것으로 분리하거나 분석하기 모호하다는 관점을 견지하고 있다.

이러한 관점을 통한 기술은 다음 (9)의 예시에서도 마찬가지로 유지될 수 있다.

(9) 가. 오놀아놈(← **오, 놀** 줄 **아**는 **놈**인가?)(2019)
　　나. 오놀아놈 ≠ 오+놀다+알다+놈

두음절어 '오놀아놈'은 (9나)에서 확인하듯이 '오+놀다+알다+놈'과 같은 단순 결합으로는 그 의미를 상정할 수 없다. 이는 원형식이 가지는 맥락 정보 (context)로 인해서인데, 통사적으로 구성된 원형식인 '오 놀 줄 아는 놈인가' 는 해당 맥락 정보를 그대로 유지한 채 더 어휘적인 구성이 되어 새로운 어휘로 만들어진다. 결국 '오놀아놈'은 원형식인 '오, 놀 줄 아는 놈인가?'가 내포하고 있는 의미를 그대로 가지게 된다. 두음절어는 두음절어화 이전부터 존재하고 있던 원형식의 맥락 정보를 동일하게 유지하며 단순 결합으로는 볼 수 없기 때문에 체계적으로 단일어의 층위에서 다룰 수 있다.

박용찬(2008 : 115-116)에서도 이러한 관점을 견지하는 논의가 진행된다. 외 국어에서 차용된 외래어 혼성어의 경우 "혼성어는 대개 외국어(주로 영어)에서 차용한 말이라서 단어 형성법상 단일어로 봐도 별 문제가 없"다고 보았다. 차용이라는 과정의 특성상 이미 형성된 외국어 단어를 국내로 들여와 하나의 개념으로서 그대로 사용하므로, 이는 단일어처럼 간주할 수 있는 것이다. 이처럼 두음절어와 혼성어는 단어 형성의 과정에 있어 어휘화와 차용이라는 특성으로 인해 단일어적으로 보는 시각도 존재한다.

4.3.2. 복합어로 보는 입장

다음은 신어 두음절어와 혼성어를 복합어의 관점에서 본 논의이다(회색 표시는 본서의 추가).

(10) 국립국어원 『신어 조사 보고서』(2019년)의 단어 분류 체계

단일어		생성
		차용
복합어	합성어	합성
		혼성
		축약
	파생어	접두 파생
		접미 파생

(10)의 체계에서는 두음절어와 혼성어를 복합어, 그중에서도 합성어에 포함시키고 있다. 이는 '2005년 국립국어원 신어 보고서의 단어 구조'에서 '융합, 축약, 탈락'의 방식을 복합어로 보지 않고 단일어도, 복합어도 아닌 별도의 층위로 분류하여 이들을 '약어'로서 논의를 진행했던 방식과 차이를 보인다.

3장에서도 논의된 바와 같이, 파생어, 합성어가 항상 파생과 합성으로만 결과되는 것은 아니므로 (10)의 이러한 체계는 '혼성', '축약' 등이 혼성어나

두음절어뿐만 아니라 보다 넓은 범위에서 합성어 형성에 참여한다고 보아 이러한 방식을 결과적인 관점에서의 합성어로 포함시킨 것으로 보인다. 결국 혼성어와 두음절어는 단일 형태소 하나로 보기 어렵다는 점에서 단일어의 체계에 포함시킬 수 없다는 점에서 합성어에 가깝다고 할 수 있다. 다만 파생과 합성은 단어 형성 과정에서 형태소의 '손상'이 일반적으로 없다는 점에서 '손상'이 일반적으로 일어나는 혼성어와 두음절어와는 다소 차이를 보인다. 또한 4.2.에서 살펴보았듯 혼성어와 신어 파생어의 구분에서 단어 내부 요소 중 재분석되는 반복 요소가 외현적으로는 비슷한 양상을 보인다는 점에서, 혼성과 축약의 방식을 포괄적으로 합성어의 체계에 포함시킬 수 있다면 파생어의 체계에도 포함시킬 수 있는 가능성이 존재한다.

앞서 본서의 1장에서 다룬 신어 분류 체계와 같이, 본 절에서도 이러한 측면에서 '혼성'과 '축약'의 방식을 포괄적으로 '합성어'에 포함시키기보다는, 층위를 달리하여 복합어에 혼성과 축약이 각각 하위 범주를 이룬다는 관점에서 논의를 진행하고자 한다.

4.4. 신어 두음절어와 혼성어의 생성 방식

본장에서는 문금현(1999)의 논의를 바탕으로 신어 두음절어와 혼성어가 어떠한 방식으로 생성되는지 살펴볼 것이다. 문금현(1999)에서는 현대 국어 중 신어의 유형을 분류하고 각 유형에 대한 생성 원리를 고찰하고 있는데, 본장에서도 관심의 대상인 신어 두음절어와 혼성어에 해당되는 형태론적인 생성 방식을 중점적으로 논의를 전개할 것이다.

신어가 생성될 때에는 "기존 단어의 도움 없이 완전히 새로운 단어를 창조하기도 하고 기존 단어를 바탕으로 이차 어휘를 생성"한다. 전자의 방식은 매우 드물며, 의성의태어의 경우가 대부분이다. 후자의 방식은 '파생법이나 합성법에 의한 경우'가 가장 많고, 이어 '기존어를 생략하거나 줄인 경우, 형태의 일부를 대체시킨 경우, 기존어를 그대로 가져다가 의미만 달리 쓰는 경우'가 있다(문금현 1999 : 301). 이처럼 문금현(1999)에서는 후자의 방식, 즉 기존 단어에 바탕을 둔 방식을 체계적인 방식이라 하고, 기존 단어의 도움 없이 생성하는 방식을 산발적인 방식이라 하였다. 여기에 기존어를 그대로 활용하는 재활용의 방식을 추가하여 다음 (11)과 같이 신어를 분류한 바 있다 (굵은 글씨는 본서의 추가).

(11) 생성 방식에 따른 신어의 유형 분류 체계(문금현 1999 : 303-304)

> I. 체계적인 방식(신조어의 생성)
>
> 　가. 기존 형태에 접사 결합
>
> 　　1) 내적 변화에 의한 파생법-①자음 교체 ②모음 교체
>
> 　　2) 접사에 의한 파생법-①접두법 ②접미법 ③접두·접미법
>
> 　**나. 기존 형태의 합성**
>
> 　　1) 형태보존형 합성법-①기능유지형 합성법 ②기능변화형 합성법
>
> 　　**2) 형태손상형 합성법-①기능유지형 합성법 ②기능변화형 합성법**
>
> 　**다. 기존 형태의 변형**
>
> 　　**1) 기존 단어 일부의 대체-①관련어 ②유의어 ③반의어**
>
> 　　**2) 기존 형태의 축약-①준말 ②약어**
>
> 　　3) 기존 형태의 역전
>
> II. 재활용의 방식(기존어의 재활용)
>
> 　가. 다의적 재활용　　나. 품사적 재활용
>
> III. 산발적인 방식(신생어의 창조)

(11)의 체계에서 본 절에서 주목할 부분은 'I. 체계적인 방식'의 '기존 형태의 합성'부터 '기존 형태의 변형'까지로, 그중 굵은 글씨로 표시된 부분에

해당한다. 그런데 'I. 체계적인 방식'은 크게 파생법과 합성법으로 나뉘는데, 이 체계에서 혼성의 방식은 발견되지 않는다.9) 본서에서는 앞서 논의된 바와 같이 신어 두음절어와 혼성어의 생성 방식인 '두음절어화'와 '혼성'을 복합어 체계에서 '파생'이나 '합성'과는 다른 방식으로 간주한다. 따라서 (11)의 체계를 일부 수정하여 다음 (12)와 같은 체계로 제시하고자 한다.

(12) 생성 방식에 따른 신어의 유형 분류 체계([11]의 체계를 수정함)

> I. 체계적인 방식(신조어의 생성)
> 　가. 기존 형태에 접사 결합
> 　　1) 내적 변화에 의한 파생법-①자음 교체 ②모음 교체
> 　　2) 접사에 의한 파생법-①접두법 ②접미법 ③접두·접미법
> 　나. 기존 형태의 합성
> 　　1) 형태보존형 합성법-①기능유지형 합성법 ②기능변화형 합성법
> 　　2) 형태손상형 합성법-①기능유지형 합성법 ②기능변화형 합성법
> 　**다. 기존 형태의 혼성**
> 　　**1) 형태손상형 혼성법-①기능변화형 혼성법**
> 　**라. 기존 형태의 축약**
> 　　1) 준말 2) 절단어 3) 두음절어
> 　**마. 기존 형태의 변형**
> 　　**1) 기존 단어 일부의 대체-①관련어 ②유의어 ③반의어**
> 　　2) 기존 형태의 역전
> II. 재활용의 방식(기존어의 재활용)
> 　가. 다의적 재활용
> 　나. 품사적 재활용
> III. 산발적인 방식(신생어의 창조)

---

9) 문금현(1999)의 논의에서는 신어 혼성어를 '형태손상형 합성법'과 '기존 형태의 변형'에 포함시켜 논의를 전개했다.

　　(12)의 체계는 (11)의 체계에서 신어 두음절어와 혼성어의 생성 방식까지를 포함시키기 위해 일부 수정된 것이며 표에서 밑줄은 수정된 부분을 나타낸 것이다. 우선 'I. 체계적인 방식'에 하위 항목으로 '기존 형태의 혼성'과 '기존 형태의 축약'이 추가되었으며 '기존 형태의 혼성'은 다시 '형태손상형 혼성법'에서 '기능변화형 혼성법' 하나만 존재한다. 두 번째로 '기존 형태의 축약'은 '기존 형태의 변형'의 하위 항목이 아닌 독자적인 항목으로 분리시켜 '합성', '파생', '혼성'과 동일한 선상으로 보았다. 또한 '기존 형태의 축약'에서 '②약어'로 되어 있던 부분은 둘로 나누어 '절단어'와 '두음절어'로 구분하였다.

　　이처럼 새롭게 수정된 체계를 바탕으로 하면 신어 두음절어의 생성 방식은 'I.'에서 '라, 마'에 해당하고, 신어 혼성어의 생성 방식은 'I.'에서 '다, 마'에 해당한다. 이러한 각각의 생성 방식을 다음 절에서 각각 살펴볼 것이다.

4.4.1. 신어 두음절어의 생성 방식

　　앞서 (12)에서 살펴본 신어의 생성 방식에서 신어 두음절어를 생성하는 방식만을 따로 추출하면 다음 (13)과 같다.

　　(13) 신어 두음절어의 생성 방식
　　　　가. 기존 형태의 축약
　　　　　　1) 준말 2) 절단어 3) 두음절어
　　　　나. 기존 형태의 변형
　　　　　　1) 기존 단어 일부의 대체-①관련어 ②유의어 ③반의어

　　이처럼 신어 두음절어는 (13가)의 '기존 형태의 축약'과 (13나)의 '기존 형태의 변형'이라는 서로 다른 두 층위에서 만들어진다. 각각의 생성 방식을 하위 절인 4.4.1.1.과 4.4.1.2.로 나누어 논의하고자 한다.

4.4.1.1. 기존 형태의 축약

우선 문금현(1999)에서는 '기존 형태의 축약'을 기존의 합성어나 구의 형식에서 중요 어기만을 취하여 형태를 축약하는 방식이라고 보았다. 해당되는 예시로 '준말'에는 '고딩(← 고등학생)', '아찌(← 아저씨)'를, '약어'로는 '따(← 왕따)', '무지(← 무지무지)', '씨씨(CC, Campus Couple)', '아이디(ID, Identification)', '아이엠에프(I.M.F, International Monetary Fund)', '코디(← 코디네이션)' 등을 들었다.[10] 기존의 원형식을 축약하는 과정에 있어서 절단(clipping)은 단어의 앞부분이 보유되는 경우가 가장 일반적이고(예 : 명퇴← 명예퇴직), 끝부분이 보유되기도 하며(예 : 간만에← 오래간만에), 드물게는 중간 부분이 보유되기도 한다(예 : 택배← 주택배달). 이를 통해 준말은 음운론적 축약을, 약어는 형태론적 축약을 나타내는 것임을 확인할 수 있다.

그런데 앞서도 살펴보았듯이 이러한 '약어'는 다시 '절단어'와 '두음절어'로 세분화될 필요가 있다. 원형식의 내부에서 일부가 그대로 절단되는 '무지(← 무지무지)'와 각 단어나 구의 가장 유표적인 요소만이 선택되고 이후 절단되는 '씨씨(CC, Campus Couple)'는 사뭇 다른 절단의 양상을 보이기 때문이다. 전자는 절단이 일어나는 과정 전후로 다른 과정이 포함되지 않는다. 반면 후자는 절단 전에 원형식 내부의 각 요소들이 선택되는 과정이 발생한다. 따라서 '무지'와 같은 단어는 절단어에 해당되고, '씨씨'와 같은 단어는 acronym에 해당된다. 즉 (13가)의 체계에서처럼 축약의 방식에서 축약이 되는 양상은 다시 '준말', '절단어', '두음절어'의 세 가지로 분류될 수 있는 것이다. 이를 통해서도 알 수 있듯이, '축약'과 '준말', '두음절어'는 그 층위가 서로 다르며 '준말'과 '두음절어'는 서로 다른 양상을 나타내는 용어이므로 이러한 용어의 구분을 명확히 해야 할 필요성이 다시금 강조된다.

국립국어원의 신어 자료집에서 출현하는 예시 중 기존 형태의 축약을 겸

---

10) 예시 단어에 병기되는 괄호는 해당 단어의 원형식을 나타낸다.

은 단어들은 원형식으로부터 두음절어화를 거친 두음절어들에 해당한다. 이에 해당하는 예시들은 다음과 같다.

(14) 워라밸(2017), 졌잘싸(2017), 갑분싸(2018), 얼죽아(2019), 국영수, 소확행, …

(14)의 예시들은 원형식인 '갑자기 분위기가 싸해짐', '얼어 죽어도 아이스음료만 마심', '워크 라이프 밸런스(work-life balance)' 등에서 두음절어화를 통해 '갑분싸', '얼죽아', '워라밸' 등으로 형성된 두음절어를 보인 것이다. 앞서 4.2.2.에서 서술하였듯이 이러한 단어들이 높은 출현 빈도를 통해 유추 모형을 제공하는 '원형 두음절어'가 될 수 있다. 예를 들어, '갑분싸'는 높은 출현 빈도를 통해 '갑분X(← 갑자기 분위기가 X해짐)'이라는 유추 모형을 제공하고 원형 두음절어로서 작용하여 다른 '갑분X'류의 두음절어를 형성하는 것이다. 이는 다음 절의 '기존 형태의 변형'을 통해 보다 자세히 기술하고자 한다.

4.4.1.2. 기존 형태의 변형

'기존 형태의 변형'은 기존의 형태 일부를 대체하여 신어를 만드는 방식에 해당한다. 이는 흔히 알려진 '대치'의 방식으로, 주로 유추에 의해서 대비되는 형태를 교체시킨다. 문금현(1999)에서는 이런 대치에 주로 혼성어의 예시만을 포함시켰다. 주로 대치를 통해 만들어진 단어의 예시에는 '광우병(狂牛病), ← 광견병[狂犬病]', '육두방정/졸래방정(← 오도방정)', '미혼부(未婚父), ← 미혼모[未婚母]' 등이 있는데, '광우병'은 '광견병'의 '견(犬)' 대신에 '우(牛)'를 교체시켜 관련어 신어를 만든 것이고, '육두방정'은 '오도방정'의 '오' 대신 '육'을 교체시켜 유의어 신어를 만든 것이며, '미혼부'는 '미혼모의 '모(母)' 대신에 '부(父)'를 교체시켜 반의어 신어를 만든 것이다. 이렇듯 유추에 의해서 대비되는 형태를 교체시키는 데 있어 의미관계에 따라 주로 관련된 대상이거나 원형식과 만들어진 단어가 서로 유의어/반의어 관계를 이루는 양상을 보인다.

그러나 이러한 대치는 혼성어에서뿐만 아니라 두음절어에서도 나타날 수 있다. 원형식으로부터 두음절어화된 두음절어를 바탕으로 다시 의미 관계에 따라 해당 두음절어 내부에서 비고정적인 요소를 교체시켜 새로운 두음절어를 만들 수 있다. 이렇듯 유추를 통한 모방 패턴을 습득하고 따르는 과정을 통해 두음절어에서도 기존 형태의 변형이 발생하고 기존 단어의 일부가 대체된다. Aitchison(1987)에서는 신어의 형성에 있어 중요한 과정들을 다음과 같이 언급하고 있다.

> (15) 가. 언중들이 기존 낱말에 대한 분할 능력에 의해 형태소를 분석함으로써 새로운 낱말의 기초를 형성한다.
> 나. (이러한 형태소 분석 능력을 통해) 타인에 의해서 만들어진 신어를 이해할 수 있으며 유사한 형태소를 가지고 있는 단어와 연결되는 기억 보조 장치를 가진다.
> 다. 형태소 인식 능력을 통해 기존의 형태를 확대하거나 축소시켜 신어를 생성한다.

Aitchison(1987)에서 기술된 신어 생성은 (15가)에서 (15다)까지의 순서로 이루어진다. 몇 가지 중요한 점들이 포착되는데, 우선 (15가)에서 '언중은 기존의 낱말을 분할하고 형태소를 분석할 수 있다'는 점이다. 형태소를 분석할 수 있다는 말은 다시 말해 기존의 형태소 정보를 바탕으로 형태소 내부를 재분석하는 능력도 가질 수 있다는 의미이다. 따라서 재분석되는 요소를 바탕으로 형성되는 두음절어와 혼성어 역시 (15)와 같은 일련의 과정을 거쳐 생성된다는 점을 알 수 있다. (15나)에서 기술되는 '기억 보조 장치'는 단어의 '연결망'과 관련되어 있다. 이 연결망은 의미장 속에 조직되며, 등위어/연어/상위어/하위어의 관계 속에서 연결망을 구성하게 된다. 이는 문금현(1999)에

서도 기술된, 기존의 단어와 새롭게 만들어진 단어 사이의 의미관계인 관련/
유의/반의와도 관련되어 있다. 특히 이들 중 등위적 연결과 연어적 연결이
강력하며 하위어와 상위어의 사이의 연결은 대체로 약한 편이라고 보았다.
이러한 네 가지 연결들은 고정적인 연결 관계이며, 언중은 필요할 때마다
추론 능력을 통해 임시적인 연결을 만들어 낸다. 마지막으로 (15다)에서 '형
태를 축소시켜 신어를 생성한다'는 설명도 형식이 감소하는 생성 방식인 축
약과 혼성 또한 연결망 속에서 하나의 신어 생성 방식으로 간주할 수 있는
여지를 준다.

이영제(2015 : 184)에서는 이러한 과정을 기반으로 하여 신어 두음절어인
'엄친아'를 예시로 들어 연결망의 모식도를 다음과 같이 조직화하였다.

(16) 신어 두음절어 '엄친아'의 연결망
와이프 - **부**인 - **엄**마 - **엄**마
친구   - **친**구 - **친**구 - **친**구
남편   - **남**편 - **아**들 - **딸**

(16)의 '와친남', '부친남', '엄친딸'은 원형식인 명사구와의 의미관계뿐만
아니라 새롭게 만들어진 두음절어들 간의 연결 관계도 상정되는 모습을 보인
다. 이영제(2015)에서는 이러한 연결 관계를 설정할 수 있는 근거로 '유사한
패턴의 반복에 의한 생산성의 증가'를 들었다. 이러한 연결 관계는
Aitchison(1987)에서 설정한 연결망이 두음절어에서는 어떻게 조직화되는지
를 나타낸다. 이광호(2005 : 128-130)에서는 이러한 "유사한 패턴"은 명명적 욕
구가 동인이 되어 형성된다고 보았으며 단어의 반복 사용을 통해 유지 및
강화된다고 보았다.

(17) 'X친X'류 : <u>엄친아</u>, 엄친딸, 부친남, 와친남

(17)은 (16)의 연결망을 바탕으로 구성된 'X친X'류의 단어들을 나열한 것이다. 두음절어화를 통해 만들어진 두음절어 '엄친아'에서 '아들'을 나타내는 '아'는 등위적이면서 반의관계를 가진 '딸'로 대체되어 '엄친딸'이 형성된다. 다시 '엄친아'는 '가족'이라는 의미 범주에서 관련이 있는 요소들로 점차 대체되며 '부친남'과 '와친남'을 형성하게 된다. 이처럼 '엄친아'가 원형식 '엄마 친구 아들'로부터 선택과 절단을 통해 형성된 후 대체를 통해 일정한 의미관계를 가진 두음절어들이 계열적으로 형성되면서 'X친X'류의 연결망이 생성된다. 연결망의 내부에서 요소 '친'은 고정적으로 나타나며, '친' 앞뒤의 요소는 비고정적이며 단발적으로 발생한다. 이러한 'X친X'류의 연결망에서 '엄친아'는 가장 중심에 있는 단어가 되며, 연결망에서 '와친남'은 중심인 '엄친아'로부터 가장 먼 거리에 위치해 있으므로 형성 시기도 가장 늦어지는 모습을 보인다.

(18) 가. 소확행(← 소소하지만 확실한 행복)
　　　나. 'X확행'류 : 대확행(2019), 불확행(2019), …
　　　다. '소확X'류 : 소확감(2018), 소확성(2018), 소확의(2018),
　　　　　　소확횡(2019), …
(19) 'X확X'류 : 소확행, 대확행, 불확행, 소확감, 소확성, …

(18가)는 두음절어화를 겪은 '소확행'이 다시 원형 두음절어로서 (18나)의 'X확행'류 단어들과, (18다)를 거쳐 최종적으로 (19)의 'X확X'류의 단어들에까지 유추 모형의 틀을 제공하는 과정을 보여 준다. 원형 두음절어인 '소확행'은 재분석 과정을 거쳐 '[소[확행]]'으로 분석된다. 여기서 재분석된 '확행'을 통해 'X확행'의 틀이 상정되어, 다른 선행 요소인 '대', '불' 등과 함께 쓰이면서 다른 변형된 두음절어를 형성하게 된다. 그런데 '소확행'은 높은 생산성과 출현 빈도를 통해 단순히 'X확행' 틀로 그치지 않는다. 다시 '[소확[행]]'로도 분석되어 이때는 '소확'이 재분석되고, 이를 통해 '소확X' 틀이

상정된다.

(18다)에서 보이는 바와 같이 이러한 '소확X' 모형은 '소확횡, 소확성, 소확의' 등의 변형된 두음절어를 형성할 수 있다. 결국 이러한 틀은 (19)의 'X친X' 류와 같이, (19)에서 'X확X'류의 연결망으로서 '소확행'으로부터 출발한 두음절어들이 서로 유기적으로 연결될 수 있음을 보여 준다. 다만 이때 '소확행'에서 재분석된 순서는 앞서 기술하였듯이 순서가 있으므로 'X확X'류에서 더 오른쪽으로 향하는 단어일수록 형성 시기가 가장 늦으며 사용 빈도도 낮아지는 경향을 보인다.

4.4.1.1.에서 서술된 '축약'의 방식과 4.4.1.2.에서 서술된 '대치'의 방식은 앞서도 언급하였듯이 서로 다른 층위에서 발생한다. 즉 신어의 두음절어는 반드시 축약이나 대치의 방식 중 하나로만 발생하는 것이 아니라, 축약으로 생성된 두음절어가 형태 내부적으로 공유할 수 있는 고정적인 요소를 획득하게 되면 대치의 방식을 통해 고정 요소를 포함한 두음절어를 만들게 되고, 축약으로 생성된 최초의 두음절어가 연결망의 중심에 위치하게 된다. 즉 신어 두음절어는 연결망을 형성하는 데 있어 축약의 방식 이후에 선택적으로 대치의 방식이 발생하는 것임을 알 수 있다.

4.4.2. 신어 혼성어의 생성 방식

앞서 살펴본 신어의 생성 방식에서 신어 혼성어를 생성하는 방식만을 따로 추출하면 다음 (20)과 같다.

(20) 신어 혼성어의 생성 방식
　　가. 기존 형태의 혼성
　　　　형태손상형 혼성법-①기능변화형 혼성법
　　　　ㄱ)선행형 혼성어 ㄴ)후행형 혼성어

　　나. 기존 형태의 변형
　　　기존 단어 일부의 대체-①관련어 ②유의어 ③반의어

　신어 혼성어 또한 두음절어에서 살펴보았던 것처럼 (20가)의 '기존 형태의
혼성'과 (20나)의 '기존 형태의 변형'이라는 서로 다른 두 층위에서 만들어진
다. 그러나 신어 혼성어는 신어 두음절어에 비해 이러한 기존 형태의 혼성과
변형 방식을 엄밀하게 나누기 어렵다. 통시적으로 신어 두음절어에서처럼
원형 두음절어를 상정하기 어렵기 때문이다. 그보다 신어 혼성어에서는 재분
석되어 나타나는 반복 요소를 바탕으로 계열 관계를 보이는 혼성어군을 살펴
보는 것이 여기서 추구하는 바에 더 부합한다. 따라서 이 절에서는 하위 절을
다시 나누지 않고, (20가)와 (20나)의 방식을 종합적으로 고려하여 파악하고
자 한다.
　혼성어는 주지하였듯이 두 단어 중 최소 하나의 단어에서 일부를 절단하
고 그것을 결합하여 형성된 단어인데, 이처럼 생성 과정에서 절단이 발생하
므로 형태손상이 일어날 수도, 일어나지 않을 수도 있는 합성과는 달리 혼성
에서는 형태손상형만을 전제로 한다. 문금현(1999)에서는 '바이트', '티'처럼
형태는 손상되었으나 단어의 기능을 유지하면 '형태손상·기능유지형 합성
어'로 보았는데, 기존의 단어에서 형태가 손상되었지만 기능이 유지된다는
의미는 다시 말해 이는 절단어임을 의미한다. 즉 기존의 단어에서 일부가
절단되었지만 여전히 문장에서 자립적으로 쓰일 수 있는 단어이다, 앞서 절
단어를 포함하는 절단합성어와 혼성어를 구분 짓기로 했으므로 이러한 '형
태손상·기능유지형 합성어'에 해당되는 '몰래바이트', '배꼽티'와 같은 예시
는 절단 합성어에 해당된다. 결국 혼성의 방식에서는 '호텔'의 '텔', '레스토
랑'의 '토랑'처럼 단어나 어근이 문법 기능이 변하여 단어 형성 요소가 포함
된 '형태손상·기능변화형 혼성법'만이 존재하게 된다.[11]

---

11) 문금현(1999)에서는 '텔', '토랑'처럼 단어나 어근의 문법 기능이 변한 요소들에 대해 접사

(21) 형태손상·기능변화형 혼성법
　　가. 선행형 혼성어
　　　　요 : 요플레, 요델리
　　나. 후행형 혼성어
　　　　테크 : 시테크, 재테크
　　　　텔 : 수면텔, 오피스텔, 에어텔, 캡슐텔, 휴게텔
　　　　토랑 : 패스토랑, 회토랑
　　　　팅 : 귀걸이팅, 삐삐팅, 폰팅
　　　　피아 : 멀티피아, 에코피아, 예스피아, 테크노피아, 홈토피아

(21)은 문금현(1999)에서 제시된 예시를 본 절의 체계에 맞게 인용한 것이다. 혼성법에 의한 신어의 형성은 주지하였듯이 혼성의 두 구성 요소 중 최소 하나의 요소가 손상된 형태로 결합하면서, 이 손상된 형태는 단어나 어근이 문법 기능이 변하여 마치 접사적 기능을 가진 단어 형성 요소가 되므로 결합의 측면에서 혼성의 방식은 '형태손상·기능변화형'만이 존재한다. 형태손상·기능변화형 혼성법은 다시 손상된 형태가 결합되는 위치에 따라 유형이 나뉜다. (21가)에서와 같이 손상된 형태가 선행 요소에 오게 되면 선행형 혼성어로, (21나)에서와 같이 후행 요소에 오게 되면 후행형 혼성어가 된다. 본 절에서 살펴볼 선행형 신어 혼성어는 다음 (22)와 같다.

(22) '먹X'류 : 먹설팅(2016), 먹스타(2016), 먹요정(2016), 먹슬림(2017), 먹크러시(2017)
　　　'핀X'류 : 핀돔(2018), 핀섭(2018)

적 기능을 가진다고 보았지만, 여전히 '접사'와는 다른 요소로 보고 있음에 주의할 필요가 있다. 우선 '접사적 기능'을 가진 단어 형성 요소는 생산성이 일시적일 수 있고 여전히 본래의 의미를 그대로 유지한다는 점에서 접사와는 차이를 보이는 것이다. 이러한 요소를 어근처럼 볼 수 있을지, 접사처럼 볼 수 있을지 혹은 또 다른 요소로 볼 수 있을지에 관하여 본서의 4.5.에서 살펴보기로 한다.

선행형 신어 혼성어는 (22)과 같이 '먹X'류, '핀X'류 정도로, 그 종류가 후행형 혼성어에 비해 많지는 않다. 계열적으로 자주 분석되는 요소는 단어 내부에서 형태·의미적으로 중추적인 역할을 하는데 혼성어에서 의미적 핵은 주로 후행 요소에 위치하기 때문이다. 따라서 계열적으로 자주 분석되는, '먹', '핀'과 같은 요소가 선행 요소가 되는 선행형 혼성어는 그 수가 많지 않으며, 의미적 핵이 후행 요소에 있는 후행형 혼성어가 실제로 더 많이 출현하고 있다.[12)]

> (23) 가. 'X노믹스'류 : 트위노믹스(2015), 네코노믹스(2017), 베지노믹스
> (2017), 비거노믹스(2017), 시니어노믹스(2017), 마가노믹스
> (2018), 토크노믹스(2018)
>
> 'X부심'류 : 문구부심(2015), 선배부심(2015), 얼굴부심(2016), 펫부
> 심(2018), 평부심(2018), 턱부심(2019)
>
> 'X캉스'류 : 꽃캉스(2019), 맡캉스(2019), 모캉스(2019), 뮤캉스
> (2019), 봄캉스(2019), 유캉스(2019), 서캉스(2019), 섬캉스
> (2019), 숲캉스(2019), 어캉스(2019), 책캉스(2019), 카캉스
> (2018), 크캉스(2019), 키캉스(2019), 풀캉스(2019), 하캉스
> (2018)
>
> 'X투'류 : 공투(2019), 녹투(2019), 빛투(2019), 약투(2019), 학투(2019)
>
> 'X플루언서'류 : 셀플루언서(2019), 맘플루언서(2019)
>
> 나. 'X슈머'류 : 펀슈머(2019); 세이프슈머(2015), 인텔리슈머(2015), 페
> 이크슈머(2016), 스마트컬슈머(2017), 아재슈머(2017), 하비
> 슈머(2019)
>
> 'X툰'류 : 공감툰(2015), 호러툰(2015), 효과툰(2015), 랩툰(2016)

---

12) 본서의 3장에서도 서술되었듯이 재분석되는 요소의 자립성, 의미 복원성 등을 기준으로 삼아 신어 파생어의 가능성이 논의된 바 있다. 그러나 신어의 특성상 이때의 자립성이 문장에서 자립적으로 실현되는지 여부를 판별하기 어려운 경우도 발생한다. 또한 화자나 청자의 직관상 자립성의 정도도 차이가 발생할 수 있다. 신어 파생어와 혼성어를 나눌 수 있는 기준에 층위를 두어, 의미 복원성을 더 우선적인 기준으로 두고자 한다.

후행형 신어 혼성어는 (23)과 같이 선행형 혼성어에 비해 그 수와 종류가 많다. (23)은 후행형에서 자주 분석되는 요소인 '-노믹스', '-부심', '-캉스', '-투', '-플루언서' 등을 포함하고 있다. 이들은 생산적인 요소로, 신어 혼성어에서 고빈도로 출현한다. 혼성어에 참여하는 두 단어를 각각 'AB'와 'CD'라고 할 때, 혼성어는 AD 유형이 가장 많으며[13] D의 기저 단어의 음절 수에 따라 혼성어의 음절 수도 정해진다는 음절 수 제약 현상은 기존의 논의들에서 기술된 바 있다(김계옥 2014, 이찬영 2016). 이러한 논의가 (23)에서도 유효한지 살펴볼 필요가 있다. 우선 (23가)는 대체로 기저 단어에서 선행 단어의 왼쪽 가장자리와 후행 단어의 오른쪽 가장자리가 결합되어 AD 유형에 포함된다. 또한 이러한 예시들은 D의 원형 단어에 해당되는 '이코노믹스', '자부심', '바캉스', '미투', '인플루언서'의 음절 수를 충족시킨다.[14]

반면 (23나)의 예시들은 혼성어의 음절 수 제약이 성립하지 않는 예시들이다. 이들은 AD 유형에 속함에도 음절 수 제약이 지켜지지 않고 있다. 'X슈머'류, 'X툰'류 단어들은 음절 수 제약을 지킨다면 각각 3자, 2자를 지켜야 하나, 이러한 예시들에서는 음절 수가 지켜지지 않고 최대 6자까지도 나타나고 있음이 확인된다. 이는 기존 형태의 변형을 통해 형성된 혼성어들이 형성 초기에는 대부분 음절 수 제약을 지키다가 점차 시간이 지날수록 의미 변별성을 높이기 위해 음절 수 제약을 위반하기 때문인 것으로 보인다. 고빈도에 속하면서도 생산성이 높은 '슈머'와 같은 후행형은 보다 긴밀하면서도 의미 변별성을 위해 보다 온전한 선행 요소를 혼성에 참여시키는 것이다.

---

13) 오원식(2019 : 11)에서는 이렇듯 혼성어에 참여하는 근원어를 알파벳화하여 각각 AB와 CD로 나타냈을 때, 혼성어의 유형이 AD, (AB)D, A(CD), AC, (AB)C, BD, B(CD), BC 순으로 출현하고 있음을 기술하였다.

14) '시니어노믹스', '문구부심', '선배부심', '얼굴부심'과 같은 단어는 음절 수 제약을 위반한다고 볼 수 있으나 대체로 유지되어야 하는 음절 수에서 1음절 정도의 차이만을 보이기 때문에 제약을 크게 벗어나는 예외적인 현상은 아니다.

4.5. 신어 두음절어와 혼성어의 내부 요소의 범주

신어 두음절어와 혼성어의 형성에 참여하는 내부 요소에 대해 규명할 필요가 있다. 두음절어와 혼성어에서 분석되는 요소들은 선택이나 절단에 의해 형성되므로 일반적인 형태소라 볼 수 없다. 가령 '만반잘부'[15]나 '호캉스'[16]와 같은 단어에서 '만', '반', '잘', '부', '호', '캉스' 등을 분석해 낼 수 있다. '잘'은 실질 형태소의 범주에 들어간다고 볼 수 있으나, 이를 제외한 '만', '반', '부', '호', '캉스'는 각각의 요소만을 따져 보았을 때 형태소의 어떤 범주에도 포함시킬 수 없다. 특히 '바캉스'에서 절단된 '-캉스'는 다른 선행 요소와 붙어 다음과 같은 새로운 계열적 혼성어를 형성하기도 한다.

(24) 카캉스(2018)[17], 뮤캉스(2019)[18], 서캉스(2019)[19], 유캉스(2019)[20], 어캉스(2019)[21], 책캉스(2019)[22], 크캉스(2019)[23], 키캉스(2019)[24], 풀캉스(2019)[25]

(24)에서의 '캉스'와 같이 원형식에서 재분석되어 반복적으로 출현하는 요소들에 대해서 기존의 연구에서는 문법적으로 '의사접사' 혹은 '의사어근'이라는 용어를 통해 전통적인 형태소처럼 보이지 않는 이러한 요소에 대해 문법적인 정의를 내리고자 시도하였다. 이처럼 신어에서 기저단어로부터 재

---

15) '만나서 반가워 앞으로 잘 부탁해'를 줄여 이르는 말.
16) 호텔에서 즐기는 바캉스를 이르는 말.
17) 카페에서 여유롭게 휴식을 취하며 보내는 휴가를 이르는 말.
18) 박물관에서 보내는 휴가를 이르는 말.
19) 서점에서 보내는 휴가를 이르는 말.
20) 유아와 함께 보내는 휴가를 이르는 말.
21) 어린이와 함께 즐기면서 보내는 휴가를 이르는 말.
22) 책을 읽으면서 보내는 휴가를 이르는 말.
23) 크루즈에서 보내는 휴가를 이르는 말.
24) 아이들과 함께 보내는 휴가를 이르는 말.
25) 수영장 풀에서 즐기는 휴가를 이르는 말.

분석되어 생산적으로 나타나는 요소의 형태론적인 지위에 대해 이러한 요소들이 어근화되었다고 보는 입장, 즉 의사어근으로 보는 입장에는 이은섭(2007), 강은경(2016) 등이 있다. 반면 접사화되었다고 보는 입장, 즉 의사접사로 보는 입장에는 강나탈리야(2008), 노명희(2011), 이찬영(2016) 등이 있다. 의사어근으로 보는 논의에서는 이러한 반복되는 요소가 충분한 의미적 요소를 담고 있으며 독립적으로 어근처럼 사용된다고 보았다. 반면 의사접사로 보는 논의에서는 이러한 요소가 여전히 자립성을 가지지 못하고 새로운 단어를 형성할 때만 나타나므로 접사의 지위를 가지고 있으며 파생어를 형성한다고 보았다.

한편 임지룡(2015), 강은경(2018), 이주희(2020), 권경녀(2021) 등 최근의 논의에서는 이를 의사어근이나 의사접사로 규명하기보다 또 다른 관점을 도입하여 새로운 요소로 지칭하고자 하는 시도가 확인된다. 이렇듯 새로운 요소로 규명하고자 하는 시도는 관점에 따라 크게 두 가지로 나뉘는데, 본 절에서는 각각의 입장에 대해 기술할 것이다.

4.5.1. 파편으로 보는 입장

신어 두음절어와 혼성어의 형성에 참여하는 요소를 포괄할 수 있는 용어에 대한 고찰이 필요하다. 즉 일반적인 형태소에서 더 미분(微分)화 되었으나 일정한 형태를 가지며, 지속적으로 두음절어와 혼성어에 참여하는 요소들에 대한 정의가 필요한 것이다. 이러한 요소들을 지칭할 수 있는 용어로 그간 국내외에서 'splinter'가 언급된 바 있다. 'splinter'의 사전적 의미는 '조각'이라는 뜻으로, 형태소에서 더 떼어지거나 떨어진 조각들, 즉 '파편'이 단어 형성에 참여함을 나타낸다. 'splinter'에 대한 고찰은 Fandrych(2004)와 임지룡(2015), 강은경(2018), 오원식(2019), 권경녀(2021) 등에서 언급된 바 있다.

Frandrych(2004 : 18)에서는 두음절어화, 혼성, 절단 등의 비형태론적인 단

어 형성 과정에서 최소 하나의 형태소가 아닌 요소가 사용되며, 특히 반복적
으로 나타나는 요소는 splinter가 될 수 있다고 하였다. 임지룡(2015)과 강은경
(2018)에서는 혼성어에서 사용되는 splinter에 대해 주목하면서, 이에 대한 대
역어로 각각 '조각'과 '파편'을 택했다. 임지룡(2015 : 183)에서는 혼성의 근간
이 되는 원 형태의 단어들을 '근원어(source word)'라 하고, '조각'을 해당 요소
가 가진 의미적 측면에서 접근하여 일종의 어휘소로 보았다. 강은경(2018)에
서는 '파편'이 마치 형태소처럼 새로운 혼성어의 형성에 반복적으로 참여한
다는 점에 주목하여 일종의 형태소의 지위를 가지며, 어휘적 요소로 보았다.
오원식(2019)에서는 강은경(2018)의 논의를 토대로 splinter라는 개념을 도입
하면서도, 대역어로는 앞선 논의들과는 반대로 '-파라치'와 '-세권'을 접사적
지위로 보아 '파편적 접사'라는 새로운 용어를 제시했다.

권경녀(2021)에서는 Fandrych(2004)와 임지룡(2015), 강은경(2018)의 논의를
바탕으로 하여 splinter에 대한 대역어로서 '파편소'를 제안하였다.[26] 또한
해당 논의에서 정의된 '파편소(splinter)'는 이전 논의들에서 주로 보았던 접사
적 요소로 보기보다 신어의 두음절어나 혼성어 내부에서 반복적으로 나타나
는 요소로 확장하여 비 형태론적인 단어 형성 과정에서 동반되는 요소로
정의하였다. 또한 두음절어와 혼성어 내부에서 해당 단어에서만 단발적이거
나 비생산적으로 나타나는 요소는 '파편'이라는 용어로 정의하여 파편과 파
편소 간의 관계를 규명하고자 시도하였다. 특히 신어 두음절어에서 5자 이상
의 두음절어가 거의 출현하지 않는 점에 주목하여, 통합형 두음절어에서 '두
음절어의 총 음절 수는 파편소 음절 수의 두 배를 넘지 않는다'는 관계를
도출하고 원인을 규명하고자 하였다.

앞서 살펴본 예시인 '만반잘부'와 '호캉스'를 파편소의 관점에서 분석할
경우, '캉스'는 파편소로, '만', '반', '부'와 '호'는 계열적으로 나타나는 사례가

---

26) 이때의 주의할 점은 본서에서 정의한 '파편'과 권경녀(2021)에서 제시한 '파편'의 개념이
    다르다는 것이다. 본서의 '파편(splinter)'은 권경녀(2021)에서는 '파편소'에 해당한다.

아직 등장하지 않아 단발적이므로 파편으로 볼 수 있다. 파편이 시간이 지남에 따라 언중에 의해 익숙해지고, 사용 빈도가 높아지면 파편소의 자격을 지닐 수 있다.

4.5.2. 결합형으로 보는 입장

4.5.1.에서는 신어 두음절어와 혼성어에서 반복적으로 발견되는 내부 요소를 파편으로 보고 파편을 다룬 논의에서 이들을 주로 접사적인 측면에서 보았다면, 본 절에서는 이를 '결합형(combining form)'으로 보는 입장을 살펴볼 것이다. 결합형은 기저단어에서 절단된 부분 중 '의미의 특수화(meaning-particularization)'를 획득한 형태소나 형태소가 아닌 부분을 일컫는 용어로, Warren(1990 : 128)에서 그 용례가 제시된 바 있다.

(25) Warren(1990 : 128)에서 제시된 결합형의 예시(괄호 안은 기저단어를 표시함)

combining form	예시
-(a)holic (<alcoholic)	spendaholic
-athon (<marathon)	bikeathon, duckathon, pedallathon
-gram (<telegram)	Tarzangram, potatogram
-tro (<intro)	outro

(25)는 결합형에 속하는 예시들로, 기저단어에서 절단된 부분이 형태소가 아닌 경우이다.[27] Warren(1990)에서 이들은 전통적인 형태소는 아니지만 의미의 특수화를 통해 새롭게 형성된 형태소의 지위를 부여한다. 예를 들어

---

[27] 형태소가 아닌 요소뿐만 아니라 기존의 형태소에서도 의미의 특수화를 겪은 형태소가 있다면 이는 결합형에 해당된다. 그러나 본 절에서의 관심의 대상은 형태소가 아닌 요소에 있으므로, 의미의 특수화를 겪은 형태소에 대해서는 Warren(1990)의 논의를 참고할 수 있다.

'alcoholic'에서 절단되어 새로운 단어를 형성하는 '-(a)holic'은 영어에서 전통적인 형태소가 아니며 접사나 어근에도 해당되지 않지만 'spendaholic'이라는 새로운 어휘 형성에 기여하므로 '-(a)holic'에 대해 특별한 형태소적인 지위를 가지는 결합형으로 볼 수 있다는 것이다.

Mattiello(2017)에서는 유추에 의한 신어 형성에 주목하면서 결합형에 대한 논의를 다루었다. 해당 논의에서는 결합형을 계열체들이 가지는 공통의 고정항으로, 즉 틀에 의한 유추의 고정 요소로서 기능하는 것을 지칭하는 것으로 기술하였다. 앞 절에서 살펴본 '파편(splinter)'은 전형적으로 혼성 과정에서 '결합'의 관점을 반영하고 있다면 결합형은 새로운 단어 형성 과정에서 포착되는 공통의 '고정항'이라는 점에서 '대치'의 관점을 반영한다는 차이가 있다.

이를 바탕으로 국내에서는 이주희(2020)에서 신어의 결합형과 관련된 논의를 다루고 있다. 'X템', 'X돌'과 같은 류의 신어에서 '템', '돌'과 같은 경우, 이들을 접사로 보고 있으며 이들은 기저단어의 일부가 절단되어 형태소가 아닌 부분으로 여러 단어에 반복하여 출현하게 되는 경우로 보았다. '아이템'(item)과 '아이돌'(idol)에서 절단된 '-템'이나 '-돌'을 이주희(2020)에서는 결합형으로 보았으며 다음과 같은 특징들을 한국어 신어에서 발견되는 결합형의 특징으로 보았다.

(26) 가. 한자어의 접사 범위 밖에서 절단이 일어나며 생산성이 두드러진다.
　　　나. 원 기저단어가 갖고 있는 의미를 바탕으로 "의미분비"(secretion)가 일어나 특수화된 의미나 새로이 추가되는 의미가 발생한다.
　　　다. 일정한 음운형태와 의미를 유지하며 새로운 단어 형성에 기여한다.

가령 혼성어 형성에서 '자기 자신 또는 자기와 관련되어 있는 것에 대하여 스스로 그 가치나 능력을 믿고 당당히 여기는 마음'이라는 의미를 지니는

'자부심(自負心)'으로부터 절단된 결합형 '-부심'은 (26가)의 특징과 같이 기존의 [[자부]ʀ+-심ₐff]에서 접사 범위 밖으로 절단이 일어난다. 또한 (26나)에서 본 특징처럼 'X에 대하여 스스로 그 가치나 능력을 믿고 당당히 여기는 마음'에 보다 초점이 맞추어져 의미분비가 발생한다. 즉 'X부심'은 앞서 언급했듯이 'X세권'에 비해 의미가 특수화되는 정도는 낮지만 원형 단어에 비해 초점이 맞춰지는 부분이 발생하므로 의미분비가 발생한다고 볼 수 있다. 'X부심'은 (26다)에서처럼 'X'에 고유어, 한자어, 외래어 등 어종을 가리지 않고 혼성어를 형성한다. 이는 다음 (28)의 '부심'과 결합하여 형성된 새로운 'X부심' 혼성어의 예시에서도 확인할 수 있다.

(27) 'X부심'류 : 먹부심(2014), 문구부심(2015), 선배부심(2015), 얼굴부심 (2016), 펫부심(2018), 평부심(2018)[28]

이주희(2020 : 152)에서는 이러한 '-부심'을 어휘화 과정의 결과로 '단어로서의 지위를 확보한 결합형'이라고 보았다. '부심'은 주로 '부심(을) 부리다'와 같은 구성으로 쓰여 '단어형성적 독자성'을 가지게 되며 좌측 기저단어의 어두 1음절 절단형만을 취하는 '세권'에 비해 '부심'은 '펫', '문구', '선배', '얼굴', '턱'과 같이 주로 온전한 어기와 결합하고 있으므로 더 어휘화되어 '부심(을) 부리다'와 같은 표현처럼 자립적으로 출현하는 예시가 발견되어 단어의 지위를 획득한 것으로 보인다고 하였다.[29] 노명희(2020)에서도 '부심'은 '선배 부심, 얼굴 부심, 펫 부심' 등 "'부심'만으로도 자립적인 용법을 획득"하는 과정에 있으며 후행 요소로 쓰이다가 여러 단어 뒤에서 높은 빈도수를

---

28) (27)은 이주희(2020 : 145)의 (15)에 수록된 예문의 일부를 인용한 것이다.
29) 혼성어에서 음절 수 규칙이 위배되는 현상과 관련하여 'X부심'류에서 초기에는 '먹부심'(2014)처럼 3음절 형태의 단어를 유지하다가 점차 '문구부심'(2015), '선배부심'(2016)과 같이 음절 수 규칙에 위배되는 예시들이 등장하는데, 이를 이주희(2020 : 144)에서는 선행요소에 결합하는 어종이 외래어까지 점차 확대되면서 첫 번째 기저성분이 더 이상 절단되지 않고 그대로 합성되는 것으로 보았다.

보이고 원 의미의 실질성을 유지하여 명사의 용법을 획득한 것으로 보았다. 이를 바탕으로 노명희(2020 : 45)에서는 이러한 '부심'의 변화 과정을 다음과 같이 도식화하였다.[30]

> (28) 더위_자부심 → 더+부심 → X[절단형/단어]+부심 > 단어+부심[얼굴 부
> 심/힙합 부심] > 부심[자립명사]

4.6. 신어 두음절어와 혼성어의 정착 가능성

단어가 어휘부에 '등재'된다는 문제는 그 단어가 언중의 인식 속에 얼마나 '정착'되었는가로 환원시킬 수 있다. 단어가 형성되는 단계를 넘어 '형성'의 생산성이 곧 '등재'의 생산성으로 연결되는가를 따질 수 있는 것이다. Bauer(1983 : 45-50)에서 기술된 논의에 따라 '임시어 형성(nonce formation)'을 '즉각적인 필요에 의해 순간적으로 새로운 복합어를 만드는 과정'으로 본다면, 어떠한 단어가 임시어로 출발하여 규범성을 얻기까지의 과정은 '임시어 → 신어 → 정착된 단어 → 규범화된 단어'라는 일련의 과정으로 상정할 수 있다. 이러한 '정착된 단어'와 그 이후를 나타내는 용어에 대하여 선행 연구에서는 다양한 용어로 제시된 바 있는데, 김창섭(1996)에서는 '공인어'로, 이상욱(2007)에서는 '정착어'로, 정한데로(2015a)에서는 '사전등재어'로 보았다. 본장에서는 공인의 시점을 드러낼 수 있다는 점에서 '사전등재어'라는 용어를 사용하되, 정한데로(2019 : 138-139)에서 기술된 것처럼 '사전등재어'에서 '사전' 자체가 내포하는 다양한 의미로 인하여 종이 사전인지, 언중의 머릿속 사전인지 혼란을 유발할 수 있다. 권경녀(2021)에서는 이러한 문제에 착안하여 '정착된 단어'를 보다 세분화하고 '사전등재어' 이후 규범성을 획득한 단

---

30) (28)의 예시는 노명희(2020 : 45)의 (5)의 예시를 인용한 것이다.

어는 '규범어'로 정의하였다.[31] 이러한 논의를 정리하면 다음과 같은 과정으로 구성할 수 있다.

(29) 생산성에 따른 단어의 등재 과정
　　임시어 → 신어 → 사전등재어 → 규범어

이처럼 단어의 정착과 관련된 문제는 결국 단어가 정착하기까지 일련의 과정이 어떻게 세분화되는지를 규명하는 문제와 연관된다.

그렇다면 본장의 관심의 대상인 신어 두음절어와 혼성어에서도 (29)의 과정이 마찬가지로 적용될 수 있을까? 이은섭(2014)와 문병열(2014)은 각각 '전형적인 절차를 밟지 않는 요소'와 '단어의 성격과 구의 성격을 동시에 가지는 복합 구성'에 대한 요소를 어휘부의 등재소로 편입시킨 바 있다. 이를 통해 신어 두음절어와 혼성어 또한 어휘부의 등재 차원에서 논의될 수 있는 가능성을 확인할 수 있다.

단어가 새롭게 형성된다는 것은, 곧 어휘부에 변화가 일어난다는 것임을 암시한다. 박진호(1994 : 10)에서는 "기존에 존재하지 않던 통사원자가 새로이 형성되어 어휘부에 등재된다면 이는 어휘부의 확장을 가져오며 이는 다시 문법의 변화를 의미한다."라고 기술한 바 있다. 이러한 관점에서 본장에서도 정한데로(2015b)에서 기술된 어휘부의 용어와 개념을 인용하여, 어휘부를 개인의 머리 속에 저장되는 '개인어휘부'와 사회적으로 언중에게 공인을 받는 '사회어휘부'로 분류할 것이다.[32] 또한 신어 두음절어와 혼성어의 각 어휘부

---

31) 본장에서는 '공인'과 '규범'이 결국 이 개념들이 단어의 등재 과정에 있어 각각 '공인화'와 '규범화'로서의 기준 역할을 한다고 본다. 이러한 기준에 대해서는 4.6.2.에서 자세히 논의할 것이다.
32) 어휘부에 대한 논의와 쟁점은 그간 한국어 형태론에서 활발하게 진행되어 왔다. 어휘부의 유형에 대해서도 학자마다 다양한 기준과 분류를 제시한 바 있다. 그중 특히 어휘부의 층위를 미시적·심리적 어휘부와 거시적·사회적 어휘부로 구분할 것을 제안한 송원용(2005)의 논의와, 본장에서 인용한 정한데로(2015b)의 '개인어휘부'와 '사회어휘부'로의

에서의 정착도와 분류 기준을 고찰하여, 개인어휘부와 사회어휘부의 각 층위에서 단어들은 어떤 절차를 거쳐 어휘부에 저장되고, 결국에는 정착이 되어 규범어로까지 이어질 수 있는지 일련의 과정들을 살펴볼 것이다.

4.6.1. 개인어휘부에서의 불명확성

본 절에서는 신어 중 특히 두음절어와 혼성어가 개인어휘부에서 어떠한 방식으로 형성되는지 구체적으로 살펴보고자 한다. 임시어로 분류되는 단어들은 개인어휘부에서 불명확성을 가지게 된다. 노위(2015)에서는 신어에서의 이러한 불명확성이 '불투명성'과 '불안정성'을 동반한다고 언급한 바 있다. 이러한 논의를 보다 발전시키켜, 불명확성은 다시 의미에서의 불투명성과 형태에서의 불안정성으로 나눌 수 있다. 다음의 각 하위 절에서는 의미의 불투명성과 형태의 불안정성을 각각 나누어 살펴볼 것이다.

4.6.1.1. 의미의 불투명성

노위(2015)에서 "신어는 비교적 임시적인 느낌이 없지 않으며 상황에 따라 그 의미가 달라진다"라고 하였다. 이렇듯 임시어가 가지는 의미에서의 불명확성은 다음 (30)과 같은 예문을 통해서 단적으로 살펴볼 수 있다(밑줄은 필자 추가).[33]

> (30) 딸 : 그 사람이 은근히 볼매야. (볼매 : 볼수록 매력적인 사람.)
> 엄마 : 나 그 사람 별로야. 더 이상 만나지마.
> 딸 : 왜? 엄마도 몇 번 더 대화 나눠봐. 은근 볼매라니까!

구분에 주목할 수 있다.
33) (29)의 예문은 노위(2015)의 (43)의 예문을 인용한 것이다.

엄마 : 볼매는 무슨, 볼수록 매를 들게 하는 거겠지!
(볼매 : 볼수록 매를 들게 하는 사람.)

(30)에서는 동일한 '볼매'라는 표현에 대해 딸과 엄마가 각자 다른 해석을 도출하고 있다. 이를 통해 새로 형성된 임시어는 불투명한 의미를 가지며 아직 완전히 언중의 인식 속에 정착된 것이 아니라는 것을 알 수 있다. 이처럼 불명확성을 유발하는 의미적 불투명성은 다음과 같은 신어 자료들에서도 관찰된다.

(31) 가. 공알못01(← 공부를 알지 못하는 사람), 공알못02(← 공연을 알지 못하는 사람)
나. 치밥01(← 치킨과 밥), 치밥02(← 치킨 소스+밥)

(31)은 해당 단어를 언중이 처음 보았을 때 인식할 수 있는 가능한 의미를 나타낸 것으로, 현재 공시적으로 같은 형태의 단어가 다른 의미로 쓰이는 양상을 제시한 것이다. '공알못'의 선행 요소 '공'은 언중에게 어느 정도의 정보를 제공한다. 적어도 '공'을 포함되는 단어가 이 표현의 의미를 구성한다는 것을 짐작하게 한다. 그러나 정확한 관념이나 문맥이 제공되지 않는 이상 언중은 해당 표현을 보았을 때 '공'이 들어간 '공부, 공연, …' 등의 단어를 연상하여 중의적으로 인식하게 된다. 이처럼 의미에서의 불명확성은 일차적으로 임시어가 가지는 의미의 불투명성으로 인해 발생한다고 볼 수 있다.

4.6.1.2. 형태의 불안정성

임시어에서는 의미에서뿐만 아니라 형태에서도 불명확성이 발생할 수 있다. 의미에서 중의성을 해소한 임시어는 이후 형태에서의 불안정성을 보이기도 한다.

(32) '스마트폰을 하며 걸어 다니는 좀비와 같은 인간'을 의미하는 단어 :
　　'스몸비'(2016) 혹은 '스좀비'(2017)

(32)의 예시는 현재 새롭게 만들어진 관념을 표현하는 임시어들을 제시한
것이다. '스몸비'와 '스좀비' 두 단어 모두 『우리말샘』에 등재되어 있다. 만약
언중이 '스마트폰을 하며 걸어 다니는 좀비와 같은 인간'이라는 관념을 위해
'스몸비'라는 표현을 형성해 냈다면, 이는 'smart phone+zombie'에서 형성의
편이성을 위해 분절음 'm'을 중첩시켜 만들어 낸 혼성어로 볼 수 있다. 반면
'스좀비'를 형성했다면 후행 요소이자 원형식인 '좀비'의 의미적 특성을 강화
시키기 위해 분절음을 중첩시키지 않고 형성한 것이라고 볼 수 있다.

이처럼 언중은 단어를 형성하고자 하는 동기와 원리에 따라 각각 다른
단어를 만들어 낼 수 있다. 가령 (32)의 경우 언중이 단어의 의미 변별과
해석을 중시한다면 편이성을 고려하지 않고서 후자의 표현을 채택할 가능성
이 더 높은 것이다. 즉 단어의 경제성과 의미 변별성은 반비례 관계에 있으며
그럼에도 언중은 무조건적으로 단어의 경제성을 택하기보다, 때로는 의미
변별성을 택할 수도 있음을 시사한다. 이처럼 언중이 어떠한 원리를 선택하
여 단어를 만들어 내는가에 따라 형태는 다양하게 표현될 수 있으며, 이를
통해 불안정한 형태가 임시어의 불명확성을 유발한다고 볼 수 있다.

4.6.2. 사회어휘부에서의 확장성

개인어휘부에서 불명확성이 해소된 두음절어와 혼성어는 언중에 의해 사
회적으로 공유되면서 사회어휘부로 넘어갈 수 있다. 사회어휘부에 등재된
단어는 여러 과정을 통해 종래적으로는 사전등재어를 지나 규범어로 정착하
게 된다. 이 과정에서 단어는 안정성을 얻기 위해 정한데로(2015a)에서 기술된
'공인화'와 '규범화'라는 과제에 다시 직면한다. 정한데로(2015a : 241-244)에서

는 공인화를 "새로 형성된 단어(임시어) 또는 새로운 형태·의미 변화를 겪은 기존 단어가 언어 공동체 내에서 수용되는 과정"으로, 규범화를 출현 빈도와 는 별개인, 즉 "사전 등재를 통한 언어 공동체의 수용"으로 기술하였다. 본 절에서도 공인화를 '단어의 정착 과정 중 사회어휘부에서 수용되는 과정'으로 간주하고자 한다.

다만 규범화를 '질적 공인화'로서 공인화의 하위 부류로 본 정한데로 (2015a)의 입장과는 달리, 본 절에서는 규범화를 공인화와 별개의 기준으로 삼고자 한다. 단어가 친숙함을 넘어 규범성을 획득하는 과정은 언어 공동체 의 단어 수용도를 넘어 보다 엄밀한 기준을 요구하기 때문이다. 따라서 하나 의 표준적인 단어, 즉 규범어가 되기 위한 기준인 규범화는 여기에서 공인화 의 하위 부류가 아닌, 독립적인 하나의 기준으로서 작용한다.

권경녀(2021 : 78)에서는 이처럼 두음절어와 혼성어가 안정적으로 정착되기 까지 사회어휘부에서 두 가지 중요한 기준점으로 '공인화'와 '규범화'를 들었 는데, 공인화와 규범화를 거치기 쉬운 단어들의 첫 번째 조건으로 '사용 빈도 (frequency of use)'를, 두 번째 조건으로 재분석된 반복 요소의 '확장성'과 '생산 성'을 들었다. 남길임(2015), 서혜진(2018)에서는 단어의 정착 여부를 '해당 단 어가 5개년 이상에서 사용되고 있는지'와 '해당 단어가 매체에서 몇 번 이상 나타났는지'로 제시하고 있다. 결국은 단어가 얼마만큼의 빈도로 지속적으로 출현하는가와 해당 단어의 정착 여부는 일정한 상관관계를 담보한다고 볼 수 있다.

그러나 단순히 사용 빈도만으로는 단어가 사회어휘부에 등재될 수 있는가 의 여부를 판단하지 못한다. 고빈도의 출현을 통해 언중에게 인식되더라도 결국 규범성을 획득하지 못하면 그 단어는 단지 정착할 '가능성'이 있었던 단어였을 뿐, 실제로는 규범화되지 못한 단어이기 때문이다. 후술하듯이 빈 도수가 높은 단어들에서도 언중의 머리 속에 정착한 단어와 그렇지 못한 단어가 갈리는 모습을 보인다. 그렇다면 보다 세밀한 기준을 세워 어떠한 단어들이, 특히 본 절의 주제인 신어 두음절어와 혼성어가 사회어휘부에 어떤 기준으로 등재될 수 있는지, 그리고 이들 모두가 정착할 수 있는 단어들인지 실제 예들을 통해 알아볼 것이다.

의미·형태적으로 불명확성을 해소한 단어들은 성공적으로 개인어휘부에 등재되며 하나의 단어로서의 투명성과 안정성을 얻게 된다. 사회어휘부로 넘어간 단어는 언중에 의해 다시 내부 구조가 재분석되며 이때 등장하는 반복 요소는 앞서 살펴본 '파편' 혹은 '결합형'이 된다.

(33) 가. 허벅지
　　나. 꿀벅지(2009)(← 꿀+허벅지)
　　다. 'X벅지'류 : 금벅지(← 금[金]+허벅지), 돌벅지(← 돌+허벅지), 전투벅지(← 전투+허벅지), 힘벅지(← 힘+허벅지) …
　　라. 혼성어 '꿀벅지'의 출현 빈도수(2009~2017년)

신어	2009	2010	2011	2012	2013	2014	2015	2016	2017
꿀벅지	1532 회	1931 회	1760 회	1351 회	1543 회	2843 회	3051 회	1063 회	776 회

(33)은 기존에 저장되어 있던 단어로부터 어떠한 등재 단위가 새롭게 어휘부에 저장되는지를 (33가)부터 (33다)의 과정을 통해 보여 준다. (33라)는 혼성어 '꿀벅지'가 2009년부터 2017년까지 출현하는 빈도수 자료이다.[34] 가장 원형 단어 (33가)의 '허벅지'는 이미 사회어휘부에 정착하여 심리적인 사전뿐만 아니라 종이 사전에까지 수록된 단어이다. 이때 언중은 기존의 '허벅지'에서 '-벅지'를 절단하여 (33나)의 혼성어 '꿀벅지'를 형성한다. '꿀벅지'가 처음 형성되었을 때는 임시어의 층위에 머물렀을 것이다. 그러나 이후에 '꿀

---

34) (33라)와 후술하는(34다)는 《신어 조사 보고서(2018년)》에 수록된 '<부록4> 지속적으로 사용된 2009년 신어의 사용 빈도'의 자료 중 '꿀벅지', '까방권' 항목의 수치를 인용한 것이다.

벅지'가 고빈도로 출현하면서 개인어휘부에 등재되고 생산성을 얻어 (33다)에서처럼 '-벅지'가 다양한 선행 요소인 '힘, 금, 돌, 전투' 등과 결합하여 다양한 'X벅지'류의 혼성어 계열체를 형성하게 된다. (33라)의 빈도수 자료에서 확인할 수 있듯이 '꿀벅지'는 생산적인 결합형 혹은 파편 '-벅지'로 인해 10여 년 사이 지속적으로 고빈도로 출현하고 있음을 보여 준다. 이는 곧 언중의 머리 속에서도 '꿀벅지'라는 단어의 존재가 유지됨을 나타낸다. 이렇듯 지속성을 가지고 고빈도로 출현하며, 생산성이 높은 반복 요소를 지닌 혼성어나 두음절어는 사회어휘부에 등재될 가능성이 높다. 즉 '연결망의 중앙에 위치하는 결합형/파편이 다른 계열체들로 확장할 수 있는가'의 여부가 사회어휘부에 등재될 수 있는 기준이 된다.

반면 다음의 (34)는 단어가 지속적으로 고빈도로 출현함에도 연결망에서 계열체를 형성하지 못하여 사회어휘부에 정착될 가능성이 낮다고 판단되는 예시이다.

(34) 가. 까임방지권
나. 까방권
다. 두음절어 '까방권'의 출현 빈도수(2009~2017년)

신어	2009	2010	2011	2012	2013	2014	2015	2016	2017
까방권	11회	15회	25회	19회	462회	87회	108회	83회	90회

(34)는 기존에 어휘부에 등재되어 있었을 표현인 (34가)의 '까임방지권'으로부터 두음절어화된 (34나)의 두음절어 '까방권'을, (34다)에서 이러한 두음절어 '까방권'의 지속적인 사용 빈도수를 자료로 제시한 것이다. '까방권'은 (34다)에서처럼 지속적으로 사용되고 있으며 총빈도도 900회로 적지 않은 빈도수임을 알 수 있으나, 단어 내부에서 재분석되는 과정이 나타나지 않는다. 따라서 반복적으로 등장하며 생산적인 결합 양상을 보이는 결합형/파편

이 존재하지 않고 결국에는 연결망을 구성하지 못한다.

(33)에서 보았던 '꿀벅지'와는 달리 (34)에서는 더 이상의 두음절어 계열체를 형성하지 못하므로, 해당 단어가 지속적이며 고빈도로 출현하더라도 파생되는 두음절어 계열체가 존재하지 않으므로 사회어휘부에 정착될 가능성이 낮을 것으로 보인다. 즉 (34)의 '까방권'은 생산적인 결합형/파편이 존재하지 않아 단어 그 자체만으로는 확장성이 없어 사회어휘부에 정착하기 어려운 것이다.

이처럼 결합형/파편의 '확장성'은 결국 사회어휘부에서 단어가 규범어로 나아가는 가능성에 대한 기준이라고 할 수 있다. 이선영(2007 : 187-190)에서도 혼성어와 두음절어의 등재 여부에 대해서 두음절어보다 혼성어가 더 정착할 가능성이 높다고 보았다. 이는 혼성어가 두음절어보다 "조어력"이 더 높기 때문인 것으로 보았다. 또한 "두음절어 형성 방식은 신어 형성에서 많이 쓰이는 방식이기는 하나 그 형성된 단어가 쓰임이 확장되거나 새로운 단어 형성에 참여하는 경우는 많지 않다"라고 기술하였다. 이처럼 특정 계층의 활발한 사용이나 시의적인 필요성에 따라 두음절어가 활발하게 사용되고, 결합형/파편을 형성하여 연결망을 구축할 수 있더라도 해당 요소가 확장되지 못한다면 그 생명력을 잃게 된다. 결국 단어의 구성 성분 가운데 하나가 원형식의 독자적인 의미를 대표하는 정도가 클수록, 해당 성분이 단어 형성에 생산적일수록 단어가 정착할 가능성이 크다고 볼 수 있다.

지금까지의 논의를 정리하면 다음과 같이 도식화할 수 있다.

(35) 임시어에서 규범어로 나아가는 과정 및 기준(권경녀 2021 : 85)[35]

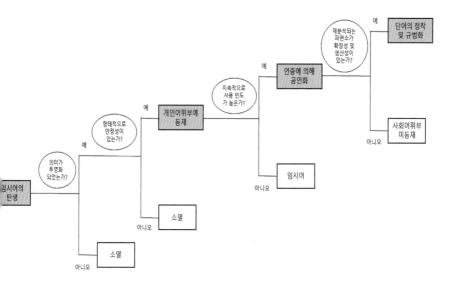

4.7. 나가기

본장에서는 최근의 신어에서 큰 비중을 차지하는 두음절어와 혼성어의 여러 쟁점들과 이러한 단어들의 정착 가능성까지를 폭넓게 살펴보았다. 두음절어와 혼성어는 단어 형성 과정에서 두음절어화나 혼성을 통해 기존의 단어나 구에 비해 형식이 감소하는 단어들이며 결합 이후 형식이 증가하는 기존의 단어 형성 방식과는 차이가 있다는 점에서 주목할 만하다. 그간 신어 두음절어와 혼성어를 다룬 논의들에서는 이들을 둘러싼 다섯 가지의 주요 쟁점들이 존재하였는데, 여기에서는 이 쟁점들을 각각 하나씩 살펴보았다.

---

35) 주지하였듯이 (35)의 '파편소'는 해당 논의에서 splinter에 대한 대역어로, 본절에서 '파편(splinter)' 혹은 결합형에 해당된다.

우선 4.2.에서는 'acronym'과 'blended word'에 해당되는 대역어는 무엇인지 고찰하였다. 본장에서는 이들의 용어 사용과 범주가 여전히 혼란한 양상을 보이고 있어 신어를 살펴보기 전에 대역어에 대한 제시가 명확해야 함을 기술하였다. 두음절어는 용어 사용의 있어 지금까지도 각 연구자마다 다르게 쓰이고 있으나, 'acronym'이 '의미적으로 유표적인 머리글자'를 의미한다는 점을 고려한다면 이에 대한 대역어는 '두음절어'가 가장 적합한 용어임을 보였다. 또한 혼성어 연구에서는 인접 범주의 용어들과의 비교를 통해 혼성어에 해당되는 범위가 정확히 어디까지인지를 논의하였다.

다음으로 4.3.에서는 두음절어와 혼성어의 단어 구조상의 위치가 어디에 해당되는지를 논의하였다. 특히 두음절어는 결합 후 절단 과정으로 볼 수도, 절단 후 결합의 과정으로 볼 수도 있으며 혼성어는 계열 관계가 포착되는지에 따라 단어 구조상 위치가 단일어적인지 혹은 복합어로 볼 수 있을지 해석의 여지가 나뉠 수 있다고 언급한 바 있다.

4.4.에서는 문금현(1999)의 논의를 바탕으로 신어 두음절어와 혼성어가 어떠한 방식으로 생성되는지 유형을 나누어 살펴보았다. 문금현(1999)에서는 현대 국어 중 신어의 유형을 분류하고 각 유형에 대한 생성 원리를 고찰하고 있는데, 본 절에서는 관심의 대상인 신어 두음절어와 혼성어에 맞게 이러한 분류 방식을 일부 수정하여 두음절어와 혼성어를 유형적으로 분류하였다. 이때 이들이 유형 빈도를 통해 원형 단어가 유추 모형을 제공할 수 있으며 이렇게 형성된 계열 관계의 단어들은 일련의 연결망을 형성함을 함께 살펴보았다.

4.5.에서는 신어 두음절어와 혼성어의 형성에 반복적으로 참여하는 내부 요소를 무엇으로 규명할 수 있을지 기술하였다. 두음절어와 혼성어에서 분석되는 요소들은 선택이나 절단에 의해 형성되므로 일반적인 형태소라고 볼 수 없다. 이처럼 원형식에서 재분석(reanalysis)되어 반복적으로 출현하는 요소들은 더 이상 전통적인 관점에서의 형태소로 보기 어렵다는 점에서 대안적인

개념이 필요함을 언급하였다. 이에 대해 선행 연구들에서는 '의사접사' 혹은 '의사어근'이라는 용어를 통해 전통적인 형태소처럼 보이지 않는 이러한 요소에 대해 문법적인 정의를 내리고자 시도하였으며, 최근의 연구들에서는 이들을 '파편(splinter)'으로 보거나 '결합형(combining form)'으로 보고 '-세권'과 '-부심' 사이의 차이에 대해 보다 면밀하게 분석하는 경향을 보인다.

마지막으로 4.6.에서는 이렇듯 두음절어나 혼성어가 임시어로서 형성된 후 사회어휘부에, 가장 최후에는 규범어로 정착되기까지의 일련의 과정을 살펴보았다. 우선 개인어휘부에서 임시어는 즉각적인 발생이라는 순간성으로 인하여 의미나 형태적으로 불명확성이 발생할 수 있다고 하였다. 이때 해당 임시어가 의미의 불투명성과 형태의 불안정성을 해소하면 개인어휘부에 저장될 수 있다. 이렇게 개인어휘부에 저장된 단어가 사회어휘부로 넘어가면, 다시 여러 기준을 통해 사회어휘부에서의 정착 가능성을 판단해야 한다. 우선 단어의 사용 빈도를 통해 해당 단어가 사회적으로 공인될 수 있는지 가능성을 판별할 수 있다. 만약 지속적으로 많이 쓰인 단어가 언중에 의해 인식되어 사회적으로 공인화된다면, 이후 그 단어는 내부에서 결합형/파편이 재분석된다. 이때 해당 결합형/파편이 다른 계열체를 형성하며 확장할 수 있다면 임시어 층위에 머물렀던 단어는 사회어휘부에 등재될 가능성이 높다. 신어 혼성어는 빈번하게 다른 계열체를 형성하며 결합형/파편이 더 확장될 수 있으므로 사회어휘부에 등재될 가능성이 높으나, 신어 두음절어는 이에 비해 결합형/파편이 지속적으로 쓰이지 못하여 확장성을 잃게 되므로 사회어휘부에 등재될 가능성이 혼성어에 비해 낮다는 결론을 제시하였다.

참고문헌

||논저류||

강나탈리야(2008), 「외래어 요소가 참여한 한국어 단어형성법 연구」, 서울대학교 석사학위논문.

강은경(2016), 「혼성과 신형태소의 형성 - 한국어의 파편을 중심으로」, 『언어연구』 31, 797-816.

곽유석(2017), 「혼성어 형성에 관한 소고」, 『형태론』 19, 1-24.

국립국어원(2015), 『2015년 신어』, 국립국어원.

국립국어원(2016), 『2016년 신어』, 국립국어원.

국립국어원(2017), 『2017년 신어』, 국립국어원.

국립국어원(2018), 『2018년 신어』, 국립국어원.

국립국어원(2019), 『2019년 신어』, 국립국어원.

권경녀(2021), 「한국어 두음절어와 혼성어의 형성과 등재 연구」, 이화여자대학교 석사학위논문.

김계옥(2014), 「현대국어의 혼성어 형성법 연구」, 창원대학교 석사학위논문.

김창섭(1996), 『국어의 단어형성과 단어구조 연구』, 파주 : 태학사.

남길임(2015), 「신어의 사용 추이와 사전 등재의 기준」, 『한글』 310, 205-233.

노명희(2010), 「혼성어 형성 방식에 대한 고찰」, 『국어학』 58, 국어학회, 255-281.

노명희(2011), 「특집 : 명(明), 청(淸) 문학에 대한 조선후기 문인들의 인식 ; 혼종어(混種語) 형성
(形成)과 어종(語種) 제약(制約)」, 『大東文化硏究』 73, 443-472.

노명희(2020), 「한국어의 형태론적 재분석과 의미론적 재분석」, 『국어학』 95, 33-64.

노 위(2015), 「韓國語의 2字 漢字語의 複合에 대한 硏究)」, 서울대학교 석사학위논문.

문금현(1999), 「현대국어 신어의 유형 분류 및 생성 원리」, 『국어학』 33, 국어학회, 295-325.

문병열(2014), 「어휘부 등재소와 복합 구성」, 『국어학』 69, 135-166.

박용찬(2008), 「국어의 단어 형성법에 관한 일고찰 - 우리말 속의 혼성어를 찾아서」, 『형태론』
10, 111-128.

박진호(1994), 「통사적 결합 관계와 논항구조」, 서울대학교 석사학위논문.

서혜진(2018), 「신어 미정착의 원인에 대한 소고」, 『한국어 의미학』 61, 33-53.

송원용(2005), 「신어(新語)의 어휘부 등재(登載) 시점 연구」, 『국어학』 46, 97-126.

정한데로(2015a), 「단어의 공인화에 관한 고찰」, 『국어학』 74, 국어학회, 233-266.

정한데로(2015b), 『한국어 등재소의 형성과 변화』, 파주 : 태학사.

정한데로(2017), 「'신어의 삶'에 대한 탐색」, 『국어학』 83, 국어학회, 119-152.

정한데로(2019), 「표현론적(表現論的) 접근(接近)과 단어형성론(單語形成論)」, 『어문연구』 47, 117-144.

오규환(2016), 「한국어 어휘 단위의 형성과 변화 연구」, 서울대학교 박사학위논문.

오원식(2019), 「개념적 혼성을 활용한 한국어 혼성어 분석 연구」, 한국외국어대학교 석사학위 논문.

이광호(2005), 「연결망과 단어형성」, 『국어학』 46, 125-147.

이선영(2007), 「국어 신어의 정착에 대한 연구」, 『한국어 의미학』 24, 175-195.

이상욱(2007), 「임시어의 위상 정립을 위한 소고」, 『형태론』 9, 47-67.

이은섭(2007), 「형식이 삭감된 단위의 형태론적 정체성」, 『형태론』 9-1, 93-113.

이은섭(2014), 「단어와 문장의 형성 요소와 어휘부 모형에 대하여」, 『국어학』 69, 31-67.

이찬영(2016), 「현대 한국어 혼성어 연구」, 연세대학교 대학원 석사학위논문.

최형용(2004), 「단어형성과 음절 수」, 『국어국문학』 138, 183-205.

Aitchison, Jean(1987), *Words in the mind : an introduction to the mental lexicon*, Oxford : Blackwell, 1987[홍우평 옮김(2004), 『언어와 마음』, 서울 : 역락].

Bauer, L.(1983), *English Word-Formation*, Cambridge : Cambridge University Press.

Bauer, L.(2004), *A Glossary of Morphology*, Washington, D.C. : Georgetown University Press.

Mattiello, E.(2017), *Analogy in Word-Formation : A Study of English Neologisms and Occasionalisms*, Berlin : Mouton de Gruyter.

Warren, B.(1990), The importance of combining forms, In Wolfgang U. Dressler et als.(eds.)(1990), *Contemporary morphology*, Berlin & New York : Mouton de Gruyter, 111-132.

|| 사전류 ||

국립국어원, 표준국어대사전(https://stdict.korean.go.kr/main/main.do)

국립국어원, 우리말샘(https://opendict.korean.go.kr/main)

5. 한국어 신어 형성에서의 통사적 결합어

5.1. 들어가기

본장은 국립국어원의 신어 보고서를 바탕으로 한국어의 신어에서 나타나는 통사적 결합어를 살펴보고 그 특징을 고찰하는 것을 목적으로 한다. 통사적 결합어란 조사나 어미가 단어 형성에 참여한 것을 일컫는다. 앞서 살펴본 것과 같이 신어 보고서에서 통사적 결합어를 하나의 단어 유형으로 인정하고 있지는 않으나, 통사적 결합어는 교착어로서의 한국어의 특징을 가장 잘 보여주는 단어라 할 수 있다. 이에 본장에서는 신어 자료에서 발견되는 통사적 결합어를 가려내어 이에 대해 고찰해 보도록 한다.

(1) 가. 물이못나게, 하기는
    나. 그랬다저랬다, 여보시오, 갈아먹다, 가는갈퀴

(1)은 모두 『표준국어대사전』에 등재되어 있는 통사적 결합어이다. (1가)는 통사적 결합어 중에서 조사 결합어를 나타낸 것인데, 각각 격조사 결합어와 보조사 결합어의 예시이다. (1나)는 어미 결합어이며 순서대로 선어말 어미, 종결 어미, 연결 어미, 전성 어미 결합어에 해당한다.

(2) 가. 내가티브(2017), 답정넌말(2012)

나. 됐추럴(2019), 행쇼(2013), 있어빌리티(2016), 어본얼(2013)

(2)는 신어 보고서에 나타난 통사적 결합어이다. 예문 (1)에서 제시한 단어의 순서와 같이 (2가)는 조사 결합어, (2나)는 어미 결합어에 해당한다. (1)과 (2)는 모두 단어 내부에서 조사나 어미를 찾을 수 있는 통사적 결합어이지만 서로 차이를 보인다. 기존의 사전 등재 통사적 결합어는 조사나 어미가 참여한 통사적 구성 그대로가 단어화한 것들이 대부분이라면 신어 통사적 결합어는 (2)에서 볼 수 있듯이 단어 형성 방법이나 형태에 있어 다양한 양상을 보여 연구될 필요가 있다.

5.2. 신어 통사적 결합어의 개념

기존의 논의에서는 조사나 어미가 단어 형성에 참여한 것을 예외적이거나 주변적으로 파악하는 경우가 있었다. 전통적 관점의 단어 체계는 다음과 같이 나타낼 수 있다.

(3)   단어 ┬ 단일어
         └ 복합어 ┬ 파생어
                  └ 합성어

(3)은 남기심 외(2019 : 198)에서 제시하고 있는 단어 체계이다. 복합어가 파생어와 합성어로 양분되는 체계에서 통사적 결합어는 파생어나 합성어로 처리되었다. 이익섭(1986 : 119)에서는 '알아보다, 돌아가시다'와 같은 예를 제시하고 이들 단어가 '어미를 뺀 부분이 두 개의 어기들로 이루어져 있으므로

훌륭한 복합어'라고 설명한다. 이처럼 조사나 어미는 단어 형성 과정에 있어 부수적인 것으로 다루어졌다.

최형용(2003a : 34)에서는 조사나 어미가 결합하여 구 구성이 굳어져 하나의 단어를 형성한 통사적 결합어를 다음 (4)와 같은 체계 내에 제시한다. 통사적 결합어를 파생어나 합성어와 대등하게 처리한 것이다. 본장에서는 이 체계를 따라 통사적 결합어를 다루고자 한다. 최형용(2003a : 2장)에서는 통사적 구성의 단어화를 조사가 포함된 것과 어미가 포함된 것으로 나누고 다시 각각을 격조사, 보조사, 선어말 어미, 종결 어미, 연결 어미, 전성 어미가 포함된 유형으로 나누어 설명한다.

(4)

최근의 논의에서는 통사적 결합어에 대한 다양한 연구가 진행되고 있다. 정한데로(2018)에서는 임시어들의 출현 사실을 바탕으로 하여 공시적인 단어 형성의 한 방식으로 통사론적 구성의 단어화를 인정한다. 나아가 최형용(2013 : 235)에서는 통사적 구성의 단어화가 한국어가 교착어로서 가지는 특수성이라고 설명한다. 최형용(2020)에서는 『표준국어대사전』의 2014년에서 2020년까지의 추가 표제어를 다루는데 이 중 통사적 결합어의 비중이 높다는 점을 주목하며 통사적 구성이 단어화하는 일이 여전히 활발히 일어난다는 것을 보였다. 신어 형성에서도 이러한 현상을 찾아볼 수 있다.

한편 통사적 결합어란 형성된 단어의 분류이다. 통사적 결합어를 형성하는 방식으로서는 '통사적 구성의 단어화'가 지배적이나 다른 단어 형성법으로도 통사적 결합어가 만들어질 수 있다. 가령 앞서 제시한 신어 '됐추럴'은

혼성에 의해 형성된 단어이지만 선어말 어미 '-었-'이 결합된 통사적 결합어
이다. 신어 통사적 결합어에서는 이처럼 다양한 단어 형성 방법을 통해 통사
적 결합어가 만들어지는 특징을 보인다.

1장에서 밝힌 바와 같이 신어의 형성에 주목하는 본서에서는 구 단위 신어,
의미적 신어, 문법적 신어 등은 논의 대상에서 제외된다. 그러나 통사적 결합
어를 다루는 본장에서는 통사적 결합어의 보다 다양한 양상을 살펴보기 위하
여 이러한 유형의 신어를 모두 다루기로 한다. 한편 구 단위의 신어 중에는
그야말로 통사적 구성이 적지 않다. '^' 기호를 사용하여 표시할 수 있는 구
단위 신어는 그 자체로서 붙여 쓸 수 있는 전문어, 고유 명사에 속하기 때문
에 논의의 대상이 될 수 있을 것으로 판단된다.

> (5) 가. 눈(이) 밝다(2000), 살맛(이) 나다(2000)
>   나. 미끄럼(을) 타다(2000), 침(을) 바르다(2000), 바닥(을) 치다(2001),
>   태극 마크를 달다(2001)

다만 (5)에서 제시한 신어들은 본장의 논의에서 통사적 결합어로 다루지
않는다. (5가)에서는 격조사가, (5나)에서는 목적격 조사가 나타나지만 이들
은 일반 문장의 구조를 갖춘 관용적 표현이기 때문이다.

본장에서는 기본적으로 공시적으로 존재하는 조사나 어미가 신어 안에
분석 가능한 형태로 나타나는 것을 신어 통사적 결합어로 보는 한편, 사이시
옷이 참여하여 형성된 단어는 포함하지 않는다. 사이시옷은 한때 통사적 요
소로 기능했으나, 최형용(2003a : 191)에서 지적하였듯이 현대 국어에서의 사
이시옷은 단어 형성과 관련해서 다룰 수 있고, 사이시옷이 결합한 단어를
통사적 결합어로 보기는 어렵다.

> (6) 가. 도우미견(2003), 길도우미(2004), 체력^도우미(2008), 시드름병
>   (2004), 눈치우미(2008), 문자^알리미^서비스(2008)

　나. 렬루(2018)

　다. 스룽흔드(2012)

(6)은 단어 내부에 나타나는 조사나 어미의 형태에 변화가 생긴 경우이다. (6가)는 명사형 전성 어미 '-(으)ㅁ', (6나)는 부사격조사 '로', (6다)는 종결 어미 '-ㄴ다'가 결합한 단어이다. (6나)에서는 부사격조사 '로'가 '루'로, (6다) 에서는 종결 어미 '-ㄴ다'가 '-ㄴ드'로 변형되어 나타난다. 이들은 원래의 조 사나 어미의 형태와 차이를 보이지만 본장의 논의의 대상으로 삼는다. 신어 의 특성상 단어 형성의 과정을 파악할 수 있고, 각 단어의 원형을 복원했을 때 이들은 어미와 조사가 포함된 구성이 단어화한 통사적 결합어임을 알 수 있다. 조사나 어미가 원래의 형태를 유지하고 있지는 않지만 이들 단어의 형성 근간에는 통사적 결합이 작용하였음을 알 수 있다.

2000년 초반의 신어에서는 통사적 구성이 그대로 단어화한 '끌어안기', '신내림', '얼큰이' 등과 같이 조사와 어미가 직접 성분인 유형이 대부분을 차지한 반면, 2010년대 후반의 신어에서는 '잘생쁨', '개린이', '골로족' 등과 같이 다양한 방식을 통해 형성된 통사적 결합어 유형이 등장하고 결합하는 어종도 다양해졌다. 이와 관련한 논의는 절을 달리하여 특성을 살펴보도록 한다.

5.3. 신어 통사적 결합어의 유형

신어 통사적 결합어의 유형은 다음 도식 (7)과 같이 나타낼 수 있다. 최형 용(2003a : 2장)에서는 통사적 결합어를 조사 결합어와 어미 결합어로 나누고 각 유형을 조사와 어미의 종류에 따라 세분화하였다. 조사 결합어는 격조사 와 보조사 결합어, 어미 결합어는 선어말 어미, 종결 어미, 연결 어미, 전성

어미 결합어로 나뉜다. 본장에서는 이 분류 체계에 따라 신어 통사적 결합어 유형을 분류하고 특징적인 신어를 중심으로 살펴보기로 한다.

(7) 신어 통사적 결합어의 유형

이 절에서는 2000년부터 2019년까지의 국립국어원 신어 보고서에 나타난 통사적 결합어의 유형별 목록을 제시한다. 한 신어는 적어도 하나의 유형에 예문으로 제시된다. 두 개 이상의 유형에서 나타나는 신어도 있는데 가령 '일하기싫어병(2003)'에서는 전성 어미 '-기'와 종결 어미 '-어'를 찾을 수 있고, 이 경우 두 유형 모두에 예문으로 배치하였다.

이 절에서는 조사나 어미를 분석적인 방식으로 살피었다. 예를 들어 '끓는^물^수능(2016)'의 '-는'처럼 선어말 어미 '-느-'와 전성 어미 '-ㄴ'으로 다시 나눌 수 있는 경우에는 분석적인 시각을 취하여 '끓는^물^수능'을 선어말 어미 결합어와 전성 어미 결합어 모두에 예시로 제시하였다.

5.3.1. 신어 조사 결합어

5.3.1.1. 신어 격조사 결합어

격조사 결합어는 다시 주격조사, 목적격조사, 관형격조사, 부사격조사 결합어로 나뉜다. 신어 보고서에서 주격조사 '이'와 목적격조사 '을/를'은 관용적 표현을 구성할 때에만 쓰였고 단어나 구 차원의 신어로는 나타나지 않았다. 신어 주격조사 '가' 결합어는 다음 (8)과 같다.

(8) 우리가남이냐족(2002), 내가티브(2017)

주격조사 '가'가 결합한 신어는 극히 소수이다. '우리가남이냐족'과 '내가티브'에는 모두 주격조사 '가'가 결합되어 있는데, '내가티브'는 '네거티브'와의 음성적 유사성에 기반하여 형성된 단어로 볼 수 있다. 이 단어는 '내가 하는 네거티브'라는 뜻을 가지기 때문에 '가'가 주격조사로서 참여하여 단어를 형성하였음을 확인할 수 있다.

(9) 가. 악의^축(2002), 아르의^공포(2008), 아이의^공포(2008), 엔분의^일^잡(2015), 메모리의^벽(2016), 플랜다스의^계(2018)
나. 내시피(2019), 내시피족(2019)

(9)의 단어들은 신어 관형격조사 '의' 결합어이다. '내시피'와 '내시피족'을 제외한 것들은 모두 구 구성이다. 2019년 신어 보고서는 '내시피'를 자신만의 조리법을 이르는 말로 '나의'의 준말 '내'와 '레시피'를 결합한 말이라고 제시했다. '내시피족'은 그러한 사람이나 무리를 이르는 말이다.

(10) 가. 나홀로족(2000), 홀로노인(2000), 나홀로^떴다방(2002), 나홀로방(2002), 나홀로^티켓(2003), 홀로주연(2005), 직장인^나홀로족(2016)
나. 나로서기[1](2017), 골로족[2](2018), 횰로[3](2018), 횰로족(2018)

1) 다른 것에 매이거나 의존하지 않고, 자신의 내면적 가치를 찾고 본연의 '나'로 살아가는 일. '나'와 '홀로서기'를 결합하여 만든 말
2) 내일을 대비하기 위해 돈을 아끼며 사는 사람. 또는 그런 무리. '욜로'를 즐기려다가 '골로 간다'라는 뜻에서 나온 말
3) 현재의 행복을 중요하게 여기며 혼자서 즐기며 살아가는 방식. '홀로'와 '욜로'를 결합하여 만든 말

다. 집으로족(2002), 좌로우로밀리주(2003), 렬루4)(2018)

(10)은 신어 부사격조사 결합어이다. (10가)는 '홀로'가 결합한 단어들이고, (10나)는 '홀로'를 기반으로 만들어진 단어들이다. 이처럼 '홀로'와 관련된 단어들이 많은데, 최형용(2003a : 73)에서는 '홀로'의 부사격조사 '로'는 선행어와 분리되어 사용되지 않으나 통시적 관점에서는 선행 요소가 독자적으로 쓰인 일이 있다고 설명한다. 본장에서도 '홀로' 류 단어를 통사적 결합어로 처리하기로 한다. (10다)의 '렬루'는 '정말'을 뜻하는 '리얼(real)'에 조사 '로'가 결합한 꼴을 빠르게 발음한 것에서 비롯되었다. 조사 '로'의 형태 변화가 있으나 의미 기능에 있어 원래의 것과 같은 역할을 하고 있다.

5.3.1.2. 신어 보조사 결합어

신어 보조사 결합어는 매우 드물게 나타난다. 다음 (11)의 세 단어가 신어 보고서에 나타난 보조사 결합어의 전부이다. '이래서야정국'은 '이래서야'라는 말이 자주 나오게 되는 상황을 비유적으로 이르는 말인데, 보조사 '서'와 '야'가 결합하여 이룬 단어이다. '한다요체'는 온라인에서 쓰이는 말투를 나타낸 말로, 종결 어미에 보조사 '요'를 결합한 형태로 문장을 종결하는 방식을 말한다. '답정넌말'은 '답은 정해져 있고 너는 대답만 하면 돼'를 줄인 말로, 보조사 '는'이 결합되어 있음을 확인할 수 있다.

(11)   이래서야정국(2004), 한다요체(2019), 답정넌말(2012)

---

4) 인터넷 게시판 따위에서 '정말로', '사실대로', '진짜로'의 뜻으로 쓰는 말.

5.3.2. 신어 어미 결합어

신어 어미 결합어는 네 가지 유형으로 다시 나눌 수 있다. 이 절에서는 신어 어미 결합어를 선어말 어미, 종결 어미, 연결 어미, 전성 어미 결합어로 구분하여 살펴보도록 한다.

5.3.2.1. 신어 선어말 어미 결합어

2000년부터 2019년까지의 신어 보고서의 선어말 어미 결합어에서는 다섯 가지 선어말 어미를 살펴볼 수 있다. (12)의 예문은 순서대로 선어말 어미 '-었/았-', '-(으)시-', '-ㄴ-' '-더-', '-느-'가 결합한 신어이다.

(12) 가. 떴다방(2001), 나홀로^떴다방(2002), 됐추럴[5](2019)
      나. 체고시다(2013), 행쇼(2013)
      다. 스릉흔드(2012), 답내친[6](2013), 한다요체(2019)
      라. 카더라방송(2001)
      마. 끓는^물^수능(2016)

선어말 어미 '-었/았-' 결합어인 (12가) 중 '됐추럴'의 단어 형성이 흥미롭다. 이 단어는 '-었-'이 선어말 어미로 기능한 구성 자체가 단어화한 것이 아닌, 혼성에 의해 형성된 단어이다. 혼성에 의해 '됐추럴'이 형성되는 과정에서 선어말 어미 '-었-'이 결합한 형태가 선택되었다는 점은 주목해 볼 만하다. 이 단어는 통사적 결합에 의해 형성되지 않았지만 결과적으로 통사적 결합어로 분류된다. 이러한 현상은 신어 통사적 결합어에서 나타나는 특성으로 볼 수 있으며 이 과정에서 다양한 어종과의 결합이 나타나기도 한다.

---

5) '됐고! 여전히 내추럴!'을 의미하는 말
6) '답답하면 내가 친다'를 줄여 이르는 말

(12다)의 '답내친'은 축약에 의해 형성된 선어말 어미 '-ㄴ-' 결합어이다. 원래의 구성인 '답답하면 내가 친다' 중 일부만 선택되어 단어를 이룬 것인 데, 이 과정에서 선어말 어미가 결합한 형태인 '친'이 그대로 선택되었다. 신어 통사적 결합어는 이처럼 축약에 의해 형성되기도 한다.

5.3.2.2. 신어 종결 어미 결합어

예문 (13)의 단어들은 종결 어미 '-자', '-어', '-다', '-냐', '-라', '-오'가 결합한 유형이다. 신어 종결 어미 결합어는 그 수가 많지 않지만 비교적 다양한 어미들이 나타났다.

(13) 가. 먹자골목(2000), 먹자촌(2000), 웃자판(2008)
     나. 묻지마^투매(2000), 묻지마^투자(2000), 합쳐공간(2000), 긁어주 (2003), 묻지마^방화(2003), 묻지마^재수(2003), 묻지마^테러(2003), 일하기싫어병(2003), 안^돼^공화국(2005), 못해^솔로(2012), 낮져밤 이(2013)
     다. 떴다방(2001), 나홀로^떴다방(2002)
     라. 우리가남이냐족(2002)
     마. 카더라방송(2001)
     바. 행쇼(2013), 새오체(2016)

(13나)의 '못해^솔로'는 '쉬지 않고 대상을 바꿔 가며 연애를 계속하는 사 람'을 일컫는다. 이 구 자체는 종결 어미 '-어'가 의미나 형태 변화 없이 신어 통사적 결합어를 이룬 것이지만, '모태 솔로'라는 단어와의 음성적 유사성을 기반으로 만들어졌다는 것이 흥미롭다.

(13바) '행쇼'는 '행복하십시오'의 준말인데, 종결 어미 '-오'의 참여를 확인 할 수 있다.

5.3.2.3. 신어 연결 어미 결합어

신어 연결 어미 결합어에는 연결 어미 '-어', '-지', '-고'가 나타난다. 그중 (14가)에서 볼 수 있듯이 '-어'의 단어 형성 참여가 두드러지는 한편 연결 어미 '-지'는 '묻지마' 꼴에서만 나타나고 있다. '-고'는 '치고달리기'는 야구 의 영어 표현 '히트 앤드 런'을 그대로 옮긴 것으로 보인다.

> (14) 가. 끌어안기(2000), 내려받다(2000), 덮어쓰기(2000), 덮어씌우기
> (2000), 쪼그려뛰기(2000), 내려받기(2001), 돌려막기(2001), 솎아
> 내기(2001), 붙어살이(2003), 퍼가다(2003), 펌(2003), 몰아가기
> (2004), 받아먹기(2008), 무단^펌질(2009), 무한^펌질(2009), 얼굴^
> 몰아주기(2015), 있어빌리티(2016), 감아오기(2019)
> 나. 묻지마^투매(2000), 묻지마^투자(2000), 묻지마^방화(2003), 묻지
> 마^재수(2003), 묻지마^테러(2003)
> 다. 치고달리기(2000)

(14가)의 '있어빌리티'가 주목할 만한데, '있어빌리티'는 '누리 소통망 서비 스(SNS)에서 자기를 과시하기 위해 자신의 외모나 생활을 실제보다 더 나아 보이도록 연출하는 능력'으로 풀이되고 있고 '있-'과 'ability(어빌리티)'가 합쳐 진 말이다. 뜻풀이를 통해 '있어빌리티'가 소위 '있어 보이도록' 연출하는 능력을 일컬음을 추측할 수 있고, 이 경우 '있어빌리티'의 '어'가 연결 어미임 을 상정해 볼 수 있다. 이 단어 역시 신어 통사적 결합어의 특성 중 하나인 다른 어종과의 결합을 보여 준다.

5.3.2.4. 신어 전성 어미 결합어

신어 전성 어미 결합어는 크게 관형사형 전성 어미 결합어와 명사형 전성 어미 결합어로 나뉜다. 각 유형은 '-ㄴ', '-ㄹ' 그리고 '기', '-(으)ㅁ'이 결합하

는 모습을 보인다. 전성 어미는 가장 많은 개수의 신어 통사적 결합어를 생성
했다.

> (15) 가. 긴세대(2000), 날쌘돌이(2000), 단촛물(2000), 붉은악마(2000), 빨
> 간불(2000), 쉰세대(2000), 싼티(2000), 쓴소리(2000), 얼큰이(2000),
> 잔부상(2000), 짠순이(2000), 파란불(2000), 검은^대륙(2001), 뜨거
> 운^감자(2001), 찬바다성(2001), 튄공(잡기)(2001), 영원한^학번(2002),
> 작은^남편(2004), 죽은^호적(2004), 알밴^동태족(2008), 왕짠돌이형
> (2008), 큰손^애호가(2008), 뜬눈^투자자(2009), 붉은^자본주의(2009),
> 젊은^지수(2009), 하얀^가전족(2009), 긴치(2012), 못된손(2012), 알
> 밴명태(2012), 어본얼(2013), 웃픈^영화(2013), 키큰남(2014), 단짠단
> 짠(2015), 개린이(2016), 끓는^물^수능(2016), 단짠^매력(2016), 작
> 은^빨간^벌레(2016), 죽은^혜성(2016), 도른미7)(2017), 단짠^연애
> (2018), 빈집^스타일(2018), 코린이(2018), 검은낫부리극락조(2019),
> 반깐머리(2019), 살찐^고양이^조례(2019), 완깐(2019), 헬린이(2019),
> 훔친^수저(2019)
> 나. 펼칠남(2005), 프로^할말러(2017), 그럴싸(2019)

(15가)는 '-ㄴ', (15나)는 '-ㄹ'이 단어 형성에 참여한 신어 관형사형 전성
어미 결합어이다. 관형사형 전성 어미는 대체로 통사적 구성이 단어화하여
통사적 결합어를 이룬 특징을 보인다. 이들 단어의 대부분은 의미적 신어로
볼 수 있다. 가령 '붉은악마(2000)'는 원래의 구성과 형태가 같지만 '우리나라
축구 대표팀 응원단의 애칭'이라는 새로운 의미를 얻어 단어 단위의 신어가
되었다.

(15가)의 '도른미(2017)'는 규범적으로는 '돈미'가 되었어야 했지만 비규범
적인 어미 결합을 바탕으로 형성된 것을 확인할 수 있다. 이는 정신에 이상이
생김을 속되게 이르는 '돌다'가 주로 '돌았다' 형으로 사용되기에 음운 'ㄹ'을

---

7) 이상한 행동을 하면서 웃음을 주는 사람이 풍기는 매력

포함하는 것이 의미를 더욱 명확히 하기 때문으로 추측해 볼 수 있다. (15가)의 '단짠단짠(2015)'과 '완깐(2019)'은 관형사형 전성 어미를 단어의 오른쪽 마지막 요소로 가지면서 명사에 해당한다는 것이 특징적이다.

(16) 가. 가로채기(2000), 금메치기(2000), 끌어안기(2000), 날개꺾기(2000), 덮어쓰기(2000), 덮어씌우기(2000), 뒤집기승(2000), 맛보기판(2000), 맞대기(2000), 물타기(2000), 물타기하다(2000), 별따기(2000), 숨고르기(2000), 신참내기(2000), 잡치기(2000), 제치기(2000), 쪼그려뛰기(2000), 치고달리기(2000), 파도타기(2000), 내려받기(2001), 덧대기용(2001), 돌려막기(2001), 새판짜기(2001), 솎아내기(2001), 찍기용(2001), 콧등치기국수(2001), 튄공(잡기)(2001), 꼬리물기(2002), 빌딩타기(2002), 알박기(2002), 알박기되다(2002), 치기(2002), 박치기주(2003), 사돈보기(2003), 일하기싫어병(2003), 치기단(2003), 파도타기주(2003), 다걸기(2004), 몰아가기(2004), 파일보기춤(2005), 털기춤(2005), 어중치기(2005), 걸기돈(2005), 경제^다^걸기론(2005), 떨기춤(2005), 눈길끌기(2008), 눈길장보기(2008), 받아먹기(2008), 길치기(2009), 외신^짜깁기(2009), 젖떼기밥(2009), 각자내기(2010), 신상털기(2010), 풋내기성(2010), 깻박치기(2012), 스마트폰치기(2012), 벽치기^연설(2014), 얼굴^몰아주기(2015), 알^박기^데모(2016), 양맺기^문화(2016), 컴^까기(2016), 푸드^도장^깨기(2016), 나로서기(2017), 감아오기(2019)

나. 대물림되다(2000), 도움(2000), 도움하다(2000), 도움왕(2000), 땜방(2000), 떨림막(2000), 뜀박질(2000), 뜀박질하다(2000), 맞춤아기(2000), 맞춤장(2000), 맞춤집(2000), 맞춤형(2000), 모임방(2000), 물미끄럼틀(2000), 버팀재(2000), 삶터(2000), 손바뀜(2000), 숫자놀음(2000), 쉼없다(2000), 신내림(2000), 웃음샘(2000), 웃음폭탄(2000), 자리매김(2000), 자리매김되다(2000), 자리매김하다(2000), 줄임말(2000), 춤파(2000), 탈바꿈되다(2000), 토막잠(2000), 헛춤(2000), 거지춤(2001), 그림편지(2001), 금죔쇠(2001), 날뫼북춤(2001), 내림술(2001), 눈가림식(2001), 데침(2001), 땜질식

(2001), 맞춤복(2001), 맞춤책(2001), 모음집(2001), 바깥말음머리
(2001), 반구김성(2001), 밤샘조사(2001), 시침핀(2001), 쌈감(2001),
얼음땡(2001), 옆걸음(2001), 왕꿈(2001), 찜닭(2001), 찜질기(2001),
찜질팩(2001), 해오름식(2001), 흐름전(2001), 맞춤아기(2000), 볶음
짬뽕(2002), 달림방(2003), 도우미견(2003), 싸움계(2003), 싸움짱
(2003), 씌움수(2003), 죽음이다(2003), 한상차림(2003), 그림말
(2004), 길도우미(2004), 꾸림정보(2004), 맞춤버스(2004), 멋울림
(2004), 붙임쪽지(2004), 시드름병(2004), 얼음방(2004), 맵시가꿈
이(2005), 부비부비춤(2005), 자활꿈터(2005), 바쁨^공화국(2005),
빛가림(2005), 우승 지킴이(2005), 그림족(2005), 뒤집음말(2005),
매미춤(2005), 손펼침막(2005), 전봇대춤(2005), 가름짓다(2008),
갯닦음(2008), 곁그림(2008), 끝맺음^자막(2008), 눈치우미(2008),
맞춤술(2008), 맞춤형누리방송(2008), 문자^알리미^서비스(2008),
부름갈채(2008), 부름공세(2008), 생웃음(2008), 선보임공연(2008),
앉음돌(2008), 찍음장(2008), 체력^도우미(2008), 총알춤(2008), 행
사빛냄이(2008), 각선미춤(2009), 길잠꾼(2009), 내긂힘성(2009),
닭쌈밥(2009), 댓글나눔터(2009), 돌림글(2009), 돌봄처(2009), 딸
림^노조(2009), 모자춤(2009), 무중력춤(2009), 물음표(2009), 바퀴
벌레춤(2009), 봉춤녀(2009), 알림창(2009), 앙탈춤(2009), 얼음녀
(2009), 의자춤(2009), 입술춤(2009), 짝지차림(2009), 찜질족(2009),
눈속임짓(2010), 느낌파(2010), 다짐터(2010), 뽀삐뽀삐춤(2010), 신
상뽐춤(2010), 이음^도로(2010), 재능^나눔(2010), 클럽춤(2010), 탁
자춤(2010), 탈골춤(2010), 커플깝춤(2012), 꾸밈옷(2013), 이랴이랴
춤(2013), 잘생쁨(2013), 찍힘흔(2013), 차임류(2013), 헐크춤(2013),
귀염사(2015), 쉼포족(2015), 쉼표^마케팅(2015), 고무^신축^이음관
(2016), 고용^디딤돌^제도(2016), 고용^디딤돌^프로젝트(2016), 귀염
짤(2016), 꾸밈^노동(2016), 대리^설렘(2016), 번달번줌(2016), 웃음^
사망꾼(2016), 지름용(2016), 흙수저^대물림(2016), 빡침^비용(2017),
찜통^대선(2017), 프로^놀람러(2017), 화성^얼음집(2017), 잠자리말
(2018), 꿀잠템(2019), 낯설렘(2019), 놀앎러(2019)

(16)은 신어 명사형 전성 어미 결합어이다. (16가)는 '-기', (16나)는 '-(으)ㅁ'이 포함된 신어들이다. 명사형 전성 어미 결합어는 모든 신어 통사적 결합어 중에서 가장 많은 비중을 차지하는데, 한 단어로 확고히 굳은 '춤', '웃음', '얼음' 등의 통사적 결합어가 다시 단어를 형성하는 데 참여한 것을 하나의 이유로 들 수 있다.

신어 명사형 전성 어미 결합어에서도 다양한 어종과의 결합을 찾아볼 수 있다. '귀염사(2005)', '꿀잠템(2019)', '놀앎러(2019)'에서는 한자어 '死', 영어 '← item', '-er'에 해당하는 요소와 결합하는 현상을 찾을 수 있다.

5.4. 신어 통사적 결합어의 특징

본장의 통사적 결합어는 최형용(2003a)에 따라 조사나 어미가 포착되는 모든 경우를 통사적 결합어로 보았다. 최형용(2003a)에서 밝힌 바와 같이 이러한 처리는 신어 형성에서 조사나 어미가 활발하게 참여한다는 사실을 보일 수 있기 때문이다. 앞서 유형별로 제시한 통사적 결합어는 통사적 결합이 아닌 다른 형성 방법을 통해 만들어질 수 있다. 통사적 구성이 그대로 단어화하여 통사적 결합어를 형성할 수도 있지만, 다른 방법으로 형성된 단어에 조사나 어미가 있다면 통사적 결합어로 보았기 때문이다. 이 절에서는 다양한 형성 방법을 통해 만들어진 통사적 결합어를 대표적인 예시를 통해 살펴본 후 품사별 분포를 제시하도록 한다.

5.4.1. 신어 통사적 결합어의 형성

5.4.1.1. 통사적 구성의 단어화로 형성된 신어 통사적 결합어

통사적 구성이 단어화하여 형성된 신어 통사적 결합어의 예시는 다음 (17)과 같다.

(17) 가. 악의^축(2002), 나로서기(2017)
     나. 내려받다(2000), 긴세대(2000)

(17가)는 조사 결합어, (18나)는 어미 결합어에 해당한다. 이들 단어는 모두 통사적 구성이 그대로 단어가 된 경우이다. 이 단어들은 모두 의미적 신어에 해당한다. 형태는 원래의 통사 구성과 차이가 없지만, 새로운 뜻을 얻어 신어 보고서에 한 단어로서 제시된 것이기 때문이다. 기존의 사전 등재 통사적 결합어도 통사적 구성의 단어화로 형성된 것들이 대부분이다. 앞서 제시했던 사전 등재 통사적 결합어 '물이못나게, 하기는, 그랬다저랬다, 여보시오, 갈아 먹다, 가는갈퀴'는 모두 이 유형에 해당한다.

5.4.1.2. 그 외의 방법으로 형성된 신어 통사적 결합어

한편 신어 통사적 결합어 중에는 통사적 구성의 단어화가 아닌 방법으로 형성된 단어가 다수 존재한다. 이 절에서는 파생, 합성, 축약, 혼성에 의해 형성된 통사적 결합어를 살펴보도록 한다.

(18) 가. 우리가남이냐족(2002), 헛춤(2000)
     나. 단짠단짠(2015), 밤샘조사(2001), 총알춤(2008)
     다. 렬루(2018), 행쇼(2013) ; 답정넌말(2012), 낮져밤이(2013)
     라. 내가티브(2017), 됐추럴(2019), 꿀잠템(2019)

(18가)의 '우리가남이냐족(2002)'에서는 조사 '가', 어미 '-냐', '헛춤(2000)'에서는 어미 '-(으)ㅁ'을 찾을 수 있기에 본장에서는 통사적 결합어로 다루었으나, 이들 단어는 직접 성분으로 접사 '-족'과 '헛-'을 가진 파생어로 분류될 가능성이 있다. '우리가남이냐'에 접사 '-족'이 붙어 파생한 단어로 볼 수 있는 것이다.

(18나)는 합성어로 분류될 수 있는 통사적 결합어들이다. '단짠단짠(2015)', '밤샘조사(2001)', '총알춤(2008)' 모두 어근과 어근의 결합으로 이루어진 단어이기 때문이다. '단짠단짠(2015)'을 제외한 단어들은 더 나아가 '밤샘', '조사' 그리고 '총알', '춤'이라는 자립적인 요소들의 결합으로 이루어졌다.

(18다)는 축약에 의해 형성된 통사적 결합어이다. 이들은 두 가지로 나누어 살펴볼 수 있다. 먼저 '렬루(2018)', '행쇼(2013)'는 각각 '리얼로', '행복하십시오'가 단순 축약되어 만들어진 단어라면 '답정넌말(2012)', '낮져밤이(2013)'는 두음절어로 분류될 수 있다. '답은 정해져 있고 너는 말만 하면 돼'와 '낮에 지고 밤에 이기는 스타일'이라는 구성의 첫 음절들을 가져와 축약한 형태가 단어로 결과되었기 때문이다.

(18라)는 혼성을 통해 형성된 단어들로, 형성 방법에 따라서는 혼성어로 분류된다. '내가티브(2017)'[8], '됐추럴(2019)'[9], '꿀잠템(2019)'은 각각 주격 조사 '가', 연결 어미 '-어'와 선어말 어미 '-었-', 전성 어미 '-(으)ㅁ'이 단어 내부에서 나타나는 넓은 의미의 통사적 결합어이다.

(18다)와 (18라)는 특히 기존의 사전 등재 통사적 결합어에서는 볼 수 없던 새로운 유형의 통사적 결합어이다. 이는 신어의 형성에 축약과 혼성이 자주 사용되기 때문으로 추측할 수 있다. 다만 조사나 어미가 이러한 단어 형성 과정에서 탈락하거나 생략되지 않고, 다른 요소와 결합된 상태 그대로 단어가 된다는 사실은 주목할 만하다.

---

8) '내가 하는 네거티브'라는 뜻.
9) '됐고! 여전히 내추럴!'을 의미하는 말.

5.4.2. 신어 통사적 결합어의 품사

본장에서는 앞서 2000년부터 2019년까지 국립국어원이 발표한 신어 보고서의 통사적 결합어를 가려내어 유형별로 목록을 제시하였다. 이 절에서는 이 단어들의 품사별 분포를 알아보고자 한다. 다음 (19)는 2000년부터 2019년까지 발표된 17개의 신어 보고서에 나타난 통사적 결합어의 품사별 통계이다.

(19) 신어 통사적 결합어의 품사 분포

	명사(개)	동사(개)	형용사(개)	부사(개)	구 단위(개)	계(개)
2000	58	8	1	-	2	69
2001	35	-	-	-	2	37
2002	9	1	-	-	3	13
2003	15	1	1	-	4	21
2004	11	-	-	-	2	13
2005	17	-	-	-	3	20
2008	18	1	-	-	7	26
2009	22	-	-	-	7	29
2010	11	-	-	-	2	13
2012	7	1	-	-	1	9
2013	10	-	1	-	1	12
2014	1	-	-	-	1	2
2015	3	-	-	-	3	6
2016	6	-	-	-	17	23
2017	3	-	-	-	5	8
2018	5	-	-	1	3	9
2019	13	-	-	-	2	15
계(개)	244	12	3	1	65	325

총 325개의 신어 통사적 결합어 중 구 단위의 신어는 65개로, 전체의 20%를 차지했다. 나머지인 80%의 신어가 단어 단위의 신어였는데, 단어 단위의

신어 통사적 결합어 중 품사가 명사인 것이 93.8%, 동사인 것이 4.6%, 형용사인 것이 1.2%, 부사인 것이 0.4%를 차지했다. 이는 전체적인 신어의 품사 분포와 맥을 같이하는 것이기도 하다. 동사인 신어 통사적 결합어의 대부분은 'X하다', 'X되다' 류가 차지했다. 신어 통사적 결합어 중 형용사는 '쉽없다(2000)', '죽음이다(2003)', '체고시다(2013)', 부사는 '렬루(2018)'가 전부였다. 통사적 구성의 단어화에 의해 형성되는 일이 많은 통사적 결합어의 특성상 구 단위의 신어도 적지 않게 나타난다는 점을 확인해 볼 수 있다.

5.5. 나가기

이 장에서는 신어 통사적 결합어의 범위를 설정하고 국립국어원의 신어 보고서에서 제시된 통사적 결합어를 조사와 어미의 유형에 따라 살펴보았다. 최형용(2003a)의 통사적 결합어 분류에 기대어 신어 조사 결합어는 격조사 결합어와 보조사 결합어로 나누고, 신어 어미 결합어는 선어말 어미 결합어, 종결 어미 결합어, 연결 어미 결합어, 전성 어미 결합어로 나누었다. 각 유형 중 신어 보조사 결합어가 가장 적은 수를 보였고, 신어 전성 어미 결합어가 가장 많았다. 이는 전성 어미의 큰 생산성 때문이기도 하고 전성 어미 결합어 중 이미 한 단어로 굳건하게 자리하고 있는 '춤', '얼음', '웃음' 등이 다시 단어 형성에 참여하였기 때문이기도 하다.

신어 통사적 결합어에서는 기존의 통사적 결합어에서는 보이지 않던 다양한 단어 형성법과 다양한 어종간의 결합을 볼 수 있었다. 대부분의 통사적 결합어는 원래의 통사적 구성이 그대로 달라붙어 만들어진 반면 신어 통사적 결합어를 형성하는 방법에는 혼성이나 축약이 새로이 나타났다. 또, 한자어나 영어와 결합하여 한 단어를 형성하는 특징도 보였다.

본장은 신어 보고서에 나타난 모든 통사적 결합어를 다루고자 하여 신어 하나하나를 속속들이 들여다보지 못했다는 한계를 가진다. 이 단어들의 단어 형성 방법, 품사 등이 자세히 고려되면 더욱 깊이 있는 연구가 되었을 것이라는 아쉬움을 남긴다. 또한 통시적인 관점은 거의 취하지 못하였다. 본장은 신어 보고서 내의 통사적 결합어의 목록을 유형별로 구체화하고 신어 통사적 결합어에 새로이 나타난 단어 형성 방식을 조명하였다는 데 의의를 가진다.

참고문헌

‖논저류‖

국립국어연구원, 『2000년 신어』.

국립국어연구원, 『2001년 신어』.

국립국어연구원, 『2002년 신어』.

국립국어연구원, 『2003년 신어』.

국립국어원, 『2004년 신어』.

국립국어원, 『2005년 신어』.

국립국어원, 『2008년 신어 자료집』.

국립국어원, 『2009년 신어 자료집』.

국립국어원, 『2010년 신어 자료집』.

국립국어원, 『2012년 신어 자료집』.

국립국어원, 『2013년 신어 기초 조사 자료』.

국립국어원, 『2014년 신어』.

국립국어원, 『2015년 신어』.

국립국어원, 『2016년 신어 조사 및 사용 주기 조사』.

국립국어원, 『2017년 신어 조사』.

국립국어원, 『2018년 신어 조사』.

국립국어원, 『2019년 신어 조사』.

김영태(2000), 『현대국어 보조용언 연구』, 문창사.

김일병(2000), 『국어 합성어 연구』, 역락.

김창섭(1996), 『국어의 단어형성과 단어구조 연구』, 태학사.

김창섭(1998), 『국어 어휘 자료 처리를 위한 단어와 구의 형태·통사론적 연구』, 국립국어연구원.

남기심·고영근·유현경·최형용(2019), 『표준국어문법론』, 한국문화사.

송원용(2005), 『국어 어휘부와 단어 형성』, 태학사.

오규환(2008), 「현대 국어 조사 결합형의 단어화에 대한 연구」, 서울대 석사학위논문.

오규환(2013), 「단어 형성 과정으로서의 어휘화」, 『국어학』 68, 323-366.

오규환(2016), 「한국어 어휘 단위의 형성과 변화 연구」, 서울대학교 박사학위논문.

왕사우(2019), 「한국어 조사·어미 결합형 명사에 대한 연구」, 이화여자대학교 박사학위논문.

유현경·이찬영(2020), 「어미 결합형의 사전적 처리에 대한 연구」, 『한국사전학』 35, 108-144.

이익섭(1986), 『국어학 개설』, 학연사.

정한데로(2015), 『한국어 등재소의 형성과 변화』, 태학사.

정한데로(2018), 「통사론적 구성과 단어 형성」, 『어문연구』 49-3, 91-123.

조가역(2019), 「한국어 통사적 결합어의 단일어화 고찰」, 『한국학연구』 55, 379-402.

최형용(2003a), 『국어 단어의 형태와 통사 - 통사적 결합어를 중심으로』, 태학사.

최형용(2003b), 「줄임말과 통사적 결합어」, 『국어국문학』 135, 191-220.

최형용(2006), 「합성어 형성과 어순」, 『국어국문학』 143, 235-272.

최형용(2013), 『한국어 형태론의 유형론』, 박이정.

최형용·박민희·김혜지·이찬영·김현아·오윤경·방유정(2015), 『한국어 연구와 유추』, 역락.

최형용(2016), 「형태론, 쟁점들에서 길 찾기」, 『어문연구』 44, 37-88.

최형용(2020), 「계열관계에서 본 『표준국어대사전』의 추가 표제어」, 『한중인문학연구』 68, 361-389.

황화상(2001), 『국어 형태 단위의 의미와 단어 형성』, 월인.

황화상(2018), 『현대 국어 형태론』, 지식과 교양.

허철구·김명광·조지연·한명주·정한데로(2014), 『단어와 어휘부』, 역락.

Haspelmath, M. & Sims, A. D.(2010), *Understanding Morphology(2nd ed.)*, London : Hodder Education. [오규환·김민국·정한데로·송재영 역(2015), 『형태론의 이해』, 역락].

Mattiello, E.(2017), *Analogy in Word-Formation : A Study of English Neologisms and Occasionalisms*, Berlin : Mouton de Gruyter.

‖사전류‖

국립국어원, 표준국어대사전(https://stdict.korean.go.kr/main/main.do)

6. 한국어 신어 형성과 유추

6.1. 들어가기

인간은 특정한 대상이나 개념을 표현하고자 하는 욕구를 기본적으로 가지고 있다. 하지만 어떤 특정한 대상이나 개념을 표현하고자 하는 욕구가 발생했을 때, 우리는 매번 그에 대한 개념화를 새로이 하는 것이 아니라 우리의 어휘부에 이미 존재하고 있는 것들을 기반으로 새로운 단어를 형성한다. 즉, 신어는 완전히 새롭게 형성될 수도 있지만 대부분이 어휘부 내에 이미 존재하고 있는 단어들로부터 추론 과정을 거쳐 형성된다. 본장에서는 이때 단어 형성 기제로서 작용하는 유추에 주목하여 신어의 형성을 살피고자 한다.

(1) 가. 다다익선(多多益善) → 속속익선(速速益善)(2004), 고고익선(高高益善)(2005), 거거익선(巨巨益善)(2019)

나. 삼계탕 → 삼게탕(2002)[1]

다. 경리단길 → 객리단길(2017)[2], 동리단길(2018)[3], 송리단길(2018)[4]

라. 길치 → 글치(2009)

---

1) 꽃게나 대게의 몸 속에 찹쌀, 인삼 등을 넣어 삼계탕처럼 만드는 음식.
2) 전주시에 있는 조선 시대 유적인 객사(客舍) 주변의 길.
3) 상권이 활성화된 광주 동명동 거리를 이르는 말.
4) 서울특별시 송파구 백제고분로 45길 주변의 골목길.

(1)의 단어들은 신어 보고서에 제시된 단어들로 완전히 새롭게 창조된 것들이 아닌 이미 존재하고 있는 단어들을 기반으로 형성된 단어들이다. (1가)의 '속속익선, 고고익선, 거거익선'은 사자성어 '다다익선'을 기반으로 하여 형성된 단어들로 신어 보고서에서도 이를 언급하고 있다. (1나, 다, 라)의 경우, 기존 단어를 기반으로 형성된 단어임을 밝히고 있지 않지만 우리는 이 단어들이 완전히 새롭게 형성된 것이 아닌 기존 단어와의 유사성을 통해 형성된 단어임을 파악할 수 있다. 이처럼 우리는 표현론적 동기를 가지고 새로운 단어를 형성하는데, 이때 형성되는 단어는 대개 이미 어휘부에 존재하는 단어를 기반으로 형성된다. 또한 신어는 (1)에 제시된 단어들을 통해서도 알 수 있듯이 비교적 분명한 출현시기를 가지기 때문에 어떤 단어를 모형 단어로 하여 어떤 단어, 즉 표적 단어가 형성되었는지를 따지는 것이 어렵지 않다. 기존 논의들에서는 어떤 단어가 모형 단어인지 파악하는 것이 쉽지 않다는 것을 유추의 문제점으로 지적하는데 신어는 비교적 출현시기가 분명하기 때문에 전혀 문제가 되지 않는다. Mattiello(2017)에서도 신어의 이러한 특성 때문에 신어 형성 기제로서의 유추의 효용성을 강조한다. 따라서 본장에서는 신어의 형성 기제를 유추로 설명하고 유추의 유형에 따라 신어를 분류하고자 한다.

기존 논의들에서는 대부분 채현식(2003b)에서 분류한 표면적 유사성에 기초한 유추와 구조적 유사성에 기초한 유추로 유추의 유형을 구분해왔다. 하지만 채현식(2003b)에서 분류한 유추의 유형은 표면적 유사성과 구조적 유사성을 구분하는 경계가 불분명한 부분이 있다. 따라서 본 연구에서는 Mattiello(2017)에서 제시한 '표면 유추(Surface analogy)'와 '틀에 의한 유추(Analogy via schema)'로 유형을 분류하고 '표면 유추'는 모형 단어와 표적 단어5) 간의 유추의 기반이 되는 유사성을 기준으로 하위 유형을 살펴보고자

---

5) 6.2.1에서도 제시하고 있듯이 채현식(2003b)은 Mattiello(2017)에서의 '모형 단어(model word)', '표적 단어(target word)'를 각각 '근거 단어(source word)', '표적(target)'이라는

한다. 본장의 대상이 되는 신어는 국립국어원에서 발표한 2000년부터 2019 년까지의 신어 조사 보고서의 단어들을 기반으로 한다. 다만, 국립국어원에 서 발표한 신어 보고서는 2019년도 자료가 마지막이므로 그 이후에 형성된 신어들을 살피기 위해 신어 보고서 외에도 『우리말샘』, 『네이버 오픈사전』, 인터넷 기사에서 사용된 단어들을 추가로 살펴보고자 한다.

우선 2절에서는 신어 형성 기제로서 유추의 개념을 살펴보고자 한다. 또한 채현식(2003b)에서 제시한 유추의 유형에 대한 문제점을 밝히고 본 논문에서 따르고자 하는 유추의 유형을 제시한다. 3절에서는 실제 신어들의 형성을 살펴보고 이들을 유추의 유형에 따라 분류하고자 한다. 본 연구는 신어의 형성을 유추로 설명하고 각 유형에 해당하는 신어의 형성을 살펴본다는 데 의의가 있다.

6.2. 신어 형성 기제로서의 유추

이 절에서는 선행 연구들을 검토하면서 신어 형성 기제로서의 유추의 개 념과 유형을 정리하고자 한다. 6.2.1절에서는 단어 형성 기제로서의 유추의 개념을 정리하고 유추의 형태론적 조작인 '대치'와 이에 수반되는 '재분석', '절단'을 중점적으로 살펴보고자 한다. 6.2.2에서는 채현식(2003b)에서 제시한 유추의 유형을 살펴보고 본장에서 따르고자 하는 유추의 유형을 제시한다.

용어를 사용해서 유추에 의한 단어 형성을 설명한다. '모형 단어', '근거 단어' 모두 유추의 기반이 되는 기존의 단어를 말하며 이를 기반으로 새롭게 형성된 단어가 '표적 단어', '표 적'에 해당한다. 본장은 Mattiello(2017)에서 제시한 유추의 유형을 따르고 있으므로 유추 의 기반이 되는 기존의 단어를 '모형 단어', 이를 기반으로 새롭게 형성된 단어를 '표적 단어'로 지칭하고자 한다.

6.2.1. 유추의 개념

형태론에서 규칙과 유추는 단어 형성 기제로서 많은 연구자들로부터 주목을 받아왔다. 1960~70년대에는 규칙을 중심으로 단어 형성을 논의한 생성문법론이 지배적이었다면 1990년대 후반에는 인지 언어학이 주목받기 시작하면서 유추가 단어 형성 기제로 부상하게 되었고 한국어 형태론에서는 이때부터 단어 형성을 둘러싼 규칙론자들과 유추론자들의 논쟁이 시작되었다. 단어 형성이 규칙에 의해서 이루어진다고 주장한 생성문법론에서는 유추적 단어 형성을 단지 규칙에 의해 형성된 것으로 보기 어려운 비생산적인 유형에 한정하였다(Bauer 1983 : 95-96). 즉, 규칙론에서는 생산적인 단어 형성을 규칙에 의한 것으로 설명하고 규칙적이지 못한 예외적인 단어들은 유추에 의해 형성되는 것으로 본 것이다.[6] 하지만 유추론에서는 생산적이고 규칙적인 단어의 형성 과정도 유추로 설명하고자 하였다. 채현식(2003b)에서는 구조적 유사성을 공유하는 계열체들이 증가하면 유추의 틀을 형성하게 되고 이러한 유추의 틀에 의해 단어가 형성된다고 한 바 있는데 이는 유추에 의한 단어 형성이 더 이상 불규칙적이고 비생산적인 개별 단어에 의존하는 것이 아님을 보여준다. Mattiello(2017)에서는 유추와 규칙을 상호 배타적인 개념으로 간주하지 않았는데 유추와 규칙으로 설명이 가능한 예들을 '표면 유추'의 하위 유형인 '규칙과 결합한 표면 유추(Surface analogy combined with rule)'로 설명한 것을 통해 이를 알 수 있다.

채현식(2003b : 109)에 따르면 '유추에 의한 단어 형성'이란 "화자에게 익숙한 기존의 단어(들)에 기초해서 새로운 단어를 만들어 내는 과정"이다. 이때 유추의 기반이 되는 기존의 단어를 '근거 단어(source word)'라 하고 이를 기반

---

6) Bauer(1983 : 294)은 "단어 형성의 예가 규칙에 의해 생성되지 않는 경우, 이들을 만들 수 있는 다른 과정이 있어야 하는데 이 과정이 아마 유추일 것이다"라고 기술한다. 이는 단어 형성 기제로 유추를 규칙과 동등한 자격을 부여하는 것이 아닌 규칙에 보조적인 역할을 담당한다고 보는 입장이다.

으로 새롭게 형성되는 단어를 '표적(target)'이라고 한다. 즉, 유추는 모형 단어를 기반으로 표적 단어를 만들어 내는 추론 과정으로 다음과 같은 과정을 거친다.

> (2) 유추에 의한 단어 형성 과정(채현식 2003b : 117)
> 　가. 표적(target)의 확인 : 해결해야 할 표적을 확인한다.
> 　나. 근거 단어(source words)의 탐색 : 어휘부에서 표적의 문제를 해결하는 데 근거로 이용될 수 있는 단어(들)을 찾는다.
> 　다. 근거 단어와 표적의 비교·정렬 : 근거 단어와 표적을 비교·정렬해서 둘 사이의 공통성을 포착한다.
> 　라. 근거 단어의 구조적 관계를 표적에 사상(寫象) : 근거 단어에서 추상화된 구조적인 관계를 표적에 적용한다.

　(1)에서 제시한 '글치(← 길치)'를 예로 들어 살펴보자. '표적 단어의 확인(2가)'은 어떤 개념에 적절한 단어를 만들겠다는 목적을 세우는 것이다. "글 쓰는 감각이 없어 잘 쓰지 못하는 사람"이라는 개념을 나타내는 단어가 없으므로 이를 표현하는 단어를 만들겠다는 목적을 세운다. 표적 단어를 확인하면 어휘부에서 모형 단어를 탐색한다(2나). '글치'의 경우, 틀에 의한 유추가 아닌 개별 단어에 의한 유추이므로 "길에 대한 감각이나 지각이 매우 무디어 길을 바르게 인식하거나 찾지 못하는 사람"이라는 개념을 나타내는 '길치'가 머리 속에 떠오르게 된다. 어휘부에는 많은 단어가 존재하기 때문에 모형 단어에 적절한 단어를 찾는 것은 그리 쉬운 일은 아니다. 모형 단어를 찾은 후에는 모형 단어와 표적 단어를 비교·정렬한다(2다). 비교·정렬하는 과정은 보통 비례식으로 나타내는데 표적 단어를 'X'라 하고 모형 단어의 '개념-형식'과 표적 단어의 '개념-형식'을 정렬한다. '길에 대한 감각이나 지각이 매우 무디어 길을 바르게 인식하거나 찾지 못하는 사람 : 길치 = 글 쓰는 감각이 없어 잘 쓰지 못하는 사람 : X'로 비례식을 표현할 수 있는데 이러한 비례식

을 통해서 "X에 대한 감각이 없어 잘하지 못하는 사람"이라는 개념을 공유하고 있으며 둘 사이에 유사성이 존재함을 확인한다. 마지막 과정은 모형 단어에서 추상화된 구조적인 관계를 표적 단어에 적용하는 것이다(2라). 개념이 유사하면 개념을 표현하는 형식적인 구조 또한 유사할 것이라고 추론할 수 있으며 추상화된 구조 '[[X]$_{N(X=감각이\ 없어\ 잘\ 못하는\ 대상)}$-치]$_N$'를 만들어 낸다. '길치'로 부터 추상화된 틀 '[[X]$_{N(X=감각이\ 없어\ 잘\ 못하는\ 대상)}$-치]$_N$'가 형성되면 [X]에 '글'을 채워 넣음으로써 'X=글치'가 만들어진다. 형태론적 조작의 관점에서 설명하면 유추는 모형 단어의 일부를 대치해서 표적 단어를 형성하는 것이다. 이는 입력형에 어떤 요소를 첨가해서 출력형을 산출해 내는 규칙과 차이를 보인다.[7] 규칙에 따르면 입력형 '글'에 접미사 '-치'를 첨가해 출력형 '글치'가 형성된 것이지만 유추에 따르면 모형 단어 '길치'에서 '길'이 '글'로 대치된 것이다. 유추에 의한 단어 형성은 언제나 대치라는 조작을 수반하기 때문에 유추에 있어 대치는 매우 중요한 개념이다. 또한 '글치'의 경우, 대치의 조작 과정에 있어 재분석과 절단의 과정이 수반되지 않았지만 대치라는 조작 과정만으로 설명하기 어려운 단어들이 있으며 그런 단어들은 재분석과 절단의 과정이 수반되기도 한다.

재분석(reanalysis)은 화자가 단어가 지닌 원래의 형태론적 구조를 인지하는 데 실패하여 다른 구조를 가진 것으로 해석할 때 일어나는 과정으로 정의된다(Bauer 2004 : 89). 이때 재분석은 원래 단어가 가지고 있는 경계를 다르게 인식하는 경우도 포함되지만 존재하지 않는 경계를 만드는 경우, 존재하는 경계를 없애는 경우도 포함된다.[8] 본장에서 살펴보고자 하는 신어들은 대부

---

7) 단어 형성에서 규칙과 유추의 적용 과정을 도식화하면 다음과 같다.
　가. 규칙에 의한 단어 형성 : X + Y → XY
　나. 유추에 의한 단어 형성 : XY → ZY
8) Langacker(1977)은 재분석을 '경계 상실', '경계 이동', '경계 창조'의 세 가지 유형으로 구분하였다. '경계 상실'은 존재하는 경계를 없애는 것, '경계 이동'은 원래의 경계와 다르게 경계를 인식하는 것, '경계 창조'는 없던 경계를 만드는 것을 말한다.

분 단어가 가지고 있던 원래의 경계를 다르게 인식하는 재분석의 경우에
해당한다.

(3) 가. 경리단길 → 객리단길(2017)
　　 나. 역세권 → 맥세권(2015)
　　 다. 사귀다 → 삼귀다(2014)[9]

　(3)에서 표적 단어가 되는 단어들은 모형 단어의 경계를 다르게 인식한
후 대치를 통해 형성된 신어이다. 모형 단어 '경리단길', '역세권'은 '경리단+
길', '역세+권'의 내부 구조를 가지지만 '경+리단길', '역+세권'으로 내부
구조를 재분석한 후 대치가 일어난 것이다.[10] (3다)의 '삼귀다'는 모형 단어
에는 존재하지 않는 경계를 만들어 단어의 내부 구조를 재분석한 후 대치의
과정이 일어난 것이다. 노명희(2020)에서는 '삼귀다'와 같은 예시를 재분절에
의한 재구조화로 설명하며 신어 형성에 재분석이 관여하는 것을 잘 보여주는
흥미로운 예로 제시하였다. 모형 단어 '사귀다'는 원래 경계가 존재하지 않는
단어이지만 '사귀다'의 '사'를 숫자 '사(4)'로 재분석하고 이를 숫자 '삼(3)'으
로 대치해 '삼귀다'를 형성한 것이다. 이처럼 모형 단어를 기반으로 그 일부
가 대치되어 형성되는 신어들 중에서는 단순히 대치라는 조작 과정으로만
설명하기 어려운 예들도 존재한다. 모형 단어의 내부 구조를 그대로 반영하
여 대치되는 경우도 있지만 (3)의 예시처럼 모형 단어의 내부 구조를 재분석
하는 과정을 수반하기도 한다. 또한 대치의 조작 과정은 절단 과정을 수반하
기도 하는데 (3)에서 유추에 의해 형성된 표적 단어들은 모형 단어의 일부를
대치하여 형성된 단어들로 이때 대치된 요소는 절단 과정을 거친 요소들이

---

9) 아직 연인으로 사귀는 사이는 아니지만 서로 가까이 지냄을 의미.
10) 규칙의 입장에서 본다면 (3가, 나)와 같은 경우의 단어들은 모형 단어의 내부 구조가
　　재분석된 후 대치의 과정을 거친 것이 아닌 두 단어의 일부가 절단된 후 결합 과정을
　　거쳐 형성된 단어이다.

다. '경리단길'에서 '경'과 대치되는 요소는 '객사'가 절단된 '객'이며 '역세권'에서 '역'과 대치되는 요소는 '맥도날드'가 절단된 '맥'이다. 최형용(2004)에서는 음절 수 또한 단어 형성의 기제로서 작용할 수 있음을 밝힌 바 있는데, 이는 모형 단어의 음절 수를 유지하기 위해서 절단 과정을 거친 후 대치가 이루어질 수 있다는 것을 의미한다.

6.2.2. 유추의 유형

유추 기반 논의들은 대부분 채현식(2003b)에서 제시한 유추의 유형을 따르고 있지만 채현식(2003b)에서의 표면적 유사성과 구조적 유사성은 둘을 구분하는 경계가 불분명하다. 본 절에서는 채현식(2003b)에서 제시하는 유추의 유형에 문제점을 제기하고 본 연구에서 따르고자 하는 유추의 유형을 제시하고자 한다. 우선 채현식(2003b)에서 제시하는 유추의 유형을 살펴보자.

채현식(2003b)에서는 유추를 표면적 유사성에 기초한 유추와 구조적 유사성에 기초한 유추로 구분하고 표면적 유사성에 기초한 유추는 다시 의미적 유사성과 음성적 유사성으로 구분한다. 구조적 유사성에 기초한 유추는 개별 단어들에 의한 유추와 유추의 틀에 의한 유추로 구분하였다.[11]

(4) 가. 내 : 내숭 = 외 : X   X= 외숭
　　나. 눈 : 눈치 = 코 : X   X= 코치
　　다. 공처 : 공처가 = 등쳐(먹-) : X   X= 등처가
　　라. 신(新) : 신세대 = 쉰 : X   X= 쉰세대

---

11) 채현식(2003b)에서 제시한 유추에 의한 단어 형성의 분류는 다음과 같다.

표면적 유사성에 　― 불규칙하고 고립적인 유추 ┌ 의미적 유사성
기초한 유추 　　　　　　　　　　　　　　　　 └ 음성적 유사성

구조적 유사성에 ┌ 개별 단어들에 의한 유추
기초한 유추 　　 └ 유추의 틀에 의한 유추

(5) 가. 팔찌 → 귀찌, 목찌

　　나. 계란빵, 단팥빵, 모카빵, 옥수수빵, 크림빵, … → [[X]$_{N(X=재료)}$-빵]$_N$

　　다. 곰보빵, 국화빵, 맘모스빵, 붕어빵, 스틱(stick)빵, … → [[X]$_{N(X=형상)}$-
　　　　빵]$_N$

　(4)와 (5)는 채현식(2003b)에서 제시한 표면적 유사성에 기초한 유추를 통해 형성된 단어와 구조적 유사성에 기초한 유추를 통해 형성된 단어의 예이다. 표면적 유사성에 기초한 유추는 대부분 고립적이고 불규칙하며 개별적인 단어에 기반해 형성된다. (4가)의 '외숭'은 모형 단어 '내숭'의 '내'를 한자어 '內'로 분석한 후, 의미적 유사성에 기대어 '외'로 대치해 형성된 단어이다. (4다)의 '등처가'는 모형 단어 '공처가'의 '공처'를 음성적 유사성에 기대어 '등쳐(먹-)'로 대치해 형성되었다. (4)의 단어들은 모형 단어와의 구조적 유사성은 무시한 채, 의미적 유사성, 음성적 유사성에만 기대어서 유추된 단어들이다. 그에 반해 (5)의 단어들은 모형 단어에서의 구조적 관계가 표적 단어에서도 나타나는 구조적 유사성에 기초한 유추적 형성에 해당한다. 구조적 유사성은 모형 단어와 표적 단어의 내적 구조가 동일하다는 것인데 입력형과 출력형의 통사 범주 자질, 핵-비핵 관계와 같은 형태론적 관계가 내적 구조의 유사성을 결정하는 중요한 요소이다(채현식 2003b : 113). (5가)의 '팔찌'와 '귀찌, 목찌'는 '명사+접미사'라는 동일한 내적 구조를 가지며 어근 '팔, 귀, 목'은 신체의 일부분을 나타내는 명사로 동일한 범주에 속하므로 구조적 유사성에 기초한 유추의 예에 해당한다. (5나, 다)는 개별 단어에 기초한 유추적 형성의 (5가)과 달리 단어들의 계열체로부터 추상된 유추의 틀에 기반해 형성된 단어들이다. (5나, 다)는 모두 '명사+빵'이라는 동일한 내부 구조를 가지는 합성 명사들로 '[[X]$_N$-빵]$_N$'이라는 틀이 형성되는데 명사와 빵이 가지는 의미적인 관계에 따라 서로 다른 틀이 형성된다. (5나)와 (5다)는 명사가 각각 '빵의 재료', '빵의 형상'이라는 의미 관계를 가지며 이러한 차이가 각각의 틀에

반영되어 나타난다. 따라서 화자가 "고구마로 만든 빵"이라는 개념의 새로운 단어를 만들 때, '계란빵, 단팥빵, 모카빵, 옥수수빵, 크림빵, …'의 계열체들로부터 추상화된 틀 '[[X]$_{N(X=재료)}$-빵]$_N$'을 표적 단어에 적용해 '고구마빵'이 만들어진다. 구조적 유사성을 공유하는 계열체들이 많을수록 유추의 틀을 추상하기 쉽고 유형 빈도가 높을수록 그 유추의 틀은 새로운 단어 형성에 사용된다.

위에서 살펴보았듯이 채현식(2003b)에서는 표면적 유사성과 구조적 유사성으로 유추의 유형을 나누고 표면적 유사성은 의미적 유사성과 음성적 유사성으로, 구조적 유사성은 개별 단어들에 의한 유추와 유추의 틀에 의한 유추로 구분하였다. 그러나 정한데로(2016)에서 지적한 바와 같이 표면적 유사성과 구조적 유사성 간의 경계는 모호하고 불분명한 부분이 있다. (4나)의 '코치'와 (5가)의 '귀찌'를 비교했을 때 'X치'와 'X찌' 단어 모두 낮은 유형 빈도를 보이는데 '찌'와는 달리 '-치'만을 접사로 판단할 근거가 분명하지 않고, 이에 따라 (5가)만이 구조적 유사성을 지닌다는 관점은 논란의 여지가 있다는 것이다(정한데로 2016 : 106). 또한 '눈치'와 '코치'에서 대치되는 '눈'과 '코', '팔찌'와 '귀찌, 목찌'에서 대치되는 '팔'과 '귀, 목'은 모두 신체의 일부분으로 동위 관계에 있다고 볼 수 있다. 즉, 'X찌' 단어들도 대치되는 요소가 의미적 유사성을 나타낸다고 할 수 있으며 'X치'와 'X찌'는 단지 모형 단어와 표적 단어 간의 내적 구조의 동일성 여부에서만 차이를 보이는 것이다. 따라서 표면적 유사성과 구조적 유사성으로 유추에 의한 단어 형성을 분류하는 것은 그 경계가 모호하다고 판단된다.

채현식(2003b)에서는 표면적 유사성에 기초한 유추에 해당하는 단어들은 고립적이고 불규칙하며 개별적인 단어에 기반해 형성된다고 보아 구조적 유사성에 기초한 유추의 하위 유형으로만 유추의 틀에 의한 유추를 제시하고 있으며 표면적 유사성에 기초한 유추에 대해서는 유추의 틀에 의한 유추를 제시하지 않았다.

(6) 가. 경리단길 → 객리단길(2017), 동리단길(2018), 송리단길(2018), …
　　나. 역세권 → 맥세권(2015), 공세권(2016)[12], 강세권(2017), …
　　다. 문맹(文盲) → 컴맹, 넷맹(2000)[13], 돈맹(2003), 모맹(2005)[14], 핵
　　　　맹[15](2006), …

　채현식(2003b)에 따르면 (6)의 예시들은 모형 단어와 구조적 유사성을 가지지 않으며 오직 표면적 유사성에만 기대어 유추된 단어이다. 하지만 (6)의 단어들은 동일한 고정항을 공유하는 계열체들이 증가해 추상화된 틀이 형성되었고 새로운 단어를 형성할 때 모형 단어 '경리단길', '역세권', '문맹'을 어휘부에서 꺼내 형성하는 것이 아니라 유추의 틀을 가지고 형성된다. 본장에서 다루고자 하는 신어에는 모형 단어와 구조적 유사성을 가지지 않고 오직 의미적 유사성에만 기반하여 형성된 단어였지만 계열체들이 증가해 틀에 의한 유추로 변화한 단어들이 많다. 따라서 본 연구에서는 유추를 크게 '표면 유추'와 '틀에 의한 유추'로 분류한 Mattiello(2017)를 따르고자 한다.
　Mattiello(2017)에서는 유추를 '표면 유추(Surface analogy)'와 '틀에 의한 유추(Analogy via schema)'로 분류하였는데 표면 유추와 틀에 의한 유추의 차이는 통시적인 것이다. 이는 (6)의 단어들이 초기에는 개별 단어와의 표면적 유사성에 기반해 형성되었지만 시간이 지남에 따라 동일한 형태를 가진 계열체들이 증가하고 유추의 틀이 형성되어 틀에 의한 유추로 변화하였음을 설명하는 데 문제가 없다. '표면 유추'는 모형 단어가 하나의 어휘소로 제한되며 표적 단어는 모형 단어와 매우 높은 유사성을 기반으로 형성된다. 즉, 표면 유추는 개별 단어에 기반한 유추라고 정리할 수 있다. 표면 유추에서 모형 단어와 표적 단어가 나타내는 유사성으로는 음운론적(phonological) 유사성, 형태배열

12) 공원을 일상적으로 이용하는 주변 거주자가 분포하는 범위.
13) 인터넷을 전혀 사용할 줄 모름. 또는 그러한 사람.
14) 휴대 전화의 기능을 제대로 활용하지 못하는 사람.
15) 핵무기에 대하여 모름. 또는 그러한 사람.

적(morphotactic) 유사성, 의미론적(semantic) 유사성을 제시하고 이 세 가지 유
사성들이 결합되어 나타나기도 한다고 하였다. 본 연구 또한 유사성을 기준
으로 표면 유추의 하위 유형을 구분하고자 하나 의미적 유사성과 음성적
유사성으로만 구분하고자 한다. Mattiello(2017)에서 제시한 '형태배열적 유사
성'은 영어와 달리 한국어에서는 나타나기 어려우므로 제외하였다. Mattiello
(2017)에서도 언급하였듯이 모형 단어와 표적 단어 간에는 언제나 한 가지
유사성만 나타나는 것이 아니며 둘 이상의 유사성이 모두 나타날 수 있다.
최형용(2015), 김혜지(2016, 2021)에서도 유추라는 단어 형성 기제가 단일하게
일어나지 않는다는 점을 지적한 바 있다.16) 본장에서는 단일 유추와 복합
유추를 본격적으로 다루지는 않지만 유추에 의한 신어 형성에서 둘 이상의
유사성이 작용할 수 있다는 것을 언급하고자 한다.

6.3. 유추에 의한 신어 형성의 분류

6.3.1. 표면 유추에 의한 신어 형성

'표면 유추'는 Mattiello(2017)가 분류한 유추의 유형 중 하나로 개별 단어에
기반한 유추적 형성의 신어들이 이 유형에 해당한다. 표면 유추에 의한 신어
형성은 유추의 기반으로 어떤 유사성이 작용하였는지에 따라 의미적 유사성,

---

16) 최형용(2015), 김혜지(2016, 2021)에서 모두 유추가 단일하게 일어나지 않음을 지적하였
   지만 최형용(2015)과 김혜지(2016)에서 제시한 유추의 개념은 '다중 유추'에 해당하는
   것으로 김혜지(2021)에서의 '복합 유추'와는 구분된다. '복합 유추'는 유추적 형성에 둘
   이상의 유사성이 복합적으로 작용하는 것인 반면 '다중 유추'는 하나의 표적 단어의 모형
   이 여럿이 될 수 있고 그것들이 각각 유사성을 가짐을 전제로 한다. 즉, '복합 유추'는
   모형 단어와 표적 단어 간의 일대일 관계를 기반으로 하는 데 반해 '다중 유추'는 단어들
   의 다대일 관계를 기반으로 한다는 차이가 있다(김혜지 2021 : 239). 본고에서도 유추적
   형성에 있어 둘 이상의 유사성이 복합적으로 작용하는 복합 유추의 예를 제시해 유추가
   단일하게 일어나지 않음을 지적하고자 한다.

음성적 유사성으로 구분하여 살펴보고자 한다. 또한 표적 단어들은 모형 단어와 의미적, 음성적으로 유사한 특징을 공유하지만 언제나 한 가지 측면에서의 유사성을 공유하지 않는다. 모형 단어와 두 가지 이상의 유사성을 공유하는 복합 유추가 가능하며 공유하는 유사성 중에서도 더 우세하게 작용하는 유사성이 존재한다. 본장에서는 단일 유추와 복합 유추를 본격적으로 구분하여 살펴보지는 않지만 복합 유추의 가능성을 제시하고 복합 유추에 해당하더라도 우세한 유사성을 중심으로 유형을 분류하고자 한다.

6.3.1.1. 의미적 유사성에 기반한 신어 형성

의미적 유사성에 기반한 신어 형성은 표적 단어를 형성하는 데 의미적 유사성이 유추의 기반이 된 경우를 말한다. Mattiello(2017)에 따르면 의미적 유사성도 모형 단어와 표적 단어에서의 가변적인 부분이 가지는 의미 관계에 따라 분류할 수 있다. Mattiello(2017 : 90-93)에서 제시한 모형 단어와 표적 단어의 가변적인 부분, 즉 대치되는 부분이 가지는 의미 관계 척도를 정리하면 다음과 같다.[17]

(7) 가. 유의어(synonym) : <u>suicide</u>[1732] ← <u>autocide</u>[1635]
　　나. 동원어(paronym) : <u>kid</u>-friendly[2013] ← <u>child</u>-friendly[1977]
　　다. 반의어(antonym) : <u>absent</u>ation[1800] ← <u>present</u>ation[a1325]
　　라. 동위어(co-hyponym) : <u>og</u> whisperer[1998] ← <u>horse</u> whisperer[1843]

채현식(2003b)은 의미 관계 척도에 따라 의미적 유사성을 구분하지 않았지

---

17) Mattiello(2017)에서는 모형 단어와 표적 단어의 가변적인 부분이 반대 대립의 의미를 가지는 관계를 반의어(antonym), 역동어(reverse antonym), 역의어(converse antonym)로 세분화해서 제시하였지만 본장에서는 역동어, 역의어를 모두 포함해서 반대 대립의 의미를 가지는 관계를 반의 관계라 하고자 한다.

만 의미적 유사성에 기반한 유추의 예로 제시한 단어 (4가, 나)를 살펴보면 모형 단어와 표적 단어에서 대치되는 요소들은 각각 반의 관계, 동위 관계를 나타내는 것을 알 수 있다. (4가) '내숭-외숭'은 대치되는 요소 '내'와 '외'가 반의 관계를, (4나) '눈치-코치'에서 '눈'과 '코'는 동위 관계를 나타낸다. 즉, 모형 단어와 표적 단어 간의 의미적 유사성에 기대어 형성되는 예시들은 다양한 의미 관계를 나타낸다. 본 절에서는 다양한 의미 관계를 기반으로 형성된 단어들을 의미적 유사성에 기반한 유추에 모두 포함하여 다룰 것이지만 각각 어떤 의미 관계를 나타내는지 밝혀 기술하고자 한다.

(8) 가. 내숭 → 외숭
　　 나. 문맹 → 컴맹

(8)은 채현식(2003b)에서 제시한 의미적 유사성에 기반한 유추의 예로 (8가)는 대치된 요소 '내'와 '외'가 반의 관계를 나타낸다. 하지만 '문맹'과 '컴맹'은 대치된 요소 '문'과 '컴(퓨터)'이 서로 의미적 관련성을 가지고 있지 않다. 채현식(2003b)에서도 '글맹'과 '컴맹'를 표면적 유사성에 기초한 유추적 형성의 예로 제시하고 있지만 단지 구조가 다르다고만 설명할 뿐 어떤 유사성을 기반으로 하는지는 설명하고 있지 않다. 이들은 대치되는 요소가 아닌 대치의 결과로 형성된 단어인 '컴맹'과 '문맹'이 의미적 관계를 가지는 것이다. '문맹'이 "배우지 못하여 글을 읽거나 쓸 줄을 모름. 또는 그런 사람."의 의미를 가지고 있기 때문에 언중들을 경계가 없는 '문맹'을 '문'과 '맹'으로 경계를 나누고 "어떤 것을 다루는 데 서툴거나 그것에 대해서 모름. 또는 그런 사람"이라는 의미 구조를 통해 "어떤 것"에 해당하는 것을 '문'과 대치하는 것이다. '문'은 한자어이고 '컴'은 외래어 '컴퓨터'를 절단한 것이므로 구조적 유사성을 보이지 않지만 모형 단어 '문맹'과의 의미 구조를 공유하므로 의미적 유사성을 기반으로 형성된 유추적 단어라고 할 수 있다. 이처럼

모형 단어와 대치의 결과로 형성된 표적 단어가 의미적 유사성을 나타내는 예들을 의미적 유사성에 기반한 유추적 형성의 유형으로 분류한다면 구조적 유사성에 기반한 유추에 해당하는 예들도 의미적 유사성에 기반한 유추로 분류될 수 있다. '글치'는 모형 단어 '길치'에서 '길'이 '글'로 대치되어 형성된 신어로 '어근+접미사'의 구조를 가지므로 구조적 유사성을 가진다. 하지만 "길에 대한 감각이나 지각이 매우 무디어 길을 바르게 인식하거나 찾지 못하는 사람."이라는 의미에 기반해 '길'과 '-치'로 경계를 나누고 "어떤 것에 서툴거나 그와 관련된 일을 잘 못하는 사람"이라는 의미 구조를 통해 "어떤 것"에 해당하는 '길' 대신에 '글'을 대치하는 것이다. '컴맹'과 '글치'는 모두 의미적 유사성을 기반으로 대치 과정이 일어나는 유추적 단어이지만 모형 단어와의 구조적 유사성 여부에만 차이가 나타나는 것이라고 할 수 있다. 따라서 표면적 유사성과 구조적 유사성으로 구분하기보다는 표면 유추를 의미적 유사성과 음성적 유사성으로 구분하고 각각의 유사성에서 구조적 유사성이 나타나는 것과 나타나지 않는 것으로 유추에 의한 신어 형성을 살펴보고자 한다.

본 절에서는 의미적 유사성이 작용하는 층위를 기준으로 의미적 유사성이 대치되는 요소 간에 작용하는 유추적 형성과 대치 과정의 결과로 형성된 표적 단어와 모형 단어 간에 의미적 유사성이 작용하는 유추적 형성으로 구분하여 살펴보고자 한다. 더 나아가 의미적 유사성이 작용하는 층위에 따른 유형은 유추의 기반으로 의미적 유사성만 작용하는 유추적 형성과 구조적 유사성을 가지지만 의미적 유사성이 더 우세한 힘으로 작용하는 유추적 형성으로 예들을 구분하여 살펴보고자 한다.

6.3.1.1.1. 의미적 유사성이 대치되는 요소 간에 작용하는 유추적 형성

(9) 가. 대통령 → 소통령(2002)[18]
     나. 압구정동 → 뒷구정동(2004)[19]

다. 취집(2002)[20] → 취가(2019)[21]
라. 사귀다 → 삼귀다(2014)

(9)의 예시들은 의미적 유사성에 기반한 신어의 예로 의미적 유사성이 대치되는 요소 간에 작용한다. (9가)는 '대'와 '소', (9나)는 '압(앞)'과 '뒷(뒤)', (9다)는 '(시)집'과 '(장)가'가 서로 반의 관계를 나타내며 (9라)는 '사'와 '삼'이 동위 관계를 나타낸다. (9)의 표적 단어들은 모두 모형 단어의 내부 구조와 관계없이 의미적 유사성에만 기반해 요소들이 대치된 것이다. (9가)의 모형 단어 '대통령'은 단어의 경계가 없는 단일어이지만 '대+통령'으로 단어의 경계를 만들어 '대'를 과도하게 분석한 후 이와 반의 관계를 가지는 '소'로 대치해 '소통령'을 형성한 것이다. (9나)의 모형 단어 '압구정동'은 원래 '압구정+동'의 내부 구조를 가지지만 '압구정동'의 '압'을 음이 같은 '앞'으로 분석하고 반의 관계를 가지는 '뒷(뒤)'으로 대치해 '뒷구정동'을 형성하였다. 모형 단어 '압구정동'에서 '압'을 '앞'으로 재분석하는 데에는 음성적 유사성이 작용하였지만 반의 관계를 기반으로 대치가 이루어졌으므로 의미적 유사성이 더 우세한 힘을 가지고 유추적 형성이 이루어졌다고 할 수 있다. (9다)의 '취가'는 대치 과정에 절단이 수반되었다는 점에서 (9)에 제시된 다른 단어들과 차이를 보인다. '취집'은 "취직 대신 시집"이라는 의미로 '취업'과 '시집'이 절단된 후 결합한 혼성어에 해당하는데 이를 기반으로 "취직 대신 장가"라는 반대 의미를 가지는 단어를 형성하기 위해 '시집'과 반의 관계에 있는 '장가'를 절단한 '가'를 대치해 '취가'를 형성한 것이다. '취집-취가'는 대치된 요소

---

18) 대통령보다는 못하지만 그에 못지않은 권력을 행사하는 사람.
19) 서울 송파구 신천 거리를 달리 이르는 말. 온갖 유흥업소가 모여 있어 젊은이들이 즐겨 찾는 데서 강남 압구정동에 상대하여 만든 말이다.
20) 취직 대신 시집이라는 뜻으로 여성들이 대학 졸업 후에 취업이 매우 어렵게 되자 취업을 포기하고 그 대신 결혼을 선택하는 일을 이르는 말.
21) 남성들이 취직 대신에 장가가는 것을 통해 경제적 안정을 꾀하는 일.

와 대치되어 형성된 단어 모두 반의 관계를 나타내는 예라고 할 수 있다.
(9라)는 단어 내에 경계가 없는 '사귀다'에 경계를 새롭게 만들어 '사'를 숫자
'사(4)'로 과도하게 분석한 후 동위 관계에 있는 숫자 '삼(3)'으로 대치해 '삼귀
다'를 형성한 경우이다. (9라) 또한 (9나)의 '뒷구정동(←압구정동)'과 마찬가지
로 재분석하는 데 음성적 유사성이 작용하였지만 대치되는 요소가 동위 관계
에 있으므로 의미적 유사성에 기반한 유추적 형성의 예로 제시하였다. (9)에
제시된 신어들은 모형 단어의 원래 내부 구조를 무시한 채 재분석이 일어난
후 대치되는 요소들 간에 의미적 유사성이 작용한 유추적 형성에 해당한다.

(10) 가. 대청소 → 소청소[22], 중청소[23]
나. 된장녀(2006)[24] → 된장남(2006)[25]
다. 뒷금(2006)[26] → 앞금(2006)[27]
라. 된장녀(2006) → 쌈장녀(2006)[28]
마. 소확행(小確幸)[29] → 대확행(大確幸)(2019)[30]
바. 주경야독(晝耕夜讀) → 주경조독(晝耕朝讀)(2005)[31]

(10)의 신어들 또한 (9)의 신어들처럼 의미적 유사성이 모형 단어와 표적
단어 간의 대치되는 요소에 작용하지만 모형 단어와 내부 구조가 동일하다는
차이가 있다. 채현식(2003b)에서는 유추를 표면적 유사성과 구조적 유사성으

---

22) 소규모의 청소.
　　<예> 대청소 전에 '소청소'부터 해보자. (한겨레 20년 3월)
23) '대청소'와 '소청소' 중간 정도 규모의 청소.
　　<예> 대청소는 아니고 중청소....아니 소청소 정도 (네이버 카페 17년 7월)
24) 사치를 즐기고 허영이 많은 여자.
25) 사치를 즐기고 허영이 많은 남자.
26) 밀수 따위를 통하여 불법적으로 유통되는 금.
27) 정상적인 유통 경로를 거친 금.
28) 합리적으로 소비하는 여성.
29) 작지만 확실한 행복.
30) 크지만 확실한 행복.
31) 낮에는 농사짓고 아침에는 글을 읽는다는 뜻으로, 생업에 종사하면서 열심히 공부함.

로 구분할 뿐 모형 단어와 구조적 유사성을 가지면서 의미적, 음성적 유사성을 나타내는 단어들은 고려하지 않았다. 하지만 '-적(的)' 파생어의 형성을 유추적 형성으로 설명한 장지영(2020)에서도 지적한 바 있듯이 '-적(的)' 파생어는 대부분 '어근+-적(的)'이라는 내부 구조를 가지고 있어 구조적 유사성에 기반한 유추에 해당하기 때문에 의미적 유사성이 복합적으로 작용한 '-적(的)' 파생어의 예도 존재할 수 있다. 따라서 구조적 유사성과 의미적 유사성이 모두 유추의 기반으로 작용할 수 있으며 (10)의 경우는 의미적 유사성이 구조적 유사성보다 유추에 있어 더 우세한 힘을 가진다고 할 수 있다. (10가)의 '소청소'는 모형 단어 '대청소'의 내부 구조를 그대로 가지면서 '대'를 반의 관계에 있는 '소'로 대치한 것이다. '중청소' 또한 '대청소'의 내부 구조를 공유하면서 의미적 유사성을 기반으로 '대'와 '소'의 중간 영역인 '중'으로 '대'를 대치한 것이다.32) (10나, 다, 라)의 표적 단어 또한 모형 단어 '된장녀', '뒷금', '소확행'과 구조적 유사성을 기반으로 반의 관계를 나타내는 '녀-남', '뒷-앞', '소-대'가 대치되어 형성된 신어이다. (10라)의 '쌈장녀'의 경우 (10나)의 '된장남'과 모형 단어가 동일하지만 대치되는 요소가 다르며 그 요소가 나타내는 의미 관계에서도 차이를 보인다. '된장-쌈장'은 동위 관계에 기반해 대치가 일어난 것이다. (10바)의 '주경조독'은 모형 단어 '주경야독'에서 '야'를 반의 관계에 있는 '조'로 대치하여 형성된 단어이다. 표적 단어가 모형 단어가 가지고 있는 구조를 그대로 가지고 있다는 점에서 구조적 유사성도 가지지만 반의 관계에 있는 요소를 대치하여 새로운 단어를 형성하였으므로 의미적 유사성의 힘이 더 우세하다고 할 수 있다.

(9), (10)의 예시들을 살펴보면 모형 단어와 표적 단어에서 대치되는 요소

---

32) 정도의 측면에서 대립한다는 것은 곧 중간 영역을 가진다는 것을 의미한다(최형용 2018 : 11). '대'와 '소'는 정도의 측면에서 대립하므로 중간 영역인 '중'을 가진다. '대청소-중청소-소청소'는 형성된 단어의 결과물들끼리의 의미 관계로도 설명이 가능한데 신어의 형성과 의미 관계에 대해서는 7장에서 보다 자세히 다루도록 한다.

대부분이 반의 관계를 나타내는데 이는 의미적 유사성 중에서 반의 관계가 다른 의미 관계보다 우위에 있음을 의미한다. '된장녀'의 경우 의미 관계에 따라 다른 표적 단어를 형성하는데 동위 관계에 있는 '쌈장녀'보다는 반의 관계에 있는 '된장남'이 모형 단어와 더 긴밀하게 연결된다. 다시 말해, 의미적 유사성 중 반의 관계를 기반으로 하는 유추적 형성이 다른 의미 관계보다 우세한 힘을 가지고 작용해 모형 단어와 표적 단어의 관계가 더 긴밀하게 연결된다는 것이다. (9)와 (10)은 의미적 유사성이 대치되는 요소들 간에 작용한 유추적 형성에 해당하는 신어였다면 다음으로 살펴볼 신어들은 대치된 요소들이 아닌 모형 단어와 대치의 결과로 형성된 표적 단어 간에 의미적 유사성이 작용한 유추적 형성에 해당한다.

6.3.1.1.2. 의미적 유사성이 대치의 결과 간에 작용하는 유추적 형성

(11) 문맹→ 컴맹, 넷맹(2000), 모맹(2005); 돈맹(2003), 핵맹(2006), …

(11)에 제시된 신어들은 의미적 유사성이 모형 단어와 대치의 결과로 형성된 표적 단어에 작용한 유추적 형성의 예이다. (11)의 모형 단어 '문맹'과 표적 단어들은 "어떤 것을 다루는 데 서툴거나 그것에 대해서 잘 모르는 사람"이라는 의미적 유사성을 기반으로 '문맹'에서 "어떤 것"에 해당하는 '문'을 '컴(퓨터)', '(인터)넷', '돈', '모(바일)', '핵'으로 대치해 표적 단어들을 형성하는 것이다. '컴맹', '넷맹', '모맹'은 모형 단어와 음절 수를 동일하게 하고자 하는 음절 수 유사성 또한 작용해 절단 후 대치가 일어난다. 음절 수 유사성도 유추의 기반으로 작용할 수 있지만 단독으로 작용하는 경우는 없다.

다음은 대치에 의해 형성된 혼성어들을 의미적 유사성에 기반한 유추적 형성으로 설명하고자 한다. 혼성어는 두 단어의 일부를 절단하고 그것을 결합하여 형성한 단어를 말한다. 하지만 혼성어 중에는 대치를 통해 그 형성을 설명할 수 있는 예들도 존재한다. 곽유석(2017b)에서는 단어 형성 과정에서 나타나는 의미적인 차이에 따라 결합과 대치를 통해 형성된 혼성어를 구별하였는데 본장에서도 의미적인 차이를 기준으로 대치로 형성을 설명할 수 있는 혼성어를 제시해 의미적 유사성에 기반한 유추적 형성으로 다루고자 한다.

> (12) 가. 커밍아웃(2000) → 외밍아웃(2014)[33], 욕밍아웃(2015)[34], 임밍아웃(2019)[35], …
> 나. 경리단길 → 객리단길(2017), 동리단길(2018), 송리단길(2018), …
> 다. 역세권 → 맥세권(2015), 공세권(2016), 강세권(2017), …

(12)에 제시된 단어들은 곽유석(2017b)에서 제시한 기준에 따라 형성을 대치 과정으로 설명할 수 있는 혼성어이다. 두 단어의 일부가 절단된 후 결합을 통해 형성된 혼성어는 최종적인 의미에 두 단어의 의미가 모두 남아있게 되지만 대치에 의해 형성된 혼성어들은 두 단어 중 한 단어의 의미는 남아있지 않게 된다. (12다)의 모형 단어 '역세권'과 표적 단어 '맥세권'을 가지고 살펴보자. '맥세권'은 "특정 패스트푸드업체의 배달 서비스를 이용할 수 있는 지역"의 의미를 가지는 단어로 모형 단어 '역세권'에서의 "기차나 지하철역"의 의미가 남아있지 않다. 따라서 '맥세권'은 '역세권'의 '역'이 '맥'으로 대치되어 형성된 것으로 설명이 가능하다. 이처럼 대치에 의해 형성된 것으로 설명이 가능한 (12)의 혼성어들은 재분석 과정을 수반하는데 그렇기 때문에 모형 단어와 구조적 유사성을 가지지 않는다. '커밍+아웃'은 '커+밍아웃', '경리단+길'은 '경+리단길', '역세+권'은 '역+세권'으로 원래 단어가 가지

---

33) 스스로 외계인임을 밝히는 일. 또는 그렇게 되는 일.
34) 평소 욕을 잘 사용한다는 사실을 공개적으로 밝히는 일. 또는 그렇게 되는 일.
35) 임신 사실을 공개적으로 밝히는 일.

고 있던 경계가 이동하는 재분석의 과정을 수반하고 이를 기반으로 대치가 이루어진다. 이때 대치 과정에서 유추적 형성에 기반이 되는 유사성은 의미적 유사성이다. (12가)의 '커밍아웃'은 "자신이 동성연애자라는 사실을 지각하고 공개적으로 발표하는 일"의 의미를 가지는데 "어떤 사실에 대해 공개적으로 발표하는 일"이라는 의미 구조를 공유하고 있으므로 의미적 유사성에 기반해 "어떤 사실"에 해당하는 요소를 '커밍아웃'의 '커-'와 대치해서 표적 단어를 형성하는 것이다. (12)의 혼성어들은 모두 모형 단어와 구조적 유사성을 가지지 않는 의미적 유사성에 기반한 유추적 형성에 해당하며 음절 수 유사성도 추가적으로 작용한다고 볼 수 있다.[36]

(13) 가. 속수무책(束手無策) → 무수무책(無手無策)(2009)[37]
　　 나. 속수무책(束手無策) → 속수무동(束手無動)(2005)[38]
　　 다. 주경야독(晝耕夜讀) → 주골야독(晝golf夜讀)(2002)[39]
　　 라. 사필귀정(事必歸正) → 사필귀도(事必歸道)(2002)[40]
　　 마. 일편단심(一片丹心) → 일편팬심(一片fan心)(2011)[41]

(13)은 기존의 사자성어들과의 의미적 유사성에만 기대어 유추된 단어들이다. (10바)에서 제시한 '주경조독(← 주경야독)'은 모형 단어와 구조적 유사성을 가지면서 대치되는 요소들이 의미적 유사성을 가진다는 점에서 (13)의

---

36) 표면 유추에 의해 형성된 신어들은 유추의 틀에 의한 신어보다 모형 단어와 표적 단어가 긴밀하게 연결되므로 표적 단어는 모형 단어의 음절 수를 유지하려는 경향이 강하다. 즉, 표면 유추에 의해 형성된 신어는 대부분 유추의 기반으로 음절 수 유사성이 작용하지만 음절 수 유사성이 단독으로 작용하는 경우는 없으므로 본장에서는 간단하게만 언급하도록 한다.
37) 아무런 대책이 없음을 비유적으로 이르는 말.
38) 손을 묶은 것처럼 어찌할 도리가 없이 움직이지 못함.
39) 낮에는 골프를 하고 밤에는 글을 읽는다는 뜻으로 골프를 치면서도 공부를 게을리 하지 않음.
40) 모든 일은 반드시 자신이 가는 길로 돌아감.
41) 진심으로 우러나오는, 운동선수나 연예인에 대한 변치 아니하는 마음을 이르는 말.

사자성어들과 차이를 보인다. (13나)의 '속수무동'은 모형 단어 '속수무책'에서 '책'이 '동'으로 대치된 것으로 '책'은 명사에 해당하지만 '동'은 동사로 문법 범주가 다르므로 구조적 유사성이 나타나지 않는다. (13다) '주골야독' 또한 '주경야독'의 '경'이 외래어 '골프'가 절단된 '골'로 대치된 것으로 구조적 유사성을 가지지 않는다. (13)에 제시된 신어들은 기존의 사자성어와의 의미적 유사성에만 기반한 유추적 형성의 예로 의미적 유사성은 대치되는 요소들 사이에 작용하는 것이 아닌 대치 과정으로 형성된 표적 단어와 모형 단어 사이에 작용한다. 다음으로 살펴볼 유형은 모형 단어와 구조적 유사성을 가지면서 의미적 유사성이 유추의 기반으로 작용한 유추적 형성의 신어들이다.

> (14) 가. 길치 → 글치(2009)
> 나. 불명 → 물멍, 강멍, 산멍, …
> 다. 가방끈 → 군대끈(2004)[42]

(14)는 모형 단어와 구조적 유사성을 가지면서 모형 단어와 표적 단어 간에 의미적 유사성이 작용한 유추적 형성의 예에 해당한다. 채현식(2003b)에서는 (14)와 같은 단어들을 구조적 유사성에 기초한 유추의 예로 제시하였지만 본장에서는 의미적 유사성에 기반한 유추적 형성의 예로 설명하고자 한다. 채현식(2003b)에서 의미적 유사성에 기초한 유추의 예로 제시한 '컴맹 (← 문맹)'과 비교했을 때 '글치(← 길치)'는 모형 단어와 동일하게 '어근+접미사'의 구조를 가지는 것 외에는 차이가 나타나지 않는다. 두 단어 모두 모형 단어와 표적 단어가 의미적 유사성을 보이는데 '컴맹'은 모형 단어 '문맹'에서 '맹'이 접미사가 아니며 대치된 요소가 절단된 외래어라는 점에서 표면적 유사성에 기초한 유추로 다루고 '글치'는 구조적 유사성으로 다루는 것은

---

42) 군대에서의 경력을 비유적으로 이르는 말.

그 경계가 불분명하다는 것을 보여준다. 따라서 (14)의 단어들은 구조적 유사성을 기반으로 하지만 의미적 유사성이 유추적 형성에 더 우세한 힘으로 작용하므로 본장에서는 의미적 유사성에 기반한 유추적 형성의 예로 다루고자 한다.

(15) 가. 곡학아세(曲學阿世) → 곡학아통(曲學阿統)(2005)[43]

　　나. 다다익선(多多益善) → 속속익선(速速益善)(2004), 고고익선(高高益善)(2005), 거거익선(巨巨益善)(2019)

　　다. 신토불이(身土不二) → 모협불이(母協不二)(2005)[44]

　　라. 주경야독(晝耕夜讀) → 주침야활(晝寢夜活)(2003)[45]

　　마. 천고마비(天高馬肥) → 천고여비(天高女肥)(2004)[46], 천고아비(天高我肥)(2010)[47]

　　바. 폼생폼사(2000) → 팬생팬사(2004)[48]

(15)는 (13)의 단어들처럼 기존의 사자성어들과의 의미적 유사성을 기반으로 형성된 유추적 형성에 해당하는데 (13)의 단어들과는 달리 모형 단어와 구조적 유사성을 가진다는 차이가 있다. 곽유석(2017a)에서는 채현식(2003b)에서 제시한 유추의 유형을 따르고 있기 때문에 (15)의 단어들을 구조적 유사성이 드러나는 유형으로 제시한 바 있다. 물론 기존의 사자성어와의 구조적 유사성이 드러나지만 본장에서는 의미적 유사성이 유추적 형성에서 더 우세한 힘으로 작용했다고 보고 의미적 유사성에 기반한 유추적 형성의 예로 다루고자 한다. 가장 많은 표적 단어를 가지는 (15나)의 모형 단어 '다다익선'을 살펴보자. '다다익선'은 "많으면 많을수록 더욱 좋음"의 의미로 '다다'가

---

43) 왜곡된 내용으로 대통령에게 아첨함.
44) 모기업과 협력 업체가 서로 협력하여야 함.
45) 낮에 자고 밤에 활동함.
46) 가을에 여성들이 살이 많이 찜을 비유적으로 이르는 말.
47) 가을에 왕성한 식욕을 억제하지 못해 비만에 이르는 말.
48) 팬 때문에 살고 팬 때문에 죽는다. 팬을 가장 중요하게 여기는 것을 이르는 말.

"많으면 많을수록"을 의미하고 '익선'이 "더욱 좋음"을 의미한다. 표적 단어와 모형 단어 '다다익선'은 "X하면 X할수록 더욱 좋음"이라는 의미적 유사성을 기반으로 "많으면 많을수록"에 해당하는 '다다'를 '속속', '고고', '거거'로 대치해 표적 단어들을 형성하는 것이다. 이때 대치되는 요소들은 형용사적인 요소로 그 품사적 성격이 같으므로 모형 단어와 구조적 유사성 또한 가진다고 할 수 있다.

> (16) 가. 얼죽아(2019) → 얼죽코(2019)[49]
> 나. 워라밸(2017)[50] → 스라밸(2018)[51], 러라밸(2019)[52], 머라밸(2019)[53]
> 다. 맛점(2012)[54] → 맛저(2014)[55]
> 라. 세젤예(2014)[56] → 세젤못(2015)[57], 세젤귀(2015)[58], 세젤무(2017)[59]

(16)은 모형 단어와 구조적 유사성을 가지며 의미적 유사성이 작용한 유추적 형성에 해당하는 두음절어이다. 김혜지(2016)에서는 (16)과 같은 단어들을 구조적 유사성에 기반한 유추적 형성으로 다루었지만 본장에서는 의미적 유사성이 더 우세한 힘으로 작용한 의미적 유사성에 기반한 유추적 형성의 예로 다루고자 한다. 모형 단어와 표적 단어는 구조적 유사성 또한 가지지만

---

49) '얼어 죽어도 코트'를 줄여 이르는 말.
50) 직장 일과 개인적인 생활 사이의 균형성. 일을 뜻하는 '워크(work)', 삶을 뜻하는 '라이프(life)', 균형성을 뜻하는 '밸런스(balance)'의 첫 글자를 따서 만들어진 말.
51) 공부와 개인적인 생활 사이의 균형성. 공부를 뜻하는 '스터디(study)', 삶을 뜻하는 '라이프(life)', 균형성을 뜻하는 '밸런스(balance)'의 첫 글자를 따서 만든 말.
52) '러브 라이프 밸런스'를 줄여 이르는 말로, 타인에 대한 사랑과 개인의 삶 사이의 균형을 이르는 말.
53) '머니 라이프 밸런스'를 줄여 이르는 말로 돈과 개인의 삶 사이의 균형을 이르는 말.
54) '맛있는 점심'을 줄여 이르는 말.
55) '맛있는 저녁'을 줄여 이르는 말.
56) '세상에서 제일 예쁨'을 줄여 이르는 말.
57) '세상에서 제일 못생김'을 줄여 이르는 말.
58) '세상에서 제일 귀여움'을 줄여 이르는 말.
59) '세상에서 제일 무서움'을 줄여 이르는 말.

동일한 의미 구조를 가지며 그 의미를 기반으로 모형 단어의 일부가 대치된
다고 본 것이다. (16가)는 "얼어 죽어도 X", (16나)는 "X와 라이프 간의 밸런
스", (16다)는 "맛있는 X", (16라)는 "세상에서 제일 X"이라는 의미를 모형
단어와 표적 단어가 공유하고 있다. 'X'에 대치되는 요소들의 문법 범주가
동일하므로 구조적 유사성 또한 가지는 것으로 해석할 수 있다.

6.3.1.2. 음성적 유사성에 기반한 신어 형성

음성적 유사성에 기반한 신어 형성은 표적 단어를 형성하는 데 음성적
유사성이 유추의 기반이 된 경우를 말한다. 음성적 유사성에 기반한 신어
형성도 음성적 유사성만이 유추적 형성에 작용하는 경우와 둘 이상의 유사성
이 작용하였지만 음성적 유사성이 더 우세한 힘을 가지고 유추적 형성에
작용하는 경우를 구분해 신어의 예를 살펴보도록 한다.

(17) 가. 실존주의(實存主義) → 싫존주의(2018)
　　 나. 희소가치(稀少價値) → 휘소가치(揮發價値)(2018)[60]
　　 다. 삼계탕 → 삼게탕(2002)
　　 라. 욜로족(2017)[61] → 골로족(2018)[62]
　　 마. 확진자 → 확찐자

(17)은 신어 보고서와 인터넷 자료에서의 신어로 음성적 유사성에 기반한
유추적 형성의 예에 해당한다. (17가)의 '싫존주의'는 모형 단어 '실존주의'에
서 '실'을 음이 같은 '싫-'로 대치한 것이다. 모형 단어 '실존주의'는 '실존+주

---

60) 즉흥적이고 가볍지만 자신에게 의미 있고 만족감을 주는 소비의 가치.
61) 현재의 행복을 중요하게 여기며 생각하는 사람. 또는 그런 무리.
62) 내일을 대비하기 위해 돈을 아끼는 사람. 또는 그런 무리. "'욜로'를 즐기려다가 '골로'
　 간다"라는 뜻에서 나온 말.

의'의 내부 구조를 가지지만 '싫존주의'는 모형 단어의 내부 구조를 무시한 채 '실'을 '싫-'로 대치하고 '존' 또한 '존중'으로 의미를 해석해 "타인의 싫음마저 존중하자는 주의"라는 의미의 신어를 형성한 것이다. (17나)의 '휘소가치' 또한 모형 단어 '희소가치'에서 '희'를 유사한 음 '휘'로 대치하여 형성된 신어이다. '휘소가치' 또한 모형 단어 '희소가치'와 어떠한 구조적 유사성도 보이지 않는다. (17다)의 '삼게탕'은 모형 단어 '삼계탕'에서의 '계'와 음이 같은 '게'로 대치하여 형성된 신어로 모형 단어의 '계'는 닭을 의미하는 한자어이고 '게'는 고유어이므로 모형 단어와 표적 단어는 구조적 유사성을 가진다고 할 수 없다. '삼게탕'은 '삼계탕'의 '계'와의 음성적 유사성에만 기반해 '게'를 대치해서 형성한 신어이다. (17라) 또한 음성적 유사성에만 기반해 '골'을 '홀'로 대치하여 형성된 신어에 해당한다. 모형 단어 '욜로족'에서 '욜로'는 "you only live once"를 의미하는 두음절어 'YOLO'이다. 하지만 '골로족'에서 '골로'는 단어가 아닌 '명사+조사'가 결합한 것으로[63] 모형 단어와 구조적 유사성을 가지지 않음을 보여준다. 즉, '골로족'은 모형 단어의 '욜로'에서 '로'를 조사로 과도하게 분석하고 '욜로'와 음성적 유사성을 가지는 '골로'로 대치를 하여 형성된 신어인 것이다. (17마)의 '확찐자'는 신어 보고서에는 제시되어 있지 않지만 인터넷 기사에서 빈번하게 사용되는 신어이다. 모형 단어 '확진자'의 '진'을 음성적 유사성에 기반해 '찐'으로 대치하고 "코로나 시대가 장기화됨에 따라 살이 확 찐 사람"이라는 의미를 나타내는 신어를 형성한 것이다. 이러한 음성적 유사성에 기반한 유추적 단어 형성은 화자가 언어유희를 위해 형성하는 경우가 빈번하며 의미적 유사성에 기반한 신어 형성의 예시보다 그 수가 현저히 적다.

　　(18)　소확행[64]　→　소확횡 (2019)[65]

---

63) '골로족'은 단어 형성에 부사격 조사 '로'가 참여한 통사적 결합어로 신어에서 발견되는 통사적 결합어에 대해서는 5장을 참고할 것.

(18)의 '소확횡'은 '소확행'에서 '행복'의 '행'을 음성적 유사성에 기반해 '횡령'의 '횡'으로 대치하여 형성된 신어이다. '소확횡'은 (17)의 단어들과 달리 모형 단어 '소확행'과 "소소하지만 확실한 X"이라는 동일한 개념을 공유하고 구조도 동일하므로 의미적 유사성과 구조적 유사성 또한 유추의 기반으로 작용했다고 볼 수 있다. 하지만 본장에서는 음성적 유사성이 가장 우세한 힘으로 작용하여 '행(복)'이 유사한 음의 '횡(령)'으로 대치되어 형성된 유추적 단어로 다루고자 한다. 다만, 모형 단어 '소확행'의 경우, 유추의 기반으로 어떤 유사성이 더 우세한 힘으로 작용하였는가에 따라 '소확횡' 외에도 다른 표적 단어를 가진다. '소확횡'의 경우 유추의 기반으로 음성적 유사성이 가장 우세한 힘으로 작용한 유추적 단어이지만 '대확행'은 의미적 유사성이 가장 우세한 힘으로 작용한 유추적 단어이다. 즉, 유추의 기반으로 어떠한 유사성이 더 우세한 힘으로 작용하였는가에 따라 하나의 모형 단어가 여러 개의 표적 단어를 가질 수 있음을 의미한다.

표면 유추에 의한 신어 형성을 유추의 기반이 되는 유사성을 기준으로 유형을 분류해서 살펴본 결과, 하나의 유사성만이 작용한 유추적 형성의 신어뿐 아니라 둘 이상의 유사성이 유추의 기반으로 작용한 유추적 형성의 신어들도 살펴볼 수 있었다. 둘 이상의 유사성이 유추의 기반으로 작용한 경우에도 어떤 유사성이 더 우세한 힘으로 작용하였는가를 기준으로 의미적 유사성에 기반한 신어 형성과 음성적 유사성에 기반한 신어 형성으로 분류하였는데 이를 표로 정리하면 다음과 같다.

---

64) '소소하지만 확실한 행복'을 줄여 이르는 말.
65) '소소하지만 확실한 횡령'을 줄여 이르는 말.

(19) 둘 이상의 유사성이 작용한 유추적 형성의 신어

	복합 유추	신어의 예
의미적 유사성에 기반한 신어 형성	의미적 유사성 ∨ 음성적 유사성	뒷구정동, 삼귀다
	의미적 유사성 ∨ 구조적 유사성	소청소, 중청소, 된장남, 앞금, 쌈장녀, 대확행, 주경조독, ;글치, 물멍, 군대끈, 곡학아통, 얼죽코, …
음성적 유사성에 기반한 신어 형성	음성적 유사성 ∨ 의미적 유사성, 구조적 유사성	소확횡

　　의미적 유사성에 기반한 유추적 형성에서는 음성적 유사성과, 구조적 유사성이 각각 의미적 유사성과 함께 유추의 기반으로 작용하였지만 대치에 있어서 의미적 유사성이 더 우세한 힘으로 작용하였다. '뒷구정동, 삼귀다'와 '소청소, 중청소, 된장남, 앞금, 쌈장녀, 대확행, 주경조독'은 대치되는 요소에 있어서 의미적 유사성이 더 우세한 힘으로 작용하고 '글치, 물멍, 군대끈, 곡학아통, 얼죽코, …'는 모형 단어와의 동일한 의미 구조를 기반으로 대치가 이루어지므로 의미적 유사성이 더 우세한 힘으로 작용한다고 할 수 있다. 음성적 유사성에 기반한 신어 형성에서는 음성적 유사성, 의미적 유사성, 구조적 유사성이 모두 유추의 기반으로 작용한 신어로 '소확횡'을 제시하였는데 이 경우 대치되는 요소가 모형 단어와의 음성적 유사성을 기반으로 하기 때문에 음성적 유사성이 세 유사성 중 가장 우위에 있다고 할 수 있다. 표적 단어마다 유추의 기반으로 작용하는 유사성의 힘의 정도가 다르지만 최종적으로 모형 단어와 표적 단어의 대치에 있어서 어떤 유사성이 더 우세한 힘으로 작용했는가에 따라 우위에 있는 유사성이 결정되는 것으로 보인다.

6.3.2. 유추의 틀에 의한 신어 형성

유추의 틀에 의한 신어 형성은 개별 단어에 기반한 유추적 형성인 표면 유추와 달리 여러 단어들이 이루고 있는 계열체를 기반으로 한다. 즉, 유추의 틀은 단어 형성의 패턴 계열을 제공하는 것으로 두 개 이상의 표적 단어를 식별할 수 있는 구체적인 모형이다(Mattiello 2017 : 68). 채현식(2003b)에서는 구조적 유사성을 지닌 단어들의 계열체들이 많아질수록 그 관계가 더욱 탄탄해져 그러한 단어들이 공유하는 구조적 관계가 하나의 틀로 쉽게 추상되는 것이라 하였다. 즉, 구조적 유사성을 기반으로 하는 단어들만을 대상으로 하여 유추의 틀을 설명한 것이다. 하지만 모형 단어와 구조적 유사성을 가지지 않고 의미적 유사성만을 가지는 표적 단어들도 그 계열체들의 수가 증가하면 유추의 틀이 형성될 수 있으며 더 이상 개별 단어에 기반하지 않고 유추의 틀에 기반해 단어들이 형성된다. 또한 채현식(2003b)에서는 유추의 틀에 기초한 유추적 형성이 개별 단어에 기초한 유추적 형성과는 달리 모형 단어를 특정 지을 수 없다고 설명한다. 하지만 표면 유추와 유추의 틀은 통시적인 차이를 가지는 것으로 표면 유추에서 제시되었던 예들이 시간이 지남에 따라 계열체들이 증가하면 유추의 틀에 의한 유추적 형성으로도 설명이 가능하다. 따라서, 유추의 틀에 의한 신어 형성에도 모형 단어가 무엇인지 구체적으로 특정 지을 수 있는 예들이 존재한다. 본 절에서는 모형 단어를 특정 지을 수 있는 예들과 특정 지을 수 없는 예들을 구분하여 살펴보고자 한다.

6.3.2.1. 모형 단어를 특정 지을 수 있는 유추의 틀에 의한 신어 형성

(20) 가. X밍아웃 : 외밍아웃(2014), 욕밍아웃(2015), 임밍아웃(2019), 덕밍아웃[66], 부밍아웃[67], 털밍아웃[68], …

---

66) 자신이 어떤 분야에 깊이 빠져있는 사람임을 밝히는 일 또는 밝혀지는 일. 『우리말샘』

　　나. X리단길 : 객리단길(2017), 동리단길(2018), 송리단길(2018), 망리단
　　　　길[69], 행리단길[70], 황리단길[71], …

　　다. X세권 : 맥세권(2015), 숲세권(2015), 공세권(2016), 의세권(2016)[72],
　　　　강세권(2017), 병세권(2017)[73], 뷰세권(2018)[74], 올세권(2018)[75], 마
　　　　세권(2019)[76], 붕세권(2019)[77], …

　　(20)의 신어들은 표면 유추에 의한 신어 형성에서 모형 단어와 구조적
유사성을 가지지 않고 의미적 유사성만을 기반으로 한 유추적 형성으로 다루
었던 예들이다. (20)에 제시된 표적 단어들은 모형 단어를 구체적으로 특정
지을 수 있으므로 표면 유추에 의한 신어 형성으로 다루었지만 동일한 고정
항을 가지는 단어들의 계열체들의 수가 계속해서 증가함에 따라 유추의 틀이
형성되었다고 할 수 있다. Mattiello(2017)는 유추의 틀에서 계열체들이 가지
는 공통의 고정항을 '결합형(combining form)'이라는 개념어로 설명하였는
데[78] 공통의 결합형을 공유하고 있는 계열체의 유형 빈도가 높을수록 유추
의 틀은 신뢰도가 높아지고 견고해진다. (20)의 표적 단어들은 초기에는 모형

---

67) 부동산 투자에 관심이 있고, 긍정적으로 생각하는 것에 대해 서로 밝히는 것. 『네이버
　　오픈사전』
68) 털이 많다는 사실을 밝힌다는 의미. (한겨레 18년 12월)
69) 서울 마포구에 있는 망원 시장 주변의 길.
70) 경기 수원시 행궁동 주변의 길.
71) 경북 경주시 황남동 주변의 길.
72) 대형 병원을 일상적으로 이용하는 주변 거주자가 분포하는 범위.
73) 인근에 대형 병원이나 종합 병원 따위의 의료 시설이 위치하고 있어 우수한 의료 서비스
　　를 편리하게 이용할 수 있는 주거 지역.
74) 숲, 강, 호수 따위가 주변에 있어 전망이 좋은 주거 지역의 범위.
75) 화장품, 생활용품 따위를 살 수 있는 상점이 인접해 있어 편리하게 생활할 수 있는 주거
　　지역의 범위.
76) 얼얼하면서 매운 맛을 내는 '마라'라는 향신료가 들어간 음식을 먹을 수 있는 식당에
　　가까운 지역의 범위.
77) 주변에 붕어빵 가게가 있어 편리하게 이용할 수 있는 지역의 범위.
78) 본장에서는 유추의 틀에서 계열체들이 가지는 공통의 고정항을 '결합형'이라 간단히 언급
　　만 하였지만 변항을 제외한 고정항 또한 신어 형성에서 많은 논의가 이루어진 부분이다.
　　변항을 제외한 고정항이 단위화하는 것에 대한 논의는 3장과 4장을 참고할 것.

단어 '커밍아웃', '경리단길', '역세권'을 기반으로 형성되었지만 현재는 '[[X]-밍아웃]ₙ'. '[[X]-리단길]ₙ', '[[X]-세권]ₙ'이라는 틀을 기반으로 새로운 단어들이 형성되는 것이다.

(21) 가. XX익선 : 속속익선(速速益善)(2004), 고고익선(高高益善)(2005), 거거
　　　　　익선(巨巨益善)(2019), 소소익선(小小益善), 단단익선(短短益善), 장
　　　　　장익선(長長益善), …

　　　나. 천고X비 : 천고여비(天高女肥)(2004), 천고아비(天高我)(2010), 천고
　　　　　견비(天高犬肥), 천고인비(天高人肥), 천고묘비(天高猫肥); 천고나비
　　　　　(天高나肥)(곽유석 2017a), 천고부엉비(天高부엉肥)(곽유석 2017a),
　　　　　…

　　　다. X생X사 : 팬생팬사(2004), 축생축사[79], 야생야사[80], 배생배사[81], …

　　　라. X맹 : 컴맹, 넷맹(2000), 돈맹(2003), 모맹(2005), 핵맹(2006); 문화
　　　　　맹(2002), 변화맹(2005), 선택맹(2005), …

(21)의 단어들 또한 초기에는 개별 단어에 기반해서 형성되었지만 점점 동일한 형성을 공유하는 계열의 단어들이 증가하면서 유추의 틀이 형성된 경우이다. (21가, 나)의 표적 단어들은 모형 단어인 기존의 사자성어와 구조적 유사성을 가지지만 의미적 유사성이 더 우세한 힘으로 작용한 유추적 형성으로 설명한 바 있다. 신어 보고서에는 '다다익선', '천고마비'를 모형 단어로 하는 표적 단어들이 많지 않지만 곽유석(2017a)에서 밝히고 있듯이 인터넷 자료에서는 훨씬 다양한 단어들이 나타났다. 이러한 계열체들의 수가

---

79) 축구에 살고 축구에 죽는다.
　　<예> ○○○○○, 축생축사 특집..퀴즈 도전 (스타뉴스 20년 11월)
80) 야구에 살고 야구에 죽는다.
　　<예> "야생야사" 야구에 살고 야구에 죽는다는 신조어이다 (동양일보 20년 11월)
81) 배구에 살고 배구에 죽는다.
　　<예> ○○○ 감독에게 가장 어울리는 말은 무엇일까. 아마 '배생배사(排生排死)'일 것이
　　　다. (스포츠경향 07년 12월)

증가하면서 'XX익선', '천고X비'라는 추상화된 틀이 형성되었고 이제는 개별 단어에 기반한 표면 유추가 아닌 유추의 틀에 의한 유추적 형성으로 변화하였음을 보여준다. 또한 '천고X비'의 경우, 모형 단어에서의 '마(馬)'와 달리 1음절인 한자어가 아닌 고유어 '나', 2음절 '부엉'이 대치된다는 점에서 주목할 필요가 있다. 더 이상 모형 단어인 '천고마비'와의 구조적 유사성을 고려하지 않고 추상화된 틀 '천고X비'만을 가지고 'X'를 하나의 자리(slot)로 인식해 대치가 일어나는 것으로 해석할 수 있다(곽유석 2017a : 106). (21다) 또한 신어 보고서에는 '폼생폼사'를 모형 단어로 하는 유추적 형성의 예는 '팬생팬사'밖에 없었지만 인터넷 자료에서는 'X생X사'의 동일한 형성을 공유하는 계열의 다양한 단어들을 발견할 수 있었다. 이 또한 계열체들의 수가 증가하면서 'X생X사'의 추상화된 틀이 형성되어 유추의 틀을 기반으로 새로운 단어들이 형성되는 것이라 할 수 있다. (21라)는 모형 단어와의 구조적 관계는 무시한 채 의미적 유사성만이 유추의 기반으로 작용한 유추적 형성의 신어로 설명한 바 있다. 앞에서도 언급하였듯이 채현식(2003b)에서는 표면적 유사성에 기초한 유추적 형성의 단어들을 대상으로는 유추의 틀을 논의하지 않았다. 하지만 (21라)의 경우 초기에는 모형 단어 '문맹'을 기반으로 형성된 단어들의 수가 많지 않았기 때문에 표면 유추에 해당했지만 시간이 지남에 따라 '맹'이라는 공통의 고정항을 가지며 의미적 유사성을 가지는 단어들의 계열체들이 증가하였고 따라서 'X맹'이라는 틀이 형성되었다고 볼 수 있다. 또한 'X'에 대치되는 요소가 1음절이 아닌 2음절의 단어들이 생겨났는데 이는 '천고X비'와 마찬가지로 추상화된 틀만 가지고 'X'를 하나의 자리로 인식해 대치가 일어나는 것이다.

6.3.2.1. 모형 단어를 특정 지을 수 없는 유추의 틀에 의한 신어 형성

(22) 가. X잘알 : 겜잘알(2012), 여행잘알(2018), 파잘알(2019)[82], …

나. X알못 : 결알못(2016)[83], 바알못(2016)[84], 야알못(2016)[85], 와알못
(2018)[86], 운알못(2018)[87], 투알못(2019)[88], …

다. X포자 : 수포자[89], 영포자[90], 군포자(2016)[91], 변포자(2018)[92], 연포
자(2018)[93], 대포자[94], …

라. X손 : 금손[95], 은손, 동손, 흙손, 똥손, 곰손[96], …

마. X수저 : 금수저[97], 은수저, 동수저, 무수저(2016)[98], 흙수저(2016)[99],
똥수저(2016)[100]; 산수저[101], 밭수저[102], …

---

82) '파스타에 대해 잘 아는 사람'을 줄여 이르는 말.
83) '결혼을 잘 알지 못하는 사람'을 줄여 이르는 말.
84) '바둑을 잘 알지 못하는 사람'을 줄여 이르는 말.
85) '야구를 잘 알지 못하는 사람'을 줄여 이르는 말.
86) '와인을 잘 알지 못하는 사람'을 줄여 이르는 말.
87) '운동을 잘 알지 못하는 사람'을 줄여 이르는 말.
88) '투자를 잘 알지 못하는 사람'을 줄여 이르는 말.
89) '수학 포기자'를 줄여 이르는 말. 『우리말샘』
90) '영어 포기자'를 줄여 이르는 말. 『네이버 오픈사전』
91) '군대에 들어가기를 포기한 자'를 줄여 이르는 말.
92) '변호사가 되기를 포기한 자'를 줄여 이르는 말.
93) '연애 포기자'를 줄여 이르는 말.
94) '대학 진학을 포기한 자'를 줄여 이르는 말. 『네이버 오픈사전』
95) 손재주가 뛰어난 사람을 비유적으로 이르는 말. 『우리말샘』
96) 손재주가 없는 사람을 비유적으로 이르는 말. 『우리말샘』
97) 부유하거나 부모의 사회적 지위가 높은 가정에서 태어나 경제적 여유 따위의 좋은 환경을
누리는 사람을 비유적으로 이르는 말. 『우리말샘』
98) 부모로부터 아무런 도움을 받지 못하고 자라 자녀의 사회 경제적 지위가 가장 낮음. 부모
의 사회 경제적 지위에 따라 자녀의 계층을 나누어 수저에 비유하는데, 무수저는 수저조
차 없음을 뜻하는 말로 최하위 계층을 빗대어 이르는 말이다.
99) 집안 형편이 넉넉하지 않아 부모로부터 경제적인 도움을 받지 못하는 사람을 비유적으로
이르는 말.
100) 부모의 사회 경제적 지위에 따라 자녀의 계층을 나누어 수저에 비유할 때, 가장 낮은
계급인 '흙수저'보다 더 낮은 계급을 빗대어 이르는 말.
101) 부모로부터 산을 재산으로 물려받은 사람을 말함.
　　<예> ○○○, 금수저 넘은 산수저 (국민일보 20년 12월)
102) 부모로부터 밭을 재산으로 물려받은 사람을 말함.
　　<예> ○○○, 밭수저 인증 "조부-부 밭 있어, 최근에도 상추 따" (뉴스엔미디어, 21년
6월)

(22가)는 "X에 대해 잘 아는 사람", (22나)는 "X에 대해 잘 알지 못하는 사람", (22다)는 "X를 포기한 사람"을 줄여 이르는 말로 각각 '[[X]-잘알]ₙ', '[[X]-알못]ₙ', '[[X]-포자]ₙ'라는 동일한 형성을 공유하는 계열체들의 수가 증가하고 높은 유형 빈도를 보임에 따라 유추의 틀이 형성된 경우이다. (22라)와 (22마)는 '[[X]-손]ₙ', '[[X]-수저]ₙ'라는 유추의 틀을 기반으로 형성된 단어들을 제시한 것이다. '[[X]-손]ₙ'과 '[[X]-수저]ₙ'라는 틀을 기반으로 형성된 단어들은 모두 의미적 유사성을 가지는데 의미가 높은 계급부터 낮은 계급으로의 서열 관계를 보인다. 가장 높은 계급에 해당하는 신어 '금손'과 '금수저'부터 가장 낮은 계급에 해당하는 신어 '똥손', '똥수저'까지 각각 '금손-은손-흙손-똥손', '금수저-은수저-동수저-흙수저-똥수저' 순으로 유추의 틀에 의해 형성된 단어들이 의미적 관련성을 나타내는 것이다. 또한 '[[X]-수저]ₙ'의 경우, 기존에는 계급 관계를 나타내는 '금, 은, 동' 등이 대치되어 형성되었지만 현재는 그 의미가 확대되어 "부모로부터 재산으로 물려받은 것"을 'X' 자리에 대치시켜 '산수저, 밭수저'와 같은 신어들이 형성된다.

(23) 가. X파라치 : 네파라치(2002)[103], 과파라치(2003)[104], 보파라치(2004)[105], 부파라치(2005)[106], 겜파라치(2006)[107], 란파라치(2017)[108], 견파라치(2018)[109]; 서울시파라치(2005)[110], 짬짜미파라치(2006)[111], …

---

103) 유명 인사나 연예인의 사생활과 관련된 글을 몰래 인터넷상에 올리는 네티즌, 인터넷에서 저작권 침해 사례를 찾아내어 합의금을 타 내는 일. 또는 그런 일을 하는 사람.
104) 불법으로 과외 강의를 하거나 과외 공부를 하는 사람을 신고하여 보상금을 타내는 일. 또는 그런 일을 하는 사람.
105) 이동 통신사에서 불법으로 대리점에 보조금을 지급하는 일을 신고하여 보상금을 타 내는 일. 또는 그런 일을 하는 사람.
106) 부동산 관련 비리를 신고해 포상금을 타 내는 일. 또는 그런 일을 하는 사람.
107) 불법 도박장이나 불법 영업을 하는 피시방을 신고하여 보상금을 타 내는 일. 또는 그런 일을 하는 사람.
108) '부정 청탁 및 금품 등 수수의 금지에 관한 법률'을 위배하는 공직자들을 신고하여 포상금을 받는 사람.
109) 목줄이나 입마개 등의 안전 조치를 취하지 않고 반려견을 데리고 다니는 사람을 신고하

나. X캉스 : 레캉스(2002)[112], 맛캉스(2004)[113], 뮤캉스(2019), 책캉스
(2019); 몰캉스(2013)[114], 카캉스(2018)[115], 서캉스(2019)[116], 크캉스
(2019)[117], 풀캉스(2019)[118]; 어캉스(2019)[119], 유캉스(2019)[120], 키
캉스(2019)[121], 개캉스[122], …

다. X린이[123] : 코린이(2018)[124], 헬린이(2019)[125], 게린이[126], 등린
이[127], 배린이[128], 주린이[129], 테린이[130], …

(23)은 '-파라치', '-캉스', '-린이'라는 공통의 고정항들을 공유하는 계열체
들의 수와 유형 빈도가 증가함에 따라 '[[X]-파라치]$_N$', '[[X]-캉스]$_N$', '[[X]-린
이]$_N$'가 형성된 경우이다. (23)의 단어들은 혼성어에 해당하며 두 단어 일부가
절단된 후 결합하여 형성된 것으로 형성 과정을 설명할 수 있다. 6.3.1.1.2절에

여 포상금을 받는 사람.
110) 서울시의 행정과 관련한 비리를 제보하여 보상금을 타 내는 일. 또는 그런 일을 하는
사람.
111) 집값 담합을 신고하여 보상금을 타 내는 일, 또는 그런 일을 하는 사람.
112) 레포츠를 즐기면서 보내는 휴가.
113) 맛있는 음식을 먹으며 보내는 휴가.
114) 쇼핑몰에서 보내는 휴가.
115) 카페에서 여유롭게 휴식을 취하며 보내는 휴가.
116) 서점에서 보내는 휴가.
117) 크루즈에서 보내는 휴가.
118) 수영장 풀에서 즐기는 휴가.
119) 어린이와 함께 즐기면서 보내는 휴가.
120) 유아와 함께 보내는 휴가.
121) 아이들과 함께 보내는 휴가.
122) 반려견과 함께 보내는 휴가.
123) 1장에서도 언급하였듯이 'X린이'는 혼성어로 볼 수도 있지만 관형사형 어미 'ㄴ'을 고려
한다면 통사적 결합어로도 설명이 가능하다. 통사적 결합어에 대한 논의는 5장을 참고
할 것.
124) 가상 화폐(코인)에 투자를 처음 해 보는 사람을 이르는 말.
125) 헬스를 시작한 지 얼마 되지 않아 헬스에 서툰 사람.
126) 게임을 시작한 지 얼마 되지 않아 게임에 서툰 사람.
127) 등산을 시작한 지 얼마 되지 않아 등산에 서툰 사람.
128) '배틀 그라운드'라는 게임을 시작한 지 얼마 되지 않아 서툰 사람.
129) 주식을 시작한 지 얼마 되지 않아 주식에 서툰 사람.
130) 테니스를 시작한 지 얼마 되지 않아 테니스에 서툰 사람.

서 언급했듯이 혼성어는 단어 형성 과정에서의 의미적인 차이를 기준으로 결합에 의한 혼성어와 대치에 의한 혼성어로 구분할 수 있다. 앞에서 살펴본 'X밍아웃', 'X리단길', 'X세권'은 대치로 설명이 가능한 혼성어로 모형 단어 '커밍아웃', '경리단길', '역세권'과의 의미적 유사성에 기반한 유추적 형성으로 분류하였다. 그에 반해 (23)의 'X파라치', 'X캉스', 'X린이'의 경우, 단어 형성에 있어 최종적인 의미에 두 단어의 의미가 모두 담아있으므로 대치로 그 형성을 설명하기 어렵다. 따라서 '파파라치', '바캉스', '어린이'를 모형 단어로 설정할 수 없으므로 이들은 표면 유추로 설명할 수 없다. 하지만 두 단어의 일부가 절단되어 결합한 혼성어의 경우에도 동일한 형성을 공유하는 단어들의 수가 증가하면 유추의 틀이 형성되고 그 틀에 기반해 새로운 단어들이 형성된다. 신어 보고서에서 '-파라치'를 공유하는 단어들을 살펴보면 2002년부터 2019년까지 꾸준히 형성되고 있음을 알 수 있다. '-캉스', '-린이'를 공유하고 있는 신어 또한 그 수가 꾸준히 증가하고 있다. '[[X]-캉스]$_N$'의 경우 형성 초반에는 '레캉스, 몰캉스'에서 알 수 있듯이 '[[X]$_{N(X=휴가에서\ 하는\ 것\ 또는\ 휴가를\ 보내는\ 장소)}$-캉스]$_N$'의 틀을 기반으로 신어가 형성되었지만 지금은 그 의미가 확대되어 '[[X]$_{N(X=휴가를\ 함께\ 하는\ 대상)}$-캉스]$_N$'를 기반으로 '어캉스, 유캉스, 키캉스, 개캉스' 등이 형성됨을 알 수 있다. 이처럼 계열체들이 증가함에 따라 유추의 틀 또한 조금씩 의미가 확대되는 모습이 나타난다. 신어 보고서에는 (23)의 신어들 외에도 '[[X]-티즌]$_N$', '[[X]-텔]$_N$', '[[X]-테크]$_N$' 등과 같이 유추의 틀에 의한 신어 형성으로 설명이 가능한 예들이 존재하며 Mattiello(2017)에 따르면 '-파라치', '-캉스', '-린이', '-티즌', '-텔', '-테크' 모두 결합형으로 설명이 가능하다.

유추의 틀에 의한 신어 형성은 표면 유추에 의한 신어 형성에 해당하는 예들이 시간이 지남에 따라 동일한 단어 형성을 공유하는 계열체들이 증가해 유추의 틀이 형성되는 경우와 모형 단어를 설정할 수 없지만 동일한 형성을 공유하는 많은 수의 계열체들이 유추의 틀을 형성한 경우 모두를 포함한다.

6.4. 나가기

지금까지 단어 형성 기제 유추에 주목하여 신어의 형성을 설명하고 Mattiello (2017)에서 제시한 유추의 유형에 따라 신어의 형성을 살펴보았다. 본장의 내용을 정리하면 다음과 같다.

'유추에 의한 단어 형성'이란 화자에게 익숙한 기존의 단어에 기초해서 새로운 단어를 만들어 내는 과정으로 유추의 기반이 되는 기존의 단어를 '모형 단어'라 하고, 이를 기반으로 형성되는 단어를 '표적 단어'라고 한다. 유추에 의한 단어 형성은 언제나 대치라는 조작을 수반하며 대치의 조작 과정은 재분석과 절단의 과정을 수반하기도 한다.

본장에서는 채현식(2003b)에서의 표면적 유사성과 구조적 유사성을 구분 하는 경계의 불분명함을 지적하며 Mattiello(2017)에서 제시한 표면 유추와 틀에 의한 유추로 유추의 유형을 구분하였다. 또한 채현식(2003b)에서는 표 면적 유사성에 기초한 유추적 형성에 해당하는 단어들을 유추의 틀에 의한 형성으로 다루지 않는데 본장에는 의미적 유사성에 기반한 유추적 형성 또 한 유추의 틀에 의한 유추적 형성으로 다룰 수 있다고 보았다. 따라서 유추 를 표면 유추와 틀에 의한 유추로 구분하고 표면 유추는 유추적 형성에서 작용하는 유사성에 기반해 의미적 유사성과 음성적 유사성으로 구분해 살 펴보았다.

'표면 유추'에 의한 신어 형성은 개별 단어에 기반한 유추에 의해 형성된 신어들을 말하고 '유추의 틀'에 의한 신어 형성은 동일한 형성을 공유하는 단어들이 이루고 있는 계열체를 기반으로 형성된 신어들을 말한다. 표면 유 추는 다시 의미적 유사성과 음성적 유사성으로 구분하여 살펴보았는데 이는 의미적 유사성과 음성적 유사성만이 유추적 형성의 기반으로 작용한다는 것을 의미하는 것이 아니다. 둘 이상의 유사성이 유추적 형성에 작용한 복합 유추의 가능성을 언급하고 더 우세한 힘을 가진 유사성을 중심으로 유형을 구분하였다. 의미적 유사성에 기반한 신어 형성에서는 우선 의미적 유사성이 나타나는 층위를 기준으로 대치되는 요소 간에 의미적 유사성이 작용하는 경우와 모형 단어와 대치 과정의 결과로 형성된 표적 단어 간에 의미적 유사성이 작용하는 경우로 구분하여 살펴보고 각각에 해당하는 신어들이 구조적 유사성을 기반으로 하는지 아닌지의 여부에 따라서도 구분하였다. 음성적 유사성에 기반한 신어의 형성에서도 오직 음성적 유사성에 기반해 형성된 신어와 둘 이상의 유사성을 가지지만 음성적 유사성이 유추적 형성에서 더 우세하게 작용한 신어를 구분해서 살펴보았다. 유추의 틀에 의한 신어 형성은 표면 유추와 통시적인 차이를 가지는 것으로 표면 유추에 의한 신어 형성이 시간이 지남에 따라 유추의 틀에 의한 신어 형성으로도 설명이 가능함을 제시하였다.

본장에서는 단어 형성 기제로 작용하는 추론 과정, 즉 유추에 주목해 신어의 형성을 살펴보고 기존 논의들에서 따르던 유추의 유형이 아닌 Mattiello (2017)의 유추의 유형에 따라 신어의 형성을 살펴보았다는 데 의의가 있다. 또한 유추적 형성 과정에서 둘 이상의 유사성이 작용할 수 있음을 언급하고 각각의 유사성이 작용하는 힘의 우세성에 있어 차이가 있음을 제시하였다는 데서 기존 논의들과 차이를 보인다. 하지만 단일 유추와 복합 유추로 유추를 구분해 각각에 해당하는 신어들을 면밀히 살펴보지 못했다는 아쉬움이 남는다. 이에 대해서는 유추에 대한 더욱더 면밀한 검토가 필요할 것으로 보인다.

참고문헌

‖논저류‖

곽유석(2017a), 「현대 한국어의 사자성어에 대한 국어학적 연구」, 성균관대학교 석사학위논문.

곽유석(2017b), 「혼성어 형성에 대한 소고」, 『형태론』 19-1, 1-24.

국립국어연구원, 『2000년 신어』.

국립국어연구원, 『2001년 신어』.

국립국어연구원, 『2002년 신어』.

국립국어연구원, 『2003년 신어』.

국립국어원, 『2004년 신어』.

국립국어원, 『2005년 신어』.

국립국어원, 『2008년 신어 자료집』.

국립국어원, 『2009년 신어 자료집』.

국립국어원, 『2010년 신어 자료집』.

국립국어원, 『2012년 신어 자료집』.

국립국어원, 『2013년 신어 기초 조사 자료』.

국립국어원, 『2014년 신어』.

국립국어원, 『2015년 신어』.

국립국어원, 『2016년 신어 조사 및 사용 주기 조사』.

국립국어원, 『2017년 신어 조사』.

국립국어원, 『2018년 신어 조사』.

국립국어원, 『2019년 신어 조사』.

국립국어원 편(2007), 『사전에 없는 말 신조어』, 태학사.

김혜지(2016), 「축약형 단어와 유추」, 『형태론』 18-2, 183-216.

김혜지(2021), 「단어 형성 기제로서의 유추에 대한 재고찰 - 유추의 유형 분류를 중심으로」, 『국어학』 99, 211-245.

노명희(2010), 「혼성어 형성 방식에 대한 고찰」, 『국어학』 58, 255-281.

노명희(2020), 「한국어의 형태론적 재분석과 의미론적 재분석」, 『국어학』 95, 33-64.

송원용(2005), 『국어 어휘부와 단어 형성』, 태학사.

시정곤(1999), 「규칙은 과연 필요 없는가?」, 『형태론』 1, 261-283.

엄상혁(2018), 「한국어의 재분석에 의한 단어 형성 - 어휘적 재구조화와 역형성을 중심으로」, 『한국어학』 81, 197-244.

장지영(2020), 「국어의 '-적(的)' 파생어 연구」, 이화여자대학교 석사학위논문.

정한데로(2015), 「신어의 형성과 빈도 변화에 대한 일고찰 - 2004년 신어를 중심으로」, 『한글』 301, 171-204.

정한데로(2016), 「규칙과 유추, 다시 생각하기」, 『어문연구』, 44-2, 99-126.

채현식(2003a), 「대치에 의한 단어 형성」, 『형태론』 5-1, 1-21.

채현식(2003b), 『유추에 의한 복합명사 형성 연구』, 태학사.

채현식(2012), 「계열관계에 기반한 단어 분석과 단어 형성」, 『형태론』 14-2, 208-232.

최형용(2004), 「단어 형성과 음절 수」, 『국어국문학』 138, 183-205.

최형용(2015), 「광고 속에 나타난 언어적 유추의 유형과 상관성」, 『한중인문학연구』 48, 233-261.

최형용(2016), 『한국어 형태론』, 역락.

최형용(2018), 『한국어 의미 관계 형태론』, 역락.

최형용 외(2015), 『한국어 연구와 유추』, 역락.

황화상(2010), 「단어형성 기제로서의 규칙에 대하여」, 『국어학』 58, 61-91.

황화상(2013), 「유추, 규칙의 대안인가?」, 『형태론』 15-2, 204-224.

Bauer, L. (1983), *English Word-Formation*, New York : Cambridge University Press.

Mattiello, E. (2017), *Analogy in Word-Formation*, Berlin : Mouton de Gruyter.

Langacker, Ronald W. (1977), Syntactic reanalysis. In Li, Charles N. (ed.) *Mechanisms of syntactic change*, Austin : University of Texas Press, 57-139.

∥사전류∥

국립국어원, 표준국어대사전((https://stdict.korean.go.kr/main/main.do)

국립국어원, 우리말샘(https://opendict.korean.go.kr/main)

네이버 오픈사전(https://open.dict.naver.com/)

7. 한국어 신어 형성과 의미 관계

7.1. 들어가기

7장에서는 신어의 의미 관계를 형성의 측면에서 고찰하는 것을 목적으로 한다. 이때 의미 관계를 형성의 측면에서 고찰한다는 것은 필연적으로 복합어를 대상으로 함을 전제하게 되는데, 단일어 자체로는 의미 관계를 따질 요소가 없고 단일어와 단일어 간에서는 형성의 측면에서 고찰할 것이 없기 때문이다. 황화상(2001)에서는 복합어를 전제로 하여 단어 형성의 세 가지 문제를 다음과 같이 제시한 바 있다.

    (1) 단어 형성의 세 가지 문제
        가. 의미의 문제(Problem of Meaning)
            새로운 의미의 단어를 형성하기 위해 둘 이상의 의미 요소가 어떻게 결합하는가?
        나. 대응의 문제(Problem of Correspondence)
            각각의 의미 요소는 어떻게 형태 요소에 대응되는가?
        다. 형태의 문제(Problem of Form)
            새로운 형태의 단어를 형성하기 위해 둘 이상의 형태 요소가 어떻게 결합하는가?

(1가)는 형성 요소들 사이에서 성립하는 '의미와 의미의 관계'를, (1나)는 '형태와 의미의 관계'를, (1다)는 '형태와 형태의 관계'를 반영하는 것이다. 이때 본장은 신어의 내부 구성 요소와 그 의미 관계를 논의 대상으로 하고 있으므로 이를 살펴보는 것은 (1나)와 큰 연관성을 갖는다고 할 수 있다.

한편, 앞선 6장에서는 유추의 관점에서 신어 간의 의미적 유사성에 대해 다룬 바 있다. 의미적 측면을 고려한다는 점에서 본장과 6장은 큰 연관성을 갖지만 본장에서는 유추가 아닌 의미 관계에 중점을 두고 있다. 특히 유추의 경우 항상 모형 단어와 표적 단어 간의 관계를 전제하고 있으므로 신어(혹은 기존어)와 신어 간의 의미적 유사성이 분석의 대상이 되었다면 의미 관계의 측면에서 신어를 고찰하는 것은 하나의 신어를 구성하는 내부 구성 요소 간의 의미 관계에도 집중할 수 있게 된다.

본고에서 집중할 '의미 관계'라는 것은 크게 계열 관계와 결합 관계로 나뉘는 것이 일반적이고, 이때 결합 관계는 단어 자체가 가지는 의미 관계가 아닌 문맥 내에서 의미가 드러나는 동음이의나 다의관계 등을 뜻한다. 다만 본장은 형태론의 입장에서 단어 형성과 의미 관계를 살피는 것에 주안점을 두기 때문에 결합 관계는 본장의 논의 대상에서 제외된다. 앞서 1장에서도 주지한 바 있듯이 단어 형성의 관점에서 신어를 조망한다는 것은 곧 형태에 집중하겠다는 것이고, 동음이의와 다의 관계 등의 결합 관계에서는 형태적인 차이가 드러나지 않기 때문이다. 특히 이곳에서 논의가 될 수도 있는 의미적 신어의 경우에도 이러한 목적에 따라 이미 1장에서 본고의 신어로 보지 않음을 명확히 한 바 있다. 따라서 7장에서 살피는 의미 관계란 계열 관계로 한정하기로 한다.

계열 관계의 분류는 논점에 따라 비교적 유연한 모습을 보일 때도 있지만, 보편적으로는 유의 관계와 반의 관계, 상하 관계가 수용된다. 다만 이러한 유형을 분류하고 그 특성에 대해 다룬 논의들 중 대다수는 어휘 체계의 실존 양상을 관찰하기 위한 수단으로서의 의미 관계를 고찰한 것임에 반해(도재

학 : 2013) 본장의 목적은 어휘 체계의 실존 양상을 관찰한다기보다는 신어 형성의 측면에서 의미 관계의 특징 및 역할을 고찰하는 데에 있으므로 이러한 과정에 불필요한 의미 관계가 있다면 삭제하고 추가적으로 필요한 의미 관계가 있다면 추가하는 과정이 필요할 것이다. 그러한 입장에서 본장은 앞선 세 가지의 계열 관계는 유지하되 새로이 '의미장 내에서의 의미 관계'를 추가적으로 살펴볼 것이다.

    (2) 대기업 – 중기업 – 중소기업 – 소기업

    (2)의 각각의 어휘들은 '기업'이라는 의미장 하에 일정한 의미적 관계를 맺음이 분명한 어휘들에 해당한다. 하지만 이들 각각은 유의 관계나 반의 관계는 물론 엄연한 의미에서 상하 관계에 해당한다고 보기 어렵다. 이들의 의미 관계를 파악하는 유일한 방법은 '기업'이라는 의미장 아래 각각의 어휘들이 서열 관계를 이루며 의미장의 구성 요소로 존재한다는 것, 즉 이들을 동위어로 파악하는 것인데 그러기 위해서는 (2)에서 가시적으로 드러나지 않는 '기업'이라는 의미장의 존재를 설정해주는 작업이 필요하다. 의미장의 존재를 설정할 경우 (2) 중에서 임의적인 두 어휘만을 선택해 의미 관계를 분석하는 것도 문제가 되지 않는데, (2)에서는 '대기업'과 '소기업'만이 반의 관계를 보이고 다른 어떠한 관계도 모두 의미장 내에서의 서열 관계로 처리할 수가 있게 된다.

    (2)에서 단어 형성의 측면에서 살펴볼 수 있는 또 한 가지는 의미장의 빈자리다. 의미장의 빈자리는 단어 형성을 유발하는 대표적인 기제 중 하나라고 볼 수 있는데, (2)에서는 '중소기업'의 존재 때문에 '중대기업'의 자리에 빈자리가 생겨난다. 이 빈자리에 대한 언중들의 명명적 욕구가 커지면 언중들은 이 빈자리를 채우고자 하는데, 이때 의미장 내 다른 하위어들의 형태론적 특성을 반영하기 마련이다. 기존 어휘의미론에서 집중적으로 살폈던 단일어

의 경우 빈자리를 채우기 위해 참고할 다른 하위어들의 내부 구성 요소가 존재하지 않았지만 복합어의 경우 다른 하위어들이 이미 공유하는 형태론적 특성이 있다면 이를 반영한 신어가 형성될 것을 기대할 수 있을 것이다.[1]

  (3) 대강당 - 중강당 - 소강당

  (3)의 '중강당'은 표준국어대사전에 등재되어 있지 않지만 우리말샘을 통해 질적 공인화를 거친 신어에 해당하는데, '중강당'이 한자어 접두사 '중'과 어근 '강당'이 결합된 파생어의 형태를 지니게 된 배후에는 기존어인 '대강당' 혹은 '소강당'과의 서열 관계로 인한 형태론적 특성이 반영되었다고 보는 것이 타당할 것이다. 따라서 본장에서는 신어 형성의 관점에서 신어와 신어 사이의 계열 관계, 신어 내부의 계열 관계, 그리고 의미장 내에서의 의미 관계를 살피는 것을 목적으로 한다.[2]

---

1) 그러나 실제 해당 빈자리를 채울 것으로 예상되는 가장 유력한 신어는 '중대기업'이 아닌 우리말샘에 등재되어 있는 '중견기업'이다. 이는 직접 성분 분석을 통해 그 이유를 설명할 수 있을 듯한데, '대기업'의 경우 한자어 접두사 '대'와 한자 어근 '기업'이 결합된 파생어이며 '중기업'과 '소기업'도 마찬가지인 반면 '중소기업'은 '중소'라는 어근과 '기업'이라는 어근이 결합된 합성어에 해당한다. '중대기업'의 빈자리는 '중소기업'과의 반의 관계 측면에서 형성된 것이므로 이 자리를 채울 신어는 '중소기업'의 형태적 특성을 반영했을 가능성이 크다. 하지만 '중소+기업'의 합성어적 성격을 반영하기 위해 필요한 '중대'에 해당하는 어근이 실재하지 않았고 따라서 '중대기업'의 형성에 어려움을 겪게 된 체계적 빈칸이라고 볼 수 있다. 그런데 이와 관련하여 한 가지 더 살펴볼 문제는, 기존어-기존어 간의 관계, 기존어-신어 간의 관계에서는 체계적 빈칸과 우연한 빈칸을 설정하는 것이 가능하나 후에 살펴볼 신어와 신어 사이에서의 빈칸은 이를 설정하는 것이 불가능할 듯하다는 점이다. 우연한 빈칸과 체계적 빈칸은 모두 통시성을 바탕으로 하고 있는 반면 신어와 신어 간의 관계를 살피는 것은 공시적인 것에 해당하기 때문이다. 따라서 본장에서는 신어로 구성된 의미장에서 이러한 빈칸을 따로 설정하지 않도록 한다.
2) 상위어와 하위어의 존재는 곧 의미장의 형성으로 직결되는 것이기 때문에 상하 관계와 의미장에서의 의미 관계의 설정을 달리 하는 것에 의문이 제기될 수 있으나 상하 관계는 상위어와 하위어의 관계에 주목하는 것이고 의미장에서의 의미 관계는 하위어들끼리의 관계에 주목한다는 차이를 갖는다. 이들은 곧 동위어로 묶일 가능성이 있으나 본장에서는 이들의 동위어적인 성격보다 의미장 내에서 갖는 관계-(2)와 (3)에서의 서열 관계와 같은-

7.2. 신어 형성 측면에서 본 의미 관계

　단어와 의미 관계에 대해 다룬 연구는 대부분 단어와 단어 사이의 의미 관계에 대한 연구가 중심을 이루었다. 최형용(2019)에서는 이러한 문제점을 지적하며 단어 내부 구조에서의 의미 관계에도 관심을 기울일 필요가 있음을 서술하는데, 그 차이는 다음과 같다.

　　(4) 가. 가옥(家屋)
　　　　나. 몸체(몸體)
　　　　다. 애간장(애肝臟)

　어휘 의미론에서는 단어가 관심의 대상이므로 (4가, 나)와 같이 구성 요소 중 단어의 지위가 없는 것에는 관심을 기울이지 않는다. 하지만 형태론적 관점에서 이들을 살필 경우 이들은 각각 형태소 어근과 형태소 어근 사이에서 유의 관계가 발견되는 경우, 단어 어근과 형태소 어근 사이에서 유의 관계가 발견되는 경우, 단어 어근과 단어 어근 사이에서 유의 관계가 발견되는 경우로 다양한 측면에서의 고찰이 가능해진다는 특징이 있다.
　최형용(2016a)에서는 단어 내부 구조의 반의 관계에 주목한 바 있는데, 형태론적 관점에서 의미 관계를 고찰한다는 것은 다음과 같은 문제를 해결할 수가 있게 된다.

　　(5) 가. 춥다 - 더위
　　　　나. 동 - 서쪽
　　　　다. 열다 - 닫히다

에 무게를 둔다는 점, 또 의미장이 갖는 빈자리에도 주목한다는 점에서 '의미장에서의 의미 관계'를 따로 설정하고 있다.

(5가)의 '춥다'는 '더위'가 아닌 '덥다'와만 반의 관계에 놓일 수 있기 때문에 어휘의미론에서는 흔히 이들이 같은 품사 범주를 가져야 함을 주장한다. 하지만 (5나)에서 알 수 있듯이 '동'과 '서쪽'은 같은 명사에 속하지만 '동'은 '서'와만 반의 관계를 이루고, '서쪽'은 '동쪽'과만 반의 관계를 이루게 된다. 마찬가지로 (5다)의 '열다'와 '닫히다'도 모두 동사에 속하지만 각각 '닫다'와 '열리다'와만 반의 관계를 이룰 수 있으므로 같은 품사 범주를 가지는 것 외의 요구가 발생한다. 따라서 이때 단일어 간의 반의 관계, 합성어 간의 반의 관계, 그리고 파생어 간의 반의 관계임에 주목하는 형태론적 고려가 이들의 의미 관계를 파악하는 데 도움이 되는 것이다.

앞서서도 밝힌 바 있듯이 의미 관계를 단어 형성의 측면에서 의미 관계를 조명한다는 것은 단어 내부 구조에 관심을 기울이겠다는 것을 의미한다(최형용 2019 : 36). 단어 내부에 관심을 기울이겠다는 것은 곧 단어가 내부 구성을 가진다는 것을 의미하므로 두 개 이상의 형태소로 구성된 복합어일 것을 의미하는데, 본고는 분석의 대상을 신어로 설정하고 있으므로 신어의 형태소 구성이 분석에 큰 영향을 미치게 된다. 그런데 신어는 그 내부 구성이 기존어에 비해 다양한 모습을 보이고, 이에 대해서 다양한 견해가 대립하고 있으므로 본장의 본격적인 논의에 들어가기 앞서 이들에 대한 명확한 설정을 할 필요가 있어 보인다.

(6) 가. 할저씨(2015) - 할아재(2016)
     가'. 차도남(2010) - 차도녀(2010)

(6)의 예시들은 각각 혼성어와 두음절어로, 기존어의 파생이나 합성어로는 충분히 설명되지 않는 새로운 유형에 해당한다. 따라서 이들의 성격을 단일어로 보아야 하는지, 복합어로 보아야 하는지, 그리고 복합어로 볼 경우 각각의 구성 요소에는 어떤 지위를 부여해주어야 하는지에 대한 설정이 필요하

다. 그런데 이에 대한 자세한 논의는 앞서 1장과 3장, 4장을 통하여 이루어진 바, 본장에서는 이들의 성격을 규명하는 데 힘쓰지 않고 다만 앞선 논의들을 바탕으로 이들이 단일어가 아닌 복합어에 해당하며 이들의 구성 요소는 파편에 해당한다는 것만 설정하도록 한다. 그리고 이때 파편은 형태소에 준하는 지위를 갖는 것으로 보고 분석의 대상으로 포함시키고자 한다.

또 한 가지 본장에서 성격을 규명하고 넘어갈 필요가 있는 것은 한자어의 구성 요소이다. 앞서 6장에서는 '문맹'과 같은 한자어를 내부 구성을 가지지 않는 단일어에 해당한다고 보고 이의 유추로 형성된 '컴맹'이 단어 내부 구조와 관계없는 단일어의 과도한 분석이 이루어진 것으로 분석하였다. 하지만 앞서 본장의 (3)의 예시에서 우리는 '가옥'과 같은 것이 형태소 어근과 형태소 어근으로 분석 가능함을 전제한 바 있다. 따라서 본장에서는 한자로 구성된 단어들에서 각각의 한자가 자립하여 쓰일 수 있는 단어 어근의 지위를 갖는 한자일 경우에는 단어 어근으로, 그 외의 한자의 경우에는 형태소 어근으로 그 지위를 주는 것으로 설정하도록 한다.

7.3. 신어와 신어 사이의 의미 관계

본고의 분석 대상은 신어에 해당한다. 따라서 큰 틀에서 장의 제목을 신어와 신어 사이의 의미 관계로 칭하였지만 실제로는 신어와 신어 사이의 의미 관계뿐만 아니라 기존어와 신어 사이의 의미 관계에 대해서도 다룰 수 있을 것이다. 이때 기존어는 1장의 논의를 참고하여 표준국어대사전에 등재되어 있는 것들로 한정한다. 또한 신어는 2008년부터 2019년에 이르는 국립국어원의 신어 보고서와 우리말샘에 등재되어 질적 공인화를 거친 신어로 한정하도록 하겠다.

7.3.1. 기존어와 신어 사이의 유의 관계

앞서 언급한 바 있듯이 의미장의 빈자리는 대표적인 단어 형성 기제로 작용할 수 있다. 의미장의 빈자리에 해당할 수 있는 것은 의미장 내에서 상하 관계, 반의 관계, 서열 관계 등의 의미 관계를 맺고 있는 것이라면 모두 가능할 듯하나 유의관계를 맺고 있는 자리는 논리적으로 빈칸이 생기는 것이 불가능하다. 해당 의미의 자리에 이미 기존어가 있는 것이기 때문이다. 그러한 점에서 기존어가 존재함에도 불구하고 이에 유의 관계를 갖는 신어가 등장하는 것은 특이한 현상이 아닐 수 없다. 따라서 기존어와 신어 간에 유의 관계를 갖는 것은 정책적으로 만들어진 순화어나 자연 발생한 고유어, 한자어, 외국어 간의 관계가 대부분을 차지한다고 해도 과언이 아니다.

그런데 최형용(2019)에서 밝혔듯이 단어와 단어 사이의 의미 관계를 단어 형성의 관점에서 밝힌다는 것은 첫 번째로 그 구성이 복합어일 것이며, 두 번째로 두 단어가 공통되는 구성 요소를 가질 것을 의미한다. 공통되는 구성 요소를 가지지 않는다면 형태론적으로 의미 관계를 분석할 대상이 존재하지 않기 때문이다. 따라서 정책적인 순화어나 자연 발생한 다른 어종의 단어 모두 본장의 논의 대상에 해당하지 않으며 유의어 중 높은 비율을 차지하고 있는 줄임말의 경우도 모두 제외된다.3) 따라서 기존어와 신어가 유의 관계에 놓여 있으면서 공통 요소를 공유하는 경우는 더더욱 흔하지 않게 되는데 (7)은 그에 해당하는 예시를 정리한 것이다. 본장에서는 국립국어원의 신어 보고서와 우리말샘을 모두 참고하고 있으므로 신어 보고서를 참고한 신어는

---

3) 정책적으로 조어된 순화어의 경우 '더치페이 - 각자내기'를 들 수 있고, 자연 발생한 다른 어종의 단어로는 '가방 - 백(bag)' 등을 제시할 수 있다. 줄임말의 경우엔 대표적으로 '미세먼지 - 미먼'과 같은 두음절어를 생각할 수 있는데, '미세먼지'의 성분 분석은 '미세'와 '먼지'로 되는 것에 반해 '미먼'은 '미'와 '먼'으로 분석되기 때문에 공통으로 가지고 있는 구성 요소가 존재하지 않는다는 문제점을 갖는다. 따라서 본장의 의미 관계 분석 대상에서 제외된다.

연도를 밝혀주었고 우리말샘을 참고한 신어는 출현 연도를 알 수 없으므로 따로 밝히지 않도록 한다.

(7) 가. 속수무책 - 무수무책(2009)
　　나. 지방인 - 지방러(2017), 통학생 - 통학러, 거주자 - 거주인

(7가)의 '무수무책'은 합성어와 합성어, 그리고 한자어와 한자어가 유의 관계를 보이는 예에 해당한다. 한자어 어근인 '속수'와 한자어 어근인 '무수'가 유의 관계에 놓인 것을 바탕으로 유의 관계가 형성된 것이다. 이때 (7가)의 '무수'는 어근임은 분명하나 '속수'나 '무책'과는 달리 사전에 등재되어 있지 않아 문법적 성격이 불분명하고, 한편으로 '속수무책'과 '무수무책'이 유의 관계에 해당하는 것과는 별개로 '속수'와 '무수'가 유의 관계에 해당할 수 있는지가 문제가 될 수 있다. 이러한 측면에서 계열 관계의 맥락 의존성이 문제가 된다. 그러나 최형용(2016a)에서 주지했듯이 이러한 것들이 단일어의 관점에서는 유의 관계를 보이지 않을 수 있어도 합성어의 경우에는 특정 유의 관계를 보이므로 형태 구조가 이러한 의미 관계를 위해 기여하는 것으로 간주할 수 있다.

(7나)는 파생어와 파생어가 유의 관계를 보이는 것이다. '-인(人), -생(生), -자(者)'의 한자어 접미사가 '-러(er)'와 같은 다른 어종의 접미사로 교체를 거치거나 같은 어종의 다른 접미사로 교체를 거치며 유의 관계를 형성하게 된다. 이때 '-인(人), -생(生), -자(者), -러(er)' 등의 [사람]의 의미 자질을 갖는 접미사는 신어에서 많은 부분을 차지하고 있는데,[4] 이들은 서로 교체되면서

---

4) 박선욱(2019)은 [+사람] 신어가 2015년에 34.65%, 2016년에 24.80%, 2017년에 35.92%로 많은 분포를 보이고 있음을 밝힌 바 있다. 다만 본장의 (5다)에서 언급하고자 하는 것은 [사람]의 단일한 의미를 가지는 접미사에 해당하는 반면 박선욱(2019)에서의 [+사람] 신어는 '-남, -녀, -충' 등의 [사람]과 함께 추가적인 의미 자질을 포함한 접미사에서 파생된 파생어와 더불어 접두 파생어, 합성어까지 포함한 결과에 해당한다.

많은 유의 관계를 형성하게 된다. (7나)의 예시에서 볼 수 있는 '-인(人), -생(生), -자(者)'과 '-러(er)' 외에도 한자어 '-주(主)', 외래어 '-이언(ian), -이스트(ist)' 등을 들 수 있다.

7.3.2. 신어와 신어 사이의 유의 관계

다음으로는 신어와 신어 사이의 유의 관계를 살펴보도록 하겠다.

> (8) 가. 할저씨(2015) - 할아재(2016), 숨스(2019) - 숨밍(2019)
> 　　가′. 꿀벅지(2009) - 꿀허벅지(2009), 스마툰(2012) - 스마트툰(2012)
> 　　나. 만찢남 - 만뚫남(2017), 만찢녀(2012) - 만뚫녀(2017), 멘찢(2018) - 멘붕
> 　　다. 빛삭(2014) - 광삭(2014), 해피벌룬(2017) - 해피풍선(2017)
> 　　다′. 제구력 - 제구감(2010)

(8가)는 혼성어에서 유의 관계를 형성하게 된 예시이다. '할저씨'와 '할아재'의 경우 '할아버지'에서 절단된 '할'이라는 동일한 형태가 공유되고 있지만 후행 요소는 각각 '저씨'와 '아재'로 다른 형태가 결합되어 있다. 이때 '저씨'의 경우 원형식인 '아저씨'에서 절단된 파편에 해당하고 '아재'의 경우 원형식의 단어가 그대로 결합한 경우에 해당한다. 따라서 이들은 단어 '아재'와 파편 '아저씨' 간의 유의 관계로 인해 형성된 유의어로 볼 수 있다. '숨스'와 '숨밍'은 앞선 것과 다르게 두 어휘의 후행 요소가 모두 절단 후 결합되었는데, 앞선 것은 '스트리밍'의 후행 음절이 절단된 것이며 뒤의 것은 선행 음절이 절단된 것으로 이도 역시 혼성의 과정에서 유의 관계가 형성된 것으로 볼 수 있다.[5]

(8가′)의 '꿀벅지'와 '꿀허벅지'도 유사한 듯 다른 모습을 보이는데, '꿀허

---

5) 그런데 이때 '숨스'와 '숨밍'은 '숨 쉬듯이 스트리밍'이라는 구에서 두음절화한 것으로 볼 가능성도 있다. 다만 표준국어대사전에서는 이들을 줄어든 말로 설명하고 있지는 않다.

벅지'의 '허벅지'는 절단이 이루어지지 않은 채 '꿀'과 결합한 것이고 '벅지'는 절단이 이루어진 후 결합한 것에 해당한다. 즉, 이들 간의 관계는 의미론적으로는 유의 관계이면서, 형태론적으로는 원형식과 혼성어 관계로 볼 수 있다.[6] '스마툰'과 '스마트툰'도 유사하지만 '꿀벅지'와 '꿀허벅지'는 후행 요소의 차이였다면 이는 선행 요소의 차이에 따라 유의 관계를 갖게 되는 경우로 볼 수 있다.

이어서 (8나)는 두음절어 간에 유의어를 갖는 경우인데 원형식에서 차이를 갖는다. '만찢남, 만찢녀'의 경우엔 '찢다'가, '만뚫남, 만뚫녀'의 경우엔 '뚫다'가 각각 원형식을 구성하고 있는데 이때 '찢다'와 '뚫다'는 개별 어휘로는 유의 관계를 갖지 않으므로 형태 구조가 이들의 의미 관계에 영향을 미침을 확인할 수 있다. 이는 '멘찢'과 '멘붕'의 경우 '찢어지다'와 '붕괴하다'가 유의 관계를 이루는 데 활용되었음을 통해 확연히 드러난다.

그리고 (8다)는 이종(異種)들 간의 교체로 유의어를 형성하는 경우이다. 혼성어와 혼성어, 합성어와 합성어의 구성 요소 간에 서로 다른 어종이 유의 관계를 형성한다. 각각 고유어와 한자어, 그리고 외래어와 고유어가 대응하고 있는 것을 확인 가능하다. 반면 (8다')는 동일 어종인 한자어 접사와 한자어 접사가 대응하여 유의 관계를 이루고 있는 경우에 해당하여 분리하여 제시하였다.

신어와 신어 간의 유의 관계에서 또 한 가지 주목할 점은 대부분의 유의 관계에 있는 신어들이 같은 연도에 등장하였거나, 짧은 기간 안에 함께 형성되었다는 점이다. 이는 곧 하나의 신어가 채 자리 잡기 전에 유의의 신어가

---

6) 다만 혼성어는 삭감 이전의 형태로는 쓰이지 않음을 주장한 이현정(2020)의 관점에서 볼 때 '꿀벅지'의 경우 해당 혼성어의 원형식인 '꿀허벅지'와 함께 쓰인다는 점에서 혼성어가 아닌 것으로 여겨질 수 있다. 그러나 노명희(2010)와 이현정(2020)에서 추가적으로 제시한 바와 같이 혼성어는 단순히 두 단어의 합성적인 의미를 갖지 않고, '꿀허벅지'보다 '꿀벅지'의 쓰임이 더 보편적이라는 것에 비추어 볼 때 본장은 '꿀벅지'도 혼성어에 해당한다고 보고 있다.

새로 형성되었다는 것을 의미하므로 시간이 흐른 후에는 동의충돌의 원리에
따른 결과를 기대해 볼 수 있을 듯하다. 본장에서 제시한 2009년의 신어인
'꿀벅지'와 '꿀허벅지'도 현재 '꿀벅지'가 더 많은 쓰임을 가지며 '제구력'과
'제구감'의 경우도 '제구력'이 빈도의 측면에서 분명한 우위를 차지한다는
사실이 이러한 추측을 뒷받침해준다.

7.3.3. 기존어와 신어 사이의 반의 관계

반의 관계도 역시 유의 관계와 마찬가지로 기존어와 신어 간에 반의 관계
를 이루는 경우와 신어와 신어 간에 반의 관계를 이루는 경우를 모두 살필
수 있을 것이다. 먼저 살펴볼 것은 기존어와 신어 사이의 반의 관계에 해당하
는 예이다.

> (9) 가. 소매치기 – 소매넣기(2018)
>   나. 컨택트 – 언택트
>   다. 타깃 – 논타깃(2009), 저격 – 역저격(2014), 대면 – 비대면

(9)는 모두 기존어와 신어 간에 반의 관계를 이루는 경우를 제시한 것이다.
그 중에서도 (9가)는 합성어와 합성어가 반의 관계를 이루고 고유어 '치기'와
고유어 '넣기'가 반의 관계를 이루는 경우에 해당한다. 다만 '치기'와 '넣기'가
반의 관계가 아니라는 점에서 이들의 반의 관계 역시 형태 구조가 영향을
미친 것이라고 볼 수 있다.

(9나)는 단일어와 혼성어의 반의 관계를 보여주는데, 외래어가 반의 관계
를 구성하는 경우이다. 반의 관계를 구성하는 대표적인 방법은 (9나)와 (9다)
에서 사용된 '언(un-), 논(non-), 역(逆)-, 비(非)-'와 같은 접두사를 사용하는 것
인데 이들의 사용 양상이 다르다는 점에서 이들을 구분하여 제시하였다. 즉

(9나)는 혼성을 통하여 음절 수를 유지하려는 경향이 두드러지는 반면 (9다)는 단일어를 접두파생어로 만들어 형식적으로 불균형한 반의어를 만드는 경우에 해당한다.[7]

7.3.4. 신어와 신어 사이의 반의 관계

다음의 (10)은 신어와 신어 간에 반의 관계를 이루는 경우이다.

(10) 가. 맨스플레인(2015) – 우먼스플레인(2018), 앞벅지(2017) – 뒷벅지
        (2017), 금턴 – 흙턴(2017)
    나. 반모(2012) – 존모(2018), 갑분싸(2018) – 갑분굿(2019)
    다. 금수저 – 흙수저(2016)
    라. 품절남(2009) – 품절녀(2009)

(10가)는 혼성어 간의 반의 관계에 해당하며 (10나)는 두음절어 간의 반의 관계, (10다)는 합성어 간의 반의 관계, (10라)는 파생어 간의 반의 관계에 해당한다.

(10가)는 각각 외래어 혼성어와 고유어 혼성어, 혼종 혼성에 해당하는데, '맨'과 '우먼', '앞'과 '뒤'의 반의 관계가 비교적 명확한 편인 반면에 '금'과 '흙'은 개별적 어휘로는 반의 관계를 맺지 않기 때문에 이때 반의 관계는 단어 형성 구조의 영향을 받았다고 볼 수 있다. 이는 (10다)에서도 '금'과

---

7) 이러한 측면에서 볼 때 앞서 나온 유의 관계에서는 형식적 불균형이 나타나지 않았다는 점이 흥미롭다. 그러나 이는 본장에서 '꿀'이나 '툰'과 같은 그 문법적 성격에 대한 논의가 활발한 것들을 모두 파편으로 취급하고 있기 때문에 나오는 결과일 수도 있다. 이들을 접사로 보거나 혹은 어근으로 보는 등 다른 관점을 취한다면 이들에서도 형식상의 불균형이 충분히 드러날 수 있을 것이다. 더불어 최형용(2019)는 '갓수'와 '갓수족'과 같은 관계를 유의 관계로 보고 있는데, 그렇다면 이들에게서 형식상의 불균형을 발견할 수 있게 된다. 하지만 본장은 이들의 유의성은 인정하지만 이들의 상하 관계에 조금 더 초점을 맞추어 서술하고 있으므로 유의 관계에서는 제외하였다. 이에 대해서는 후술하도록 한다.

'흙'이 반의 관계로 사용된 것을 통해서도 확인할 수 있다. (10나)의 '반모'와 '존모'는 고유어와 외래어가 결합된 후 두음절화된 것인데 이때도 '반말'과 '존댓말'의 반의 관계가 비교적 명확하다. 반면 '갑분싸'의 '싸해지다'와 '갑분굿'의 '굿'은 품사도 동사와 형용사로 다른 모습을 보이며, 의미적으로도 명확한 의미에서 반의 관계라고도 볼 수 없다. 그렇기 때문에 이도 역시 단어 형성 구조의 영향을 받았다고 볼 수 있다. 그런데 여기서 또 한 가지 살펴볼 수 있는 것은 이 예시가 반의 관계에서는 어종 교차가 허용되지 않는다는 일반적 사실을 어기고 있다는 점이다. 이러한 분석은 곧 우리로 하여금 '갑분싸'와 '갑분굿'을 '갑분-싸'와 '갑분-굿'이 아닌 '갑-분싸'와 '갑-분굿'으로 분석할 가능성을 시사한다. 앞선 4장의 논의를 통해 이들이 '갑분X'류를 형성하고 있음을 확인한 바, 일반적으로 이러한 틀에 따라 성분 분석이 이루어진다고 볼 수 있겠지만 그럴 경우 '싸해지다'와 '굿'이 반의 관계를 형성한다고 보아야 하는 문제가 생기게 된다. 반면 '갑-분싸'와 '갑-분굿'으로 성분을 분석할 경우 '분싸'와 '분굿'이 반의 관계를 보인다고 말하는 것에는 큰 무리가 없을뿐더러, 원형식인 '갑자기 분위기 싸해짐'과 '갑자기 분위기 굿'도 또한 '[[갑자기] 분위기 싸해짐]', '[[갑자기] 분위기 굿]'으로 자연스러운 분석이 가능해진다. 이와는 달리 (10다)나 (10라)는 성분 분석의 결과가 비교적 명확하여 합성어와 합성어 간의 반의 관계와 파생어와 파생어 간의 반의 관계를 잘 보여주는 예시라 할 수 있다.

또한 위의 예시들은 다음과 같은 방식으로 다시 묶는 것도 가능하다.

(11) 가. 맨스플레인(2015) - 우먼스플레인(2018), 앞벅지(2017) - 뒷벅지(2017), 금턴 - 흙턴(2017), 금수저 - 흙수저(2016)
　　　나. 품절남(2009) - 품절녀(2009)
　　　다. 반모(2012) - 존모(2018), 갑분싸(2018) - 갑분굿(2019)

(11)은 복합어를 구성하는 요소 사이에서 어떤 것이 반의 관계를 형성하는

데에 사용되었는가를 토대로 다시 분석한 것인데, (11가)는 어근과 어근이 반의 관계를 이루는 것이며 (11나)는 접사와 접사가 반의 관계를 이루는 것이고, (11다)는 두음절어의 파편이 반의 관계를 이루는 데에 사용된 것이다.

이들로부터 발견할 수 있는 특징은 반의 관계에 놓인 신어들은 유의 관계에서보다 더 높은 범주 동일성을 가지고 있다는 것이다.[8] 즉, 파생어 신어와 반의 관계를 구성하는 신어도 역시 파생어이고, 합성어 신어와 반의 관계를 구성하는 신어 역시 합성어이며, 두음절어와 반의 관계를 구성하는 신어도 역시 두음절어로 그 범주 동일성이 높은 모습을 보이는 것이다.

그런데 지금까지 살펴본 것들을 토대로 했을 때 다음과 같은 예시는 본고에서 살피는 반의 관계에 놓여 있다고 볼 수 없다.

(12) 저렴이 – 고렴이(2012)

'고렴이'는 그 의미상 '저렴이'와 반의 관계에 놓여있고, '저렴이'와의 반의 관계를 기반으로 형성된 것이지만 직접 성분 분석의 결과 저렴이는 '저렴-+-이'로 파생어로 분석이 가능한 반면 '고렴이'의 '고렴'은 따로 어근으로 분석이 불가능하다는 점에서 차이를 보인다. 따라서 이는 반의 관계 형성을 위해 '-렴이'를 재분석하여 '고'와 '저' 간의 대치를 이룬 것으로 보아야 하며, 유추가 규칙으로는 할 수 없는 단어의 형성을 보여주는 예라고 할 수 있다. 6장의 논의를 빌려오면 의미론적 유사성에 기반한 표면 유추라고 볼 수 있을 것이다. 따라서 '저렴이'와 '고렴이'는 (10)과 (11)의 예시들과는 달리 내부 구조가 동일한 모습을 보이지 않으며 결과적으로 구성 성분인 '저렴'과 '고'가 반의 관계를 이룬다고 볼 수 없으므로 본장에서 다루는 예시에 해당되지 않게 된다.

---

8) 앞서 (8)의 예시를 일례로 살펴보면, 유의 관계의 경우 '꿀벅지'와 '꿀허벅지'만 해도 '꿀'과 '벅지'라는 파편의 성격을 어떻게 보느냐에 따라 혼성어와 합성어, 파생어 간의 범주 동일성이 지켜지지 않을 가능성이 있다.

7.3.5. 기존어와 신어 사이의 상하 관계

상하 관계도 역시 유의 관계, 반의 관계와 마찬가지로 기존어와 신어가 상하 관계를 이루는 경우, 그리고 신어들끼리 상하 관계를 이루는 경우 모두 포착이 가능하다. 다만 상위어는 그 특징상 설정이 매우 자유롭다는 성격을 갖는데, 예를 들면 다음의 하위어를 토대로 다음과 같이 많은 종류의 상하 관계를 설정하는 것이 가능하다.

(13) 가. 인간 - 할마
      나. 가족 - 할마
      다. 조부모 - 할마
      라. 여성 - 할마

하지만 (13)의 예시들은 공통 요소를 가지지 않는다는 점에서 본장의 논의 대상이 되는 상하 관계에 해당하지 않는다. 공통 요소를 가지지 않는다면 이들이 가지는 상하 관계는 형식이 아닌 의미 대 의미의 대응 관계일 뿐이기 때문이다(최형용 2018 : 170). 그런데 기존어와 신어가 공통 요소를 지니는 듯 보이면서 상하 관계에 해당하는 다음과 같은 것들이 있다.

(14) 가. 페미니스트 - 남페미(2018), 걸페미(2018), 빠미니스트(2018)
      나. 바캉스 - 키캉스(2019), 꽃캉스(2019), 유캉스(2019), 섬캉스(2019)

이들의 상위어는 외래어이며 하위어는 혼성어라는 공통적인 특징을 보인다. 이들은 언뜻 보기에 (14가)는 '페미'라는 요소를 공유하고, (14나)는 '캉스'라는 요소를 공유하는 듯 보인다. 물론 본장은 혼성어 등에 사용된 파편도 논의 대상의 단어 구성 요소로 인정한다는 입장을 취하고 있으므로 이때 '페미'나 '캉스'도 당연히 의미 관계를 구성하는 요소로 다루어질 수 있다는 입장이나 (14)의 경우에는 하위어가 아닌 상위어가 문제가 된다. 즉, 외래어는 차용의 과정을 거치면서 내부 구조를 잃고 결론적으로 단일어로 취급되어야 하기 때문에 '페미니스트'나 '바캉스'의 경우 내부 구조를 가지지 않는 단일어로 보아야 한다는 것이다. 따라서 '바캉스'뿐만 아니라 해당 원어를 기반으로 하면 'femin-+-ist'로 분석될 수 있는 '페미니스트'도 우리말에서는 단일어로 취급된다. 그러므로 '페미니스트'와 '남페미', '바캉스'와 '키캉스' 등은 단일어와 복합어의 관계로 공통 요소를 가질 수 없으므로 본장의 분석 대상에 포함되지 않는다.

    (15) 가. 어른 - 어른이
          스타 - 할스타(2019)
       나. 춤 - 아재춤(2016)
          턱 - 귀족턱(2019)
          미녀 - 꽃미녀
          사랑 - 찐사랑(2019)
          병 - 개강병(2019)
       다. 드라마 - 드라마툰
          군필 - 군필돌

    (15)의 예가 본장의 분석 대상이 되는 것인데 (15가)에 해당하는 것들 제외하고는 모두 파생 및 합성으로 볼 수 있다. 최형용(2018)에서도 이러한 점에 주목하여 기존어와 기존어 간에 공통 요소를 가지는 상하 관계의 단어 형성이 다음과 같이 정리될 수 있다는 점을 지적하였다.

    (16) 가. A → AB
       나. A → BA

    그런데 비교적 많은 예시를 보이는 (16나)의 유형과는 달리 (16가)는 (15다)에서 볼 수 있듯이 많은 예시를 보이지 못하는데, 이는 기존어와 기존어 간의

예시에 있어서도 '미닫이 – 미닫이문, 미닫이창', '여닫이 – 여닫이문, 여닫이
창'과 같이 몇 개의 예밖에 찾을 수 없었던 것에 미루어볼 때 기존어와 신어
의 관계에서도 마찬가지로 흔하지 않은 유형이라고 볼 수 있다.

반면 (15가)는 하위어가 상위어를 공통 요소로 품고 있다는 점에서 (16)의
식으로 나타내었을 때 (15나, 다)와 같은 식을 갖게 되겠지만 이들은 파생어
나 합성어가 아닌 혼성어에 해당하므로 이때 B가 접사나 어근이 아닌 파편에
해당한다는 차이를 갖는다. 하지만 형식상으로는 각각 (16가)와 (16나)와 동
일한 모습을 갖게 된다.

7.3.6. 신어와 신어 사이의 상하 관계

이어서 신어와 신어 간에 상하 관계를 보이는 예시를 제시하면 다음과
같다.

(17)   가. 엣지족(2009) – 엣지남(2009), 엣지녀(2009), 엣지걸(2009)
         갓수족(2014) – 갓수(2014)
         안아키족(2017) – 안아키스트(2017)
         찍먹계(2015) – 찍먹충(2016)
      나. 페미 – 남페미(2018), 걸페미(2018)
         인싸 – 초인싸(2019), 핵인싸(2018)
      다. 폰 – 폰카

(17가)의 예시들은 '무리, 집단' 등의 뜻을 더하는 접미사 '-족(族), -계(界)'
등이 결합해 이루어진 파생어가 상위어를 이루고 있는 경우이다. 앞서 [사람]
의 의미를 나타내는 접미사가 다양한 어종에서 다양하게 나타났음을 언급한
바 있는데, '-꾼'과 같은 고유어 접미사나 '-남(男), -녀(女), -자(者), -인(人)' 등의
한자어 접미사, '-이스트(ist), -러(er), -이언(ian)' 등의 외래어 접미사가 개개인

의 의미를 갖는 것에 반해 '-족(族), -계(界)' 등의 한자어 접미사는 집단 혹은 무리의 의미를 더한다. 따라서 집단 혹은 무리의 의미를 가지는 접미사가 결합된 신어는 상위어의 역할을 하고 개개인의 의미를 갖는 접미사가 결합된 신어는 하위어의 역할을 하게 된다.[9]

그런데 (17가)의 예시들은 모두 [사람] 접미사의 결합에 따라 상하 관계를 보이고 있다는 점에서는 유사하나 그 구성 요소 간의 관계는 다소 차이를 보인다. '엣지족'과 '엣지남, 엣지녀'의 경우 무리의 의미를 갖는 한자 접미사와 개개인의 의미를 갖는 한자 접미사가 상하 관계를 이루는 반면 '엣지걸'의 '걸'은 외래어에 해당하는 것으로, 어종 간의 상하 관계를 보인다. 또한 '갓수족'은 '갓수남'이나 '갓수녀'가 아닌 '갓수'와 상하 관계를 보일 수 있는데 이는 '엣지'와 달리 '갓수' 자체가 [사람]의 의미를 가지고 있기 때문이다. 따라서 '갓수족'과 '갓수'의 상하 관계는 다음과 같이 나타낼 수 있다.

(18) AB → A

이는 (16)을 참고할 때 기존어와 기존어 간의 관계에서는 발견되지 않은 구성의 상하 관계라는 점이 주목할 만하다. 또한 이들은 결과적으로 파생어와 혼성어 간의 상하 관계에 해당하게 된다.

(17나)는 다시 (16)으로 돌아가서 생각하면 기존어와 기존어 간에서도 가장 많은 유형을 보였던 (16나)의 유형에 해당한다. 다만 단어 개별적으로 볼 때 '페미'와 '걸페미'는 외래어와 외래어 간에 상하 관계를 갖는 경우이지만 '페미'와 '남페미', '인싸'와 '초인싸, 핵인싸'의 경우는 외래어와 혼종어가 상

---

9) 그런데 '-족(族)'은 '그런 특성을 가지는 사람이나 사물의 무리' 또는 '그 무리에 속하는 사람이나 사물'의 뜻을 가지므로 후자의 뜻에 집중한다면 개개인의 의미를 지닌다고도 볼 수 있다. 따라서 관점에 따라 이들을 유의 관계로 분류하는 것도 가능할 것이다. 최형용 (2019)도 이러한 경우를 유의 관계로 보고 다만 그 구조가 서로 대등하지 않은 것으로 분류하고 있다.

하 관계를 보이는 경우이다.

마지막으로 (17다)는 기존어와 기존어, 기존어와 신어 사이에서도 아주 소수의 유형을 보였던 (16가)에 해당하는 유형으로 외래어와 외래어 간의 상하 관계에 해당한다.

7.4. 신어 내부의 의미 관계

본장에서 가장 기본적으로 전제하고 있는 것은 단어가 내부 구성을 가질 경우 내부 구성 요소들 사이에서도 의미 관계를 가질 수 있다는 것이다. 따라서 앞서 단어와 단어 사이의 의미 관계와 동일한 방식을 단어 내부에도 적용시키되, 본고는 신어를 분석의 대상으로 삼으므로 기존어와 신어의 관계도 분석의 대상이 되었던 지금까지의 논의와는 달리 이곳에서는 오로지 신어만이 그 분석의 대상이 될 것이다.

7.4.1. 신어 내부의 유의 관계

단어 내부에서 유사한 의미를 가진 구성 요소들이 결합하는 것은 흔한 일은 아니다. 유사한 의미 요소들을 여러 개 결합시켜서 단 하나의 단어를 만든다는 것이 경제성의 측면에서 볼 때 합리적이지 않기 때문이다. 따라서 단어 내부에서 유의 관계를 보이는 것은 흔히 잉여적인 것으로 여겨지기도 했다. 하지만 경우에 따라서 이러한 단어 내부에서의 유의 관계는 강조와 같은 추가적인 의미 기능을 가지기도 하고, 또 후에 살피겠지만 완전 반복 구성의 유의 관계를 이루고 있는 경우엔 어근 반복을 통해 품사가 바뀌는 모습도 찾아볼 수 있다. 또한 단순히 구성 요소가 가지는 의미를 넘어서, 구성 요소가 가지는 '속성'의 의미를 나타내도록 유발하는 경우도 있다. 따라서 이때의 신어의 형성은 단순히 잉여적인 것으로 취급할 것임은 아니라고 본다.

그런데 신어 내부에서 유의 관계를 보이는 경우는 동어 반복에 의한 경우 가 대부분이고 기존어에서 보이던 여러 유형들은 발견하기가 어렵다.[10] 아래에 제시한 (19)는 본고의 대상이 되는 신어들인데, (19가, 가')이 동어의 완전 반복에 해당하고 (19나)는 부분 반복에 해당하며, 반복에 해당하지 않는 것은 (19다)가 유일함을 알 수 있다. 또한 (20)은 (19)와 유사하지만 본고의 분석 대상으로 삼을 수 없는 것들로, 따로 살펴볼 필요가 있다.

(19) 가. 쓰담쓰담, 처발처발(2016), 꽁냥꽁냥(2012)
    가'. 단짠단짠(2015), 여자여자(2015)
    나. 얼쑤절쑤(2010)
    다. 동원동근(同源同根)(2017)[11]

(20) 가. 쑴벙쑴벙(2012)
    나. 쓰담쓰담하다(2012), 꽁냥꽁냥하다(2012), 여자여자하다(2015), 소녀
       소녀하다

(19)는 본고의 논의 대상이 될 수 있는 예시들을 반복 유형과 문법적 성격에 따라 분리해놓은 것이다. 우선 (19가)는 어근의 완전 반복형에 해당한다. 다만 '쓰담쓰담'과 '처발처발'은 그 어근이 축약형에 해당한다. 즉, '쓰담쓰담

---

10) 이는 본고에서 설정한 신어의 범위의 영향을 받은 것일 수도 있다. 일례로 신어의 범위를 '구 단위 신어'까지 넓힌다면 '누빔 패딩'이나 '소리 소문'과 같은 것들도 이에 포함될 수 있다. 앞서 신어 보고서에서 '구 단위 신어'를 설정하는 데에 있어 일관성 있지 않은 모습을 보였다는 것을 고려하면, 이러한 '구 단위 신어'를 제외함으로써 기존어의 '밑바탕'이나 '길거리'와 같은 단어 어근과 단어 어근이 결합되어 형성된 것으로도 볼 수 있는 신어 합성어들을 제외할 위험이 커지게 된다.

11) '동원동근(同源同根)'은 신어 보고서에 따르면 '물줄기가 나오기 시작하는 것이 같고 그 자라난 뿌리가 같다는 말로, 어떤 집단이나 단체의 본질이나 본바탕이 같음을 이르는 말' 이다.

은 '쓰다듬다'의 어간이 '쓰담'으로 된 것이며 '처발처발'은 '처바르다'의 어간이 '처발'로 된 것이다. 한편 '꽁냥꽁냥'도 마찬가지로 '꽁냥-꽁냥'으로 분석이 가능한데, 이때 '꽁냥'의 어근성은 '꽁냥하다'가 아닌 '꽁냥거리다'나 '꽁냥질'로부터 발견할 수 있다. 그러므로 이들은 모두 내부 구성에서 그 경계를 설정할 수가 있고 완전 반복형에 해당한다는 점에서 신어 내부에서 유의 관계를 보이는 예시라 할 수 있다. 이 부분에서 한 가지 흥미로운 점은 이들 중 '쓰다듬다'와 '처바르다'의 경우 동사에서 그 어간을 반복함으로써 각각 명사와 부사를 형성하고 있다는 점이다.12)

(19가')의 '단짠단짠'이나 '여자여자'도 (19가)의 완전 반복형과 동일하게 해석된다. 다만 '단짠단짠'의 구성 요소인 '단짠'의 경우 신어 보고서에 명사로 등재되어 있으므로 이는 신어 명사의 완전 반복형이라 할 수 있겠고, '여자여자'의 경우 기존어 명사의 완전 반복형에 해당한다 볼 수 있다. 그런데 '여자여자'는 앞의 '쓰담쓰담, 처발처발, 꽁냥꽁냥, 단짠단짠'과 의미적으로 차별성을 지닌다. 앞서 3장에서 언급했던 것처럼 '여자여자'는 '매우 여성스러움'의 의미를 갖는 신어로, '여자'가 아닌 '여자의 속성'을 드러내 주고 있다는 것이다. 즉, 이러한 경우는 신어 내부에서의 유의 관계를 통해 새로운 의미 유형을 보이는 경우라 할 수 있겠다.13)

(19나)는 앞선 것들과는 다르게 부분 반복에 의해 형성된 감탄사에 해당한다. 다만 '얼쑤'는 '얼씨구'의 준말로서 단어 어근에 해당하지만 '절쑤'는 '절씨구'의 준말로 보이기는 하나14) '절씨구'도 단어 어근의 지위는 가지지 못하

---

12) '꽁냥꽁냥'의 경우 '꽁냥거리다'를 고려할 때 '-거리-'의 어근이 중첩되어 부사 '꽁냥꽁냥'을 형성한 방향으로 해석할 수 있다. 하지만 '쓰담쓰담'과 '처발처발'의 경우 품사를 바꾸는 접미사 '-거리-'나 '-대'와 결합하는 일이 없다. 따라서 그 방향성을 '쓰다듬다'에서 '쓰담쓰담'으로, '처바르다'에서 '처발처발'로 설정하게 된다.
13) 본고의 3.4.2장 참고
14) 신어 보고서에는 원형식이 밝혀져 있지 않지만 우리말샘에는 '얼쑤절쑤'가 '얼씨구절씨구'의 준말임이 밝혀져 있다. 따라서 우리말샘을 참고하면 '절쑤'가 '절씨구'의 준말이라는 것이 추측 가능하다.

므로 형태소 어근에 해당하는 것으로 볼 수 있다.

마지막으로 (19다)는 유일하게 반복형에 해당하지 않는 유형의 예시이다. '동원동근'은 '동원'과 '동근'이 합성을 이루는 예시로 '동원동근'의 의미를 고려할 때 강조적 효과를 위해 유의 관계에 놓인 한자 복합 어근이 결합한 것으로 보인다.

한편 (20)의 예시는 앞서 언급했듯 (19)와 유사한 모습을 보이지만 본고의 논의 대상으로 삼기에는 어려운 것들이다. 우선 (20가)의 '쑴벙쑴벙'은 (19가, 가')과 같이 완전 반복형의 모습을 가지고 있으나 (19가)가 형태소 어근의 반복형, (19가')이 단어 어근의 반복형이었던 것에 비해 '쑴벙'은 그 지위가 불분명하다. '쑴벙'은 물론이거니와 '쑴벙하다'나 '쑴벙거리다', '쑴벙질'과 같은 단어도 찾아볼 수 없기 때문이다. 따라서 '쑴벙쑴벙'의 경우 내부 구성을 가지지 않는 단일어로 파악하는 것이 바람직하다.

(20나)의 예시들은 공통적으로 '-하다'가 붙은 파생어에 해당한다. 따라서 결과적으로 그 성분 분석이 '쓰담쓰담-하다', '꽁냥꽁냥-하다', '여자여자-하다', '소녀소녀-하다'와 같이 이루어질 수밖에 없다. 그런데 후에 서술할 것이지만, 본장은 '꽃미남녀'와 같은 신어를 '꽃미남'과 '꽃미녀'가 결합한 후 공통 요소가 삭제된 것으로 볼 수 있다는 입장을 취하고 있다. 따라서 이러한 견해를 취한다면 (20나)의 예시들도 '쓰담하다', '꽁냥하다', '여자하다', '소녀하다'의 완전 반복형에서 '하다'가 삭제된 것으로 볼 여지가 생길 수 있다. 특히, 신어의 유형 중 신어 보고서나 우리말샘에는 그 유형을 찾기가 힘들긴 하지만, 강현주(2020)의 논의 등을 참고했을 때 신어 전체적으로 '명사+하다' 구성의 신어의 유형을 찾는 것은 그렇게 어려운 일이 아니다. 특히 이때의 명사는 모두 사람, 기업, 국가의 이름 등에 해당했다는 점에서 기존의 서술성 명사 구성과는 차이를 갖는다. 또한 본고의 대상에 포함되지는 않지만 '보라해'[15]

---

15) 아이돌 그룹 BTS와 그 팬덤 아미 사이에서 사용되는 말로, 색을 나타내는 명사 '보라'와 '-하다' 접미사가 결합한 것이다. '사랑한다'의 의미로 사용되고 있다.

와 같은 구성의 신어도 포털 사이트에서 흔히 찾아볼 수 있는 '명사+하다'의 구성에 해당한다. 따라서 이러한 점을 미루어보면 '여자하다'나 '소녀하다'도 신어에서는 충분히 가능한 구성으로 여겨질 수 있다. 다만, '쓰담하다'의 경우 '쓰다듬다'의 본래 형식이 존재한다는 점, '꽁냥하다'의 경우 '꽁냥거리다'는 있지만 '꽁냥하다'는 없다는 점 등을 고려하면 '쓰담하다'나 '꽁냥하다'가 완전 반복된 후 '하다'가 탈락한 것으로 보는 데엔 무리가 있다. 또한, '여자하다'나 '소녀하다'도 신어에서는 불가능한 구성으로 여겨지지는 않지만 '여자하다'나 '소녀하다'가 신어 보고서나 우리말샘에 등재되어 있지 않았던 반면, 앞서 (19가')에서 보았듯이 '여자여자'는 등재되어 있었다는 점을 고려할 때 '여자하다'와 '소녀하다'의 완전 반복형에 '하다'가 탈락했다고 보는 것보다는 '여자여자-하다'와 '소녀소녀-하다'로 보고 본장의 논의 대상에 포함되지 않는 것으로 보는 것이 바람직하다.

따라서 본장의 논의 대상에 포함되는 (19)만을 대상으로 그 기능에 따라 다음과 같이 분류하는 것도 가능하다.

(21) 가. 단짠단짠(2015), 얼쑤절쑤(2010), 동원동근(同源同根)(2017)
　　　나. 쓰담쓰담, 처발처발(2016), 꽁냥꽁냥(2012)
　　　다. 여자여자(2015)

(21가)는 신어 내의 유의 관계가 강조의 기능을 지니는 예에 해당한다. '단짠'과 '단짠단짠', '얼쑤', '절쑤'와 '얼쑤절쑤', '동원', '동근'과 '동원동근'은 모두 의미에 있어서 큰 차이를 보이지 않는다. 따라서 이는 흔히 잉여적인 생산으로 여겨질 수 있는 것인데, 본장에서는 구성 요소 단독으로 사용되었을 때보다 그 의미가 강조됨을 느낄 수 있기 때문에 강조의 기능을 수행한다고 본다.

(21나)는 동사 어간이 중첩되어 다른 품사의 지위를 획득하게 되는 예에

해당한다. 즉, '쓰담, 처발'은 그 자체로는 '쓰다듬다'와 '처바르다'의 동사 어간에 해당하지만, 이들이 반복됨으로써 각각 명사와 부사의 품사를 얻게 되는 것이다. 신어 보고서나 우리말샘에는 등재되어 있지 않지만, 포털 사이트를 통해 '처먹다'의 어간 반복형 부사 '처묵처묵'이나 '뛰다'의 어간 반복형 부사 '뛰뛰'와 같은 예시를 더 발견할 수 있다. 한편 '꽁냥꽁냥'도 동사 어근에 해당하는 '꽁냥'과 다른 지위를 갖지만, 이는 '꽁냥거리다'를 고려할 때 '-거리-' 접미사의 어근이 중첩되어 부사를 형성한 것으로 해석하는 것이 옳을 것이다.

마지막으로 (21다)의 '여자여자'는 앞서서도 언급한 것처럼, '여자'의 의미를 넘어서 '여자'가 가지는 '속성'의 의미를 나타내게 되었는데, 이도 역시 신어 내부에서 이들이 반복됨으로써 유의 관계를 가지게 된 것이 영향을 미쳤다고 볼 수 있다.

7.4.2. 신어 내부의 반의 관계

신어 복합어의 구성 요소에서도 반의 관계를 갖는 예들을 몇 개 찾을 수가 있다. 다만 이때 앞서 보았던 것처럼 직접 성분 분석이 문제가 되는 것들이 몇 개 존재하는데 그것들부터 살펴보자면 다음에 해당한다.

(22) 가. 꽃미남녀(2017)
     나. 댕냥이(2019)

(22가)의 '꽃미남녀'는 신어 보고서에 '꽃-미남녀'로 분석되어 있다. 만약 이러한 직접 성분 분석의 결과를 그대로 따른다면 이는 본장의 분석 대상에 해당하지 않을 것이다. 그런데 최형용(2019)에서는 이를 '꽃미남+꽃미녀'로 볼 가능성을 제시하고 있다. 이를 위해 최형용(2018 : 227-234)의 논의를 참고하

는데, 다음과 같다.16)

   (23) 가. 직간접, 출입국, 음양각 ; 손발톱 ; 앞뒷문
        나. 국내외, 양자녀

   최형용(2018)에서는 이들을 모두 '직접'과 '간접'에서 공통 요소인 '-접'이 하나 생략되는 식의 형성 방식을 갖는다고 보는데 이때 (23가)에서 알 수 있듯이 그 어종이 제약을 가지지 않을 정도로 생산적인 모습을 보인다. 또한 (23가)의 공통 요소가 선행 요소인 반면 (23나)는 후행 요소에 해당함도 확인 할 수 있다.

   즉 이러한 논의를 신어에 적용할 경우 (22가)의 '꽃미남녀'도 '꽃-미남녀'가 아닌 '꽃미남'과 '꽃미녀'가 결합한 후 공통 요소인 '꽃미-'가 삭제된 것으로 볼 수 있는 것이다. 그런데 (22나)도 이러한 해석이 적용될 수 있을 것인지에 대해서는 의문이 든다. (22나)의 경우 신어 보고서에 직접 성분 분석의 결과가 '댕냥-이'로 등재되어 있다. 그런데 이를 최형용(2018)의 논의에 적용해 다르게 보기 위해서는 '댕댕이'와 '냥냥이' 혹은 '냥이'가 단어로서 존재해야 할 것이다. 그런데 '댕댕이'는 우리말샘에서 쉽게 그 존재가 확인되는 반면 '냥냥이'나 '냥이'는 존재하지 않고, '길냥이, 돼냥이, 멍냥이'와 같이 항상 다른 구성 요소에 결합된 형태로만 존재하는 것을 확인할 수 있다. 따라서 '-냥이'의 분포를 고려하면 '댕냥이'는 '댕-냥이'로 볼 여지가 증가한다. 결국 이러한 해석을 따른다면 '꽃미남녀'와는 다르게 '댕댕이'와 '냥냥이'가 결합한 뒤 공통 요소가 삭제되었다고 보기 어렵다.

   다음의 예시도 직접 성분 분석의 문제와 관련이 있어 보인다.

   (24) 꾸안꾸

---

16) 본고의 3.4.1장 참고

'꾸안꾸'는 신어 보고서에는 등재되어 있지 않지만 우리말샘에 등재되어 있는 신어로, '꾸민 듯 안 꾸민 듯하다'의 두음절어에 해당한다. 그런데 우리 말샘에는 '꾸안꾸'의 성분 분석이 이루어지지 않았는데, 이는 이를 단일어로 보기 때문인 듯하다. 그러나 두음절어의 원형식을 고려할 때 이는 '꾸-안꾸'로 성분 분석이 가능할 것이고, 이를 '꾸-안꾸'로 본다면 기존어에서 나타나던 '호불호'와 같은 유형에 대응하는 것으로 볼 수 있다.

반면에 다음 (25)의 예시들은 비교적 논란의 여지없이 신어 내부에서 반의 관계를 형성하고 있다고 여겨지는 것들이다. (25)의 예시들은 반의 관계를 이루는 구성 요소의 성격에 따라 분류한 것인데 (25가)는 그 구성 요소가 파생어이고 (25나)는 혼성어에 해당하며 (25다)는 파편에 해당한다.

(25) 가. 택남택녀(2014), 썸남썸녀(2012)
　　　나. 할마할빠(2016)
　　　다. 엄빠

(25가)의 '택남택녀'는 한자 파생어 '택남'과 한자 파생어 '택녀'가 반의 관계를 구성하는 예이며, '썸남썸녀'의 경우 반의 관계를 이루는 내부 구성 요소가 파생어와 파생어라는 것에 있어서는 '택남택녀'와 일치하지만 이들이 한자어가 아닌 혼종어라는 데에 차이가 있다. 반면 (25나)의 '할마'는 '할머니'와 '엄마'의 고유어 혼성어에 해당하고 '할빠'는 '할아버지'와 '아빠'의 고유어 혼성어에 해당한다. (25다)의 '엄빠'는 '엄마'와 '아빠'의 혼성어로, 각각 구성에 참여한 '엄'과 '빠'는 파편에 해당한다고 볼 수 있다.

7.4.3. 신어 내부의 상하 관계

단어 내부에서 상하 관계를 이루고 있는 예시는 신어에서 많이 등장하지 않는다. 최형용(2019)은 이러한 현상의 이유를 단어 내부에서 상위어에 해당하는 부분이 전체 단어의 의미의 측면에서는 잉여적이기 때문이라고 보고 있다. 이러한 측면에서 최형용(2019)은 다음과 같은 것이 내부에서의 상하 관계에 해당한다고 보았다.

(26) 갓수(2014) – 갓수족(2014)

'-족'은 '그런 특성을 가지는 사람이나 사물의 무리' 또는 '그 무리에 속하는 사람이나 사물'의 뜻을 더하는 접미사에 해당한다. 그런 의미에서 '갓수'는 그 자체로 '경제 활동을 하지 않고 부모가 주는 용돈으로 직장인보다 풍족한 생활을 하는 사람'의 의미를 가지고 있으므로 사실상 '-족'의 의미를 내포하고 있는 것으로 보이고, 그렇다면 이들이 상하 관계에 해당하다는 것이 충분히 납득 가능하다. 비슷한 예시로 '스몸비'와 '스몸비족'도 들 수 있겠는데, '스몸비'도 고개를 숙인 채 걸어가면서 스마트폰을 사용하는 '사람'을 비유적으로 이르는 말이기에 '-족'의 하위 관계에 있다고 볼 수 있게 된다.

이 외에도 최형용(2019)에서는 '-템' 구성의 신어도 상하 관계를 구성할 수 있다고 보는데, '-템'이 '아이템(item)'에서 온 요소라는 것을 고려할 때 이미 [상품]의 의미 자질을 지니고 있는 어근과 결합 시에 잉여적인 역할을 할 것임을 쉽게 추측 가능하다. 다음은 그 예시들을 제시한 것이다(이선영, 이영경 2018 : 182 재인용).[17]

(27) 가. 간식템, 안경템, 명품템, 선물템, 짝궁템, 침구템
나. 섀도우템, 컨실러템, 향수템

---

17) 그러나 이들은 본장의 신어 수집의 대상이 되는 우리말샘이나 국립국어원 신어 보고서에 등재되어 있지 않다.

이들을 제외하고 본장에서 상하 관계의 예시로 찾은 것은 다음의 것들에 불과하다.

(28) 여혐혐(2015), 재재입덕(2017)

'여혐혐'은 '여성 혐오 현상을 옳지 못하다 여겨 혐오함'이라는 뜻으로 등 재되어 있는데, 이를 고려할 때 두음절어에 해당한다고 볼 수 있다. 직접 성분 분석의 결과는 '여혐-혐'으로 분석되게 되는데, 이때 '혐'은 '여혐'과 '남혐' 등을 포괄할 수 있는 더 큰 개념에 해당하므로 구성 성분끼리 상하 관계를 이루고 있음이 분명해진다. '재재입덕'의 경우도 유사한데, 직접 성분 분석의 결과가 '재-재입덕'이라는 점을 고려할 때 '재-'가 '재입덕'을 포함하 는 더 큰 개념에 해당한다고 볼 수 있다. 따라서 이들은 상위어를 이미 포함 하고 있는 어근에 상위어가 한 번 더 결합하며 직접 성분 분석상 상하 관계를 이루게 된 경우로 생각할 수 있다. 하지만 '여혐혐'의 경우 상위어가 후행 요소로 결합했고 '재재입덕'의 경우 선행 요소, 즉 접두사로 결합한다는 차이 를 갖는다.

단어 내부에서 상하 관계를 보이는 예시가 이처럼 적은 것은 최형용(2019) 에서도 주지했다시피 단어 내부에서의 상하 관계가 신어 형성을 위한 기제로 는 높은 생산성을 보여주지 못한다는 것을 의미하는 듯하다.

7.5. 의미장 내에서의 의미 관계

의미장 내에서의 의미 관계를 살피는 것은 기존어와 신어, 신어와 신어 간의 의미 관계를 살피는 것에 집중하게 한다. 이는 7.5에서는 신어 내부에서 의 의미 관계가 고려되지 않는다는 것을 의미하는데, 본장에서 의미장 내에서의 의미 관계를 따로 살펴보고자 한 목적이 의미장을 설정함으로써 의미 관계가 분명해지는 신어와 신어(혹은 기존어와 신어)를 살피고 의미장 내에서 이들이 유발하는 빈자리를 살피는 데에 있었기 때문이다. 그런데 이들도 역시 단어 형성의 관점에서 주목 받기 위해서는 공통적인 요소를 공유해야만 한다. 최형용(2014)에서는 같은 어휘장에 속하는 단어들이 모두 형태론적 상관관계를 가지는 것이 아님을 지적하며 어휘장 형태론의 관심 대상에 관한 두 가지 사실을 서술하였다. 첫 번째로, 그 자체로는 형태론적으로 내부 구조를 가지지 않아도 같은 어휘장 내에서 파생이나 합성어의 재료가 될 경우에는 어휘장 형태론의 대상에 포함될 수 있다는 것이다. 그리고 두 번째로, 형태론적으로 내부 구조를 가지는 경우라 하더라도 같은 어휘장 내에 공통되는 요소를 전혀 가지지 못하는 것들은 반대로 어휘장 형태론의 대상이 될 수 없다는 것이다. 즉, 본장도 이러한 견해를 취해 공통 요소를 포함하는 내부 구조를 가지는 신어의 의미장으로 이를 한정할 필요가 있다.

우선 의미장을 설정한 후 의미 관계를 살피는 것의 의의는 앞서 간략히 설명한 바 있다.

(29) 대기업 – 중기업 – 중소기업 – 소기업

(29)는 앞서 (2)의 예시를 다시 가져온 것이다. 이들 중 '중기업'과 '소기업'의 경우 대표적인 계열 관계로 설정하는 유의 관계, 반의 관계, 상하 관계, 부분-전체 관계 등으로는 이들의 관계를 설명할 수가 없다는 문제점을 갖는다. 따라서 이때 '기업'이라는 상위어, 즉 의미장을 설정해준다면 이들은 의미장 내에서 일정한 서열을 갖는 관계로 그 관계가 비교적 명확해진다는 장점이 있다. 또한 의미장을 설정해줌으로써 신어 형성의 방식에 나타나는 특징을 포착하는 것도 가능한데, 앞서 밝혔듯이 '중소기업'의 존재는 '중대기업'의 자리에 빈자리를 만들게 되고, 이때 이 빈자리를 채울 단어가 의미장

내 다른 단어들의 영향을 받을 것으로 예상되기 때문이다.

앞서서도 주지했듯이 하위어들 사이에서 가장 많이 드러나는 관계는 서열 관계와 정도 관계에 해당한다. 하지만 이러한 관계는 의미장의 체계를 어떻게 설정하고 세분화하느냐에 따라 충분히 달리 설정될 가능성이 있다. 가령 (29)와 같은 의미장과 최형용(2014)에서의 '덧셈, 뺄셈, 곱셈, 나눗셈'이 갖는 의미장에서 후자는 전자와는 달리 이분적 혹은 대립적 특성을 갖는다고 볼 수 있다. 따라서 이 둘을 먼저 크게 구분하고 앞서 주지했던 서열 관계와 정도 관계를 전자의 체계 안에 같이 포함시키는 방법도 가능할 것이다. 그리고 이러한 분류가 확실히 더 세부적인 기술이라고 할 수 있겠으나, 본장은 신어를 대상으로 하고 있고 신어에서 나타나는 의미장의 예시들이 대부분 전자의 경우에 해당하고 후자의 경우는 거의 나타나지 않는다는 점을 고려하여 전자만을 대상으로 이들을 서열 관계와 정도 관계로 나누어 다루어보고자 한다. 따라서 앞서 살펴본 (29)는 서열 관계에 해당하는 예시이며, (30)의 경우는 정도 관계에 해당하는 예시로 제시하도록 한다.

(30) 가. 연예인 – 연반인(2019) – 일반인
　　나. 핵아싸(2019) – 아싸 – 그럴싸(2019) – 인싸 – 핵인싸(2019)
　　다. 금수저 – 은수저 – 동수저 – 흙수저(2016) – 똥수저(2016) – 무수저
　　　　(2016)
　　라. 완깐(2019) – 반깐머리(2019)

(30가)의 경우 '연예인'과 '일반인'은 기존어에 해당하며 '연예인'과 '일반인'의 그 사이의 정도에 '연반인'이라는 신어가 형성된 경우이다. 신어 형성을 위해 '연예인'과 '일반인'으로부터 혼성의 방식을 사용하고 있음을 알 수 있다. (30나)는 의미장의 하위어들이 모두 신어에 해당하는 경우인데 '아싸'와 '인싸'의 등장 연도가 불분명하기는 하나 '핵아싸'와 '핵인싸'가 모두 '아싸'와 '인싸'의 존재를 전제로 형성된 단어라는 점을 고려할 때 '아싸'와 '인

싸'가 신어로 형성된 후 이에 정도 관계를 이루는 다른 신어들이 생겼으리라 추측된다. 이때 서로 반의 관계를 이루는 신어들은 모두 같은 단어 형성 방식을 취한다는 점이 흥미로운데, '아싸'와 '인싸'의 경우 모두 외래어의 두음절어에 해당하며 '핵아싸'와 '핵인싸'의 경우 각각의 두음절어에 '핵-'이 결합한 복합어의 모습을 보여준다.[18] 그런데 이들의 의미장은 다음과 같이 더 확장될 수도 있다. '그럴싸'와 큰 의미 차이를 느낄 수 없는 유의어인 '중싸', 그리고 '핵인싸'와 의미 차이를 느낄 수 없는 유의어 '초인싸'가 신어로 함께 등재되어 있기 때문이다.

(31) 핵아싸(2019) – 아싸 – 그럴싸(2019)/중싸(2019) – 인싸 – 핵인싸(2019)/초인싸(2019)

이로부터 도출할 수 있는 사실은 다음과 같다. 첫 번째로, 유의 관계를 구성하는 '그럴싸'와 '중싸'가 그 형성 방식에 있어 의미장 내 다른 하위어들의 영향을 받았다는 점이다. 이들은 모두 '인싸'와 '아싸'의 중간 정도를 나타내는 신어로서 '인싸'에서의 '인(in)', '아싸'에서의 '아(out)'로부터 중립을 나타내야 할 필요가 있었고 따라서 이들은 공통적으로 '인싸'와 '아싸'로부터 후행 요소만을 절단해 결합하게 된 것이다. 이는 이들이 단어 형성 과정에서 '아싸'나 '인싸'와의 관계만을 독립적으로 고려한 것이 아니라 하나의 의미장 내에서 이들을 함께 고려하였음을 보여주는 예라고 할 수 있다. 예를 들어, '아싸'와 '중싸'의 의미 관계만을 논한다면 '중싸'가 아닌 '중아싸'로 형성되지 않을 이유가 없는 것이다.

두 번째로, '초인싸'의 존재는 '초아싸'의 형성을 유발할 수도 있지만, 유발

---

18) '핵-'과 두음절어 '아싸, 인싸'의 문법적 성격을 어떻게 보느냐에 따라 이들은 파생어가 될 수도, 합성어가 될 수도 있다. 하지만 이곳에서의 목적은 이들의 구성 방식이 동일함을 보여주는 것이므로 복합어로만 성격을 규정하고 넘어가기로 한다.

하지 않을 수도 있다. 앞서 (29)의 예시를 통해 '중소기업'의 존재가 '중대기업' 자리에 빈자리를 형성함을 언급한 바 있는데, 이때의 '중대기업'의 자리에 신어가 형성될 가능성은 꽤 높은 편이다. 그러나 '초아싸'의 경우 두 가지 관점에서 '중대기업'과 차이를 갖는다. 첫 번째로, 전체 어휘 체계에서 봤을 때 이미 '핵인싸'라는 유의어가 존재한다는 점에서 '초인싸' 자체가 잉여적인 생성이었다는 것이다. 그리고 두 번째로, '중대기업' 자리의 경우 '중소기업'의 반의 관계 자리가 분명하게 비어 있었지만 '초인싸'는 '초아싸'가 존재하지 않는 대신 이와 유의 관계인 '핵아싸'가 존재한다는 점이다. 그러므로 '초인싸'의 반의 관계의 자리는 의미장 내의 빈자리에 해당하지만 이 빈자리가 신어로 채워질 가능성은 '중대기업' 자리에 비해 불분명하다고 볼 수 있다.

　이 논의를 바탕으로 의미장의 형성 과정을 (31)의 예시를 통해 도식화하면 다음과 같다.

(32) 정도 관계 의미장의 형성 과정

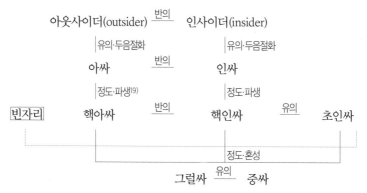

하지 않을 수도 있다.

19) 앞서 '핵'의 성격을 어떻게 규정하느냐에 따라 '핵아싸'의 성격이 변할 수 있기 때문에 단순히 복합어라는 점만 지적하였다. 하지만 도식에서는 표의 명확성을 높이기 위해 '핵'을 접사로 보고 '아싸'가 '핵아싸'가 되는 과정을 파생으로 보았다. 이에 대해서는 다양한 의견이 있을 수 있다.

다시 (30)의 논의로 돌아가 (30다)를 보도록 하겠다. (30다)는 앞선 (30나)와 비교하면 비교적 단순한 의미장을 갖는 것으로 보인다. 하위어들 사이에 유의 관계를 갖는 신어들이 존재하지 않고 정도 관계만으로 의미장이 구성되기 때문이다. 또한 단어 형성 방식에 있어서도 크게 특이한 모습은 나타나지 않는다. 다만 '무수저'만이 다른 것들과 다르게 파생의 방식을 취하고 있다는 점을 볼 수 있고, 따라서 정도 관계에서는 범주 동일성이 필수적이지 않음을 다시 한 번 확인할 수 있다. '금수저'보다 그 정도가 높은 것으로, 신어 보고서나 우리말샘에는 올라와 있지 않지만 자주 쓰이는 신어인 '다이아몬드수저'까지 의미장에 포함시킨다면 더 큰 의미장을 형성할 수 있으리라 예상된다.20) 마지막으로 (30라)는 앞선 것들과 다르게 '완깐'과 반의 관계를 이루는 자리가 비어 있는데, 이 자리는 '완깐'의 반의어로서 형성될 수도 있고 '반깐머리'의 서열어로서 형성될 수도 있다는 점이 주목할 만하다. '완깐'과 '반깐머리'는 '완깐'과 '반깐'이라는 전성 어미 결합 형태에서는 유사점을 발견할 수 있지만 '머리'라는 어근을 공유하지 않는다는 점에서는 차이점을 갖기 때문이다. 따라서 이때의 빈자리가 어떤 형식의 신어로 채워질 것인가의 문제는 의미장 내의 의미 관계에 있어 지켜볼 만한 과제인 듯하다.21)

한편 본고는 앞서 의미장 내에서 다룰 수 있는 신어의 의미 관계 중 서열 관계와 정도 관계에 해당하는 예시들이 대부분이라는 이유로 이 둘의 관계에 대해서만 분석함을 언급한 바 있다. 그런데 다음과 같은 예는 서열 관계나 정도 관계에 해당하지 않고 비록 신어에서 큰 부분을 차지하지는 않지만 역시 의미장 내에서 분석할 시에 유용한 분석 결과를 얻을 수 있음을 보여준다.

---

20) 신어 보고서에는 '마이너스 수저(2016)'도 찾을 수 있는데, 그 구성이 단어가 아닌 구에 해당하여 본장에서 살피지 못한다. 하지만 만약 단어로 볼 가능성이 있다면 이는 '무수저'보다 더 낮은 정도를 갖는 자리에 오게 될 것이다.

21) 다만 현재로서는 '덮머리'나 '덮은머리'의 쓰임이 가장 빈번한 듯한데, 만약 이들이 신어로 등재된다면 '반깐머리'의 영향을 받았을 가능성이 더 크다고 볼 수 있다.

(33) 맛점(2012) - 맛저(2014)

　'맛저'와 '맛점'은 '식사 인사'의 의미장에서 시간 관계에 놓여 있는 신어에 해당한다. 이는 의미장의 체계를 어떻게 구성하느냐에 따라 다소 간의 차이는 있겠지만, 본장을 구성하고 있는 방식으로는 앞서 살펴 본 '서열 관계'나 '정도 관계'에 포함되지 않는다. 그런데 이러한 의미 관계도 의미장을 설정해주는 것에 있어 그 의의가 여전히 유지된다. 즉, 의미장을 설정해줄 경우 '맛점'의 '점심'과 '맛저'의 '저녁'으로 인한 '아침'의 자리에 빈자리가 생기는 것을 포착할 수 있는 것이다. 따라서 이때의 '맛있는 아침'의 빈자리도 두음절어로 채워질 가능성이 높다는 것을 예측할 수 있다. 그런데 이때 이 빈칸이 어떠한 형태로 채워질 것인가에 대해서는 지켜볼 필요성이 있다. 의미장 내에서 함께 시간 관계를 구성하는 '맛점'과 '맛저'의 두음절어 구조를 고려하면 '아침'의 뒷부분이 절단되고 남은 앞부분이 '맛있는'과 결합해 '맛아'를 형성할 가능성이 높지만, '아침'이라는 단어만을 놓고 보았을 때는 '아'가 '점'이나 '저'와는 달리 모음으로 시작된다는 점에서 더 유표적인 '침'이 선택될 가능성이 높기 때문이다. 따라서 유표성이 더 높아 보이는 '맛침'과 의미장 내 다른 신어들과의 구조적 동일함을 보이는 '맛아' 중 어떤 것이 빈자리를 채울 것인가는 지켜볼 만한 예시가 된다. 다만, 현재로서는 네이버 오픈사전에 '맛아'는 등록되어 있는 반면 '맛침'은 등록되어 있지 않다는 점에 주목할 수 있다. 만약 '맛아'가 이대로 자리 잡게 된다면, 이 예시에서만큼은 유표성보다 의미장 내의 신어들과의 구조적 동일성이 더 큰 힘을 작용했다고 볼 수 있다. 그러나 당연히 그러한 견해를 주장하기에는 아직 이르다. '맛침'도 현재 등재가 되어 있지는 않지만 포털 사이트의 검색을 통해서 흔하게 찾아볼 수 있고, 후에 등재될 가능성을 배제할 수는 없기 때문이다. 따라서 후에 '맛침'까지 등재가 된다면 또 이로 인한 '맛심'과 '맛녁'의 형성이 유발되지 않을 이유가 없게 된다. 따라서 이는 통시적인 관점에서 살펴볼 흥미로운 예시가 될 수 있다.

7.6. 나가기

본장은 한국어 신어의 의미 관계를 형성의 관점에서 살피는 것을 목적으로 논의를 전개하였다. 이때 형성의 관점이라는 것은 신어의 내부 구조에 관심을 기울였다는 것을 의미하고, 따라서 신어와 신어(혹은 기존어와 신어) 사이의 의미 관계뿐만 아니라 신어 내부의 의미 관계도 고찰할 수 있게 되었다. 또한 본고가 신어 형성이라는 것을 주안점에 두고 있다는 점에서 의미의 계열 관계만을 대상으로 살피었는데 이때 계열 관계를 유의 관계와 반의 관계, 상하 관계로 설정한 뒤 추가적으로 의미장 내에서의 의미 관계를 살펴보았다. 이에 따른 본장의 내용을 요약하면 다음과 같다.

우선 신어와 신어 사이의 의미 관계에 있어서는 기존어와 신어, 신어와 신어로 다시 구분하여 살필 필요가 있었다. 유의 관계의 경우, 기존어에 대응하는 유의 관계의 신어가 생성된다는 것은 잉여적인 의미가 크므로 많은 예시를 찾기가 힘들고 대부분이 어종 간의 교체에 해당하는 예임을 확인할 수 있었다. 반면 신어와 신어 간의 유의 관계는 예시가 비교적 많은 편에 해당했는데 이들이 모두 비슷한 시기에 출현했다는 점에서 후에 동의 충돌의 과정을 겪을 것을 예측할 수 있었다. 이들은 각각 혼성어, 두음절어 등의 형식으로 분류할 수 있었고, 기존어와의 유의 관계에서도 확인했듯이 어종 간의 교체 모습도 볼 수 있었다.

반의 관계의 경우도 기존어와 신어 사이에서는 혼성, 합성 등의 방식을 활발하게 사용하고 있었는데 유의어에서는 나타나지 않았던 '대면 – 비대면'과 같은 형식상의 불균형이 나타난다는 특징을 갖는다. 또한 신어와 신어 사이에서는 '갑분싸'와 '갑분굿'의 관계를 눈여겨볼 만한데, 이때의 직접 성분 분석이 '갑분X'류를 따라 '갑분-싸'와 '갑분-굿'으로 이루어질 경우 서로 다른 어종, 서로 다른 품사의 '싸하다'와 '굿'이 반의 관계에 있다고 보는 부담이 생기기 때문이다. 따라서 이의 성분 분석이 '갑-분싸'와 '갑-분굿'으로 이루어질 가능성이 있음을 논의하였다. 또한 이러한 점에서 '저렴이 – 고렴이'의 경우 '저-렴이'와 '고-렴이'로 분석하는 것이 불가능해 본장의 논의 대상이 되지 않는다는 사실과, 6장의 논의에 더하여 규칙으로는 할 수 없는 유추만의 단어 형성이 있다는 사실도 살펴볼 수 있었다.

상하 관계의 경우 단어 내부적으로 공통 요소를 가지지 않을 경우 다양한 상위-하위어를 설정할 수 있음을 보였지만 공통 요소를 가지는 경우는 이에 비해 확연히 줄어들었으며 그 중에서도 기존어와 기존어의 비교를 대상으로 했던 최형용(2018)의 논의에서와 마찬가지로 'A → BA' 형식이 'A → AB' 형식보다 훨씬 더 큰 부분을 차지하고 있음을 알 수 있었다. 이와 더불어 '갓수족'과 '갓수'의 예시는 비록 하나의 예시에 불과하지만, 새로운 'AB → A' 형식 설정의 가능성을 보였다.

신어 내부에서 유의 관계를 보이는 경우는 예시가 많지 않고, 반복형이 대다수를 차지했다는 것이 가장 큰 특징에 해당한다. 이러한 반복형이나 유의 관계를 갖는 구성 요소들끼리의 결합은 흔히 잉여적인 것으로 여겨졌으나 본장의 논의에서는 동사 어근의 반복을 통해 명사형을 만드는 모습, 명사의 반복을 통해 단어 자체의 의미를 넘어서 해당 명사가 가지는 '속성'의 의미를 나타내는 모습 등을 살펴보며 이들을 단순히 잉여적인 것으로만 볼 수 없음을 지적하였다.

신어 내부에서 반의 관계를 보이는 것들 중에는 직접 성분 분석에서 문제가 될 수 '댕댕이'나 '꾸안꾸'와 같은 것들이 존재하였다. 본장에서는 전자는 논의 대상에서 제외되는 것으로, 후자는 포함되는 것으로 보는 입장을 취하였다. 그리고 이들을 제외하고 비교적 분명하게 반의 관계를 보였던 예시들로는 '택남택녀, 썸남썸녀, 할마할빠, 엄빠'가 있었다.

신어 내부에서 상하 관계를 보이는 것은 그 상위어에 해당하는 부분이 잉여적이라는 점에서 예시들이 많이 존재하지 않았다. 많지 않은 예시 중에서도 '-족'과 같은 것이 이미 [사람]의 의미를 가지고 있는 요소와 결합하는 경우나 '템'이 이미 [상품]의 의미를 가지고 있는 요소와 결합하는 경우를 예로 찾을 수 있었지만, 그나마 다수를 차지하고 있는 후자의 예시의 경우 본장에서 신어의 대상으로 삼는 국립국어원 보고서나 우리말샘에 등재되어 있지 않은 것들이었다. 그 외에는 '여혐혐'이나 '재재입덕'과 같이 상위어를 이미 포함하고 있는 하위어에 상위어가 한 번 더 중첩되어 나타나는 경우를 예로 찾을 수 있었다.

마지막으로 의미장 내에서의 의미 관계를 살피었는데, 여기서도 공통 요소를 내부 구성 요소로 가지는 신어(혹은 기존어)와 신어 사이를 분석 대상으로 설정하였다. 또한 본고의 분석 대상이 신어라는 점을 고려하여 크게 '서열 관계'와 '정도 관계'로 나누어 예들을 살피고 명시적인 도식화를 시도하였다. 이러한 과정을 통해 의미장을 설정하고 신어를 살피는 것이 신어 형성 과정 과 빈자리 채우기 과정을 예측하는 데 용이함을 밝힐 수 있었다. 또한 본장에 서는 비록 의미장을 '서열 관계'와 '정도 관계'라는 분류로만 다루고 있지만 다른 세분화가 더욱 가능하다는 점과, 이들에 포함되지 않는 의미장의 경우 도 비록 본고의 논의 대상에는 포함되지 않았지만 의미장의 관점에서 다루기 에 충분한 의의가 있음을 서술하였다.

본장은 신어 형성의 측면에서 의미 관계를 고찰함으로써 합성어, 파생어 를 넘어 혼성어와 두음절어까지 논의의 대상으로 삼았으며 이들의 내부 구성 요소인 파편 등의 의미관계에도 관심을 기울일 수 있었다는 점에서 의의를 갖는다. 또한 의미장을 따로 설정함으로써 서열 관계와 정도 관계를 새로이 살펴볼 수 있었고, 의미장을 바탕으로 신어와 빈자리 형성 과정의 도식화도 시도할 수 있었다. 다만 신어 내부에서의 의미 관계를 보여주는 예시가 상대 적으로 부족했다는 점과 의미장의 세분화가 이루어지지 않았다는 점에서는 여전히 아쉬움이 남는다. 이러한 아쉬움과 한계를 밝히며 본장을 마무리하도 록 하겠다.

참고문헌

∥논저류∥

강현주(2020), 「고유명사+하다'류 신어의 인지의미론적 해석」, 『우리말연구』 62, 5-36.

고재설(1996), 「합성어의 내부 구성과 의미 대립 관계 - 형태론의 입장에서 본 의미 대립」, 『국어학』 28, 국어학회, 187-218.

국립국어원(2008), 『2008년 신어 자료집』

국립국어원(2009), 『2009년 신어 자료집』

국립국어원(2010), 『2010년 신어 자료집』

국립국어원(2012), 『2012년 신어 자료집』

국립국어원(2013), 『2013년 신어 기초 조사 자료』

국립국어원(2014), 『2014년 신어』

국립국어원(2015), 『2015년 신어』

국립국어원(2016), 『2016년 신어 조사 및 사용 주기 조사』

국립국어원(2017), 『2017년 신어 조사』

국립국어원(2018), 『2018년 신어 조사』

국립국어원(2019), 『2019년 신어 조사』

김광해(1990), 「어휘소간의 의미 관계에 대한 재검토」, 『국어학』 20, 국어학회, 28-46.

김의수(2008), 「의미관계와 형태 결합 양상」, 『어문론총』 49, 한국문학언어학회, 83-113.

남경완(2005), 「의미 관계로서의 다의 파생 관계에 대한 고찰」, 『한국어 의미학』 17, 한국어의미학회, 151-175.

남경완(2019), 「구조주의적 관점에서의 어휘 의미관계 고찰 - 계열적 의미관 계를 중심으로」, 『한국어 의미학』 66, 한국어의미학회, 1-33.

남기심·고영근·유현경·최형용(2019), 『새로 쓴 표준 국어 문법론』, 한국문화사.

노명희(2006), 「국어 한자어와 고유어의 동의중복 현상」, 『국어학』 48, 국어학회, 259-288

노명희(2009), 「국어 동의중복 현상」, 『국어학』 54, 국어학회, 275-302

노명희(2010), 「혼성어(混成語) 형성 방식에 대한 고찰」, 『국어학』 58, 국어학회, 255-292.

노명희(2020), 「한국어의 형태론적 재분석과 의미론적 재분석」, 『국어학』 95, 국어학회, 33-64

도재학(2013), 「대립적 의미 관계에 대하여」, 『국어학』 66, 국어학회, 41-78

문금현(1999), 「현대국어 신어의 유형 분류 및 생성 원리」, 『국어학』 33, 국어학회, 295-325.

문금현(2019), 「신어 생성의 최근 경향 분석 - 극한표현을 중심으로」, 『어문학』 145, 151-277.

박광길(2018), 「단어의 공인화 정도에 따른 상·하위어 의미 관계 연구」, 『국제어문』 79, 7-28.

박광길(2019), 「신어 형성 과정에서의 외래어 수용 양상 - 2016~2018년 신어에 나타난 영어를 중심으로」, 『인문과학연구』 62, 89-113.

박선옥(2019), 「[+사람] 신어의 생성 추이와 단어의 형태적 특징 연구 - 2015년, 2016년, 2017년 신어를 중심으로」, 『동악어문학』 77, 291-318.

손남익(2006), 「국어 반의어의 존재 양상」, 『한국어 의미학』 19, 한국어의미학회.

손달임(2012), 「현대국어 의성의태어의 형태와 음운 연구」, 이화여자대학교 박사학위논문.

신현숙(2012), 『의미와 의미 분석』, 푸른사상.

어용에르덴(2019), 「신어 형성에서의 접사화에 대한 연구」, 『한중인문학연구』 65, 한중인문학회, 51-77.

오규환(2016), 「한국어 어휘 단위의 형성과 변화 연구」, 서울대학교 박사학위논문.

윤평현(1995), 「국어 명사의 의미관계에 대한 연구」, 『한국언어문학』 35, 한국언어문학회, 91-115.

이동혁(2011), 「결합적 어휘 의미관계의 독립성과 특성에 대하여」, 『어문학교육』 43, 한국어문교육학회, 147-176.

이민우(2011), 「'명사+명사' 합성어 구성요소의 의미관계」, 『한국어 의미학』 34, 한국어의미학회, 235-258.

이선영·이영경(2019), 「신어 형성과 어휘의 확장 - '템' 관련 신어를 중심으로」, 『반교어문연구』 51, 반교어문학회, 169-189.

이은섭(2019), 「의미의 대립 관계와 단어 형성에 대하여」, 『한국어 의미학』 66, 한국어의미학회, 263-288.

이현정(2020), 「한국어교육용 신어 조어소 선정에 관한 연구 - 신어의 형성 원리에 대한 고찰 및 신어의 조어력 분석을 바탕으로」, 『외국어로서의 한국어교육』 58, 217-239.

이홍식·이은경(2017), 「교체와 유의관계」, 『한국어학』 77, 한국어학회, 227-253.

임지룡(1992), 『국어 의미론』, 탑출판사.

임채훈(2009), 「반의관계와 문장의미 형성」, 『한국어 의미학』 30, 한국어 의미학회, 231-256

정성미(2020), 「[X-족], [X-남], [X-녀] 신어의 형태·의미적 연구」, 『어문론집』 84, 중앙어문학회, 147-188.

정한데로(2011), 「임시어의 형성과 등재」, 『한국어학』 52, 한국어학회, 211-241.

정한데로(2019), 『발견을 위한 한국어 단어형성론』, 서강대학교출판부.

최경봉(2010), 「계열적 의미관계의 특성과 연구 목표」, 『한국어학』 49, 한국어학회, 65-90.

최유숙(2019), 「혼종 신어 외래요소의 한국어 형태소화 - 非자립적 외래요소를 중심으로」, 『어문론집』 78, 중앙어문학회, 177-214.

최재희(2000), 「국어 중복 표현의 유형과 의미 구조의 특성」, 『국어학』 36, 국어학회, 401-426.

최형용(2004), 「단어 형성과 음절 수」, 『국어국문학』 138, 국어국문학회, 183-205.

최형용(2007), 「동의 충돌에 따른 의미 변화의 한 양상에 대하여」, 『국어학』 50, 국어학회, 329-353.

최형용(2014), 「'덧셈', '뺄셈', '곱셈', '나눗셈'의 형태론」, 『형태론』 16-1, 형태론, 1-23.

최형용(2016a), 「반의 관계 형태론」, 『형태론』 18, 52-75.

최형용(2016b), 『한국어 형태론』, 역락.

최형용(2018), 『한국어 의미 관계 형태론』, 역락.

최형용(2012), 「순화어의 형태의미론적 고찰 - 국민 참여형 순화어 299개를 중심으로」, 『한중인문학연구』 36, 한중인문학회, 127-159.

최형용(2014), 「복합어 구성 요소의 의미 관계에 대하여」, 『국어학』 70, 국어학회, 85-115.

최형용(2019), 「의미 관계와 신어 형성」, 『한국어 의미학』 66, 한국어의미학회, 35-74.

최형용(2020), 「계열 관계에서 본 『표준국어대사전』의 추가 표제어」, 『한중인문학연구』 68, 한중인문학회, 361-389.

황화상(2001), 『국어 형태 단위의 의미와 단어 형성』, 월인.

Bybee, J.(1985), Morphology : A Study of the Relation between Meaning and Form, Philadelphia : John Benjamins Publishing Company. [이성하·구현정 역(2000), 『형태론 : 의미 - 형태의 관계에 대한 연구』, 한국문화사].

Haspelmath, M. & Sims, A. D.(2010), *Understanding Morphology(2nd ed.)*, London : Hodder Education. [오규환·김민국·정한데로·송재영 역(2015), 『형태론의 이해』, 역락].

Mattiello, E.(2017), *Analogy in Word-Formation : A Study of English Neologisms and Occasionalisms*, Berlin : De Gruyter Mouton.

∥사전류∥

국립국어원, 『표준국어대사전』 https://stdict.korean.go.kr/main/main.do

국립국어원, 우리말샘(https://opendict.korean.go.kr/main)

8. 대조언어학적 관점에서의 신어 형성

8.1. 들어가기

본장에서는 대조언어학의 시각에서 한국어의 신어를 비롯한 여러 언어, 특히 중국어를 중심으로 신어의 형성을 살펴보고자 한다. 1장에서 살펴본 바와 같이 본서에서는 새롭게 형성된 단어를 포괄적으로 다루는 'new word'를 신어로 본다. 이러한 신어 개념에 기반하여 본장에서는 넓은 의미에서 신어 보고서 등의 공식적인 자료뿐만 아니라 인터넷 용어 등을 비롯한 새롭게 형성된 단어 모두를 연구 대상으로 삼는다.

한국어와 함께 본장의 주 대상이 되는 중국어에서는 '신어(new word)'에 대응하는 개념으로 '新詞', '新詞語' 등의 용어를 사용한다. 중국어 신어 연구에서도 한국어와 마찬가지로 신어의 개념이나 범위 설정 등의 논의가 진행되어 왔는데, 曹炜(2004)에서는 이러한 문제가 주로 한자 '新'의 모호성으로 귀결될 수 있다고 지적한 바 있다. 중국어에서 '新'은 두 가지 측면에서 논의되어 왔는데, 한 가지는 시간과 관련한 것으로서 출현 후 시간이 얼마 지나가야 더 이상 '新詞語'가 아니냐는 문제이다. 다른 하나는 범위의 문제로 형식이 새로운 것이냐, 내용이 새로운 것이냐, 아니면 두 가지 모두 새로운 것이냐의 문제이다. 이는 앞에서 언급한 한국어 신어의 의미적 신어와 문법적 신어에 해당한다.

1장에서는 '소오름', '노오력'과 같은 경우를 음운론적 신어라고 하였다. 중국어에서도 음운론적 신어에 해당하는 것이 있다. 예를 들면, '集美(jíměi)'는 '姐妹(jiěmèi)'의 뜻인데 발음이 더 친절하고 귀엽다는 느낌을 주는 것이다. '小公舉(xiǎogōngjǔ, 2015)' 또한 '小公主(xiǎogōngzhǔ)'를 귀엽게 발음하며 의미상으로 귀여움을 더하는 것이다. 이는 한국어의 '소오름', '노오력'과 같은 선상에서 볼 수 있다. 또한 중국어 신어인 '窮(qiǒu, 2018)'는 '가난하다'의 의미를 가진 '窮(qióng)'과 '못생겼다'라는 의미를 지닌 '丑(chǒu)'의 자형이 합쳐진 것으로, 그 발음과 의미 역시 단어의 합으로 이루어져 있다. 이는 본서의 입장에서는 신형신의어라 할 수 있는 것인데, 1장에서도 제시한 것과 같이 이 역시 본장의 연구 대상에서 제외된다. 한편, 본장은 국립국어원 신어 자료집과 중국 교육부 산하 언어문자정보관리사의 『한어 신어(漢語新詞語)』를 중심으로 신어 자료를 추출하고, 그를 중심으로 논의를 진행하고자 한다.[1]

8.2. 대조언어학적 관점에서의 신어 형성 동기

새로이 만들어진 단어인 신어는 대조언어학적 관점에서도 시사하는 바가 적지 않다. 대조언어학적 관점에서는 여러 언어에서 사용되는 신어의 형성 동기가 어떤 측면에서 공통점과 차이점을 가지고 있는지를 밝히는 것이 언어

---

1) 2005년부터 '중국 교육부'는 '국가언어문자작업위원회(國家語言文字工作委員會)'와 함께 매년 『중국 언어생활 상황 보고서(中國語言生活狀況報告)』를 발간하고 있다. 이는 중국 언어생활을 반영하는 주요 사건과 이슈, 다양한 설문 조사와 데이터를 수록하고, 언어 연구 및 정책에 대한 참고 자료의 역할을 하는데, 신어 자료도 게재되어 있다. 한편, 2005년에 '국가언어자원모니터센터(國家語言資源檢測與研究有聲媒體中心)'가 설립된 후부터 매년 『漢語新詞語(2007~2018)』를 함께 출판하는데, 이는 '국가언어자원모니터링(國家語言資源檢測)'의 해당 연도 말뭉치에서 자동추출 시스템 등을 활용하여 새로운 의미와 사용 빈도를 기준으로 중국어의 신어를 선정하여 이를 분석한 것이다.

뿐만이 아니라 사회·문화적 측면에서도 나름의 의의를 가질 수 있기 때문이다. 1장에서 언급한 것과 같이 문금현(1999)에서는 신어의 유형을 나누는 기준으로서 생성 동기, 생성 방식, 어원, 자료의 네 가지를 제시하였는데, 그중 생성 동기에 의한 유형은 다시 언중에 의하여 자연발생적으로 만들어진 경우와 언어 정책 등에 의하여 의도적으로 만들어진 경우로 나누어진다. 이는 곧 신어 형성의 동기가 되는 명명 욕구가 둘로 나누어짐을 의미하기도 하는데, 새로운 대상이나 개념에 대한 직접적인 명명 욕구 외에도 문화 교류의 측면에서 외래어 등의 활발한 유입 역시 신어 형성의 또 다른 동기가 될 수 있다. 본장에서는 대조언어학적 시각에서 한국어와 중국어의 두 언어를 위주로 신어의 형성 동기를 살펴보고자 한다.[2]

8.2.1. 명명 욕구에 따른 신어 형성

주지하는 바와 같이 새로운 단어는 어떤 대상에 대한 명명적 동기의 결과물이라고 할 수 있다. 본서의 대상이 되는 신어 역시 사회, 문화적 발전에 따라 생긴 새로운 개념, 새로운 사물을 언어로써 표현하고자 하는 화자의 명명 욕구에서 형성된 것이다.[3]

중국어의 예를 들면, 한국에서 유행하는 손가락 하트를 중국어로는 '比心(2017)'라고 한다. 이는 손가락 하트에 대해 단어를 만들 필요가 있기 때문에 형성된 것으로 볼 수 있다. 다른 말로 하면은 명명의 욕구에 의해 만들어진 단어이다.

김지혜(2020)에서는 새로운 대상과 개념의 등장으로 생겨난 신어를 범주별

---

2) 여기서 주의해야 할 것은 이 두 가지는 완전히 겹치지 않는 것은 아니라는 점이다.
3) 푸량(2020)에서 2017년과 2018년의 중국어 신어를 통계한 결과로 명사는 42.60%를 차지한다. 본서 앞부분에서도 언급했듯이 한국어 신어 가운데도 명사가 가장 많다. 따라서 한국어든 중국어든 새로운 개념이나 새로운 명칭의 신어가 가장 많다고 할 수 있다.

로 정리한 바 있다.4)

(1) 교통시설 : 지아르티(GRT)

　　　물건 : 갓난로, 골프폰, 땅배, 발열옷, 발열천, 비화폰, 새싹비누, 세라믹
침, 셀카폰, 손베개, 쇼핑폰, 스포츠카폰, 신토불이증, 즈엄집, 초
미니폰, 초슬림폰, 추모목, 쾌변기, 틈새폰, 파일보기폰

　　　사람 : 개똥녀, 김치도시락족, 덮녀, 떨녀, 부파라치, 서울시파라치, 신파
라치, 실파라치, 쌀파라치, 엘파라치, 지파라치5), 청계천족, 케이
티엑스부부, 평양둥이

　　　음식 : 괴물쌀, 기생충김치, 납김치, 무지개꿀, 박탄주, 빙면, 토마피, 화
채주

　　　장소 : 드레스카페, 세탁바, 셀프작명소

　　　제도 : 꽃장, 나무장, 마술병, 바다장, 수림장, 실버택시, 안심택시, 육아
데이, 트로트학과, 협약학과

　　　행위 : 게임머니깡, 껌치기, 부비댄스, 부비부비춤, 전봇대춤, 쿠폰깡, 털
기춤

　　　기타 : 금속증, 시억사, 삼순체, 수랭법, 역계절진폭, 우박흔, 토피스

(1)은 새로운 대상이나 개념이 등장하면서 새로운 말이 함께 생겨난 것이다.
즉 새로운 대상, 개념에 대한 명명 욕구로 형성된 신어로 볼 수 있는데, 이러한
신어는 한국어의 언어 순화 활동인 말 다듬기로부터 비롯되기도 한다.

(2) 가온머리, 경로도우미, 길먹거리, 빛가림, 홀로주연, 품재기

(2)는 말 다듬기에 따라 형성된 단어(2005)로서, 각각 '컨트롤타워, 실버시

---

4) 예시 (1)은 모두 2005년 신어이다.
5) 'X-파라치' 유형의 단어들은 '사람'의 의미를 가지고 있기도 하지만 '행위'의 의미를 가지
기도 한다. 'X-파라치' 자체가 'X와 관련된 위법 행위를 신고하여 보상금을 타 내는 일,
또는 그런 일을 하는 사람'이라는 의미를 가지기 때문이다.

터, 테이크아웃, 선팅, 원톱, 후카시'를 다듬은 말이다. 임지룡(1997), 문금현(1999) 등에서도 지적한 바 있는 것과 같이 외래어에 대한 말 다듬기 역시 정책적인 '의도'에 따른 단어 형성이라 할 수 있어 (1)과 같은 궤에서 다룰 만한 것이다.

중국어에서도 마찬가지로 명명의 욕구에 의해 신어가 형성된다.

(3) 大齡青年, 打工族, 扶貧, 公關, 大腕, 空嫂, 熱點

(3)의 '大齡青年(혼기를 놓친 젊은이), 打工族(월급쟁이족), 扶貧(가난한 농가를 도와 (생산을 발전시켜) 가난에서 벗어나게 하다), 公關(공공관계), 大腕(문예계의 실력자, 명망가), 空嫂(기혼의 스튜어디스), 熱點(사람들의 주목을 끄는 것)' 등 단어는 모두 새로 생긴 물건이나 개념을 표현하기 위해 만들어진 단어이다.

8.2.2. 문화 교류에 의한 신어 형성

새로운 대상이나 개념에 대한 화자의 직접적인 명명 욕구 이외에도 문화 교류로 인하여 신어가 형성되기도 한다. 다시 말하면 활발한 문화 교류에 따른 문화적 접촉, 언어의 접촉으로 신어가 형성될 수도 있다는 것인데, 이러한 유형의 신어 형성은 다시 서로 다른 국가 간의 문화 교류와 하나의 국가 내에서 지역 간의 문화 교류에 따른 신어 형성으로 나눌 수 있다. 전자는 차용어나 외래어의 번역어가 신어로 정착한 경우이고, 후자는 방언에서 쓰이다가 그 쓰임이 많아지면서 신어로 정착하게 된 경우를 가리킨다.

김지혜(2020)에서는 외부에서 새로운 대상 및 개념이 유입됨에 따라 신어가 형성될 때에 한국어로 대체가 가능한 경우에는 한국어로 번역하여 신어를 형성하나 그렇지 못한 경우에는 원어를 소리 나는 대로 들여올 수 있다고 지적한 바 있다. 또한 한자 문화권에서 새로운 대상이나 개념, 용어가 유입되는 경우에는 한국 한자음으로 음역하는 방법을 통해 그를 차용하기도 하는데, 이러한 예는 다음에서 확인할 수 있다.

> (4) 가. 랙티비즘, 빅맨, 알파메일, 인텔리데이팅, 잔토휴몰, 트윅스터, 하이
>   퍼리치
>   나. 과고민저(官高民低), 투괴(鬪怪), 관민비(官民比), 불독불타(不獨不
>   打), 시혼족(試婚族), 파빙지려(破冰之旅),
>   다. 고래버거, 관광조깅, 그물친구, 다중커플, 변화맹, 선택맹, 홍색여행
>   (紅色旅行)

(4)는 김지혜(2020)에서 제시한 2015년 신어의 예로서, (4가)는 서구 외래어가 한국어로 유입되는 과정에서 해당 단어를 소리 나는 그대로 한국어로 표기하여 사용한 것이다. 이는 곧 서구 외래어로써 표현하는 개념을 표현할 수 있는 '단어'가 한국어에는 없기 때문에 외래어를 그대로 차용해 온 것으로 보인다. (4나)는 한자 문화권 국가 중 일본과 중국의 단어들이 그대로 음역되어 한국어 신어가 된 경우이다. 그중 '관고민저'와 '투괴'는 일본어에서 들어온 말이고, '관민비', '불독불타', '시혼족', '파빙지려' 등은 중국어에서 들어온 말이다. (4다) 역시 새로운 대상 및 개념이 유입되는 과정에서 들어온 단어라는 점에서는 동일하나 (4가), (4나)와는 달리 원어를 번역하여 차용함으로써 신어를 형성한 예라는 점에서 차이를 보인다. 이러한 측면을 고려하면 (4가, 나)는 음역어라 할 수 있고 (4다)는 의역어라 할 만한 것이다.

이와 유사하게 중국어에서도 번역어가 신어로 정착되는 경우가 있다. 예컨대 중국에서 유행한 '走花路(2018)'라는 신어는 한국어의 '꽃길을 걷다'라는 말의 번역어로서 생긴 단어이다. 이는 새로운 대상 혹은 개념에 대한 명명적 욕구가 직접적인 단어 형성의 동기라기보다는 외국어를 번역하는 과정에서 발생한 신어로 볼 수 있다. 또한 한국어의 어말어미 '습니다'를 음역한 중국

어의 '思密達' 역시 번역어로부터 형성된 신어라고 할 수 있다. 인터넷상에서 쓰이는 '思密達'는 '한국'이나 '한국인' 등을 가리킬 때 주로 쓰이는데, 판영·이정복(2016)에서는 '思密達'가 소위 '한국 지시하기 기능'을 가지고 있음을 언급한 바 있다. 이러한 '走花路'는 의역을 통하여 신어가 된 예이고 '思密達'는 음역을 통하여 신어가 된 예인데, 이는 (4)에서 제시한 한국어의 예와 동일한 궤에서 해석된다.

한편 중국어 신어 '小確幸(2015)'는 한국어의 '소확행'과 마찬가지로 '일상에서 느낄 수 있는 작지만 확실하게 실현 가능한 행복, 또는 그러한 행복을 추구하는 삶의 경향'이라는 의미를 나타낸다. 이 '소확행'은 일본의 소설가 무라카미 하루키(村上春樹)의 에세이 『랑겔한스섬의 오후(ランゲルハンス島の午後)』에서 처음 나온 말로, 작품 속에서는 '갓 구운 빵을 손으로 찢어 먹을 때, 서랍 안에 반듯하게 정리되어 있는 속옷을 볼 때 느끼는 행복과 같이 바쁜 일상에서 느끼는 작은 즐거움'을 뜻한다. 비슷한 시기에 동일한 언어로부터 비롯된 번역어가 여러 언어에서 신어나 유행어가 될 수 있는 것은 세계적인 소통이 빈번하게 진행되었기 때문으로 해석할 수 있다.[6] 이 외에도 『2017 한어 신어(漢語新詞語)』에 수록된 신어인 '打電話(전화를 걸다)'나 『2014 한어 신어(漢語新詞語)』에 수록된 '萌萌哒(귀엽다)'는 각각 영어 'call'이나 일본어의 '萌え'에서 온 것으로, 이들 역시 외국 문화의 유입의 결과로서 형성된 것으로 볼 수 있으며 이러한 신어들은 활발한 문화 교류의 결과의 언어적 발현이라고 할 수 있다.

이들은 나라들 간의 문화 교류를 통하여 형성된 신어의 예를 보여 주는

---

6) 흥미로운 것은 중국어에는 '小確幸'을 기반으로 2017년에 '小確喪(작지만 확실한 좌절)'이라는 신어가 생겼는데, 이것은 '小確幸'의 '幸'을 '喪'으로 대치하여 만든 것으로 볼 수 있다. 이 책의 6장에서도 살펴본 것과 같이 한국어에서도 '소확행'의 '소'를 대치하여 '대확행(2019)'을 만들거나 '행'을 대치하여 '소확횡(2019)'을 만드는 경우가 확인되는데, 이는 유추에 의한 단어 형성의 과정을 보여 주는 예로 볼 수 있다. 이와 관련한 내용은 다음 절에서 자세히 다루도록 한다.

반면 서로 다른 방언을 사용하는 지역 간의 문화 교류를 기반으로 새로운 단어가 형성되는 경우도 있다. 한국어에서 '작고 귀여운 것'을 가리키는 '뽀시래기(2018)'은 '부스러기'의 전라도 방언인 '뽀시래기'에서 비롯한 것이며, '어수선하거나 시끄럽다, 귀엽게 떠들다'의 의미를 가진 '뽀짝'은 '바싹'의 전라도 방언에서 온 것으로 보인다.[7] 본래 '방어용 울타리가 있는 산간마을'을 뜻하던 중국어 신어 '山寨(2008)'은 1990년대 말에서 2000년대 초반부터 '위조품'을 가리키는 데 사용되었는데, 이는 중국 광동 지역의 방언으로 쓰이다가 중국 전역으로 확산되어 하나의 신어로 자리 잡게 되었다. '山寨'는 초기에는 부정적인 의미로만 사용되다가 사용 범위가 확대됨에 따라 '창조적 모방'이라는 긍정적인 의미도 내포하게 된 것으로 확인된다(張斌 2008).[8] 또한 '춤을 잘 못 추는 사람들이 서로 겨룸'의 의미를 가진 '尬舞(2017)'의 '尬'는 원래 중국 민난어에서 유래한 것으로 '대결하다, 경쟁하다'의 의미를 나타내는데, '尬聊(어색하게 채팅을 주고받다, 2017)' 등의 신어에 사용되는 것을 확인할 수 있으며 이 역시 지역어의 확산을 통한 신어 형성의 양상을 보여 준다.[9]

---

7) 신어 '뽀시래기'와 '뽀짝'의 의미는 『우리말샘』을 참고한 것이되 두 단어 모두 참여자 제안 정보로서 전문가 감수를 받기 이전의 정보이다. 한편, '뽀짝'의 경우는 전라도 방언에서 사용되는 '뽀짝'과 형태적으로는 같지만 의미적인 관련성의 측면에서는 논의의 여지가 있을 것으로 보인다.

8) 1장의 내용을 참고할 때 이러한 '山寨'은 의미적 신어에 해당하는 것이라 할 수 있다. 한편, '藍瘦香菇(파랗고 마른 버섯, 2016)'라는 신어는 '難受想哭'의 난닝 지역 방언의 발음을 그대로 유지한다. 이 단어는 '괴로워서 울고 싶다'라는 의미를 나타내며, '难受, 想哭'의 중국 지역 방언의 발음을 그대로 표현하며, 여자친구와 헤어진 남자의 슬픈 마음을 표현한 동영상을 통해 유행되기 시작한 것이다. 이 단어는 음운론적 신어로 간주할 수 있다. 이와 관련하여 중국어의 경우는 이른바 해음(諧音)을 이용하여 신어가 형성되는 경우도 적지 않은데, 예컨대 '家庭煮夫', '筆芯(比心, 2017)', '杯具(2009)', '洗具(2009)', '藍瘦香菇' 등은 해음을 이용한 단어로서 이들 역시 음운론적 신어에 해당한다.

9) 이 외에도 '尬唱(2017), 尬酒' 등의 단어 역시 같은 예로 볼 수 있다. 한편 이러한 신어들의 유행에 따라 '尬文化(2017)'라는 소위 인터넷 유행 문화가 형성되었는데, 이를 통하여 신어가 새로운 문화의 형성에 기여하는 양상을 확인할 수 있다.

(5) 중국어 신어의 어원 통계

어원 \ 신어		2017년 신어 (247)(개)		2018년 신어 (246)(개)		총계 (493)(개)	
한어		224	90.69%	235	95.33%	459	93.10%
외래어	축약	4	1.62%	2	0.81%	6	1.22%
	번역	11	4.45%	0	0	11	2.23%
혼종어		4	1.62%	9	3.66%	13	2.64%
방언		4	1.62%	0	0	4	0.81%
총계(개)		247	100%	246	100%	493	100%

한편, (5)는 푸량(2020)에서 제시한 2017, 2018년의 중국어 신어의 어원 통
계 조사 자료이다. (5)에서 확인할 수 있는 것과 같이 중국어 신어의 경우는
공용어 한어로 구성된 신어가 절대적인 비중을 차지하고 있으며, 외래어나
방언에서 비롯된 신어도 있다.

8.3. 대조언어학적 관점에서의 신어 형성 방식

단어 형성의 측면에서 단어는 여러 방식으로 분류될 수 있으나 본장에서
는 단어 형성 방식을 '합성, 파생, 통사론적 구성의 단어화, 혼성, 두음절화,
절단' 등으로 나누어 본다.

(6) 한중 신어의 단어 형성 방식

단어 형성 방식	한국어	중국어
합성	개구리관광 (개구리+관광)	房妹[10](房+妹), H7N9禽流感(2013)[11] (H7N9+禽流感)
파생	신선족(신선+족), 봄맞이족(봄맞이+족)	女漢子(2013)[12](女+漢子)

단어 형성 방식	한국어	중국어
통사론적 구성의 단어화	집으로족(집으로+족)	없음
혼성	할마(할머니+엄마)	筆替(2006)[13](文筆+替身)
두음절화[14]	빠충(patteri+충전기)	醫訴(2006)[15](醫療+訴訟)
절단	가폭(가폭족)	網謠[16](網絡+謠言)

여익현(2017)에서는 한국어와 중국어의 단어 형성 방식을 (6)과 같이 제시하고, 단어 형성법에 따른 신어의 형성 양상을 살펴보았다. (6)에서 확인할 수 있는 것처럼 한국어와 중국어의 단어 형성 방식은 대체로 공통적이나 '통사론적 구성의 단어화'에 따른 단어 형성에서는 차이를 보인다. 한국어에는 이른바 통사적 결합어(syntactically combined word)가 존재하나 중국어에서는 이를 찾아보기 어려운데, 이는 중국어가 고립어라는 특성을 고려하면 당연한 결과라고 할 수 있다.

이와 관련하여 한국어 신어의 조어법별 분포와 중국어 신어의 조어법별 분포를 다음과 같이 제시할 수 있다.

---

10) 房妹(부동산 여동생) : 집을 많이 갖는 젊은 여성. 이외에 '房叔(부동산 아저씨), 房姐(부동산 누나)' 등 단어도 있다.
11) H7N9禽流感 : H7N9 조류독감.
12) 女漢子 : 남자같은 성격을 가진 보이시한 여성.
13) 筆替 : (영화에서 배우의) 붓글씨 대역.
14) 여익현(2017)에서 이를 '두음절어'로 제시하였는데, '두음절어'의 경우에는 형성된 결과물로서의 단어를 나타내는 용어인 데 반하여 '합성, 파생' 등은 형성 과정 그 자체이기 때문에 기술 방식의 일관성을 유지하기 위해 '두음절어'를 '두음절화'로 수정하였다.
15) 醫訴 : 의료소송.
16) 網謠 : 인터넷 헛소문.

(7) 국립국어원『2014년 신어 조사』와『2014년 한어 신어』의 조어법별 분포

중국어			한국어			
분류	수(개)	비율(%)	분류		수(개)	비율(%)
단일어	7	1.65	단일어	생성	8	3.25
				차용	12	4.88
합성어	수식관계 294	69.34	합성어	합성	56	22.76
	병렬관계 18	4.25				
	주술관계 9	2.12		혼성	64	26.02
	술목관계 29	6.84				
	술보관계 3	0.71		축약	44	17.89
	연동식 (連動式) 10	2.36				
파생어	접두 파생 13	3.06	파생어	접두 파생	6	2.44
	접미 파생 41	9.67		접미 파생	56	22.76
계	424	100	계		246	100

중국어 신어의 조어법별 분포를 통하여 확인할 수 있는 것은, 한국어 신어의 경우 파생어의 비율이 대개 25% 내외로 나타나 전체 신어 목록 중에서 파생어가 꽤 높은 비율을 차지하고 있는 데 반하여 중국어는 파생어의 수가 비교적으로 드물다는 것이다. 중국어에는 외래어 요소가 접사처럼 쓰이는 이른바 '준접사(semi-affix)'가 많은데(潘光浩 2015),[17) 준접사는 성격에 따라 접사가 아닌 어근으로 간주되는 경우가 있다. (7)의 통계 역시 이러한 견해에 따라 준접사가 결합한 경우를 파생어가 아닌 합성어로 보아 합성어에 비하여 파생어의 비율이 매우 드문 것으로 해석된다. 이뿐만 아니라 한국어의 신어

---

17) 陳光磊(1994 : 23)에서는 '준접사는 접사와 비슷한 형태소이지만 접사만큼 허화정도가 크지는 않고 어근만큼 실제적 의미를 갖지는 않은 반실반허의 상태이며 단어 결합 시 결합면이 상당히 넓은 형태소'라고 밝혔다. 張斌(2008)은 이러한 특징 외에 준접사는 위치가 기본적으로 고정되고 의미가 추상화되었으며 어음이 변하지 않는 접사로 준접사는 어근이 접사로 변해가는 중간적 상태에 있다고 언급하였다(박흥수·김영희 2010).

는 접미 파생어가 접두 파생어보다 월등히 많아 중국어와 뚜렷한 차이를 보이는 것으로 확인될 수 있다.

　합성어의 분류에는 한국어와 중국어는 차이가 크다. 한국어의 경우 합성어에서 수식관계, 술목관계 등이 크게 부각되지 않는 경우가 많고, 병렬관계나 중첩의 예만 확인된다. 즉 한국어 연구에서 일반적으로 단어 구성 요소의 문법적 관계를 위주로 언급하지 않는데 반하여, 중국어 합성어 연구에는 단어 구성 요소의 문법적 관계를 기준으로 세분화하는 경우가 많다. 이는 한국어와 중국어 신어 합성어의 세분 분류의 차이점이고, 합성어의 차이이기도 한다.

　한편, 최형용(2003b)에서는 단어의 형식적 증감을 기준으로 단어 형성 체계를 (8)과 같이 제시한 바 있다.

　　(8) 단어 형성 체계(최형용 2003b : 198)

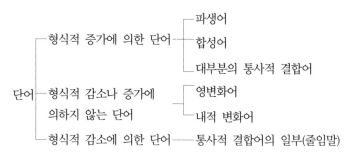

　최형용(2003b)에서는 단어를 형식적 증가, 형식적 무증감, 형식적 감소의 세 가지 경우로 분류하였다. 형식적 증가에는 파생어, 합성어 및 대부분의 통사적 결합어가 있고, 형식적 무증감의 경우는 영변화어, 내적 변화어가 있으며, 형식적 감소의 경우는 통사적 결합어의 일부인 줄임말이 대표적이다.

　한편, 왕사우(2019)는 최형용(2003b)의 체계를 기반으로 명사의 형성 체계를 다음과 같이 제시하였다.

(9) 왕사우(2019)의 명사 형성의 체계

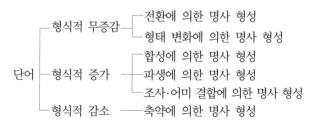

(9)에서 '형식적 무증감'이란 단어 형성 과정에서 형식적인 증감을 보이지 않아 단어의 음절 수 변화가 없이 새로운 단어가 형성되는 경우를 말하는데, 박용찬(2004)에 따르면 기존 단어에서 자음이나 모음을 교체하여 어감의 차이를 불러일으키는 경우도 새로운 단어로 볼 수 있다. 음성 상징어가 발달한 한국어의 특성을 고려하면 더욱 그러한데, '반질하다', '부르릉', '구시렁구시렁', '당글당글', '어리바리하다'라는 기존 단어로부터 형성된 '빤질하다', '뿌르릉', '궁시렁궁시렁', '덩글덩글', '어러버리하다' 따위의 신어를 그 예로 들 수 있다. 형식적 증가는 기존의 형식보다 음절 수가 많아지는 것을 뜻하는데 합성어, 파생어, 통사적 결합어 등이 형식적 증가에 따른 단어 형성의 경우에 해당한다. 형식적 증가에 의해 형성된 단어들은 모두 복합어이며, 단일어의 경우는 형식적 증가에 의해 형성된 것이 거의 없다고 보아도 무방하다. 한편, 기존 연구에서 형식적 감소에 의한 단어 형성과 관련된 논의는 형식적 증가에 의한 단어 형성법에 비해 많지 않으며, 심지어 용어상의 합의도 이루지 못하고 있는 실정이다. 견해에 따라서는 형식적 감소를 보이는 단어 형성 방식을 모두 파생의 하위 부류로 귀속하는 경우가 있는데, 본장에서는 혼성어, 축약어, 두음절어 등을 형식적 감소에 따른 단어 형성의 결과물로 보며 파생어와는 구분하도록 한다.[18]

본장은 이 중에서 전통적인 단어 형성 방식으로 간주되어 온 형식적 증가에 따른 신어의 형성과 최근 신어에서 가장 흔하게 나타나는 형식의 감소에 따른 신어 형성의 두 가지 측면에서 신어의 형성 방식을 살펴보되, 한국어와 중국어의 예를 들어 이들을 대조언어학적으로 살펴보고자 한다.

8.3.1. 형식의 증가 : 합성어, 파생어

합성은 어근과 어근의 결합으로써 새로운 단어를 형성하는 것인데, 한국어 신어의 합성어는 (10)과 같다.[19]

(10) 개딸, 얼굴라테, 상사병, 고독방, 떡상, 펌핑방, 넵병, 국가픽

2장에서도 살펴본 바와 같이 한국어 신어는 약 98% 정도가 명사로, 이는 곧 합성어나 파생어에도 명사가 대다수를 차지함을 의미한다. 합성어에는 '개딸'과 같이 '고유어 + 고유어' 구성의 단어, '얼굴라테'처럼 '고유어 + 외래어' 구성의 단어도 있으며, '떡상', '넵병' 등과 같은 '고유어 + 한자어', '펌핑방', '국가픽' 등과 같은 '한자어 + 외래어', '상사병', '고독방'과 같은 '한자어 + 한자어' 구성의 신어들도 확인된다.[20]

중국어 신어 합성어의 예는 다음과 같다.[21]

---

18) 왕사우(2019 : 42-47) 참조.
19) 예시 (10)은 한민(2020)에서 가져온 예이고 모두 2018년의 신어이다.
20) 본서의 3장에서는 한국어 신어의 합성어와 파생어에 대하여 살펴본 바 있다. 본절은 대조언어학적 관점에서 한중 신어의 합성어, 파생어를 살펴보는 것을 주 목적으로 하며, 앞서 다룬 한국어 신어의 합성어, 파생어에 대해서 자세하게 논의하지 않는다. 이에 관한 것은 본서의 3장을 참고로 할 것. 한편 뒷절에서 다루게 될 한국어 신어의 혼성어와 두음절어 역시 4장에서 살펴본 바 있는데, 이 역시 마찬가지이다.
21) 김태은·박지영(2019)에서 가져온 예들이다.

(11) 創客(2012), 灰霾, 暖男(2014), 都市病, 板凳隊員, 爆紅, 裸考(2006), 分分
     鐘, 暖心, 吸金, 慶生, 破冰, 踩雷, 斷片兒(2016), 拉黑, 催淚, 無煙, 撫觸,
     繁苛, 霧霾(2004), 小清新, 淚奔, 眾創, 兜底翻, 看緊, 洗白, 無人店(2017)

중국어 신어 합성어에 구성 요소 간의 결합 유형은 병렬관계, 수식관계,
술목관계, 술보관계, 주술관계 등이 있다. '創客(IT혁신 창업자), 灰霾(황사), 暖男
(훈남), 都市病(도시병), 板凳隊員(벤치워머)' 등은 앞 형태소가 뒤의 명사형 형태
소를 수식하는 관형어식 수식관계이고, '爆紅(폭발적으로 인기를 얻다), 裸考(준
비 없이 시험을 보다)' 등은 앞의 형태소가 뒤의 술어형 형태소를 수식하는 부사
어식 수식관계를 이룬다. '分分鐘([명]아주 짧은 시간, [부]언제든지)'과 '暖心(마음
을 따뜻하게 하다)'는 앞의 구성요소와 뒤의 구성요소가 술목관계를 이룬 합성
어이다. '吸金(큰돈을 벌다), 慶生(생일을 축하하다), 破冰(장벽을 깨다), 踩雷(불행한
일을 만나다), 斷片兒(기억이 나지 않다), 拉黑(휴대전화나 메신저 상에서 수신을 차단하
다)' 등의 동사와 '催淚(감동적이다), 無煙(흡연을 금지하는)' 등의 형용사는 역시
모두 술목관계에 해당한다. '撫觸(쓰다듬다, 접촉하다), 繁苛(번잡하고 까다롭다),
霧霾(스모그), 小清新(상큼하다)' 등은 앞과 뒤의 구성요소는 대등한 관계를 이
룬다. '淚奔(눈물이 솟구치다), 眾創(대중이 창업하다), 兜底翻(낱낱이 들추어내다)' 등
동사와 형용사의 앞 형태소와 뒤 형태소는 각각 서술 대상과 서술 부분을
나타내어 주술관계를 이룬다. '看緊(사정이나 형세를 긴장 상태로 기울다), 洗白(표
백하다, 오점을 제거하다)' 두 단어의 앞 구성요소는 동작이나 행위를 나타내며
뒤 구성요소는 동작이나 행위의 결과나 방법 등의 보충설명을 나타내고 있
다. 따라서 두 단어의 구성요소 간에 술보관계를 이룬다고 본다(김태은·박지영
2019). 푸량(2020)에 따르면 2017~2018년 중국어 신어 합성어 가운데 수식형의
합성어가 가장 많은데, 예컨대 '無人店(2017)'라는 단어에서 '無人'은 '店'을
수식하여 '새로운 방식으로 운영하는 상점'을 나타낸다.
　한편 한국어 신어 합성어와는 달리 중국어 신어 합성어의 경우는 외래어

요소가 많지 않은데, 『語言生活狀況報告』와 『漢語新詞語』에서 발표한 신어 자료의 경우는 '金磚+(BRICS+, 2017)', 'diss文化(2017)', 'C位(2018)', 'hold住', '打 call(응원하다)' 등과 같이 중국어의 실질형태소와 기호를 결합한 형태라든가 중국어와 영어를 결합하는 형태도 있다. 이러한 삽입 현상은 Meibauer(2007) 에서 언급한 바가 있다. Meibauer(2007)은 다른 언어, 표지 또는 제스처와 같은 것은 단어에 삽입되는 상황을 다음과 같은 예를 들어 제시하였다.

(12) 가. die no-future Jugendlichen[22]
　　 나. this rien-ne-va-plus statement
　　 다. this [gesture for someone with big ears] attitude
　　 라. the @-sign

Meibauer(2007)에 따르면 이들은 하나의 단어를 형성하는 것이 아니지만 (12가)의 'no-future'는 독일어 구 형성에 영어 요소가 참여한 것, (12나)의 'rien-ne-va-plus'는 영어 구 형성에 프랑스어 요소가 참여한 것, (12다)는 '큰 귀를 가진 사람을 가리키는' 몸짓 또는 손짓이 구성에 포함된 것, (12라)는 '@'라는 기호가 구성요소로서 직접 참여한 것이다.[23] 그러나 이러한 언어 외적 요소가 개입된 경우는 전형적인 단어 형성과는 거리가 먼 것으로 보여 본장에서는 이런 경우는 합성어로 보지 않는다.

파생은 어근과 접사가 결합하여 단어를 만드는 방식이다. 한국어의 파생 어는 이른바 '접사화되는' 어휘 요소의 문제와 관련이 깊다.[24]

---

22) 이는 영어의 'the no-future kids'에 해당한다.
23) 왕사우(2019 : 147) 참조.
24) 신어 형성에서의 접사화 문제는 본서의 3장을 참고할 것.

(13) 국립국어원 『2018 신어 조사』의 조어법별 신어 분포

분류		수(개)	비율(%)
단일어	생성	9	4.1
	차용	26	11.7
복합어	합성	36	16.2
합성어 혼성	혼성	70	31.5
	축약	36	16.2
파생어	접두 파생	0	0
	접미 파생	45	20.3
계		222	100

국립국어원 『2018 신어 조사』에는 한국어 접미 파생어의 수는 역시 접두 파생어의 수보다 압도적으로 많다.

앞에서 언급한 것과 같이 중국어 신어는 외래어 요소, 특히 준접사 설정과 관련하여 파생어의 수가 극히 제한적이다. 푸량(2020)에서 제시한 2018년 중국어 신어의 수를 한국어의 그것에 준하여 제시하면 다음과 같다.25)

(14) 푸량(2020)에 따른 2018년 중국어의 조어법별 분포

분류		수(개)	비율(%)
단일어		3	2.4
복합어	합성	91	72.8
	혼성	1	0.8
	축약	12	9.6
	파생어	7	5.6
의미적 신어		11	8.8
계		125	100

---

25) 2018년 중국어 신어는 총 246개이다. 이 중 121개를 구 단위 신어이며, 1장에서 제시한 바에 따라 본서의 연구 대상에서는 제외된다. (14)는 구 단위 신어를 제외한 125개를 기준 으로 제시한 것이다.

중국어 2018년 신어는 총 246개가 있으나 121개는 구로 판정하기 때문에 단어가 총 125개 있다. (13)에서 제시한 바와 같이 한국어 신어의 경우 파생어의 비율이 20.3%인 데 반하여 중국어 신어의 파생어는 5.6%에 불과하여 그 비율에서 매우 큰 차이를 보인다. 이는 한국어와 중국어의 접사 또는 접사에 상당하는 요소의 처리 문제와도 연관된다. 중국어에서는 접사는 아니지만 접사처럼 쓰이는 요소를 흔히 '類詞綴'라고 하는데, 이는 소위 '준접사'라고 할 수 있는 단위이다. 준접사는 어근과 접사의 중간적 상태에 있는 성분으로, 의미가 완전히 허화(虛化)되지 않아서 어근으로서의 의미도 존재하며 사용 위치가 고정적이고 높은 생산력을 지닌다. 張斌(2008)에서 준접사는 접사와 어근의 과도기적 상태에 있다고 한 바 있다. 이와 관련하여 한국어 신어를 대상으로 한 어용에르덴(2019)에서는 '비자립성, 의미 변화 여부, 생산성, 어기 제약 여부'의 네 가지 접사화 판별 기준을 제시하고, 이에 따라 현대 한국어 신어에서 쓰이는 '꿀-, 혼-', '-바보, -절벽' 등을 '접사화 과정'에 있는 것으로 보았다.[26]

중국어 준접두사의 예로는 '軟-'을 들 수 있다.

(15) 軟資源, 軟環境, 軟處理, 軟方法, 軟指標, 軟方針, 軟飲料, 軟包裝

'軟'은 본래 '물체 내부의 조직이 헐거워져서 외부의 힘으로 쉽게 형태가 변하는'이란 뜻으로 '硬'과 상대되는 형용사 어근이었다. '軟-'는 준접사로 사용되면서 기본의미와 파생의미에서 점점 허화되어 많은 단어를 형성하는 기능을 하게 되었다. '軟'은 '형태가 변하기 쉬운, 고정적이지 않은'이란 뜻을 가지고, '軟資源(비물질적 자원), 軟環境(소프트 환경), 軟處理(냉정하고 온화하게 처

---

26) 한국어 신어 형성에서의 접사화에 대해서는 본서의 3장에서 다룬 바 있다. 본장에서는 중국어 신어 형성에서 준접사를 중심으로 논의를 전개하되, 한국어 신어 형성에서의 접사화는 3장을 참고할 것.

리한다)' 등과 같은 어휘를 파생하였다. '軟'는 '연하고 부드럽다'의 의미로도 쓰이는데, '軟飲料(알코올이 들어가지 않은 음료), 軟包裝(비닐이나 은박지와 같은 연한 재질의 포장지로 밀봉하는 포장)'과 같은 신어를 형성하는 데 참여한다. '軟-'의 의미는 계속 변화하여 본래 의미와는 멀어져 다양한 어근과 결합할 수 있는데, 가령 '정식적이지 않은'이란 뜻으로 '軟收入, 軟商品'의 파생어를, '간접적인'이란 뜻으로 '軟廣告', '정신과 관련된'이란 뜻으로 '軟文化(연성문화)와 같은 단어를 형성하였다. 이처럼 '軟-'은 본래 의미와 파생의미가 점점 허화 과정을 거치면서 다른 어근, 특히 명사성 어근과 유연하게 결합하여 많은 어휘를 파생한 것으로 보인다(박흥수·김영희 2010).

다음으로 중국어 준접미사의 예를 살펴보도록 한다.

    (16) 槓精(2018), 狐狸精[27], 白骨精[28], 豬精[29], 馬屁精[30], 戲精(2017), 檸檬精
         (2017), 腰精, 腿精, 可愛精

'-精(-꾸러기)'은 부정적인 의미를 표현하였다가 '槓精(타인의 의견에 반대만 하는 사람), 戲精(연기 잘하는 사람을 부정적으로 이르는 말), 檸檬精(질투쟁이)' 등의 인터넷 용어가 출현한 후에도 역시 '풍자, 질투'의 의미를 가지면서 '스스로 자기를 비웃다'라는 의미를 함께 가지게 되었다. 그러나 그 쓰임이 많아지면서 '腰精(허리 날씬한 사람), 腿精(다리 예쁜 사람), 可愛精(귀요미)' 등처럼 긍정적인 의미를 표현하기도 한다(劉富華·左悅 2021).

최근 몇 년간 중국어 신어에서는 '-係' 계열의 단어가 많이 나타났다.

    (17) 道係, 奶係, 法系, 佛係[31], 儒係, 鹽係[32]

---

27) 狐狸精 : 여우 같은 여자. 간교한 여자.
28) 白骨精 : 백골요정. 서유기(西遊記)에 나오는 음험하고 악랄한 여자 요정(妖精).
29) 豬精 : 돼지요정. 못생기고 뚱뚱하며 연기를 잘하는 사람. 다른 사람을 말로 공격할 때
    쓰는 말.
30) 馬屁精 : 아첨쟁이.

'道系(도계), 法系(법계), 佛系(불계), 儒系(유계)'는 2017년에 등장한 형용사 신어로서 '어떤 생활 상태나 인생 태도'를 나타낸다. 같은 맥락에서 '奶系(내계), 鹽系(염계)'는 2018년에 출현한 명사 신어로서 '어떤 외형적 풍격이나 성격적 특징'을 나타낸다.

이들 단어에, 특히 '佛系'에 다른 단어와 결합해서 다시 합성어를 만드는 경우도 있다.

> (18) 道系少女(도계 처녀), 佛系乘客(불계 승객), 佛系父母(불계 부모), 佛系購物(불계 쇼핑), 佛系戀愛(불계 연애), 佛系戀人(불계 연인), 佛系買家(불계 상가), 佛系男子(불계 남자), 佛系女子(불계 여자), 佛系青年(불계 청년), 佛系少女(불계 처녀), 佛系生活(불계 생활), 佛系學生(불계 학생), 佛系飲食(불계 음식), 佛系職員(불계 직원), 佛系追星(불계 덕질), 儒系子女(유계 자식), 儒系青年(유계 청년)

푸량(2020)에 따르면 2017~2018년 중국어 신어에서 파생에 의한 신어는 거의 비슷한 비율로 나타나며, 주로 '-門(문), -號(호), -寶(보), -系(계), -族(족)'과 결합한 단어가 많은 것으로 보인다. '-號(호)'는 '그 이름을 가진 것'이라는 의미를 더하며 '復興號(부흥호, 2017), 天鯤號(천곤호, 2017), 帕克號(파커호, 2018), 鵲橋號(오작교호, 2018)' 등의 예에서 쓰인 것을 확인할 수 있다. '-寶(보)'는 '어떤 서비스를 제공하는 플랫폼 또는 시스템'이라는 의미를 더한다. 예컨대 '定損寶(정손보, 2017)'는 '피해(손실) 정도를 확정하다'를 뜻하는 '定損'에 '-寶'를 붙여 '자동정손 시스템'을 나타낸다.[33] '-族(족)'은 '어떤 공통적인 성질을

---

31) 佛系 : 모든 일을 담담하게 보며 살아가는 생활 태도.
32) '鹽系'는 '소금형' 정도로 번역할 수 있다. 이 단어는 잘생기고, 산뜻한 느낌을 주고, 깨끗하고 상쾌한 품격을 갖는 남자를 지칭한다. '鹽系'는 귀엽고 상큼한 느낌의 미소녀를 지칭하는 '甜系'와는 반대말이다. 이와 관련된 유행어로서 '可鹽可甜'도 있다. 이 단어는 멋진 면도 있으면서 귀여운 면도 있다는 의미로 스타일이 다양하다는 말이다.
33) '定損寶(정손보)'는 차량보험에서 딥러닝과 이미지 인식 기술에 기반한 인공지능 제품이다.

지닌 사람'이라는 의미를 더한다. '炸街族(2018)'은 '길거리를 폭파하다'를 뜻하는 '炸街(작가)'에 '-族(족)'을 붙여 '한밤중에 거리에서 스포츠카를 타고 속도를 겨루어 소음 피해를 일으킨 사람'을 가리킨다. 이러한 '-號, -寶, -係, -族' 등은 전형적인 접미사는 아니지만 각각의 의미가 본래 의미에서 허화되면서 위치가 고정되어 있으며, 단어 형성에 생산적으로 참여하여 준접사로 간주할 만한 것이다(푸랑 2020).

한편, 중국어에서는 접사의 판단에서 의미를 가장 중요시하는 반면에 한국어에서는 의미 변화와 더불어 의존성 역시 중요시하는 것을 확인할 수 있다. 중국어에서 전형적인 접사는 실질 의미가 없는 문법형태소로 보지만 준접사의 경우는 의미가 허화되나 여전히 구체적인 의미를 갖는 것들이다. 그런데 한국어의 '블리', '혼' 등과 같은 경우는 3장에서도 언급한 바와 같이 원래의 형태에서 줄임이 일어나 이들에 형태소의 자격을 주는 데에 어려움이 있다. 한국어에서는 이들의 의존성도 중요하기 때문에 접사로 간주하는 이유도 있다. 다시 말하면 신어 파생어의 접사화 판단에 있어서 두 언어에서 하나는 의미 변화에 중점으로 두고 하나는 의미 변화와 의존성에 중점을 둔다.

8.3.2. 형식의 감소 : 혼성어 및 두문자어

한국어와 중국어의 신어 형성에는 '형식의 감소'를 보이는 단어 형성 방식 역시 활발하게 활용되고 있다. 김혜지(2016)에서는 단어 혹은 구성요소의 일부를 잘라낸 형식을 통하여 새로운 단어를 형성하였다는 점에 주목하여 '축약어'라는 용어를 사용하고, 이에 절단어나 두음절어, 혼성어 등이 모두 포함되는 것으로 보았다. 본장에서는 이 중에서 혼성어와 두음절어를 위주로 한국어와 중국어의 신어를 살펴보고자 한다.

전술한 것과 같이 혼성어(blended word)는 두 단어의 일부를 절단하고 그것을 결합하여 형성한 단어로, 중국어의 '混成詞'나 '拼綴詞', '行囊詞', '載搭詞'

는 이에 해당한다. 혼성어에 대한 많은 연구에서 가장 전형적인 혼성어는 좌측 원천단어의 머리 파편과 우측 원천단어의 꼬리 파편이 결합된 '머리-꼬리'형 혼성어라는 점을 밝히고 있다(한서영 2015). 영어의 'botel(boat+hotel), smog(smoke+fog), brunch(breakfast+lunch)' 등을 전형적인 혼성어의 예로 제시할 수 있다. 1장에서 언급했듯이 한국어의 경우 신어에서 혼성어가 차지하는 비율이 조어법에 따른 신어의 유형 중 가장 많은 비율을 차지한다.

이에 반하여 서총(2011) 등 기존 연구에서는 중국어에 혼성어가 없다고 보아 왔는데, '政校(政治學校), 空姐(空中小姐)[34], 城鎭(城市鄕鎭), 參賽(參加比賽)' 등의 예를 보면 중국어 신어에서도 혼성어가 확인된다. 이와 관련한 내용은 한서영(2014, 2015) 등에서 논의된 바 있는데, 이에 따르면 중국어의 혼성어는 대부분 외래어 요소와 관련된다. 주지하는 바와 같이 혼성어는 절단과 합성이라는 두 가지 과정을 거친 것이기 때문에 원래 단어가 절단되는 과정이 수반된다. 노명희(2019) 등에서도 지적한 것과 같이 한자는 뜻글자이므로 혼성어 형성이 매우 일반적이지만 외래어는 사정이 다르다. 다만 중국어에는 외래어가 그대로 유입되는 경우보다는 음역이나 의역된 단어의 절단형으로 혼성어 형성에 활발히 참여한다. 한서영(2015)에서는 음역어에서 절단된 파편이 혼성어 형성에 참여한 중국어 신어의 예를 다음과 같이 제시한 바 있다.

(19) 가. 的爺(的士(taxi)+大爺)[35]
　　　나. 巴嫂(巴士(bus)+大嫂)[36]
　　　다. 咖吧(咖啡(coffee)+酒吧(bar))[37]
　　　라. 比郞(比利時(Belgie)+法郞(Franc))[38]
　　　마. 僧尼(僧伽(Samgha)+比丘尼(Bhikkuni))[39]

---

34) 空姐 : 스튜어디스.
35) 的爺 : 택시 기사 할아버지.
36) 巴嫂 : 아줌마 안내양.
37) 咖吧 : 카페.
38) 比郞 : 벨기에 프랑.

(19)에서 제시한 단어들은 혼성어 형성에 참여하는 원래 단어의 왼쪽 끝과 오른쪽 끝을 결합하여 형성한 것으로 앞에서 언급한 '머리-꼬리'형 혼성어의 예를 보여 주며, 이를 통하여 중국어에도 이런 유형의 혼성어가 적지 않게 형성되고 있음을 확인할 수 있다.

한서영(2014)에서는 각 언어 별 '머리-꼬리'형 혼성어의 예를 다음과 같이 제시하였다.

   (20) 가. 한국어 혼성어

      트통령(**트**위터(twitter)+대**통령**), 컴맹(**컴**퓨터+문**맹**), 배플(**배**스트+리**플**), 녹두리아(**녹두**거리+롯데**리아**), 공블리(**공**효진+러**블리**), 철피아(**철**도+마**피아**),

    나. 영어 혼성어

      spork (**sp**oon + **f**ork), camcoder (**cam**era + re**coder**), smog (**smo**ke + f**og**), escalator (**escala**de + elec**ator**), liger (**li**on + **tiger**), permalancer (**perma**nent + free**lancer**), advertorial (**advert**ising+edi**torial**), informercial (**infor**mation + com**mercial**)

    다. 일본어 혼성어

      まずった(mazutta)：**mazui**(**まずい**)＋simatta(しま**った**)

      ビニロン(biniron)：**ビニ**ール(**vinyl**, vinyl)＋ナイ**ロン**(nai**ron**, nylon)

본서의 3, 4장에서도 논의한 것과 같이 혼성어의 파편은 접미사와 유사한 성격을 지닌 것으로 볼 수 있다. 예컨대 한국어의 혼성어 파편인 '-피아'의 경우 접미사로 볼 가능성도 있다.

   (21) 철피아(철도+마피아), 관피아(관리+마피아), 공피아(공기업+마피아), 금피아(근융권+마피아), 해피아(해운+마피아), 정피아(정치인+마피아)

---

39) 僧尼 : 승려와 비구니.

(21)처럼 '-피아'로 끝나는 단어의 유형 빈도가 높기 때문에 접미사로 간주할 가능성도 있다. 이에 대해 Danks(2003 : 289)는 기존의 접사와 파편을 구분하는 다섯 개의 기준을 제시하여 파생어와 혼성어를 나눌 수 있도록 하였다(한서영 2014).

> (22) 파생어의 접사와 혼성어의 파편을 구분하는 5가지 기준(Danks 2003 : 289)
> 가. 사전 등재 여부 : 접사(ㅇ), 파편(X)
> 나. 기술 가능성 : 접사 > 파편
> 　원천 단어를 기술하지 않고도 기술 가능하면 접사, 그렇지 않으면 파편.
> 다. 생산성 : 접사 > 파편
> 　기준 : 말뭉치에서 15개 미만의 유형 빈도를 보이면 파편, 45개 초과의 유형 빈도를 보이면 접사.
> 라. 접사 혹은 파편 자체의 결합 성질
> 　어근과의 결합이 어휘적 사례이면 파편, 유형 빈도를 따르면 접사.
> 마. 어기 사이의 관계
> 　어기의 결합면에 의미적, 음운적, 문자적 유사성이 있으면 파편, 그렇지 않으면 접사.

한서영(2014)에서 특히 이상의 기준을 공시적인 것이라는 점을 강조하였다. 통시적으로 보면 여러 가지 변화가 발생할 수 있기 때문이다.

이러한 한국어와 중국어 신어의 예를 살펴볼 때 혼성은 신어 형성에서 매우 활발하게 보이는 조어 방식이라는 것을 확인할 수 있다. 한서영(2015)에서 지적한 것과 같이 중국어 혼성어에 대해서는 체계적인 연구가 진행되지 않은 것으로 보이나 중국어에서도 한국어와 유사한 방식으로 형성되는 혼성어가 분명히 존재한다. 이찬영(2016), 송원용(2020), 한서영(2014) 등에서 제시한 것과 같이 한국어와 중국어의 혼성어 유형은 여러 가지로 제시될 수 있다.

X(A, B)와 Y(C, D)로부터 형성된 혼성어는 AC 유형, AD 유형, BD 유형과 불완전 혼성어인 XD 유형 등이 그것인데, 이 가운에 가장 전형적인 유형이라 할 수 있는 것은 AD 유형이다. 이러한 AD 유형의 혼성어는 이른바 '욕조효과'와도 연관되는데, Aitchson(2003)은 욕조효과와 관련하여 단어의 길이가 짧을수록 앞부분이 잘 기억되고, 단어의 길이가 길수록 뒷부분이 잘 기억된다고 언급한 바 있다. 그러나 애초에는 단어의 첫 부분이 뒷부분보다 더 잘 저장된다는 점을 지적하며 욕조효과가 모든 언어에 동일하게 적용되지는 않는다는 점을 밝혔다. 그러나 언어 보편적으로 뒷부분보다 앞부분에 대한 기억 인지도가 높은 상황에서, 단어의 평균 음절 수까지 상대적으로 적은 중국어는 다른 언어에 비하여 앞부분에 대한 인지도가 더욱 높아질 수밖에 없는 것이다. 따라서 중국어에서는 이른바 '머리-머리'형, 즉 AC 유형의 단어가 큰 비중을 차지하는데(한서영 2014), 이는 소위 두음절어의 성격을 가져 혼성어와는 또 다른 유형으로 다룰 수 있다. 중국어에서도 '郵政編碼'로부터 줄어든 '郵編'라는 AC형의 단어를 사용하는 경우를 확인할 수 있는데, 이 단어는 '머리-꼬리'형의 '郵碼'와 경쟁하다가 정착하게 된 것이다(高元石 1993). 이러한 두음절어는 특히 인터넷 용어에서 많이 나타난다.

(23) 가. 꾸안꾸, 스라밸(2018), 얼죽아(2019)[40], 자만추[41], 졌잘싸(2017)[42],
　　　 제곧내[43], 닉값[44], 내또출[45]

---

40) '얼어 죽어도 아이스'의 줄임말로 추운 날씨에도 아이스 음료만 먹는 것을 뜻한다.
41) '자연스러운 만남을 추구한다'의 줄임말. 소개팅이나 맞선이 아닌 자연스러운 만남을 추구한다는 뜻의 2018년부터 나온 신조어이다.
42) '졌지만 잘 싸웠다'의 줄임말.
43) '제목이 곧 내용'이라는 뜻의 줄임말이다. 온라인에서 굳이 제목을 클릭해 내용을 보는 수고로움을 덜기 위해, 제목 자체에 내용을 써 하고 싶은 말을 전달하는 방식을 뜻한다. '제곧내'에서 각 음절의 첫 자음인 ㅈ, ㄱ, ㄴ만을 사용하기도 한다.
44) '닉네임(Nickname)' 값의 줄임말로, 자신의 닉네임에 걸맞은 언행이나 행동을 이르는 말로 사용된다. 이는 '이름값을 한다'는 표현의 온라인 변형이라 할 수 있다. 이는 어떤 대상의 행동이나 말이 닉네임에 맞으면 '닉값 한다', 그렇지 않을 경우에는 '닉값 못한다'

나. 爺靑回46), 爺靑結47)

1장에서도 언급한 것처럼 두음절어는 원형식이 구일 수 있는데 '꾸민 듯 안 꾸민 듯'에서 온 '꾸안꾸'나 '공부와 삶의 균형(study and life balance)'에서 온 '스라밸' 등에서 그를 확인할 수 있다. 이것은 중국어에도 그대로 적용되어 (23나)의 '爺靑回'이나 '爺靑結' 역시 구에서 줄어든 형식임이 확인된다.

8.4. 대조언어학적 관점에서의 신어 형성 기제 : 유추를 중심으로

김혜지(2021)과 본서의 6장에서 살펴본 것과 같이 최근의 신어들은 형태소 간의 결합 등을 통하여 새롭게 형성되는 경우보다는 기존 단어를 활용하여 형성되는 경우가 많다. 이는 곧 기존 단어와의 유사성을 기반으로 기존 단어의 일부 요소를 대치하는 방식으로 형성되는 신어가 많다는 뜻이기도 한데, 앞서 살펴본 한국어와 중국어의 신어 역시 이러한 방식으로 형성된 것들이 대다수여서 이러한 단어 형성의 기제로서 유추에 집중할 필요가 있다. 특히 혼성어처럼 형식의 증가가 아니라 형식의 감소를 통하여 단어의 형성이 이루

로 사용된다. 예컨대 "너 닉네임이 댄스머신이라고? 춤추는 걸 봐서는 닉값을 못하는 것 같은데?"와 같이 표현된다.

45) '내일 또 출근하다'의 줄임말로, 주말의 휴식 뒤에 이어지는 월요일 출근에 대한 스트레스를 표현하는 신조어이다. 이는 월요일 아침에 특히나 피곤한 상태를 뜻하는 '월요병'과 비슷한 의미라 할 수 있다.

46) '나의 청춘이 다시 돌아왔다(爺的靑春又回來了)'의 줄임말이다. 사람이 변화된 후의 환경 속에서 과거 친숙했던 사람이나 사물을 보았을 때 자연스럽게 생겨나는 기쁜 심정을 가리킨다. 이 표현은 2020년 비리비리(중국의 문화 커뮤니티 및 동영상 플랫폼) 연도 탄막(彈幕, 동영상 스트리밍 중 사용자의 댓글이 영상 위에 자막이 돼 지나가는 것) 1위에 오르기도 했다.

47) '나의 청춘이 끝났다(爺的靑春結束了)'의 줄임말.

어지는 경우에는 계열관계를 기반으로 한 유추로써 그 형성 과정을 살펴보는 것이 더욱 필요하다. 정한데로(2016 : 109)에서 언급한 바처럼 단어 형성 방식은 크게 통합관계 기반 단어 형성, 계열관계 기반 단어 형성의 둘로 나뉠 수 있다. 이에 따르면 통합관계 기반 단어 형성이 형태소의 연쇄적 패턴의 과정인 데 반하여 계열관계 기반 단어 형성은 비연쇄적 패턴 과정이라 할 수 있다(Haspelmath & Sims 2010, 정한데로 2016에서 재인용). 그러한 점을 고려한다면 혼성은 형태소 간의 순차적 연쇄 패턴에 따른 것이라 보기 어렵기 때문에 통합관계 기반의 단어 형성 방식으로는 설명하기 어렵다.

본서의 6장에서는 신어 형성의 기제로 작용하는 유추를 표면 유추와 틀에 의한 유추로 구분하여 살펴본 바 있다. 본장에서도 이에 따라 한국어와 중국어의 신어를 표면 유추와 틀에 의한 유추로 나누어 대조언어학적 관점에서 살펴보고자 한다.

(24) 가. 목사 → 먹사(2005), 소확행 → 소확횡(2019)
    나. 사귀다 → 삼귀다(2014), 소확행 → 대확행(2019)
    나'. 마스크 → 코스크, 턱스크; 자만추 → 인만추, 운만추, 아만추

(25) 가. 家庭主婦 → 家庭煮夫, 难受想哭 → 藍瘦香菇
    나. 爺青結 → 爺青回, 小確幸(2015) → 小確喪(2017), 熱戀 → 冷戀(2018),
       高富帥 → 矮矬窮, 後浪 → 前浪, 中浪

(24)와 (25)의 단어들은 모두 표면적 유사성에 의해 유추적 형성이 된 것이다. (24가)의 '목사 → 먹사'와 '소확행 → 소확횡'은 음성적 유사성에 기초한 것이다. (24나)의 '사귀다 → 삼귀다(2014)'는 '사-삼'의 대립관계 때문에 의미적 유사성에 기반한 유추의 예로 볼 수 있다. '소확행 → 대확행' 역시 '소'와 '대'는 대립의 의미 관계이기 때문에 의미적 유사성에 따른 것이다.

6장에서 살펴본 바와 같이 의미적 유사성이 작용하는 층위에 따라 대치되

는 요소 간 의미적 유사성에 기초한 신어와 대치 과정의 결과로 형성된 표적 단어와 근거 단어 간의 의미적 유사성을 나타내는 신어를 구분할 수 있다. (24나)의 '마스크 → 코스크, 턱스크'의 경우는 '코'나 '턱'으로 '마'를 대치한 것으로 볼 수 있다. 그러나 '코'나 '턱'은 '마스크'의 '마'와의 의미적 유사성을 포착하기 어렵다. '마스크, 코스크, 턱스크'의 단어 전체는 의미적 유사성이 있음을 확인할 수 있다. 즉 '코스크, 턱스크'는 '마스크'를 기반으로 형성된 단어이다. 여기의 '-스크'는 전술한 파편(splinter)에 해당한 것으로 볼 수 있다. 이와 유사하게 한국어에서는 '자만추'를 기반으로 하여, '운만추(운명적인 만남을 추구한다)', '인만추(인위적인 만남을 추구한다)', '아만추(아무나 만나는 것을 추구하다)' 등도 형성되었다. 이들 단어도 대치 과정의 결과로 형성된 단어가 근거 단어와의 의미적 유사성에 따른 것이다.

(25가)의 '家庭煮夫(가정 요리부)'와 '藍瘦香菇(괴로워서 울고 싶다)'는 모두 음성적 유사성으로 사용하게 된 유행어들이다. '难受想哭[nánshòuxiǎngkū] → 藍瘦香菇[lánshòuxiānggū]'의 경우는 첫 글자의 자음이 다르고, 마지막 글자의 자음이 다르며, 세 번째 글자의 성조가 다르다. 글자마다 음성적으로 같거나 유사성이 높기 때문에 음성적 유사성에 따른 것으로 확인할 수 있다. '家庭煮夫'의 '煮夫[zhǔfū]'는 '主婦[zhǔfù]'와 발음이 같고, 뒷글자의 성조만 다르다. 또한, '煮夫'는 '집안일을 맡는 남편'을 가리키는 말로 '主婦(주부)'와 의미적으로 대립을 이룬다. 따라서 '家庭主婦 → 家庭煮夫'의 경우는 음성적 유사성과 의미적 유사성의 복합적 작용으로 확인할 수 있다. 즉 이러한 경우를 복합 유추로 볼 수 있다.[48] (25나)의 '爺青結'에서 '結(끝나다)'을 '回(복귀하다)'로 대치한 것도 볼 수 있다. '結(끝나다)'과 '回(복귀하다)'는 의미가 대립적인 것이므로 '爺青結 → 爺青回'는 의미적 유사성에 따른 것으로 본다. '小確幸 → 小確

---

[48] 김혜지(2021)에서는 하나의 표적 단어가 형성될 때에 그것이 모형 단어와 가지는 유사성이 두 가지 이상의 경우에 대해 복합 유추(combined analogy)를 제안하였다.

喪'의 '幸(행운)'과 '喪(실망, 좌절)'은 역시 의미적으로 대립되기 때문에 이를 의미적 유사성에 기초한 것을 확인할 수 있다.49) '冷戀(2018)'은 '냉정하게 연애한다'는 뜻으로 '熱戀(열애한다)'에서 반의관계를 이용하여 대치의 조작으로 형성된 단어이다. '後浪'은 옛날부터 있는 단어이고 '뒷 물결'의 뜻이었으나 지금은 은유로 90년대, 00년대생 청년들을 일컫는 말이 된다. 이에 따라 그 앞 세대는 '前浪'으로 칭하고, '後浪'과 '前浪' 중간에 있는 세대는 '中浪'이라고 칭하기도 한다. 이러한 표현 역시 의미적 유사성을 기반으로 유추된 것이다. (25나)의 '高富帥'50)와 '矮矬窮'51)의 경우는 세 글자 모두 반의어의 경우로서 유추된 단어이다.

여익현(2017)에서는 한중 신어를 유추라는 형성 기제를 통하여 살펴본 바 있다. 그에 따르면 한국어에서는 '의미적 유사성'을 더 많이 차지하는 반면에 중국어에서는 '음성적 유사성'을 더 많이 차지한 것으로 나타났다. 그러나 여익현(2017)에서는 한국어와 중국어 각 100개 단어를 기반으로 연구한 결과이며 구체적인 단어를 제시하지 않고 몇 개의 대표적인 예만 제시했기 때문에 중국어에서 음성적 유사성이 더 우세하다는 결론은 적절하지 못한 면이 있는데, 언뜻 생각해 보아도 뜻글자라는 한자의 본유적 속성을 고려할 때 의미적 유사성을 더 많이 활용할 가능성을 제기해 볼 수 있기 때문이다. (24)와 (25)를 살펴보면 흥미로운 것은 중국어와 한국어에서는 의미적 유사성에 기반하여 신어를 형성하는 경우에 단어의 첫 글자나 마지막 글자를 대치한 것이 더 많다. 6장에서 제시한 예를 통해서도 확인할 수 있듯이 음성적 유사

---

49) 흥미롭게도 (25나)의 중국어 신어에는 '小確喪' 역시 의미적 유사성으로 유추된 것이나 '小'가 아니고 '幸'을 대립어인 '喪'으로 대치한 것이다. 한국어의 '대확행'과의 형성 기제가 같지만 대치가 발생하는 위치가 다르다는 점이다. '小確喪'과 '대확행'은 각각 '幸'과 '喪', '소'와 '대'의 대립을 이룬 것으로써 모두 의미적 유사성을 기반으로 하여 유추가 된 경우이다. 그러나 한국어는 '소확행'에서 음성적 유사성을 기반으로 '행'을 '횡'으로 대치하여 다른 신어를 형성하기도 한다.

50) 高富帥 : 키가 크고(高), 집에 돈이 많고(富), 잘생긴(帥) 남자를 가리킨다.

51) 矮矬窮 : 키는 작고(矮), 못생겼으며(矬) 심지어 돈도 없는(窮) 남자를 가리킨다.

성에 기반하는 경우는 첫 글자, 중간의 글자 및 마지막 글자를 대치하는 경우 두루 존재한데 의미적 유사성에 기반한 유추는 첫 글자와 마지막 글자를 더 선호하는 경향이 있다. 물론 이는 더 많은 예를 통해서 유력한 증거를 찾아야 한다.

사실상 신어 형성에는 표면적 유사성뿐만 아니라 유추의 틀에 의한 경우도 상당히 많다. 2021년의 『語言生活狀況報告』에서는 특히 코로나로 인해 새로운 생활 방식을 반영하는 신어가 기록되어 있다. 예를 들면 '雲X'와 '無接觸X'의 형식이 많이 나타났다.

(26) 가. 雲生活, 雲複試[52], 雲答辯[53], 雲面試[54], 雲畢業照[55], 雲打包[56], 雲離校[57], 雲復工[58], 雲錄製[59], 雲賞花[60], 雲逛街[61], 雲看展[62]…

나. 無接觸配送, 無接觸餐廳, 無接觸送餐, 無接觸消費, 無接觸服務, 無接觸經濟…

중국어 연구에서 유추의 틀에 본격적으로 주목을 한 것은 李宇明(1999)부터이다(劉楚群 2020). 코로나로 인해 '雲生活(클라우드 라이프)'처럼 온라인에서 하는 일을 표현하기 위해 '雲X'형의 단어가 대량적으로 생산된다. '雲'와 같은 경우는 많은 단어의 형성에 참여하기 때문에 접사와 매우 흡사하다. 이를 '준접사'로 간주해도 가능하나 이 '雲'은 여전히 단독적으로 쓰이기도 하고,

---

52) 雲複試 : 클라우드 제2차 시험.
53) 雲答辯 : 클라우드 논문 심사.
54) 雲面試 : 클라우드 면접.
55) 雲畢業照 : 클라우드 졸업사진.
56) 雲打包 : 클라우드 포장.
57) 雲離校 : 클라우드 학교 떠남.
58) 雲復工 : 클라우드 직장 회귀.
59) 雲錄製 : 클라우드 녹화.
60) 雲賞花 : 클라우드 꽃 구경.
61) 雲逛街 : 클라우드 쇼핑.
62) 雲看展 : 클라우드 전시회 구경.

'雲'에 붙이는 성분도 모두 단독적으로 쓰일 수 있기 때문에 이를 준접두사로 보기가 어렵다. 2021년 『語言生活狀況報告』에서는 '無接觸配送(무접촉 배송), 無接觸餐廳(무접촉 레스토랑), 無接觸送餐(무접촉 배달), 無接觸消費(무접촉 소비), 無接觸服務(무접촉 서비스), 無接觸經濟(무접촉 경제)' 등의 신어도 관찰되는데, 이 단어들 역시 코로나로 인해 사람 간의 직접 접촉을 피하는 상황을 언어적으로 표현하기 위하여 '無接觸X' 유형의 단어들을 형성한 것이다.

(27) 가. 맥세권(2015), 숲세권(2015), 공세권(2016), 몰세권(2016), 의세권 (2016), 강세권, 다세권, 병세권(2017)...
      나. 코린이(2018), 헬린이(2019), 게린이, 등린이, 배린이, 주린이, 테린 이...

(27)은 6장에서 제시된 예를 다시 가져온 것이다. (26)의 중국어 예에 비해 한국어의 단어는 단어 구성 요소 간의 연결이 더 긴밀해 보인다. (26)의 예들은 사실상 구성 요소는 의존성이 낮아서 단어성이 약한 것들이다. 그러나 한국어의 경우는 단어의 단어성이 더 높다. 이는 한국어는 교착어이고 중국어는 고립어이라는 점을 생각해 보면 이해에 도움이 될 수 있다.

8.5. 나가기

이 장에서는 대조언어학의 시각에서 한국어와 중국어 신어의 형성 동기와 형성 방식에 대하여 살펴보았다. 본장의 논의를 정리하면 다음과 같다.

우선 신어의 형성 동기와 관련하여 신어는 화자의 명명 욕구에 따라 형성되기도 하지만 문화 교류에 의한 문화·언어적 접촉에서 비롯되기도 한다. 주로 차용이나 번역어에 의하여 형성되는 이러한 신어는 국가 간, 지역 간의 활발한 문화 교류의 언어적 발현이라고 할 수 있다. 한편, 본장에서는 신어의 형성 방식을 형식적 증가와 형식적 감소에 의한 두 가지의 경우로 나누어 살펴보았다. 형식적 증가는 주로 합성어와 파생어에서 확인되는데, 본장에서 통사적 결합어를 따로 다루지 않는 것은 중국어의 고립어적 성격을 고려한 것이다. 교착어인 한국어에서는 조사나 어미가 결합하여 형성된 통사적 결합어가 신어에서도 확인되나 중국어는 그런 경우가 확인되지 않아 비교·대조의 대상으로 적절하지 않기 때문이다. 대조언어학적 관점에서 한국어는 표음문자라는 한글의 특성으로 외국어에서 들어온 조어 요소도 외래어 표기법에 따라 모두 한글로 표기할 수 있어 이를 합성어 형성에 그대로 사용한다. 이와는 달리 중국어는 그렇지 못하기 때문에 주로 음역이나 의역을 통하여 외래어의 조어 요소를 받아들이는데, 간혹 '打call, C位'과 같은 예도 확인된다. 파생어 형성에서는 한국어와 마찬가지로 중국어에서도 접사화와 관련된 논의가 확인되는데, 다만 한국어에서는 의미 변화와 의존성에 중점을 두어 접사화 여부를 판별하는 반면 중국어는 주로 의미 변화에 중점을 두고 있다는 점에서 차이를 보인다. 형식적 감소는 주로 혼성어나 두음절어와 관련되는데, 중국어에는 혼성어가 없다는 논의가 진행되어 온 것으로 확인된다. 그러나 본장에서는 중국어에도 혼성어가 존재하며, 대부분의 중국어 혼성어는 외래어 요소와 관련되는 것이라고 보았다. 음역이나 의역된 단어의 절단형이 '的爺(的士(taxi)+大爺)'나 '巴嫂(巴士(bus)+大嫂)'와 같이 신어의 형성에 참여하는 경우, 이를 혼성어라 할 수 있기 때문이다.

한편, 본장에서는 유추라는 단어 형성 기제를 중심으로 한국어와 중국어의 신어 형성을 조망하였다. 한국어와 중국어의 신어는 형태소 간의 직접적인 결합 등에 따라 새롭게 형성되기보다는 기존 단어를 활용하되 일부 요소만을 대치하여 형성된 경우가 많아 유추로써 신어의 형성을 살펴보는 것이 필요하다. 본서의 6장에서도 밝힌 것처럼 단어 형성 기제로 작용하는 유추는 표면적 유추와 틀에 의한 유추의 둘로 양분되는데, 중국어에서도 유추에 의

하여 형성된 신어들이 다수 확인된다. 표면적 유추 중 의미적 유사성에 기반한 유추에 의하여 형성된 신어는 단어의 첫 구성요소나 마지막 구성요소를 대치한 경우가 주를 이루는 데 반해 음성적 유사성에 기반한 유추에 의하여 형성된 신어는 첫 구성요소, 마지막 구성요소 외에도 중간의 구성요소를 대치한 경우가 나타난다. 유추의 틀에 의한 신어의 형성도 한국어, 중국어 모두에서 확인할 수 있는데, 다만 중국어는 고립어적 속성으로 단어 구성요소 간의 긴밀도가 한국어보다 낮은 것으로 보인다.

이제까지의 신어 대조 연구는 주로 한국어와 중국어에 집중되어 있었던 것으로 보이는데, NAGAI HRUKA(2019), 이현정(2019)와 같은 한일 신어 대조 연구, 세브린스퇴클레(2016)와 같은 한불 신어 대조 연구 등 한국어와 다른 언어 사이의 대조 연구도 일부 확인된다. 다만 본장에서는 한중 신어를 중심으로 형성의 측면에서 그를 살펴보았는데, 이후에는 대상 언어의 폭을 넓혀감으로써 한국어 신어의 본질을 확인하는 데 더 가까이 다가갈 수 있을 것으로 기대된다.

참고문헌

‖논저류‖

구본관 외(2015), 『한국어 문법 총론 Ⅰ - 개관, 음운, 형태, 통사』, 집문당.

구본관 외(2016), 『한국어 문법 총론 Ⅱ - 의미, 화용, 텍스트, 어휘, 규범, 15세기 한국어, 한국어
　　　　　　사, 문자』, 집문당.

국립국어원(2014), 「2014년 신어」, 국립국어원.

국립국어원(2018), 「2018년 신어 조사」, 국립국어원.

김병건(2017), 「한국어 혼성어에 대한 재고 - 신조어를 중심으로」, 『한민족문화연구』 59, 한민
　　　　　　족문화학회, 165-188.

김일환(2014), 「신어의 생성과 정착」, 『한국사전학』 24, 한국사전학회, 98-125.

김지혜(2020), 「한국어교육을 위한 신어의 형성 및 정착 연구 - 2005년 신어의 14년간 사용
　　　　　　추이 분석을 중심으로」, 한양대학교 박사학위논문.

김혜지(2016), 「축약형 단어와 유추」, 『형태론』 18-2, 형태론, 183-216.

김혜지(2021), 「단어 형성 기제로서의 유추에 대한 재고찰 - 유추의 유형 분류를 중심으로」,
　　　　　　『국어학』 제99집, 국어학, 211-245.

김태은(2015), 「중국어 축약 현상에 대한 고찰」, 『중국언어연구』, 한국중국언어학회, 17-41.

김태은·박지영(2019), 「중국어 신어의 조어 형태에 대한 고찰 - 「現代漢語詞典(第7版)」의 신어
　　　　　　를 중심으로」, 『중국어문학논집』 115, 중국어문학연구회, 163-190.

노명희(2019), 「신어에 나타나는 약어의 특징과 통합적 혼성어」, 『국어학』 91, 국어학회, 27-56.

문금현(1999), 「현대국어 신어의 유형 분류 및 생성 원리」, 『국어학』 33, 국어학회, 295-325.

박흥수·김영희(2010), 「준접사의 조어 특성에 관하여」, 『언어와 언어학』 48, 한국외국어대학교
　　　　　　언어연구소, 27-45.

박용찬(2004), 「신어와 표준어」, 『새국어생활』 14.1, 85-103.

박흥수·김영희(2010), 「현대 중국어 외래 준접사에 관한 고찰」, 『중국학연구』 제53집, 83-107.

서총(2011), 「한중 신조어의 형태론적 어휘론적 대비연구」, 충남대학교 석사학위논문.

세브린스퇴클레(2016), 「한국어와 프랑스어에서 나타나는 신어 경향 비교」, 『불어불문학연구』
　　　　　　106, 한국불어불문학회, 255-294.

송원용(2020), 「혼성이라는 형태론적 과정의 재구성」, 『형태론』 22-2, 형태론, 236-284.

양명희·박미은(2015), 「형식 삭감과 단어형성법」, 『우리말글』 64, 우리말글학회, 1-25.

어용에르덴(2019), 「신어 형성에서의 접사화에 대한 연구」, 『한중인문학연구』 65, 한중인문학회, 51-77.

여익현(2017), 「한·중 신어의 대조 연구」, 가천대학교 박사학위논문.

왕사우(2016), 「한국어 'N1+의+N2'형 단어에 대한 고찰」, 『형태론』 18-2, 형태론, 274-297.

왕사우(WANG SIYU)(2019), 「한국어 조사·어미 결합형 명사에 대한 연구」, 이화여자대학교 박사학위논문.

이현정(2019), 「20세기 초 신어의 정착에 관한 한일 대조연구-사전의 등재여부를 중심으로-」, 『일어일문학연구』 108, 한국일어일문학회, 23-43.

이찬영(2016), 「혼성어 형성에 대한 인지적 고찰」, 『형태론』 18-1, 형태론, 1-27.

임지룡(1996), 「혼성어의 인지적 의미분석」, 『언어과학연구』 13, 언어과학회, 191-214.

임지룡(1997), 「새 낱말 창조의 인지적 연구」, 『국어교육연구』 29, 1-33.

정한데로(2016), 「규칙과 유추, 다시 생각하기」, 『어문연구』 44-2, 99-126.

최형용(2003a), 『국어 단어의 형태와 통사 - 통사적 결합어를 중심으로』, 태학사.

최형용(2003b), 「'줄임말'과 통사적 결합어」, 『국어국문학』 135, 국어국문학회, 191-220.

최형용(2016), 『한국어 형태론』, 역락.

최형용(2018), 『한국어 의미 관계 형태론』, 역락.

최형용(2019), 「의미 관계와 신어 형성」, 『한국어 의미학』 66, 한국어의미학회, 35-74.

최형용(2020), 「계열 관계에서 본 『표준국어대사전』의 추가 표제어」, 『한중인문학연구』 68, 한중인문학회, 361-389.

판영·이정복(2016), 중국 누리꾼들이 사용하는 한국어 종결어미'思密达(습니다)'의 쓰임과 기능, 『언어와 정보 사회』 29, 353-382.

푸 량(2020), 「중국어 신어의 단어 형성과 사회문화적 특징 - 2017·2018년 신어를 중심으로」, 『언어과학연구』 95, 언어과학회, 2020, 253-281.

한 민(2020), 「한·중 신어 조어법 대조 연구」, 조선대학교 석사학위논문.

한서영(2014), 「차용어 절단형을 활용한 현대 중국어의 혼성어에 대한 형태론적 고찰」, 『중국언어연구』 53, 한국중국언어학회, 61-114.

한서영(2015), 「중국어 음역어의 운율형태에 대한 연구」, 서울대학교 박사학위논문.

NAGAI HRUKA(2019), 「한국어와 일본어 신어 대조 연구」, 연세대학교 석사학위논문.

曹煒(2004), 『現代漢語詞彙研究』, 北京大學出版社.

陳光磊(1994), 『漢語詞法論』, 上海：學林出版社

高元石(1993), 「說郵政編碼」, 『語文建設』 8, 11-13.

國家語言文字工作委員會(2021), 『中國語言生活狀況報告2021』, 北京：商務印書館.

侯敏·鄒煜(2015), 『2014漢語新詞語』, 北京：商務印書館.

劉楚群(2020), 『新詞語構造與規範研究』, 中國社會科學出版社.

劉富華·左悅(2021), 「網絡熱詞類詞綴精構詞現象研究」, 『東岳論叢』 42.1, 38-44.

潘光浩(2015), 『漢語派生式新詞語研究』, 中國社會科學出版社.

李宇明(1999), 「詞語模」, 『漢語法特點面面觀』, 北京：北京語言文化出版社, 146-157.

張　斌(2008), 『新編現代漢語』, 復旦大學出版社.

鄒　煜(2018), 『2017漢語新詞語』, 北京：商務印書館.

鄒　煜(2019), 『2018漢語新詞語』, 北京：商務印書館.

Aitchison, J.(2003), *Words in the mind : An introduction to the mental lexicon*, 3rd edition. John Wiley & Sons. (홍우평 역(2004), 『언어와 마음』, 서울 : 역락.)

Haspelmath, M. & Sims, A. D.(2010), *Understanding Morphology(2nd ed.)*, London : Hodder Education. [오규환·김민국·정한데로·송재영 역(2015), 『형태론의 이해』, 역락].

Jörg Meibauer(2007), How marginal are phrasal compounds? Generalized insertion, expressivity, and I/Q-interaction, *Morphology 17*, 233-259.

Danks, E.(2003), Separating blends : a formal investigation of the blending process in English and its relationship to associated word formation processes, *Eoctoral dissertation*, University of Liverpool.

Mattiello, E.(2017), *Analogy in Word-Formation : A Study of English Neologisms and Occasionalisms*, Berlin : De Gruyter Mouton.

Zeki Hamawand(2011), *Morphology in English-Word Formation in Cognitive Grammar*, London & New York : Continuum.

‖사전류‖

국립국어원, 표준국어대사전(https://stdict.korean.go.kr/main/main.do)

국립국어원, 우리말샘(https://opendict.korean.go.kr/main)

신어 찾아보기

일러두기: 괄호 안의 연도는 국립국어원의 신어 보고서의 해당 연도를 의미한다.

/ㄱ/

/ㅊ/

/ㅋ/

주제어 찾아보기